AVERTISSEMENT.

—

Notre but est de reproduire l'état de chacune des familles de Saint-Etienne et des environs qui figurent dans notre histoire locale et dans celle des châteaux, tel qu'il existait précédemment, c'est-à-dire de donner le fait sans nous préoccuper du droit. Cette méthode, qui pourrait quelquefois induire en erreur, trouve son correctif dans la publication du *Procès-verbal de l'Assemblée de l'Ordre de la Noblesse de Forez, tenue à Montbrison, le 18 mars 1789 et jours suivants.*

Cette pièce, dont on ne peut suspecter l'authenticité, est des plus intéressantes sous tous les rapports ; elle acquiert, par sa rareté et son témoignage incontestable, une grande valeur historique, surtout au point de vue qui nous occupe en ce moment. Mais le public, en général, a aujourd'hui si peu de connaissance des règles d'autrefois, qu'il est bon de les rappeler. Ainsi, il faut savoir que la Noblesse ne pouvait admettre dans son sein que des familles dont la qualité était héréditaire et définitive ; elle se fût bien gardée d'y faire entrer celles dont l'état était encore précaire. C'est pour cela qu'aujourd'hui, en France, les petits-fils de tel aïeul qui fut pourvu de charges anoblissantes ne doivent pas s'étonner de ne pas trouver le nom de cet aïeul dans ces procès-verbaux ; cela vient de ce que, pour y être admis, il fallait avoir rempli certaines conditions. Il fallait ou avoir occupé la charge pendant vingt ans, ou y être mort, quelque fût le temps pendant lequel on en avait été revêtu ; alors seulement la noblesse était définitive. Or, l'assemblée de 1789 a clos en quelque sorte le registre, parce que la révolution n'a pas seulement immédiatement après détruit ces charges, mais en a encore remboursé le prix aux titulaires qui, la plupart, l'ont employé en achat de biens nationaux ou d'émigrés qui, au bout de quelques années seulement, ont quadruplé de valeur dans leurs mains.

Une autre observation est nécessaire afin de ne pas tout confondre et embrouiller en une matière qui, sans l'exactitude et la précision, n'a plus ni valeur ni intérêt. C'est qu'il existait souvent plusieurs familles de même nom quoique sans aucun lien de parenté, et à toutes lesquelles on ne peut appliquer ce qui ne concerne que l'une d'elles. Tout comme il y avait fréquemment un assez grand nombre de membres de la même famille, dont un seul arrivait à un rang plus distingué; on ne pouvait donc attribuer, même à son frère, ce qui n'appartenait qu'à lui et à sa postérité, soit que, par le bénéfice du prince, ce fût une ancienne famille qui remontât au rang de ses ancêtres, soit que ce fût une famille nouvelle qui commençât son illustration.

Dans la liste qui va suivre, il faudra bien se garder de croire que tous les noms qui y figurent représentent autant de familles originaires du Forez : l'erreur serait par trop grossière. Des grands noms de la primitive féodalité, il n'en existe plus ou presque plus, et à l'exception minime que nous réservons, les autres n'appartiennent plus au même sang qu'ils décoraient autrefois. D'ailleurs, ces familles étaient, pour la plupart, étrangères à l'illus-

ÉTUDES HISTORIQUES SUR LE FOREZ.

ARMORIAL ET GÉNÉALOGIES

DES

FAMILLES

QUI SE RATTACHENT A L'HISTOIRE DE SAINT-ÉTIENNE

OU AUX

CHRONIQUES DES CHATEAUX ET DES ABBAYES

par

M. DE LA TOUR-VARAN

BIBLIOTHÉCAIRE DE LA VILLE DE SAINT-ÉTIENNE.

D'Adam nous sommes tous enfants,
La chose en est connue,
Et que tous nos premiers parents
Ont mené la charrue ;
Mais las de cultiver enfin
Leur terre labourée,
L'un a dételé le matin,
L'autre l'après-dînée.
***

Souviens-toi de qui tu es fils et ne forligne pas.
(*Anciens Tournois.*)

SAINT-ÉTIENNE,

IMP. DE MONTAGNY, RUE DE LA LOIRE, 12.

1854.

SAINT-ÉTIENNE, IMP. MONTAGNY, RUE DE LA LOIRE, 12.

tre terre ségusienne : l'Allemagne et l'Italie nous en
avaient fourni, et nos provinces voisines en envoyèrent
un nombre suffisant à Saint-Etienne. La Réforme, en
attaquant les riches bénéfices de l'église et les privilèges
du clergé, allait fermer aux cadets de famille tout accès
aux honneurs. Alors ils se tournèrent vers le négoce, et
la cité stéphanoise vit s'implanter dans son sein de nombreux représentants de la noblesse qui venaient demander
au commerce une compensation pour les avantages et les
bénéfices qui leur échappaient.

Toutes ces familles cependant ne parvinrent pas au
même degré de fortune, plusieurs même restèrent dans
l'obscurité où elles se sont perdues.

En consultant les anciens documents, nous trouvons
comme s'étant plus particulièrement distingués, à Saint-
Etienne, les d'Allard et les Bardonnenche, venus du
Dauphiné; les Sauzéa, du Vivarez; les de Caze, du
Languedoc; les Palluat, de la Bresse; de la Bessée
et de Soleysel, du Beaujolais; etc., etc. Ce sont les
noms des plus anciennes familles, dont nous ayons connaissance, venues des pays voisins pour recevoir leur
part de l'or que les nations étrangères envoyaient à la
ville manufacturière, en échange de ses riches produits.

A cette époque, un gentilhomme sans fortune avait
pour y parvenir un moyen toujours sûr : c'était le négoce. Mais pour briser toutes ses croyances, pour
rompre en visière avec ses égaux, pour se placer au-
dessus des vanités et des préjugés dont s'entourait la
noblesse, que sanctionnait la classe moyenne, et que les
rangs inférieurs regardaient comme sacrés, il fallait que
celui qui prenait ce parti eût un bien grand courage.
Cette nouvelle position sociale lui imposait de dures
nécessités, d'affreuses privations, d'excessives con-

traintes; nous ne parlerons pas des humiliations, car les
lois auxquelles il devait se soumettre étaient rigoureuses
et impitoyables. Avant de poser le pied sur cette nouvelle
route, avant d'y faire le premier pas, un gentilhomme
devait déceindre l'épée dont il ne voulait plus se servir,
et la déposer sur la borne qui limitait cette voie peu fré-
quentée par ses pairs. Dès lors il perdait les privilèges
attachés à sa caste et ne conservait que le droit d'emporter son titre d'origine qui, plus tard, devait lui servir
à revendiquer son épée de chevalier ou ses éperons d'é-
cuyer. Rarement le souverain refusait de nouvelles lettres
de noblesse pour réhabiliter celui qui s'était entaché de
cette espèce d'apostasie et lui rendre ses titres et ses
privilèges. Le trésor royal trouvait toujours son profit
dans ces inconcevables mutations.

Non-seulement le gentilhomme, mais encore celui
qui voulait reconstruire une fortune compromise, celui
qui désirait ajouter à un mince patrimoine, celui enfin
qui, ne possédant rien, voulait avoir quelque chose,
accourait à Saint-Etienne. Cette ville faisait dès lors le
plus florissant commerce avec l'Europe entière. Les fortunes y étaient rapides, plus peut-être qu'aujourd'hui,
quoique plus d'un n'ait pas à se plaindre, et nos annales
nous en fournissent des preuves multipliées. Bientôt
nous retrouverons plus d'un nom recommandable, que
les chroniques de la ville nous présentent à l'origine,
dans les langes du négoce, et plus tard, à diverses
époques, ces mêmes noms investis des charges les plus
considérables de la cité et de l'Etat.

Il était arrivé aussi que les guerres intestines, les
troubles religieux ou d'autres raisons plus secrètes,
avaient poussé loin de leur berceau un grand nombre de
familles. En changeant de province, une ère nouvelle

dut nécessairement commencer pour elles. Fugitives qu'elles étaient, elles emportaient bien des souvenirs; mais elles étaient forcées d'abandonner ceux qui restaient invariablement fixés à l'histoire du sol auquel ils appartenaient : un dolmen ne s'emportait pas comme un *carolus* ou un *mouton d'or*. Elles ne reparaissaient ailleurs qu'enveloppées de leurs manteaux fourrés d'hermine ou de vair, avec lesquels elles cachaient leurs robes armoriées, afin de dérober plus facilement la connaissance de leur véritable origine. Très-souvent aussi il arrivait que, par des circonstances particulières ou pour rester plus inconnues, elles changeaient leurs anciens noms contre d'autres plus en rapport avec le langage du pays où elles s'établissaient. De tous ces faits, l'histoire nous fournit de nombreuses preuves. C'est pour cela que les renseignements sont si rares sur quelques familles qui se sont à dessein enveloppées d'une obscurité profonde, devenue plus sombre encore par le voile épais des siècles. Il n'est plus possible de se diriger si, dans ces catacombes, on ne découvre pas de loin en loin quelques points lumineux qui permettent de reconnaître le terrain sur lequel on marche.

Nous devions ces explications pour témoigner du caractère de nos intentions et surtout pour donner au lecteur un guide sûr dans les appréciations que chacun aime à former en s'occupant de ces matières. Et si nous avons résisté à l'envie de leur donner tout le développement que réclamait un pareil sujet, c'est que nous avons craint de nous écarter des limites qui se trouvent entre l'intérêt du récit et l'ennui de la prolixité.

Après avoir, par ce qui précède, mis notre conscience à couvert, nous espérons que chacun aura lieu d'être satisfait.

———oo᙮᙮oo———

Notre première pensée avait été d'observer l'ordre alphabétique dans les noms des familles qui vont suivre; mais nous n'avions pas prévu une foule de difficultés qui devaient nous entraver. Les communications que nous recevons chaque jour sont venues modifier notre plan par les nombreuses intercalations qu'elles semblent nous annoncer et qu'il n'est plus possible d'introduire dans un ouvrage imprimé. Nous prévenons donc que, quelque soit le rang que prendra telle ou telle famille, le hasard seul le lui aura assigné, et nullement une systématique préférence.

ARMORIAL

ET

GÉNÉALOGIES DES FAMILLES

Qui se rattachent

A L'HISTOIRE DE SAINT-ÉTIENNE

OU

AUX CHRONIQUES DES CHATEAUX ET DES ABBAYES.

ASSEMBLÉE DE LA NOBLESSE DU FOREZ.

Séance du lundi 23 mars 1789, à 9 heures du matin.

L'assemblée formée, M. le marquis de Rostaing, bailli de Forez, président de l'ordre, ayant pris séance, et à sa droite, M. Grailhe de Montaima, élu secrétaire.

M. le président a dit qu'il était nécessaire de faire le recensement de toutes les voix qui doivent, soit par procuration, soit par présence, concourir à l'élection des deux députés de l'ordre aux états-généraux, convoqués à Versailles pour le 27 avril prochain.

Il a été en conséquence procédé au dénombrement des votants, ainsi qu'il suit, sans que l'ordre des rangs puisse, en aucun cas, tirer à conséquence.

Scrutateurs.

M. le baron de Rochetaillée, tant pour lui que pour M. Philibert de Fontanès et M. le marquis de Harenc dont il est le fondé de pouvoir.   3

M. Valence de Minardière, pour M. Valence de Minardière, son neveu, et M. le marquis de Talaru, seigneur de Chalmazel.   3

M. Montagne de Poncins, pour M. Jacquemond du Mouchet, seigneur de la Prade. . .   2

A reporter.   8

Report.   37

M. Thoynet de Bigny, tant en son nom que comme tuteur de M. Michel de Mazenod, seigneur de Saint-Georges et Saint-Thomas..   2

M. Chappuis de Maubon, seigneur de Nervieu, pour M. Gonyn de la Rivoire, seigneur de la Merlée, et M. de Mascrany, seigneur de Bourgoin-la-Valette.   3

M. Perrin de Noalli, seigneur dudit lieu, pour Mme veuve Meaudre de Paladu, tutrice de M. Meaudre de Paladu, son fils, seigneur dudit lieu. . . .   2

M. le comte de Damas, pour M. le comte de Damas, seigneur du Rousset..   2

M. Vincent de Soleymieu, pour M. Vincent, son frère, seigneur de Saint-Bonnet-les-Oules.   2

M. Punctis de Boën, pour M. Papon de Goutelas, seigneur de Marcoux, et M. de Savaron, seigneur de l'Aubépin. , ...   3

M. du Rozier en son nom, et pour M. le marquis d'Apchon, seigneur de Montrond, et M. Ranvier, seigneur de Bellegarde.   3

M. de Barthetats, seigneur d'Arpheuillette, pour M. de Livron, seigneur de Magnieu-Hauterive, et M. Dervernay, seigneur de Viricelles..   3

M. le Conte, fils aîné, pour M. de la Mure, seigneur de Champs..   2

M. Duguet, officier au régiment du duc d'Angoulème, pour M. Guillet de Chatelus, seigneur de Chatelus.   2

M. de la Tour-Varan, pour M. Celles-Duby, seigneur de Lollagnier, paroisse de Riotord, et M. de Saignard de la Fressange, seigneur dudit lieu. . .   3

M. Hüe de la Blanche, pour Mme veuve Hüe de la Tour, dame dudit lieu.   2

A reporter.   66

Report. 66

M. Cognet des Gouttes, pour Mme veuve Gaudin, dame de Jas, de Feurs, etc. . . . . 2.

M. de Coutenson, capitaine de vaisseau, pour M. le duc de Harcourt, seigneur du duché de Roanne. 2

M. de Blumenstein en son nom et pour son père, seigneur de la Goutte.. 2

M. de Cuzieu fils, en son nom et pour M. de Cuzieu son père, seigneur dudit lieu, et encore pour M. Berardier de Grézieu, seigneur de la Chazotte. 3

M. Dassier, en son nom et pour M. Dassier son père, seigneur de Luriecq.. 2

M. Nayme des Orioles, en son nom, pour M. de Chambarlhac et M. Destizet de Saint-Cierge.. . . . 3

M. Julien Duvivier, pour M. Dupeloux de Saint-Romain, seigneur de Saint-Romain, et M. Julien, seigneur du Mas-Fontanès. 3

M. Julien de Villeneuve, pour M. Mayol de Lupé, seigneur de Lupé.. 2

M. Mathon de la Garinière, pour M. Bellet de Tavernol, baron d'Argental, pour M. Mathon, seigneur de Fogère, et M. Mathon, seigneur de la Cour. 4

M. Courbon de Saint-Genest, pour M. de Vernoux, seigneur de Noharet. 2

M. le chevalier d'Apinac, pour M. le baron de Feugerolles, marquis de la Rivière, et M. le marquis de l'Estrange, seigneur de Saint-Julien. 3

M. Duguet, ancien capitaine au régiment d'Auvergne. 1

M. de Punctis de la Tour.. 1

M. Chassain de Chabet l'aîné. 1

M. de Chazelet. 1

A reporter. 98

Report.   98

M. de Landuzière.   1
M. Challaye.   1
M. de Chambaraud.   1
M. Dumirat fils..   1
M. Chassain de Marcilly.   1
M. Sauzéa de Barges.   1
M. de Borne de Gagères.   1
M. du Flachat, seigneur d'Apinac.   1
M. de Viry, officier de dragons.   1
M. Goulard de Curraize..   1
M. Ravel de Montagny..   1
M. de Saint-Hilaire..   1
M. de la Noerie père..   1
M. Thoquet.   1
M. Dumirat de Crary..   1
M. de la Goutte de Grézieu..   1
M. Puy de la Bâtie..   1
M. Neyron de Roche..   1
M. Boyer de Sugny.   1
M. de Ramey de Sugny..   1
M. Chamboduc de Saint-Fulgent.   1
M. de Buronne..   1
M. le baron de Vaugirard.   1
M. de Rochefort.   1
M. de la Menne.   1
M. de la Garde..   1
M. de la Noerie fils..   1
M. Duguet, officier au régiment de la Couronne.   1
M. de Thy de Milly.   1
M. le chevalier de Barthetats.   1
M. Meaudre.   1
M. le Conte, offic. au rég. de Royal-Roussillon.   1

A reporter.   130

Report.	130
M. Nompère de Champagny.	1
M. Palluat du Besset.	1
M. de Viry de Saint-Germain.	1
M. de Chavagnac..	1
M. de Coutenson, seigneur de Coutenson.	1
M. de Bigny Clorobert.	1
	136

De cette opération qui établit que M. Chovet de la Chance, porteur de la procuration de M. Colomb d'Hauteville, seigneur dudit lieu; M. de Lurieu-Dupalais, représentant M. de Phisicat, seigneur de Bas; M. Griffet de la Banme, M. de Balichard, M. de Montarcher sont absents, ainsi que M. Demeaux, lieutenant-général, et M. Buffect du Crozet.

Signé : Le marquis de ROSTAING,
GRAILHE DE MONTAIMA.

Ainsi se termine cette importante nomenclature des familles nobles du Forez, discutée et solennellement reconnue et arrêtée par le corps entier de l'Ordre. C'est pourquoi il est facile de comprendre qu'il serait plus aisé d'en rayer quelques noms que d'y en ajouter un seul. Chaque famille avait trop d'intérêt à faire valoir ses droits pour supposer qu'il y ait eu quelque oubli dans une circonstance aussi importante aux diverses prétentions qui se trouvaient en présence, et jugées en dernier ressort par cette assemblée dont le caractère reflétait un rayon de la majesté des parlements.

On remarquera peut-être que quelques noms, bien connus dans notre province, ne figurent pas dans ce procès-verbal de 1789, c'est parce que ces familles avaient quitté le Forez précédemment pour s'établir ailleurs; car la noblesse, comme les autres classes, a ses motifs, ses causes et ses temps d'émigration.

ARMORIAL ET GÉNÉALOGIES.

—∞ₒᵢₒₓₒᵢₒₒ—

Généalogie de la famille d'Allard (1).

Cette famille du Dauphiné, où elle subsiste toujours, y possédait, dès l'an 1458, en la personne de Jacques d'Allard et de Marguerite de Sainte-Colombe, sa femme, les seigneuries de Chaneac, Massillac et Montrendre. Elle existe encore à Chaneac et à Pierrelate.

Suivant M. d'Allard de Montbrison et par sa lettre du 15 octobre 1828, ce fut environ en 1500 qu'un Louis et Pierre Allard vinrent s'établir à Saint-Etienne; et en effet, dès l'année 1503, on trouve cette famille propriétaire de maisons, comme il est porté dans le terrier Paulat (2). Il

(1) Nous devons cette généalogie à l'amicale obligeance de M. Sauzéa de Monteille qui de son côté a fait de laborieuses recherches généalogiques, particulièrement celles des familles éteintes de Saint-Etienne. Lui seul pouvait faire celle des d'Allard, comme les représentant au château de Monteille, où se trouvent les titres de cette famille. Celle-ci ne devant pas être la seule, nous indiquerons par un astérisque les articles qui appartiendront à ce fervent ami qui l'est aussi des vieux souvenirs historiques.

(2) Le terrier dit : *Anthonius, filius et donatarius honesti viri Gabrielis Allard, mercatoris Santi-Johannis-Bonorum-Funtium, confitetur se tenere quamdam domum, curtem et stabulum de retro, olim terram, sitem in burgo ultra Furanum, juxta iter tendens de Sancto-Stephano apud Chavanel, ex vento, et juxta.....* Le terrier est de 1515. Antoine et Gabriel d'Allard ne figurent pas dans la généalogie. Comme on le voit, cette famille habitait notre localité bien antérieurement à 1500.   De la T.-V.

paraît qu'elle n'arriva pas les mains vides dans notre ville ou qu'elle y fit une fortune assez rapide ; car, quelques années après, elle possédait des biens considérables, soit à Valbenoîte, soit aux environs de Saint-Bonnet-le-Château et de Monistrol (1).

1er DEGRÉ.

Pierre d'Allard vint, en 1500 environ, commencer une maison qui n'a point passé sans gloire parmi nous. L'on ignore le nom de son épouse, et l'on ne connaît que ceux de ses deux fils.

1° Hugues qui suit ;

2° Antoine que l'on retrouve comme ayant des propriétés à Saint-Jean-de-Bonnes-Fonts en 1530.

2e DEGRÉ.

Hugues d'Allard n'a laissé de lui que le nom de ses enfants à qui il légua de grandes propriétés à Valbenoîte, dont la plus grande partie, le domaine de Montferré et les moulins de Valbenoîte passèrent à Denis qui paraît être son fils aîné :

1° Denis qui suit ;

2° Pierre qui aura son article ;

3° Jean, fut capitaine-châtelain de Rive-de-Gier, sous l'année 1572. Il eut pour fille unique Claudine, mariée à N... Palerne ;

4° Antoine n'a pas laissé d'autres renseignements certains que le nom de ses deux fils et des biens qu'il recueillit dans la succession de son père, situés à Valbenoîte :

(1) A Montamogier sur la terre de Feugerolles, la vétusté a renversé, il n'y a pas longtemps, une vieille tour qui paraissait avoir fait partie d'un édifice plus considérable qui portait le nom d'Allard et que la tradition dit avoir appartenu à cette famille.

DE LA T.-V.

1º Louis qui suit ;

2º Jacques, fut présent au mariage de sa nièce Claudine. Il fit d'abord le commerce à Lyon, en 1609, et ensuite à Saint-Etienne, en 1612.

Louis d'Allard habita ses propriétés de la Grange-de-l'Œuvre. Il épousa Antoinette de Bertrand, sœur sans doute de Léonard, maître des eaux et forêts à Montbrison, qui éleva en 1570 environ le château d'Essalois dans la paroisse de Chamble (1). Louis d'Allard acquit, en 1609, de Jean de la Berardière, seigneur de la Vaure, une rente noble, au prix de 618 livres, pour laquelle il élut en ami son frère Jacques, alors marchand à Lyon. Le 20 septembre 1612, il maria Anne sa fille à honorable Louis Tardy, fils de Laurent et de dame Jeanne de......... Il lui constitua 2,000 livres pour droits paternels et maternels. Présents : noble Mathieu de Solleyzel, maréchal de la garde écossaise du roi, et noble Jean d'Allard, conseiller du roi et receveur de ses finances en la généralité de Lyon.

Régulièrement, je devrais placer la postérité de Pierre d'Allard avant celle de Denis qui est le chef de la branche qui a subsisté le plus longtemps ; mais je la réserve pour la dernière, parce que cette notice est spécialement consacrée à la mémoire de Pierre d'Allard, écuyer, seigneur de Monteille.

3º DEGRÉ.

Denis d'Allard paraît avoir été l'aîné des enfants de Hugues et, en conséquence, son héritier, puisque la majeure partie des propriétés de Valbenoîte étaient dans ses mains. C'est lui qui, en l'année 1572, fit élever, rue Roan-

(1) Le château d'Essalois fut bâti en 1580, par Léonard de Bertrand qui en était seigneur. Il passa dans les mains de la maison de Sourdis qui le vendit, le 7 mars 1671, aux camaldules de Val-Jésus.

DE LA T.-V.

nel, cette maison si remarquable sous le rapport des déco-
rations : des frises, des chapiteaux corinthiens, des pilastres
cannelés, attestent à la fois le degré de fortune et l'élégance du goût de Denis. Rien ne dirait aujourd'hui à qui
avait appartenu cette maison, si les insignes sculptés sur la
façade ne le disaient hautement (1).

Denis épousa en premières noces N... de la Berardière,
car on ne sait si c'est Clauda, Rédeline ou Bonne, toutes
trois filles de Jacques de la Berardière et de Deline de Bourg.
En deuxièmes noces, Catherine Baraillon.

Il eut de son premier mariage :

1° Jean qui suit ;

2° Jeanne, épousa M. Jacques Pierrefort, secrétaire du
    domaine et comté de Forez. Elle était déjà veuve de
    lui le 7 juillet 1622, époque où elle emprunta de Jean
    son frère, contrôleur-général des finances en la gé-
    néralité de Lyon, une somme de 128 livres 4 sols,
    qu'elle a dit vouloir employer à la poursuite du procès
    qu'elle a en sa qualité d'héritière fidéi-commise dudit
    Pierrefort, à la Cour du Parlement de Paris, à l'en-
    contre de Jean et autre Jean Cozon, frères. *Icelle
    damoiselle*, est-il dit, *demeurant à Saint-Etienne-
    de-Furan.*

---

(1) Il n'est personne d'entre nous qui, passant dans la rue Roannel,
n'ait pas jeté un coup d'œil de curiosité sur cette jolie devanture
ciselée et posée avec tant de grâce, au milieu d'une rangée de vieux
édifices moins parés qu'elle. C'est un reste de ce style mixte préparé
par une nouvelle école qui lui donna le nom de *Renaissance,* et qui
avait pour objet de remplacer l'architecture ogivale.

Elle fut réparée, nous croyons, en 1842, et dans sa sollicitude, le
propriétaire ne se proposait rien moins que de faire rompre les cor-
niches, niveler les frises et marteler les figurines. Selon lui, ces
ornements ne faisaient que retenir la poussière que la pluie étend
sur les murailles, et sa frayeur était de voir salir le frais badigeon
qu'on y avait versé à pleins seaux. Heureusement qu'il n'a pas per-
sévéré dans sa résolution.   DE LA T.-V.

3° Catherine, épousa noble Jacques Chappuis, capitaine-châtelain de Montbrison.

Du deuxième lit :

4° Philippe, né le 17 janvier 1585, qui n'est pas autrement connu.

4° DEGRÉ.

Jean d'Allard, fils de Denis, hérita des biens paternels aux environs de Valbenoîte. Il reste deux grangeages de son domaine de Montferré, l'un du 5 novembre 1623 et l'autre de l'an 1625, avec la qualité de contrôleur-général des finances de la généralité de Lyon. Il y est dit : *habitant de Saint-Étienne-de-Furan.*

La place importante de contrôleur-général où il parvint le plaça dans un ordre de choses différent de celui où s'étaient trouvés ses devanciers, et ouvrit à ses successeurs une carrière plus aisée à parcourir. Il épousa Anne de la Guiole, fille de Claude, baron d'Agrain, dont il eut :

1° Pierre qui suit ;

2° Jean, s'établit à Saint-Germain-Laval où on l'y trouve sous l'année 1643, et sans état ou profession. Il n'est pas autrement connu, et tout porte à croire que c'est son fils qui, établi à Bussi, y décéda en 1655, laissant un fils en bas âge qui a dû continuer cette branche, puisque les Allard y ont subsisté jusqu'à ces derniers temps, dans une position un peu différente, il est vrai. Il y a dans les environs de Bussi un moulin qui a retenu leur nom.

3° Pierre le jeune, s'établit à ce qu'il paraît à Montbrison où l'on ne voit pas qu'il ait eu de place ou d'emploi ; car au baptême de Jean son fils, en 1635, il est seulement qualifié : noble Jean Allard, sans qualité. Il avait épousé Gabrielle de Gambard, et nous n'avons pas d'autres renseignements sur lui non plus que sur sa postérité.

4° Claude, né le 20 mai 1633, eut pour parrain noble
Claude de la Guiole, baron d'Agrain, et pour marraine
damoiselle Catherine Allard, femme de Jacques Chappuis. Il fut chanoine et précenteur de l'église collégiale de Saint-Chamond, et à sa mort il légua ses biens
à ses neveux Claude et Denis.

Les mariages que Jeanne et Catherine d'Allard avaient
contractés à Montbrison, où Jacques Pierrefort, quoique
de Saint-Etienne, était par sa charge obligé de résider,
avaient amené pour les d'Allard de Saint-Etienne beaucoup
de rapports avec la première de ces villes. Les fils de Jean,
à l'exemple de leur père, ne voulant plus suivre le commerce, étaient naturellement portés à se rapprocher de
leurs oncles, l'un secrétaire du domaine et l'autre capitaine-châtelain ; la capitale de la province offrait d'ailleurs
beaucoup de places de magistrature ou d'administration,
plus assortissantes aux idées nouvelles des enfants du contrôleur-général, et tout les conduisait donc à entrer dans
cette voie nouvelle qui flattait d'anciens souvenirs et des
espérances très-prochaines. Ils quittèrent tous le berceau
qui avait protégé leur faiblesse et où ils avaient grandi
pendant quatre générations, pour aller exercer leurs forces
sur un plus grand théâtre ; mais il faut dire à leur louange,
que le berceau de leurs jeunes années fut toujours conservé
par eux avec un soin religieux ; ils n'ont pas eu lieu de
s'en repentir, et il semble que ce soit par un retour de
reconnaissance que ces lieux insensibles, mais servant
d'instrument à la pensée qui conduit tout, aient servi d'asile,
pendant les jours les plus néfastes de la Révolution, au
dernier représentant de cette famille. C'est caché dans son
moulin de Valbenoîte qu'il échappa aux proscriptions san-
glantes de cette époque. Depuis, il a vendu cette propriété
de ses pères, mais il l'a vendue au meunier généreux qui
lui avait sauvé la vie et, dit-on, a largement précompté sur
le prix la reconnaissance du bienfait qu'il en avait reçu.

5° DEGRÉ.

Noble Pierre Allard, écuyer, reçu lieutenant particulier au bailliage de Forez, en 1631, épousa, le 29 avril 1632, Charlotte-Louise Perrin de la Corée, fille de Jacques, seigneur de Thevenet et de Villechaize, et de damoiselle Hilaire de Léris. Il paraît qu'il n'eut pas d'enfants de ce mariage ; et sa femme étant décédée, il se remaria, en 1639, avec Jeanne de Sistel dont il eut les enfants nommés ci-après.

Le 18 décembre 1649, il consentit l'acte qui suit : « Fut présent noble Pierre Allard, conseiller du roi, lieutenant assesseur civil et criminel au bailliage et siége présidial de Montbrison, fils et héritier bénéficiaire de feu noble Jean Allard, vivant conseiller du roi et contrôleur-général aux finances de la généralité de Lyon, lequel de gré a concédé à Blaise Prudhomme, son meunier au moulin de Valbenoite, de faire et construire un quatrième moulin audit lieu de Valbenoite, dans le circuit et enclos de murailles qui servent à la clôture des trois autres moulins qui sont de présent audit lieu de Valbenoite, et audit Allard appartenant..... »

Il décéda environ en 1670, laissant :

1° Claude qui suit ;

2° Denis dont il sera parlé après son frère ;

3° Émerantienne, épousa, en 1661, Jean Berardier, écuyer, seigneur de la Chazotte.

6° DEGRÉ.

Claude d'Allard, écuyer, seigneur des Tournelles, ayant charge de damoiselle Jeanne de Sistel, sa mère, passa ferme, le 28 septembre 1672, du moulin, battoir à chanvre et pré à Valbenoite, de l'hoirie de Pierre d'Allard, seigneur d'Uzieu, son père, moyennant 211 *bichets bled*, mesure de Saint-Etienne, les deux tiers en seigle et l'autre tiers en froment ; plus la somme de 120 livres et une charretée foin, le tout payable et portable chaque année dans sa maison de Saint-Etienne.

Conjointement avec sa mère il constitua, en faveur de l'Hôtel-Dieu de Saint-Etienne, le 17 mars 1678, la rente de 200 livres, au capital de 4,000, qu'il recevait de cette maison et qu'ils imposèrent sur tous leurs biens présents et à venir et spécialement sur le moulin et pré à Valbenoîte.

Claude d'Allard épousa Louise de Gation dont il n'eut pas d'enfants, laissant sa succession à son frère qui suit.

6ᵉ DEGRÉ.

Denis d'Allard, écuyer, seigneur du Lac, prévôt provincial de Forez, demeurant à Montbrison, hérita de son frère Claude et continua la postérité.

On lui donne pour femme, quelque part, N... Badol ; mais c'est une erreur, parce que cette famille n'existait plus qu'en la branche de Forcieu qui est bien connue. J'ignore le nom de sa femme, ainsi que toutes les particularités qui concernent cette branche d'Allard, du moment qu'elle s'est fixée à Montbrison.

Denis d'Allard, qui avait testé en 1708, laissa pour fils

7ᵉ DEGRÉ.

Claude d'Allard, écuyer, lieutenant particulier au bailliage de Forez, épousa Marie Punctis de Latour.

Il décéda en 1757, âgé de 83 ans, ne laissant qu'un fils unique qui suit :

8ᵉ DEGRÉ.

Jacques d'Allard, écuyer, marié en 1757 à N... Courtin de Billy. De cette union doit être descendu M. d'Allard, auteur du beau cabinet d'histoire naturelle à Montbrison.

En 1755, on trouve ledit Jacques d'Allard, écuyer, ancien capitaine au régiment de Ponthieu, demeurant à Montbrison, qui, pour et au nom de Claude d'Allard, son père, loue les moulins de Valbenoîte.

Allard de Monteille.

3e DEGRÉ.

Pierre d'Allard, fils de Hugues et frère de Denis, se livra au commerce comme tous ses parents. Il était fixé à Paris au 3 août 1548, époque à laquelle il contracta une société commerciale avec honorable Jean Merlon, de Saint-Etienne, qui demeurait aussi dans la capitale, et ce pour deux années, avec cette stipulation que si, pendant ce temps, l'un ou l'autre se mariait, sa femme pourrait suivre par elle-même tel commerce qu'elle verrait, sans que l'autre associé y puisse rien prétendre. Acte reçu Poullain et Cousin, à Paris.

Il revint à Saint-Etienne et épousa Antoinette Bory, fille de pierre et de Marcelline Pierrefort ; la date de ce mariage est inconnue, mais il l'était toujours avant 1558.

Le 14 avril 1553, il acquit de Françoise Boulioud, de Lyon, au prix de 600 livres, une maison située et joignant au Pré de la Foire de Saint-Etienne, de vent ; c'est la maison dont il est parlé dans la *Gazette Française*, ouvrage de Marcellin d'Allard, son fils.

En 1565, il acquit une grange au territoire de la Chaléassery et un pré de quatre seytives, au prix de 800 liv.

Il fut consul de Saint-Etienne en l'année 1569, et le 15 juillet 1572 il acquit une maison, écurie et jardin, au bourg de l'Estra, près Latour-en-Jarez, au prix de 400 livres.

Il testa le 21 février 1576, et par cet acte il légua à Mathieu, son fils puiné, 500 liv. pour ses droits ; et à Jean et Claude, aussi ses fils, même somme de 500 liv. à chacun ; à Catherine, sa fille, 1,000 liv., à Maria aussi 1,000 liv. ; à Antoinette, sa fille aînée, 100 livres ; à Héléne, sa fille puînée, 5 sols. A Antoinette Bory, sa femme, la jouissance, sa vie durant, de tous ses biens, pourvu qu'elle s'abstienne de nouvelles et secondes noces. Veut et ordonne sondit héritier lui porter honneur et révérence, demeurer avec avec elle tant qu'elle observera la viduité, prendre d'elle et par ses mains tout l'argent monnaie que ledit testateur se trouvera après sa mort. Plus lui donne la somme de 1,000 liv. une fois payée. Héritier, Marcellin, son fils aîné.

Pierre d'Allard décéda peu après, puisque le 14 juillet de la même année, Antoinette Bory était veuve de lui. Elle testa le 23 octobre 1592, et ses principales dispositions furent : Antoinette et Catherine ses filles, à chacune 66 écus et deux tiers ; plus à ladite Catherine, la meilleure de ses robbes, drap ou serge, à son choix. A Hélène, 166 écus deux tiers. A Antoinette Molinost sa filleule, fille de ladite Hélène et de Pierre Molinost, la seconde de ses meilleures robbes, réservé sa robbe fourrée qu'elle veut appartenir à Marcellin Allard, son fils substitué. A Pierre Allard son filleul, fils dudit Marcellin, le pré par elle acquis des mariés Rigaud et David. A Marie Allard son autre fille, 5 sols. Héritier universel, Claude Allard, son autre fils ; et au cas où ledit Claude, qui est aux champs depuis longtemps, fut décédé ou vint à décéder sans enfants, elle lui substitue ledit Marcellin Allard.

Leurs enfants furent donc :

1° Marcellin qui suit ;

2° Mathieu,
3° Jean, } morts avant 1592 ;

4° Claude qui était aux champs depuis longtemps et qui n'a pas encore donné de ses nouvelles ;

5° Antoinette, mariée à Jean Saulze ;

6° Catherine, mariée à Antoine Pierrefort ;

7° Hélène, mariée à Pierre Molinost le 31 juillet 1575 ; elle testa en 1631 ;

8° Marie, mariée à André Morandin, le 31 mai 1587.

4° DEGRÉ.

Marcellin d'Allard suivit d'abord le commerce, du vivant de son père, pour se conformer à sa volonté et ménager à ses frères la suite des affaires ; mais deux de ceux-ci étant morts, le troisième disparu depuis longtemps, et son père étant venu à mourir, il abandonna, à l'exemple de Jean d'Allard son cousin, une carrière qui ne s'alliait plus à l'essor que prenait sa famille, essor qu'il était tout disposé à seconder ; d'ailleurs, les talents que la nature lui avait départis le poussaient vers les belles-lettres, en même temps que l'ardeur de son tempérament l'entraînait aux voyages lointains. C'est une chose singulière que de trouver un érudit à Saint-Etienne, à cette époque ; Marcellin d'Allard est le premier écrivain que cette ville ait produit ; ses ouvrages ne sont pas considérables, il est vrai, puisqu'ils ne consistent guère qu'en un seul volume ; mais comme ils prouvent une érudition assez étendue, puisqu'ils constatent la connaissance du latin, de l'italien, du grec et de l'espagnol, à la complaisance avec laquelle il cite de nombreux proverbes espagnols, il est évident qu'il a fait un séjour assez long dans ce pays. C'était ce désir d'instruction qui le poussait continuellement vers Paris, puisque les seules pièces qui nous restent nous le font voir dans cette ville, en 1583, 1588, 1589, 1602, 1603 et 1604. Comme je dois parler plus au long de son ouvrage, je vais, pour être plus libre de le faire, rappeler d'abord sa vie de famille, pour passer ensuite à sa vie littéraire.

Préoccupé des souvenirs qui se rapportaient à ses premiers pères, souvenirs qui déjà avaient travaillé la tête de Denis, son oncle, jusqu'à lui faire ériger au milieu de la cité le monument dont j'ai parlé, Marcellin pensa aussi, dans le choix de son épouse, à ce qu'il devait à ceux qui l'avaient précédé et à ceux qui devaient le suivre ; il jeta ses vues dans une famille distinguée, et elles furent agréées. Ce doit être environ en 1580 qu'il obtint la main d'Helène de Roissieu, fille de Marcellin et de Gasparde de la Bessée ; et c'est par cet heureux mariage que les successions des deux maisons de Roissieu et de la Bessée arrivèrent dans celle d'Allard.

Marcellin décéda environ en 1618, laissant :

1° Pierre qui suit ;

2° André, hérita dans le courant de 1614, de noble Denis de Roissieu, son oncle, commissaire-général des vivres de l'armée de Dauphiné. Il se trouvait par là dans une position avantageuse que sa parenté avec Charles de Roissieu, conseiller du roi en ses conseils d'Etat et privé, pouvait beaucoup élever. C'est ce qui arriva, puisque nous le voyons, en 1620, devenu secrétaire ordinaire de la chambre du roi. Mais c'est aussi à cette époque que menant, à ce qu'il parait, une vie dissipée, il commença, pour payer ses dettes, à vendre ses propriétés. Cette conduite lui ayant fait perdre sa place de secrétaire de la chambre du roi, il embrassa la carrière militaire d'autant plus volontiers qu'il avait servi très-jeune dans l'armée dont son oncle Denis de Roissieu était commissaire-général. Il était cornette de chevau-légers le 26 octobre 1629, date de l'acquisition qu'il fit du château de Monteille, de Henri de Fleureton, fils de Louise de Roissieu, comme André d'Allard l'était d'Hélène de Roissieu, sa sœur. Cette famille de Roissieu avait hérité, de l'ancienne maison de Monteille, de cette propriété, et le motif principal du vendeur comme de l'acquéreur fut, dans cet acte de 1629, la conservation de ce bien dans la même famille.

André d'Allard n'eut pas d'autre occupation que la guerre. Le souvenir de ses ancêtres du Dauphiné et bien d'autres motifs, tout lui faisait une nécessité de s'illustrer à son tour. Il fut trop fidèle à ce devoir héroïque qu'il s'était imposé, il fit toutes les guerre de Louis XIII, et accoutumé à vaincre, il périt enfin le 6 juillet 1641, en disputant vainement la victoire......... à la fatale journée de la Marfée. N'ayant point été marié, son frère Pierre le jeune fut son héritier;

3° Denis, religieux camaldule. Ses lettres de tonsure
   sont du 20 juin 1611 ;

4° Pierre le jeune qui aura son article ;

5° Antoinette, religieuse à Joursey ;

6° Hélène, mariée à Pierre Métare.

Hélène de Roissieu fit un premier testament le 19 juillet
1632 et un second le 3 juillet 1646. Elle mourut âgée de
près de 86 ans.

5ᵉ DEGRÉ.

Pierre d'Allard, héritier du domaine du Treuil affranchi
de tous droits par le seigneur direct, épousa, avant 1630,
Antoinette Molin qui retira 3,500 livres pour ses droits
paternels. Il décéda avant 1646, laissant :

1° Jacques qui suit ;

2° Noël, prêtre à Saint-Etienne ;

3° Pierre, épousa Claudine Payre, dont issus :

   1° Antoinette, mariée à Pierre Aymard, du Dauphiné;

   2° Anne, à qui son père légua 600 livres par son testament du 7 décembre 1693 ;

4° Antoinette, mariée à Pierre Gendre, dont issus :

   1° Toussainte Gendre, religieuse à Sainte-Catherine;

   2° Pierre Gendre, non marié ;

   3° Noël, } morts sans postérité ;
   4° Louis, }

   5° Martin Gendre, prêtre, hérita des biens de sa famille. Il testa le 12 mars 1745 et décéda le 13 avril
   1759. Il fit héritier les hospices de Saint-Etienne,
   et sa succession montait à 20,000 livres, dettes dé-
   duites, dont 15,000 pour la valeur du domaine du
   Treuil ;

5° Françoise, religieuse au couvent de Sainte-Marie,
   reçue par acte notarié et passé dans le couvent le 20
   mai 1650. Mai et 15 ans!....... On n'attendait sans
   doute que le sacrifice de la pauvre jeune fille pour

célébrer le mariage de son frère aîné qui eut lieu trois semaines après. Cet immense sacrifice se fit en présence de toutes les religieuses assemblées, des parents et des amis de la victime, qui tous ont signé; mais elle a signé la première, et l'incertitude, l'irrégularité et l'hésitation des caractères qu'elle a tracés, attestent le plus grand sacrifice que l'on puisse faire dans sa vie et qui lui révélèrent alors le trouble de ce cœur trop incertain et si agité, mais qui a vu la fin de ses peines et a cessé de battre depuis près de 200 ans.

6ᵉ DEGRÉ.

Jacques d'Allard épousa, le 15 juin 1650, demoiselle Toussainte Staron, fille de noble Noël Staron, vivant conseiller du roi et élu en l'élection de Forez, et de demoiselle Jeanne Clépier. Le contrat fut passé à Villebœuf, maison de noble Louis Besset, seigneur de la Valette, en présence de messire Noël d'Allard, prêtre, frère du futur; noble Pierre d'Allard, seigneur de Monteille, gentilhomme servant chez le roi; Antoine de Colomb, etc.

Il ne vint pas d'enfants de ce mariage, et Martin Gendre hérita des biens de cette branche qui était l'aînée et qui finit ainsi en la personne de Jacques d'Allard.

5ᵉ DEGRÉ.

Pierre d'Allard, écuyer, seigneur de Monteille, capitaine de cavalerie, était le plus jeune des enfants de Marcellin d'Allard et d'Hélène de Roissieu, et ne pouvait espérer de fortune que celle que son mérite pourrait lui faire obtenir. Mais la mort d'André, son frère, dont il fut l'héritier, lui ouvrit une plus belle carrière, et peu d'années après, sa mère, qui avait recueilli les successions de Georges et Charles de la Besséo, le fit aussi son héritier. Il soutint dignement le fardeau honorable que le concours des événements lui avait imposé et fut, par la hauteur de ses sentiments, le digne représentant de sa famille. Très-jeune encore il avait fait ses premières armes à côté d'André, son frère, dont la valeur bouillante et qui lui fut si fatale avait électrisé son jeune cœur, y jeta des semences d'héroïsme que le temps devait développer ; mais nous n'avons à rappeler ici que les faits généraux de sa vie.

Il épousa Marthe Cozon de Bayard, fille de Jean, l'un des cent gentilshommes de la chambre du roi, famille qui descendait, par alliance, de l'ancienne maison du Terrail de Bayard qui produisit l'illustre chevalier de ce nom. Ce mariage ne contribua pas peu à exalter l'enthousiasme guerrier qui dominait d'Allard ; mais les soins de la famille le retinrent quelques années à Saint-Etienne, pendant lesquelles la vétusté du château de Monteille le força à le reconstruire. Il dut en demander la permission à son suzerain, le seigneur de Saint-Priest, qui la lui accorda de la manière la plus large le 15 septembre 1657, en lui permettant, aux termes de cet acte, de le reconstruire avec des créneaux, tours, meurtrières et canardières, d'y placer des girouettes et autres embellissements.

Mais malgré l'apparence de bonheur dont d'Allard semblait jouir par sa position, un front soucieux et des inquiétudes sans cause révélèrent en lui des tourments secrets. La suite apprit qu'ils provenaient du désespoir qu'il éprouvait de se voir sans héritier ; car pendant les quinze premières années de son mariage, il n'avait obtenu qu'une fille. D'un autre côté, les triomphes de Louis XIV, dont la gloire remplissait toute l'Europe, réveillèrent toutes ses idées belliqueuses, et poussé par ces deux motifs, il fit partie du corps de six mille hommes, presque tout composé de noblesse française, que Louis XIV envoya, en 1664, au secours de l'empereur vivement pressé par les Turcs. L'histoire nous apprend que la victoire qui fut remportée à Saint-Godard, sur les bords du Raab, sur les Musulmans, fut entièrement due à ces six mille hommes d'élite; et qu'il

est peu de faits d'armes où les Français aient fait plus de
prodiges de valeur; mais d'Allard, renversé de cheval et
foulé sous les pieds de la cavalerie ennemie, n'échappa à
la mort que par une espèce de miracle et de protection
divine dont il s'empressa de se reconnaître en accomplissant
de suite le vœu qu'il avait fait dans ce moment critique.
Son épouse, de son côté, avait fait un vœu semblable, dans
des circonstances différentes, et ils accomplirent l'un et
l'autre en érigeant la chapelle de Monteille où ils firent
placer deux tableaux commémoratifs des deux motifs de
son érection.

D'Allard, à son retour, eût sans doute marié sa fille, âgée
seulement de quinze ans, à Châtelbon, son neveu, auquel
elle était promise; mais l'infortuné, pour vouloir trop mériter le prix qui lui était accordé, le vit s'échapper de ses
mains en tombant mortellement frappé à côté de son oncle.
Il en fut de même de l'intrépide Joly, lieutenant de d'Allard.
Le triste pressentiment de ce jeune guerrier ne l'avait point
trompé lorsque se présentant devant le notaire Desverneys,
le 15 mars 1664, il lui dit : « Qu'il fait son testament,
parce qu'il est sur le point de partir pour l'armée, dans la
compagnie de cavalerie du sieur de Monteille. » C'était
aux efforts désespérés de Joly, frère d'armes de d'Allard,
malgré la différence d'âge, que ce dernier devait le reste
de vie qu'il avait conservé sur le champ de bataille de
Saint-Godard. Aussi, voulant se reconnaître autant qu'il
était en lui d'un semblable service, il accorda Marie, sa
fille unique et son seul enfant, à Jean-Baptiste Joly, juge
de St-Etienne, frère de son infortuné compagnon d'armes,
et son héritier institué par le testament du 15 mars.

D'Allard, privé de sa fille par ce mariage, sentit un plus
grand vide autour de lui, et fut sans doute retombé dans les
sombres idées qui l'obsédaient avant son départ, lorsqu'un
jour sa tendre épouse lui déclara qu'elle serait encore mère
une seconde fois. Quelques mois après, l'heureux père

serrait dans ses bras un fils pour lequel il eût donné le reste
de ses jours. Nous laisserons cet heureux père jouir de son
bonheur pour passer à ce fils qu'il avait tant désiré.

6ᵉ DEGRÉ.

Louis d'Allard succéda à Jean-Baptiste Joly, son beau-
frère, dans la place de juge civil, criminel et de police de la
ville de Saint-Etienne et marquisat de Saint-Priest, et il
l'occupa un grand nombre d'années. Il reste de lui son premier plaidoyer, quand il débuta au barreau; cette pièce
prouve un talent distingué. On trouve aussi de lui des vers
français, signés de Monteille, dans les poésies de Chapelon
qui, dans son poème de l'entrée du seigneur de Saint-Priest,
lui a consacré un éloge assez étendu. Il épousa Catherine
Faure dont il eut un fils et quatre filles :

1º Jean-François qui suit ;

2º Jeanne-Antoinette, mariée à Jean Baudin, échevin ;

3º Marie-Anne, mariée à Antoine-Noël-Joseph Ronzil ;

4º Catherine, mariée à Pierre de la Roère ;

5º Marguerite, mariée à Barthelémy Alléon.

7ᵉ DEGRÉ.

Jean-François d'Allard de Monteille, seul fils de Louis,
fut pendant quelque temps juge de Valbenoîte ; mais il
n'était pas homme à aller tourmenter son existence des
combats des autres, lorsqu'il savait si bien les éviter pour
son propre compte; il sut se rendre libre des embarras de
la vie et se reposer dans une douce quiétude d'esprit. Ne
sachant ni se faire payer, ni payer lui-même, il vécut toute
sa vie des emprunts qu'il fit à Jean Baudin, son beau-frère,
et en fut quitte à sa mort pour mettre en tourbe confuse
les dettes avec les écus et à passer le tout en bloc à son
beau-frère et à sa sœur, en les instituant ses héritiers. Il
décéda sans alliance, en 1754, et en lui finit cette branche
d'Allard de Monteille.

Armes : d'or, au chevron de sable, accompagné de trois
étoiles d'azur en chef et d'un croissant montant de gueules
en pointe *(Planche 1, n° 1.)*

———◦◦⦊⊗⦉◦◦———

Généalogie de la famille de Bardonnenche.

Nous avons dit tout ce que nous savions sur la famille
d'Allard, après laquelle arrive à Saint-Etienne celle de
Bardonnenche. C'était une des plus anciennes et des plus
illustres du Dauphiné. La noblesse de cette province, au
rapport de Nicolas Chorier, l'un de ses historiens, se composait de treize cents familles qui se rattachaient, comme
autant de branches, à près de cinq cents tiges. Presque
toutes prétendaient à la souveraineté dans leurs terres. Dans
ce nombre certainement se confondait aussi ce qu'on appelait *la noblesse de Louis XI*, malice qui désignait alors
une noblesse douteuse et suspectée. *Ce bon rompu de roi*,
comme l'appelle Brantôme, n'étant encore que dauphin,
avait puisé dans un grand nombre de bourses dauphinoises,
pendant ses brouilleries avec Charles VII, son père. Le
nombre de ceux qui l'avaient aidé dans ces moments difficiles était grand. Dans l'impossibilité où il se trouva, étant
roi, de les satisfaire en argent, il usa d'un moyen que ses
prédécesseurs avaient déjà employé : il accorda des lettres
de noblesse à ses créanciers. Il reste à savoir si tous furent
également satisfaits; les plus vaniteux, au moins, durent
l'être. Parmi ces nouveaux privilégiés, il distingua plus
particulièrement Guillaume Carrière, son trompette, à qui,
pour un motif secret, il fit épouser une femme noble et
riche du Dauphiné.

Cette famille de Bardonnenche arrivait obscurément
parmi nos pères, exempte de l'application du proverbe
insultant, et dans sa pauvreté, elle restait fière de la no-

blesse de son origine et portait haut son écu sans tache ni souillure.

Elle vint donc à Saint-Étienne vers la fin du XVe siècle, s'efforçant d'oublier la grandeur des souvenirs qui jusque-là avait occupé ses pensées, et tâchant que personne ne pût reconnaître en elle cette noble race qui se montra si belle, dès le commencement où elle apparaît au fond des premiers temps de la féodalité. Elle y réussit complètement : pendant un siècle elle y végéta entièrement inconnue, car il est à remarquer que toutes ces familles dépaysées n'ont pu se résoudre, dans les commencements, à se mêler des affaires publiques et vivre de la vie commune.

Elle tirait son nom de la vallée de Bardonnenche, en latin *Bardonnenchia*, vers les frontières du Piémont, qu'elle possédait déjà au XIe siècle, et n'avait jamais reconnu d'autre suzerain que le chef de l'empire à qui elle prêtait foi et hommage.

Ce ne fut qu'au XIVe siècle que cette puissante famille s'avoua vassale des dauphins ; elle s'était tellement accrue, que la terre de Bardonnenche se trouva divisée en co-seigneuries qui appartenaient à trente chefs de famille du même nom, dont le dauphin reçut l'hommage en 1330.

Pons de Bardonnenche, qui vivait en 1078, est le premier dont on ait connaissance.

Pierre, qui vivait en 1119, peut être son fils.

I. Ce n'est que de Rodolphe de Bardonnenche, qui vivait en 1186, que commence la filiation suivie. Il eut pour fils:

II. Hugues de Bardonnenche qui fut père de

III. Aymard de Bardonnenche , vivant en 1225, dont issu

IV. Pierre de Bardonnenche dont naquit

V. Perceval de Bardonnenche que des actes nous montrent vivant en 1280. De son fils,

VI. Pons de Bardonnenche, naquit

VII. Constant de Bardonnenche dont issu

3

VIII. Borsac de Bardonnenche dont issu

IX. Pierre de Bardonnenche qui eut pour fils

X. Lantelme de Bardonnenche, nommé dans la révision des feux de l'an 1428. Il laissa

XI. Durand de Bardonnenche qui vivait en 1443. Il fut père de

XII. Jean de Bardonnenche dont il est fait mention en 1461, il laissa pour successeur

XIII. Jean de Bardonnenche, deuxième du nom, père de

XIV. Jean III de Bardonnenche qui épousa, en 1474, Jeanne de Revillasc, de laquelle étant veuf, il se remaria à N... De ces deux mariages il eut plusieurs enfants, entre autres,

XV. Alexandre de Bardonnenche qui épousa Lucrèce de Montchenu dont il eut :

1° Alexandre, qui continua la postérité, et

2° César qui paraît être l'auteur de la branche qui vint se fixer à Saint-Etienne.

Dans l'impossibilité où nous nous trouvons, faute de renseignements, d'en suivre la filiation qui ne devient certaine qu'à Claude dont nous parlerons bientôt, nous nous contenterons de rappeler ce que dit le terrier de la ville de Saint-Etienne en 1515 :

« Petrus Bardonnenchi, faber de Sancto-Stephano, con-
« fitetur se tenere quamdam domum altam, mediam et
« bassam, olim de responsione Hugonis Paulat, sitam in
« villa Sancti-Stephani..... juxta carrieram ex borea.

« *Item.* Quemdam ortum situm extra villam, juxta iter
« tendens à porta de Roannel apud los Gaulx et circuens
« villam, et juxta viam per quam itur de Sancto-Stephano
« aux Rapaulx. »

A la même époque, on trouve aussi : Antoinette Bardonnenche, femme de Guillaume Faure.

Comme on le voit, dès le commencement du XVIe siècle cette famille possédait déjà une maison à Saint-Etienne ; en

1580, elle y en possédait deux, et ce sont là les seuls souvenirs qui attestent son existence dans l'intervalle de sa
sortie du Dauphiné à Claude de Bardonnenche.

XVI. Il n'est point déraisonnable de penser que César
de Bardonnenche, qui fait le 16e degré, soit le père de

XVII. Pierre de Bardonnenche qui reconnaît, en faveur
du seigneur de Saint-Priest, une maison et un jardin à
Saint-Etienne. Il est de même plus que probable, en confrontant les dates, que Pierre fut père de

XVIII. Claude de Bardonnenche. Il épousa Marie Descots
et testa le 15 novembre 1597, laissant les enfants qui suivent ;

1° Jacques qui suit ;

2° Antoine qui passa quittance de ses droits paternels à
  Jacques, son frère aîné, le 2 septembre 1603, et dont
  on ne connaît pas la postérité ;

3° André auquel Pierre de Bardonnenche, son frère, fait,
  par son testament du 6 avril 1637, remise de 4,100
  livres qu'il lui doit, et lui lègue en outre 3,000 livres
  pour en jouir sa vie durant, ce qui indique qu'André
  n'était point marié ;

4° N... mariée à N... Gendre, dont issu André Gendre
  qui, par le testament de Pierre de Bardonnenche, son
  oncle, reçoit un legs de la somme de 60,000 livres
  qui lui était due en Portugal ; mais ces 60,000 livres
  furent perdues par l'événement de la guerre ;

5° N... ne paraît pas avoir été mariée. Elle reçut, ainsi
  que sa sœur, 80 livres de pension, par le testament de
  Pierre, leur frère ;

6° Pierre de Bardonnenche qui commença par tenir un
  magasin d'épiceries à Limoges, mais qui le transporta
  ensuite à Saint-Etienne, probablement en 1612, après
  la mort de Jacques, son frère.

XIX. Jacques de Bardonnenche épousa, le 28 mars 1600,
Jeanne Roussier. Il testa le 29 décembre 1611, devant

Valoux, notaire, et mourut peu de jours après, car l'inventaire de ses effets, fait à la requête de dame Jeanne Roussier, sa veuve, est du 15 février suivant. On voit par cet inventaire qu'il faisait un énorme commerce d'épiceries.

Jacques de Bardonnenche laissa trois enfants :

1° Jean de Bardonnenche qui fut ecclésiastique de la compagnie de Jésus, et qui reçut un legs de 6,000 livres par le testament de Pierre de Bardonnenche, son oncle ;

2° Marie, religieuse au couvent de Sainte-Catherine, à Saint-Etienne ;

3° Jeanne, religieuse dans le même couvent.

XIX. Pierre de Bardonnenche faisait, comme nous l'avons dit, le commerce à Limoges. La mort de son frère le rappela à Saint-Etienne où il épousa, le 30 décembre 1618, Marguerite Réal, fille d'honorable Etienne, aussi marchand, et de Marie Mazenod, lequel constitua à sa fille 4,000 livres et 200 livres en meubles.

La grande fortune qu'il fit porterait à croire qu'il tenait les deux maisons de commerce de Limoges et de Saint-Etienne. Sa fortune s'élevait à sa mort à la somme fabuleuse alors, pour Saint-Etienne, de 324,000 livres, non compris les 60,000 livres qu'il avait en Portugal.

Pierre de Bardonnenche testa le 6 avril 1637, et légua 1,000 livres à l'Hôtel-Dieu et 5,000 livres pour marier de pauvres filles, au choix de Marguerite Réal, sa femme, qu'il nomma son héritière.

Il ne laissa que des filles que l'énorme fortune qu'il leur laissait fit vivement rechercher :

1° Jeanne de Bardonnenche épousa, le 10 juin 1640, Louis Badol qui devint seigneur de Rochetaillée et à qui elle apporta 40,000 livres de dot pour ses droits paternels ;

2° Catherine de Bardonnenche épousa, le 28 avril 1646,

Hugues Badol dit de Forcieu, frère de Louis et baron de Rochetaillée ;

3° Autre Catherine de Bardonnenche, mariée en 1653 à Jacques de la Chaize-d'Aix, chevalier, seigneur dudit lieu et des Périchons. Marguerite Réal, en qualité d'héritière de son mari, constitua à sa fille 60,000 liv. ;

4° Benoîte de Bardonnenche épousa noble Pierre Veyre, conseiller à Lyon ;

5° Anne ;

6° Françoise.

Ces deux dernières furent sans doute religieuses ou moururent sans être mariées, car les quatre premières figurent seules dans le partage de la succession.

Cette famille s'éteignit ainsi au moment où elle jetait le plus grand éclat par sa fortune et par les maisons considédérables auxquelles elle s'était alliée. Son nom, éteint depuis plus de deux cents ans à Saint-Etienne, s'est pourtant conservé dans celui d'un très-vaste domaine situé dans la montagne de Sorbier, encore appelé de Bardonnenche.

Armes : d'or, au treillis de sable, cloué d'or. *(Planche 1re, n° 2.)*

———o~o⚭o~o———

Généalogie de la famille de la Vehue *.

Les titres et les ouvrages que nous avons consultés pour établir cette généalogie, nous ont présenté le nom de cette famille écrit de différentes manières. Quelquefois, dans le même acte, on le retrouve ainsi écrit : de la Vehue, de la Veuhe, de la Veüe, de la Vüe. Nous n'emploierons que la première, parce qu'elle est la seule exacte.

Rien n'est plus incertain que le pays d'où est sortie cette famille. Cependant on a cru qu'elle était originaire de Lyon, parce que, de 1618 à 1642, on trouve dans cette ville un de la Vehue trésorier-général. Cette circonstance

n'est pourtant pas suffisante, puisque l'on sait qu'elle était
déjà établie en Forez un siècle avant. Il est bien plus vrai
de dire que c'est de cette dernière province qu'elle a étendu
une branche à Lyon, car on en trouve la preuve formelle
dans l'arrêt de 1642, sur la succession de Jacques de la
Vehue, où il est dit que ledit Jacques, qui ne pouvait être
que le petit-fils d'autre Jacques de la Vehue, seigneur de
Colonges en 1550, était établi dans le Forez ainsi que ses
héritiers du sang, à l'exception de Jean, trésorier-général
à Lyon. Ce Jean sortait donc du Forez, puisqu'il y était
rappelé pour partager la succession de ses parents.

Cette famille se divise en deux branches qui présentent
entre elles un contraste assez frappant : l'une que l'on voit
déjà haut placée en la personne de Jacques de la Vehue,
seigneur de Colonges en 1520, et dont la descendance se
soutint avec distinction ; l'autre arrivant à Saint-Etienne
aux premières années du XVIIe siècle, modeste et presque
ignorée. De génération en génération, sa fortune s'accroît
cependant jusqu'à un certain point, et elle s'éteint enfin
en la personne de Mlle de la Vehue, en laissant dans l'histoire et dans la reconnaissance des pauvres le souvenir le
plus honorable.

Ces deux branches, qu'il est impossible de rattacher,
doivent être rappelées séparément et en suivant simplement
l'ordre chronologique, puisque l'on est forcé d'abandonner
l'ordre de filiation par le manque de renseignements.

1er DEGRÉ CONNU (1).

Jacques de la Vehue était seigneur de Colonges, paroisse .

(1) Nous devons dire que si cette famille était d'origine forézienne,
elle aurait laissé des souvenirs antérieurs au XVIe siècle; mais
qu'étant venue d'une autre province, ses antécédents y sont restés
attachés, comme ceux qu'elle a laissés parmi nous. C'est en conséquence de notre opinion que nous plaçons cette famille au nombre
de celles qui sont d'origine étrangère au Forez.

de Saint-Victor-sur-Loire, en 1520 conseiller du roi en l'élection de Forez et trésorier du domaine audit pays. Les bâtiments qui formaient son manoir seigneurial ont été détruits et remplacés par des granges, mais l'on voit encore au-devant de ces granges les premières assises des fondations d'une tour qui faisait avant-corps et avancement sur le chemin. Cette seigneurie était indépendante de celle de la Merlée à laquelle elle a été réunie plus tard par un mariage. L'acquéreur de ces deux terres, M. Claude Albert, du Péage-de-Roussillon, en avait, en 1830, les titres qui peut-être sont maintenant détruits.

Le nom de sa femme nous est inconnu, il en eut cependant des enfants, entre autres :

1° Jacques qui suit ;

2° Roline qui fut mariée à noble Claude de la Tour, seigneur du Play, châtelain royal de Saint-Rambert, fils de Gabriel de la Tour, seigneur de la Grange, et de Catherine Duranton, dame de Chaponod, veuf en premières noces de demoiselle Catherine Relogne, fille de noble Jean Relogne. Ce Claude de la Tour était le chef d'une branche de la maison de la Tour-Varan, qui s'était séparée du tronc principal par Gabriel fils d'Antoine, troisième du nom, seigneur de la TourVaran, etc. (1480).

2ᵉ DEGRÉ (1).

Jacques de la Vehue, deuxième du nom, seigneur de Colonges et d'Etrat, épousa Germaine de Murat (1550). Ils firent renouveler leur terrier de Colonges par Guyot, le 27 février 1563. Il y est qualifié noble Jacques de la Vehue; mais en 1567, le commissaire feudiste était Parchas. Ce

(1) Il y a quelque apparence qu'il doit se trouver un degré entre ces deux Jacques dont le dernier ne serait que le petit-fils de l'autre. C'est un point difficile à vérifier, ne trouvant point les preuves suffisantes.

dernier terrier appartenait à Claude Sauzéa qui avait acquis la rente de Colonges.

Jacques de la Vehue et Germaine de Murat donnèrent le jour à

1° Jean qui suit ;

2° Anne de la Vehue, mariée à Vital Chapuis, écuyer, seigneur de Villette, lequel testa en 1623 et fit sa femme héritière.

3° DEGRÉ.

Jean de la Vehue, bisaïeul du maréchal de Laugeron, épousa N..., de Rostaing (1) dont il eut, entre autres :

4° DEGRÉ.

Jacques de la Vehue, seigneur de Montagnac et d'Aunoy en Brie, de Sury, de Saint-Marcellin et de Saint-Romain en Forez, épousa : 1° Anne de Rostaing, fille d'Antoine, seigneur de Vauchette, et de Marguerite de Pierrevive ; 2° en 1604, Anne de Rostaing, fille de Tristan, chevalier du Saint-Esprit, et de Françoise Robertet, veuve en premières noces de Réné d'Escoubleau, marquis de Sourdis, seigneur de Sury-le-Comtal, qu'il fit héritière de sa succession valant plus de 500,000 livres. Il y eut à ce sujet procès et arrêt de 1642 qui confirma ce mariage qui était attaqué de nullité à cause de parenté, en adjugeant cependant la baronie d'Aulnoy près Melun aux héritiers du sang qui étaient : Jean de la Vehue, trésorier-général de France à Lyon, seigneur de Colonges et d'Etrat, chevalier de l'ordre du roi, président des trésoriers de France en la généralité de Lyon, lequel était décédé avant le 21 avril 1685, laissant pour veuve demoiselle Claude Grollier ; Marie de la Vehue, veuve de Denis de Légalléry, et Ma-

(1) La généalogie de cette famille ne donne pas place à cette alliance.

Allard de Monteilles

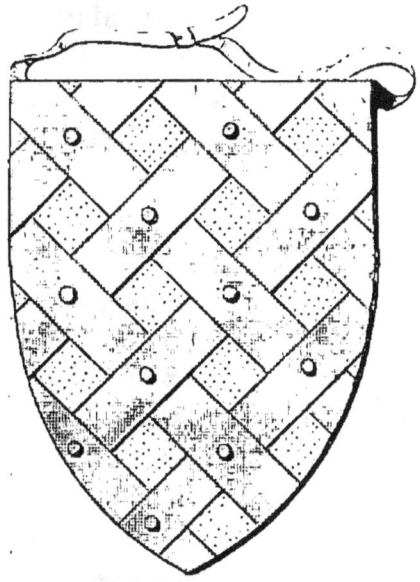

De Bardonnenche

De Caze

De la Vehue

deleine de la Vehue, mariée avant 1592 à Jacques du Rozier, et qui était alors veuve de lui ; et d'un autre côté les
seigneurs de Rostaing, du chef de la mère dudit défunt.

On voit par là que cette branche n'était plus représentée
que par Jean de la Vehue, trésorier-général à Lyon. L'on
voit de plus que les de la Vehue de Saint-Etienne ne sont
point rappelés ni nommés parmi les héritiers du sang ; ils
étaient sans doute exclus par leur parenté trop éloignée.

LES DE LA VEHUE DE SAINT-ÉTIENNE.

Comme il n'est pas possible d'établir une filiation suivie
pour cette branche des de la Vehue établie à St-Etienne,
nous nous trouvons forcés de produire ici chacun de ses
membres tels que nous les avons rencontrés en fouillant
des titres où ils se trouvaient rappelés. Ainsi, les premiers
qui se présentent sont :

1620. Françoise de la Vehue, mariée à Martin Thezenas,
arquebusier.

1623. Laurence de la Vehue, mariée à Marcellin Thezenas. C'était, selon toute apparence, les deux sœurs qui
avaient épousé les deux frères.

1628. Jean et Michel de la Vehue, notables à Saint-
Etienne.

1629. Jean de la Vehue dont la femme et les enfants
étaient déjà morts de la contagion à Saint-Etienne, fit son
testament reçu par un religieux capucin, la ville étant
abandonnée de presque tous ses habitants, même du curé,
et donna tous ses biens pour faire construire un hôpital
pour les malades de la peste, fondé sous le nom de Saint-
Roch ; mais par arrêt du Parlement de Paris, du 18 juillet
1634, sur la demande des collatéraux, il fut annulé comme
ayant été reçu par une personne incapable, le religieux
n'ayant point eu de vicariat de l'archevêque.

1634. Acte du 21 octobre. Michel de la Vehue (le même

certainement qui est rappelé plus haut), marchand à Saint-Etienne, épousa Jeanne Vial dont il eut :

François de la Vehue, héritier d'un tiers dans l'hoirie de Jean de la Vehue ;

Antoine-Martin, maître monteur d'arquebuses, mari de Françoise de la Vehue et curateur d'Antoine et d'Anne de la Vehue, ses beaux-frères.

D'après l'acte, il paraîtrait que les enfants de Michel de la Vehue et de Jeanne Vial furent : François, Gabriel, Françoise, Antoine, Laurence et Anne de la Vehue.

1662. Antoine de la Vehue, notable à Saint-Etienne.

1698. Henri de la Vehue, chevalier de la cible à Saint-Etienne, commissaire aux inventaires de la ville et sénéchaussée de Saint-Etienne (1712).

1700 environ. Les frères et sœurs de la Vehue fondent à la Grande-Eglise 184 messes, au capital de 2,000 livres et au revenu de 100 livres.

1713. Gabriel de la Vehue.

1737. Mlle de la Vehue fait construire la chapelle de Saint-Ennemond, place Polignais, et y fait plusieurs fondations.

En 1738, elle donne à la Charité 6,000 livres, à charge de payer les deux tiers du revenu aux petites écoles de Notre-Dame.

En 1740, elle donne à la Charité un domaine aux Combes, une maison et un jardin, sous la pension viagère de 700 livres ; plus, 31,070 livres, sous diverses pensions arrivant à 520 livres ; plus, 5,000 livres, à charge de 150 livres annuellement aux petites écoles.

La même année, elle fonde sept lits à l'Hôtel-Dieu et donne sa maison, place Roannel, aux sœurs de St-Charles.

En 1742, elle institue les pauvres de la Charité ses héritiers universels.

Son portrait est religieusement conservé à la Charité ; oui, mais les fondations sont-elles bien acquittées ? C'est ce qui ne nous regarde pas. Seulement, nous savons qu'en 1820 environ, M. le curé de Polignais, qui avait retrouvé l'un de ces contrats de fondations, obtint la somme annuelle de 280 francs pour acquitter des messes qui ne se disaient plus depuis longtemps et que doit dire aujourd'hui M. le curé de Polignais. 280 francs annuellement! Et cependant le seul tréfonds du domaine des Combes a été vendu, dit-on, 900,000 francs ou un million !

Armes : d'azur à l'aigle éployée d'or regardant un soleil de même. *(Planche 1re, no 4.)*

----oo🙂oo----

Généalogie de la famille de Caze *.

Nous dirons, d'après d'Hozier, que la famille de Caze est originaire de Provence ; qu'elle étendit ses rameaux en Languedoc, en Forez et à Paris. Elle fut maintenue dans sa noblesse par ordonnance rendue en faveur de Jean de Caze, maître d'hôtel du roi, le 18 août 1668, par M. Dugué, intendant de Lyon, et par un arrêt du 5 décembre 1668, en Provence, par lequel François, Georges, autre François et Pierre de Caze furent déclarés nobles et issus de noble race et lignée.

1er DEGRÉ.

Jean de Caze épousa Jeanne de Michel. Il vivait en 1530 et mourut le 11 août 1558. Les actes qui parlent de lui le qualifient du titre d'écuyer qui, à cette époque surtout, équivalait à celui de noble. Il laissa les enfants qui suivent :

1° Milan qui suit ;

2° Jean, capitaine, a eu postérité ;

3° François, a fait branche ; ·

4° Martin, auteur de la branche établie en Forez ;

5° Gilberte, veuve dès l'an 1585 d'Etienne Rigon, procnreur en la cour des comptes, aides et finances de
Montpellier.

2° DEGRÉ.

Milan de Caze, conseiller du roi, trésorier et receveur
général de ses emprunts en la ville de Lyon, épousa Amélie
de Gèle dont il eut :

3° DEGRÉ.

Jacques de Caze, conseiller du roi et auditeur en la
chambre des comptes de Montpellier, épousa 1° Madeleine
de Rostang ; 2° Madeleine de Massanès.

Du premier mariage naquit :

Jean-François qui suit.

Du deuxième :

Jean pourvu, le 25 décembre 1648, d'une charge de
conseiller et maître d'hôtel ordinaire du roi. Il fut maintenu dans sa noblesse par jugement du 18 août 1668 et
vivait encore le 22 septembre 1670, date d'une donation
qu'il fit de la somme de 4,000 livres aux anciens de l'Eglise
prétendue réformée de Lyon.

4° DEGRÉ.

Jean-François de Caze, écuyer, conseiller du roi, trésorier de France, général des finances et grand-voyer en la
généralité de Provence, épousa, le 12 août 1612, Elisabeth
d'Arquier dont il eut :

5° DEGRÉ.

David de Caze, écuyer, baron des Barres, seigneur de
Charleval, trésorier de France et général de ses finances en
la généralité de Provence, épousa Anne de Vincheguerre
dont issu :

6ᵉ DEGRÉ.

Louis de Caze, écuyer, seigneur de Charleval, épousa Anne de Roque qui le rendit père de :

7ᵉ DEGRÉ.

Gaspard-Hyacinthe de Caze, écuyer, baron de la Bove, seigneur du grand et du petit Juvincourt, fermier-général, acquit, le 31 décembre 1679, la terre et seigneurie de la Bove, et obtint en 1740 la confirmation du titre de baronie à ladite terre. Il épousa Marie-Henriette de Watelet dont naquirent ;

1° Gaspard-Henri qui suit ;

2° Anne-Nicolas-Robert qui viendra après.

8ᵉ DEGRÉ.

Gaspard-Henri de Caze, écuyer, baron de la Bove, seigneur du grand et du petit Juvincourt, maître des requêtes ordinaire de l'hôtel du roi, intendant de justice, police et finances de la généralité de Pau, épousa, par contrat du 13 décembre 1737, Marguerite-Claude de Boullongne dont issu :

9ᵉ DEGRÉ.

Gaspard-Louis de Caze, né le 9 mai 1740, a dû continuer la branche aînée.

8ᵉ DEGRÉ.

Anne-Nicolas-Robert de Caze, écuyer, était le troisième fils de Gaspard-Hyacinthe. Il devint fermier-général et fut marié deux fois, la première à Marie-Suzanne-Françoise Brunet d'Evry dont il n'eut pas d'enfants ; la deuxième, par contrat du 24 décembre 1747, à Suzanne-Félix Lescarmotier, fille de Jean-Baptiste, écuyer, secrétaire du roi, dont issus :

1° Alexandre-Louis, né le 22 février 1751 ;

2° Anne-Claude, né le 9 septembre 1754.

Seconde branche.

2° DEGRÉ.

François de Caze, troisième fils de Jean et de Jeanne de Michel, est qualifié noble et écuyer de la ville de Montpellier, dans son contrat de mariage du 29 septembre 1549, avec Catherine Candolle, fille de Barthelémy et de Madeleine de Moutheaux, dont issu :

3° DEGRÉ.

Jean-Baptiste de Caze, écuyer, qualifié consul pour le roi en l'île de Scio, dans son contrat de mariage avec Virginie de Nouveau, dont issu :

4° DEGRÉ.

François de Caze, écuyer, demeurant à Marseille, épousa, par contrat du 8 décembre 1619, Bradamante de Vincheguerre. De ce mariage naquirent :

1° François qui suit ;
2° Georges ;
3° Autre François ;
4° Pierre, tous les quatre déclarés nobles par jugement du 5 décembre 1668.

5° DEGRÉ.

François de Caze, écuyer, qualifié noble dans son contrat de mariage du 28 juillet 1652, avec Françoise Martin, vivait encore le 12 février 1660 et eut de son mariage deux fils dont on ignore la destinée.

Troisième branche établie en Forez.

Quoique bien incorrecte, nous présentons la filiation de cette branche du Forez telle que nous l'ont offerte les titres qui ont passé dans nos mains.

2ᵉ DEGRÉ.

Martin de Caze, quatrième fils de Jean et de Jeanne de Michel, vivait en 1560. Il fut receveur des tailles à Montbrison et se maria avec Gilberte Greysolon dont il eut postérité, et, sans pourtant l'affirmer, *nous citerons comme étant son fils et son successeur* :

3ᵉ DEGRÉ.

Louis de Caze, contrôleur du domaine au pays et comté de Forez et commis de la recette des consignations audit pays. Il se maria le 9 janvier 1618 et eut de sa femme dont le nom est inconnu :

4ᵉ DEGRÉ.

Etienne de Caze, conseiller au présidial de Montbrison, épousa Jacqueline de Jas dont il eut plusieurs enfants, entre autres :

1° Jacques qui suit ;

2° Espérance, mariée à Alexandre Mittifiot, écuyer, sieur de Belair, capitaine au régiment d'Islande, demeurant au lieu de Belair, paroisse de St-Symphorien-d'Ozon en Dauphiné. Elle reçut en 1698, de Jacques de Caze, son frère, la somme de 300 livres qui, avec celle de 212 livres précédemment reçue, completta celle de 512 livres qui lui revenait pour ses droits paternels et maternels.

5ᵉ DEGRÉ.

Jacques de Caze, avocat au bailliage, demeurant à Saint-Etienne, héritier et donataire de son père, épousa, le 2 décembre 1684, Rose Vincent, fille de Pierre Vincent, marchand-drapier à Saint-Etienne, et de feu Claudine Berardier, dont issus :

1° Jacqueline, mariée le 8 juin 1722 à Jean-Baptiste Mathevon de Curnieu ;

2° Claude-François, avocat, mort sans postérité ;

3° Firmin, prieur de Belleville ;

4° Pierre dont on ne sait rien ;

5° Marie, mariée à N... de Damas, dont issue une fille unique mariée à N... Papon, seigneur de Goutelas ;

6° Jean-François qui suit ;

7° Agathe, mariée à Benoît Dubouchet, héraut d'armes ;

8° Rose, mariée à François Vincent, fils d'Etienne et d'Antoinette Grandris.

6ᵉ DEGRÉ.

Jean-François de Caze, avocat ez-conrs de Forez, et Claude-François, étudiant, son frère, étaient présents, en 1717, au testament d'Emerantienne d'Allard, épouse de N... Berardier de la Chazotte. Il épousa Marie Magnin et testa le 29 juillet 1744, laissant pour héritier son fils qui suit :

7ᵉ DEGRÉ.

Joseph-Marie-François de Caze, fils unique, épousa, en octobre 1749, Marianne-Pierrette Thoynet, fille d'Etienne, conseiller à la Cour des Aides à Paris, et de Christine Terray. Ils vendirent, en 1770, la maison à trois étages qui fait l'angle sud-ouest de la place Grenette à Saint-Etienne, moyennant 4,500 livres. Dans l'acte de vente, il est qualifié : écuyer, receveur-général des fermes du roi à Lyon, y demeurant à l'hôtel des fermes. En 1783, on le retrouve rappelé dans un autre acte, avec le titre de seigneur de Lupponas en Bresse. Il doit être l'aïeul ou le père du duc de Caze, ministre, ambassadeur et pair de France.

Noms de quelques de Caze du Forez que nous n'avons pu rattacher à la branche commune.

Denis de Caze est qualifié noble de 1636 à 1671.

On trouve, sous l'année 1704, Jean et Antoine de Caze, ce dernier lieutenant en la châtellenie de Montbrison, qui doivent être fils d'Etienne de Caze, conseiller au présidial de Montbrison, et de Jacqueline de Jas. La même année, il fut prononcé à leur égard (sans doute au bailliage de Montbrison) que la qualification de noble ne suffisait pas dour transmettre la noblesse à leurs descendants.

1755. N... de Caze, contrôleur des fermes de la province de Forez, à Montbrison.

Claude de Caze, conseiller, et

N... de Caze, clerc.

Armes : d'azur, à un chevron d'or, accompagné de deux losanges en chef, et d'un lion d'or en pointe, aussi d'or. *(Planche 1re, n° 3.)*

———oo°°°°°oo———

Généalogie de la famille de Bourdon °.

De Bourdon est encore une famille d'origine étrangère au Forez, et le pays qui fut son berceau nous est inconnu. Le premier document qui nous la fait connaître à Saint-Etienne est le terrier de la terre de Saint-Priest, fait en 1460, époque où elle possédait déjà une maison en ville.

1er DEGRÉ CONNU.

Jean de Bourdon marcha rapidement à la réhabilitation de son nom, puisque c'est lui qui fonda dans l'église de Saint-Etienne, aux premières années du XVIe siècle, cette chapelle des Bourdons, la plus considérable de toutes après celle des Trois-Rois ou des Paulats, à cause des riches fondations dont il la dota.

Catherine, sa sœur, y fit une fondation de deux messes chaque semaine ; et Claude, son frère puîné, prêtre sociétaire de l'église de St-Etienne, n'eut pas d'autre pensée, pendant sa vie, que d'accroître la splendeur et l'importance de cette prébende dont il était titulaire.

Jean de Bourdon fit, le 3 novembre 1546, un *appen-*

sionnement avec Pierre de Saint-Priest, curé de Saint-Etienne, qui du consentement de Pierre, seigneur de St-Priest, son père, céda audit Jean de Bourdon, marchand, un jardin appartenant à la cure, joignant de matin celui dudit Bourdon, moyennant le cens annuel de 40 sols.

On ignore le nom de sa femme, mais on sait qu'il en eut cinq enfants :

1° Jean de Bourdon qui suit ;

2° Antoine, avocat à Lyon ;

3° Nicolas, avocat comme son frère ;

4° Claudine à laquelle son frère Jean lègue 1,100 liv. ;

5° Claude qui fut maître des comptes pour le roi à Bourg en Bresse, mais qui, en 1582, en avait quitté les fonctions. Il épousa Olive du Bourg. Il paraîtrait qu'il n'en eut qu'une fille, Marie de Bourdon, qui fut mariée, en 1587, à François Pellissier, de Saint-Etienne. C'est en mémoire de cette alliance que cette famille se fit appeler, pendant trois générations, Pellissier de Bourdon.

2e DEGRÉ.

Jean de Bourdon, deuxième du nom de Jean, seigneur de Saint-Victor-sur-Loire, La Fouillouse et Malleval, fut, comme l'on dit, *le miroir de noblesse* de sa famille. Sa fondation de douze boisseaux de seigle a plus servi à l'illustration de son nom que tous les travaux de ses pères, les siens ou ceux de ses successeurs, ou du moins elle a été la seule cause du souvenir qui s'est conservé de cette famille; encore a-t-il fallu pour cela qu'elle fût relatée par l'éditeur dans une note du livre populaire des poésies de Chapelon. Sans cette dernière circonstance, le legs, qui n'était pas très-considérable en lui-même, se fût perdu dans l'oubli où dormirait profondément à présent le noble homme avec ses trois seigneuries dont il ne possédait les deux premières qu'à titre d'engagement. Le poète n'a point prononcé son nom, il lui était peut-être inconnu; mais pour avoir été placé sur ces pages, si chères aux Stéphanois, ce nom de Bourdon a survécu.

Jean de Bourdon testa le 21 octobre 1558. Ce testament, dont on n'a fait connaître que le legs des douze boisseaux de seigle, mérite d'être rapporté quant aux dispositions :

« . . . . S'est établi et constitué en sa personne, « noble homme Jean de Bourdon, seigneur de Saint-Victor- « sur-Loire, La Fouillouse et Malleval, lequel..... veut et « ordonne que le jour et lendemain de son enterrement, « il soit distribué un pain de cinq deniers tournois à chacun « de ceux ou celles à qui ladite aumône sera bien em- « ployée.

« *Item.* 40 livres tournois pour la réparation du devant « et du portail de la Grande-Eglise (de Saint-Etienne), « pour être une fois payées lorsqu'on besognera au portail « d'icelle église.

« *Item.* A l'hôpital, douze bichets seigle, mesure du « lieu, chacune année à perpétuité, et ce toutefois durant « et pendant le temps que le bichet seigle excédera le prix « et valeur de la somme de 10 sols, non autrement, im- « posé sur sa grange et métairie de Fissemagne.

« *Item.* Qu'il soit célébré par chaque an, au jour de sa « mort et le lendemain, à perpétuité, toutes les heures « canoniales dudit jour, comme matines, primes, tierces, « sextes, nones, vêpres, complies et une messe dudit jour, « le tout à haute voix, faisant la procession sur le tombeau « dudit testateur, et ce, pour les prêtres qui chanteront, « 40 sols tournois d'annuelle et perpétuelle pension.

« *Item.* Augmente de 20 sols tournois de pension an- « nuelle la fondation de deux messes chacune semaine, « faite par Catherine de Bourdon, sa tante, en la chapelle « des Bourdons.

« *Item.* Lègue à Clauda et Andrée, ses filles, pour leurs « droits de légitime, 5,000 livres.

« *Item.* Lègue à Deline de Bourg, sa femme, la jouis-

« sance des domaines de la Chau, les deux étangs de la
« Bâtie et de la Guichardery.

« *Item.* Lègue à Claudine Bourdon, sa sœur, 1,100 liv.

« *Item.* A Antoine Bourdon, son frère, 100 livres.

« Rappelle Nicolas Bourdon, son autre frère.

« Héritier : Christophe Bourdon, son fils, avec nombre
« de substitutions. »

Si les commencements des familles s'étayaient sur des
pièces aussi explicites que les testaments, il serait facile à
l'histoire, en partant de ces jalons immuables, de descendre
avec certitude aux degrés subséquents, par voie de probabilités et d'inductions, lorsque d'autres pièces manque-
raient; mais il est rare qu'on puisse en rapporter, même
par simple relation, à deux siècles. Aussi les familles qui
établissent leur existence à une époque quelconque par
cette voie, ont-elles satisfait à la preuve la plus rigoureuse
qui puisse être exigée aujourd'hui.

Jean de Bourdon épousa Deline du Bourg dont il eut :

1º Christophe qui suit ;

2º Clauda dont on ignore la destinée ;

3º Andrée dont on ne sait rien non plus.

3ᵉ DEGRÉ.

Christophe de Bourdon fut seigneur de Malleval et de
Chazotte, conseiller du roi, receveur-général de ses finances
à Lyon. On voit par là qu'il était pourvu d'un emploi où
personne de ses devanciers et successeurs à la même charge
ne s'est ruiné, bien au contraire. Cependant, s'il fallait
prendre à la lettre les mots de petits-fils de Jean de Bourdon
réduits à la misère par les grandes dettes de leur père, il
en résulterait que Christophe se serait ruiné en occupant
la place de receveur-général à Lyon, ce que personne
n'admettra. Appliquons donc ces paroles des chroniqueurs
stéphanois non aux petits-fils proprement dits, mais bien
à ses autres descendants, arrières-petits-fils, parce qu'avant

d'énoncer les mots, il faut mettre du bon sens dans les choses.

Christophe s'était défait, à ce qu'il paraît, des seigneuries de Saint-Victor et de La Fouillouse (1), et il avait ajouté à ses titres celui de seigneur de Chazotte. C'est sans doute là l'origine de cette propriété qui apparaît ainsi pour la première fois comme terre honorifique ; un peu plus tard, les Berardier en firent leur nom de distinction, après y avoir élevé le castel qui a traversé la révolution, pour venir tomber de nos jours sous de hautes conceptions qui l'ont remplacé immédiatement par une fabrique que le constructeur, dans ces derniers temps, ne pouvait se décider à renverser, mais qu'il aurait désiré voir incendier.

Christophe de Bourdon épousa Françoise de Lucarnier et décéda en 1614, laissant pour enfants :

1° François qui suit ;

2° Claude sur lequel on n'a pas de renseignements ;

2° Antoine, seigneur de Meures. Il résidait à Saint-Héand et épousa, en 1625, Marie de Fayeul. Il en eut des enfants dont on ne connaît que Claude qui était décédé du vivant de son père et avant 1748 ; de plus, ses biens avaient été vendus par justice. Malgré cela, il

---

(1) Il paraîtrait que Christophe de Bourdon, qui n'était que seigneur engagiste de Saint-Victor et de la La Fouillouse, dut les remettre au roi qui en avait ordonné le retrait, et que, pendant quelque temps, elles furent régies par des officiers royaux. Nous le croyons ainsi, parce que nous trouvons une copie, signée de Lorme, du contrat de vente passé le dernier février 1675, par les commissaires députés par Sa Majesté, pour la vente et aliénation des domaines, aux sieur et dame de Nérestang, des châtellenies de Saint-Victor et La Fouillouse, moyennant la somme de 18,200 liv. et les 2 sols pour liv. d'icelle. — Autre contrat de vente passé le 27 mai 1719, par Louis Chapuis..... à Antoine d'Arloz, chevalier, seigneur de la Servette, des terres et seigneuries de La Fouillouse, Saint-Victor et Saint-Just, dont ils étaient possesseurs en toute justice.....

De la T.-V.

pouvait être le père des trois sœurs de Bourdon dont nous allons parler, ou du moins leur oncle. Nous nommerons donc Claude leur père qui suit :

Claude de Bourdon, fils d'Antoine, eut de sa femme dont le nom est inconnu :

1° Louise qui épousa, par contrat du 11 octobre 1679, Claude de la Berardière, écuyer, seigneur de Soleymieu, acte reçu Lacour, notaire ; et le 28 août 1680, ils font un testament mutuel, reçu Chaney, à Saint-Etienne. Le 13 juillet 1686, Louise de Bourdon, veuve dudit de Soleymieu, avec sa sœur Marie-Lucrèce, résidant dans leur maison-forte de Reveux, paroisse de Saint-Jean-de-Bonnes-Fonts, empruntent de l'Hôtel-Dieu 2,000 livres sur ladite maison-forte de Reveux, domaine tout auprès et dépendances, dont 1,200 livres qu'elles ont payées à Françoise de Bourdon, leur sœur, habitant au Chambon, qu'elles s'étaient obligées de lui payer par leur contrat de mariage, et 390 livres pour intérêts échus, se départant, au moyen de ce payement, de tout ce qu'elle pourrait avoir à prétendre sur ladite maison de Reveux;

2° Marie-Lucrèce dont on vient de parler ;

3° Françoise s'était réunie aux filles dévotes associées sous le vocable de Saint-Joseph, au Chambon.

Ainsi tomba ce faible rameau qui finit cependant d'une manière conforme à son origine. Son sort, au moins, fut plus heureux que celui qui attendait la branche aînée que nous allons reprendre.

4° DEGRÉ.

François de Bourdon de la Mothe épousa, le 6 octobre 1618, Anne-Hélène du Chol, laquelle mourut en 1664; quant à lui, il décéda en 1658, laissant :

5e DEGRÉ.

Jean de Bourdon de la Motte épousa, en 1656, Hélène d'Eparon dont il eut :

6e DEGRÉ.

Antoine , autre Antoine , Jean-Antoine et Catherine. Leurs noms sont les seuls renseignements qui nous restent pour attester qu'ils ont vécu.

Leur postérité dure encore dans nos environs, mais dans un tel état d'abaissement, qu'on peut à peine reconnaître en eux les descendants du donateur des douze boisseaux de seigle à l'Hôtel-Dieu, et à propos de qui l'abbé Thiollière écrivait déjà en 1754 : « Il est bien fâcheux de voir que les successeurs d'un si pieux fondateur , ayent non-seulement dégénéré de leur noblesse, mais qu'ils se voyent réduits dans un état qui n'est pas des plus heureux , dont les uns sont ouvriers et les autres sont fermiers ou cultivateurs des domaines de quelques bourgeois de cette ville. »

Lorsque les descendants du seigneur de Saint-Victor se virent dans le besoin, ils réclamèrent auprès des administrateurs de l'hospice de Saint-Etienne une partie des secours que cette maison tenait de la libéralité de leur aïeul, au temps de l'opulence de leur famille, mais ils ne purent rien obtenir, ni à l'amiable ni judiciairement.

En 1850, un dernier descendant de cette famille, ancien armurier, recevait, en cette qualité, une petite pension de l'Etat. Il savait très-bien qu'il était un représentant du seigneur de Saint-Victor : il signait *Debourdon* en un seul mot.

Armes : d'azur, à trois coquilles d'or, deux et une, au chef aussi d'or.

Généalogie de la famille Bollioud.

1er DEGRÉ.

Pierre Bollioud (en latin *Bolhoudi*), premier du nom, demeurait à Bourg-Argental en 1472, avec Marguerite sa femme dont on ignore le nom de famille. Il eut pour fils

2e DEGRÉ.

Bérenger Bollioud fut pourvu de la charge de procureur d'office en la baronie et châtellenie d'Argental, en 1488, par Pierre de Bourbon, sire de Beaujeu, comte de Forez, qui avait acquis la baronie d'Argental de dame Marguerite de Montchenu. Bérenger exerça cette charge sous Pierre de Bourbon et puis sous Anne de France, sa veuve, sœur de Charles VIII et régente du royaume, jusqu'en 1522 qu'il en fut de nouveau pourvu par le connétable de Bourbon et peu de temps après par le roi François Ier. On conservait dans les archives de la Grand-Maison (manoir principal de la famille Bollioud) une lettre d'Anne de France, adressée à Bérenger Bollioud, qui lui ordonnait de faire réparer incessamment *la poutre dorée* de la grande salle du château d'Argental. Il est fait mention de lui dans la fameuse transaction du 3 mai 1463, entre Marguerite de Montchenu et les habitants de Bourg-Argental.

Bérenger fut marié deux fois. Il épousa en premières noces, par contrat du 1er décembre 1472, Catherine Claron de Villedemont *(de Villa de Mons alias Clarona)*, fille de Jean de Villedemont, du lieu de la Théollière, au diocèse de Vienne, laquelle, par son testament du 8 octobre 1487, voulut être enterrée honorablement dans l'église paroissiale de Bourg-Argental, *ubi voluit cepelliri honorifice secundum persone sue statum bonorum que suorum possibilitatem.* Il épousa en secondes noces Claudine Paulàt. Dans le testament qu'il fit le 23 mars 1522, avant Pâques (c'est-à-dire 1523), il élit sa sépulture dans la même église et fit exécuteur de ses dernières volontés Hugues Paulat, châtelain de Saint-Etienne-de-Furan.

Du premier lit vinrent :

1º Antoine, mort en bas âge;

2º Claude, mourut jeune ;

3º Etienne, chef de la branche aînée.

Du deuxième lit :

4º Gabriel, tige de la branche dite de la Grand-Maison;

5º Nicolas, se maria à Saint-Etienne et eut de sa femme dont le nom est inconnu :

    1º Hugues Bollioud qui paraît avoir continué sa postérité dans son lieu de naissance ; ce rameau ne s'est pas perpétué ;

    2º Pierre s'établit à Bourg-Argental où il se maria ; il laissa, de sa femme inconnue, Côme dont la postérité fut très-courte ;

6º Pierre, fut secrétaire de François Ier dans son Parlement de Piémont et chancellerie de Turin. Il mourut à Saint-Dizier en Picardie, en 1545, à la suite de l'armée;

7º Autre Pierre Bollioud, mourut à Paris ;

8º Guillaume, dit l'ancien, fut procureur ez-Cours des ressorts de Forez et châtellenie de Bourg-Argental. Il fut le fondateur de la chapelle de Notre-Dame-de-Pitié, attenante à l'Hôtel-Dieu dudit Bourg-Argental, qu'il dota considérablement. N'ayant point d'enfants, il institua pour son héritier Guillaume Bollioud, dit le jeune, avocat, son neveu et filleul, fils d'Etienne Bollioud, son frère.

3e DEGRÉ.

Etienne Bollioud est qualifié d'homme d'épée dans une ancienne généalogie. Il fonda, dans l'église de Bourg-Argental, la chapelle de Saint-Etienne dont il fit construire la tribune en 1547. Il épousa Béatrix Barbier dont il eut :

1° Jean, marié à Catherine Palerne, dite l'ancienne, fille d'Antoine Palerne, lieutenant-général aux bailliage et ressorts de Forez, siége royal de Bourg-Argental, et sœur de Pierre Palerne, chanoine de l'église collégiale de Saint-Nizier de Lyon. Il mourut jeune et sans enfants; sa veuve se remaria à Barthelémy Seytre;

2° Aymard, fut secrétaire du roi dans son Parlement de Piémont et chancellerie de Turin, après la mort de son oncle Pierre, en 1545. S'étant retiré à Bourg-Argental, apparemment après que le roi Henri II eut rendu le Piémont, en 1559, il employa une partie de ses grands biens en bonnes œuvres et fit élever le clocher de l'église paroissiale d'un second étage qu'il fit revêtir de pierres de taille, dans l'état où il est encore aujourd'hui. Il ne laissa que trois filles, à chacune desquelles il constitua dix mille livres en dot, somme très-considérable pour ce temps-là où l'on ne donnait que six deniers pour la journée d'un ouvrier;

3° Guillaume, dit le jeune pour le distinguer de son oncle, fut avocat au bailliage de Bourg-Argental. De sa femme, dont le nom n'est pas connu, il laissa :

1° Achille, avocat à Bourg-Argental, épousa Sybille de Mayol dont il eut :

Alexandre, sieur de Fétan, se maria à Lyon avec Geneviève Charrier de la Barge, fille du trésorier. Il fut conseiller au Parlement de Dombes et eut pour fils et successeur Gaspard de Fétan qui fut aussi conseiller au Parlement de Dombes, résidant à Lyon, et échevin de ladite ville. Il épousa Jeanne Chana qui le rendit père de Jean-François dont le fils, N... Bollioud, s^r de Chanzieu, épousa N... Reynaud;

2° Alexandre Bollioud, tige des Bollioud de Mermet,

fut conseiller au Parlement de Dombes, avocat du
roi en la sénéchaussée de Lyon et auditeur de camp
dans le gouvernement de Lyonnais, Forez et Beaujolais, épousa Elisabeth de Mermet dont il eut :

Pierre Bollioud qui prenait la qualité de noble Pierre
de Mermet, conseiller du roi et son premier avocat en la sénéchaussée et siége présidial de Lyon,
et conseiller de Son Altesse Royale au Parlement
de Dombes. Il épousa Marie de Balmes dont naquit :

Guillaume Bollioud qui succéda aux biens et aux
charges de son père. De son mariage avec
Anne de Billy naquirent :

1° Nicolas, seigneur de Gerinet, fut aussi conseiller au présidial de Lyon et auditeur de
camp. Il s'allia avec N... Damette dont il
n'eut point d'enfants ;

2° Charles, prit le parti des armes, devint ca-
pitaine de vaisseau et chevalier de Saint-
Louis. Il épousa Marie-Anne de Curtillat de
Montclocher dont il eut :

1° Louis Bollioud de Mermet, de l'académie
des sciences et beaux-arts de Lyon ;

2° Guillaume, religieux antonin, prieur dé...

4° Gabriel, seigneur de Beaumont, ne laissa que quatre
filles de son mariage inconnu :

1° N... Bollioud, mariée à noble Jean Le Bon, auditeur des comptes de la ville de Montpellier, qui lui
porta en dot la Mayolière. Ledit Le Bon acquit
depuis, de dame Esther de Fiennes, veuve de Jean,
chevalier, seigneur de la Tour et de Varan, le fief
de Vernas, près le Bourg-Argental ;

2° N..... Bollioud, mariée à N..... Vizé, conseiller à
Montbrison ;

3° N... Bollioud, mariée à N... Thevenet, capitaine-
châtelain de Saint-Jean-de-Bonnes-Fonts ;

4° N... Bollioud fut mariée dans la maison de Senevas
en Lyonnais, d'où est sorti M. de Senevas de Saint-
Romain, ambassadeur en Portugal. Elle se remaria
depuis dans la maison de Mazery de la Faverge ;

5° Antoine qui suit.

4° DEGRÉ.

Antoine Bollioud, le cinquième et dernier des fils d'Etienne,
a continué la branche aînée des Bollioud, établie à Bourg-
Argental, dans leur maison située sur le pont et qui avait
appartenu à Béatrix Barbier, leur mère. Antoine épousa
Catherine Palerne, dite la jeune, dont il eut plusieurs enfants qui formeront autant de branches différentes. Catherine étant veuve, se remaria avec Blaise Le Fèvre, écuyer,
seigneur du Pestrain, capitaine et commandant dans le
château d'Argental. Du mariage d'Antoine Bollioud et de
Catherine Palerne naquirent les enfants qui suivent :

1° Jean Bollioud qui suit ;

2° Arnaud Bollioud a fait branche ;

3° Abraham Bollioud ;

4° Jean Bollioud ;

5° Béatrix Bollioud, mariée à Saint-Didier, dans la maison de la Fayette (son véritable nom est Alouëz). De
cette alliance est sortie une fille de qui sont descendus
les seigneurs Colomb d'Ecotay et de Chambaud de
Marlhes.

6° Zéphille Bollioud.

5° DEGRÉ.

Jean Bollioud fut capitaine dans le régiment de Lyonnais, puis dans celui de Saint-Chamond, et fut tué en combattant. De sa femme, dont on ignore le nom, il eut :

1° Arnaud Bollioud qui suit ;

2° Marguerite Bollioud, mariée en premières noces à
noble Christophe Merle, seigneur de Charbonneaux.
Etant veuve, elle se remaria, en 1630, à noble Jean

Cozon du Cluzel, paroisse de Saint-Étienne, l'un des cent gentilshommes de la maison du roi. De son premier mariage, Marguerite avait eu, entre autres enfants, Marguerite Merle mariée à Gabriel Dallier, bourgeois de Bourg-Argental, dont issue Marguerite mariée à Gaspard de Montagnier, seigneur de Montiver.

5e DEGRÉ.

Arnaud Bollioud épousa Madeleine Tardy du Bois dont il eut dix enfants, quatre garçons et six filles :

1º Jean Bollioud, surnommé le baron des Œillets (1), resta célibataire ;

2º Pierre Bollioud, surnommé du Bouchet, se maria à Serrières et mourut sans postérité ;

3º Maurice Bollioud qui suit ;

4º Claude Bollioud a fait branche à Burdignes ;

5º Marguerite Bollioud mariée en premières noces à Pierre Bollioud, fils de Daniel ; en deuxièmes noces, à François Bollioud, lieutenant particulier ;

6º Marie Bollioud mariée à Louis Monin, fameux médecin de Grenoble ;

7º Madeleine Bollioud, femme de Denis Dupré, avocat au Parlement, conseiller référendaire de la chancellerie de Dauphiné, dont issue Jeanne Dupré, épouse de François-Léonard Pupil de Sablon, conseiller au Parlement de Dombes ;

8º Catherine resta fille et mourut à Grenoble ;

9º Elisabeth, religieuse dans le monastère de Sainte-Ursule de Bourg-Argental, sous le nom de sœur de la Nativité ;

10º Lucrèce, religieuse comme sa sœur, dans le même

---

(1) Ce titre rappelle involontairement ceux des ducs de la Marmelade et des comtes de la Limonade que se donnèrent des noirs insurgés dans un petit état d'Amérique.

couvent, sous le nom de sœur Saint-Joachim, devint supérieure de cette communauté.

6ᵉ DEGRÉ.

Maurice Bollioud, commissaire de l'artillerie de l'arsenal de Lyon, épousa Marguerite Charrin dont il eut quatre filles mortes sans être mariées, ce qui mit fin à la tige principale des Bollioud.

Branche des Bollioud de Lamponil et de Montchal.

6ᵉ DEGRÉ.

Claude Bollioud, fils d'Arnaud et de Madeleine Tardy du Bois, est le chef de cette branche. Il fut châtelain de Montchal et épousa Agathe Beraud dont il eut :
1º Antoine Bollioud qui suit ;
2º Joseph Bollioud de Montfort, officier ;
3º N... Bollioud, des Saignes ;
4º N... Bollioud, de la Gardette ;
5º Madeleine Bollioud, mariée au sieur Demeure de Vocance.

7ᵉ DEGRÉ.

Antoine Bollioud épousa Agathe Berrier dont il eut trois enfants :
1º Claude Bollioud qui suit ;
2º Maurice Bollioud, prieur et curé de Burdignes ;
3º Marie-Marthe Bollioud, mariée à Joseph Clemenson, du lieu de la Détourbe dans la baronie de Vocance.

8ᵉ DEGRÉ.

Claude Bollioud dont on ne sait rien, sinon qu'en lui finit cette branche.

Branche des Bollioud de Mary.

5ᵉ DEGRÉ.

Arnaud Bollioud, second fils d'Antoine et de Catherine Palerne, fut archer des gardes-du-corps du roi et lieutenant dans la compagnie du sieur Blaise le Fèvre, eut beaucoup de part à la réduction du château d'Argental à l'obéissance du roi, en 1594, lequel était occupé par les ligueurs. Il épousa Françoise Perrel, fille de Marcellin et de Marguerite Beraud, dont il eut :

1º François Bollioud qui suit ;

2º Marguerite Bollioud, mariée à François Allioud, lieutenant en la juridiction de Montchal, aïeul maternel de Pierre de la Cour, écuyer, seigneur de Morvilliers ;

3º Catherine Bollioud mariée, le 21 octobre 1632, à Jean Seytre, avocat, frère d'Antoinette Seytre mariée à Daniel Bollioud ;

4º Agathe Bollioud, religieuse dans le couvent de Ste-Ursule, sous le nom de sœur Saint-Joseph.

6ᵉ DEGRÉ.

François Bollioud servit longtemps dans la maison du roi en qualité de garde-du-corps dont il acquit la vétérance, ce qui lui fit donner le surnom de Bollioud des Gardes. Il épousa Marthe du Fournel, de Saint-Didier en Velay, dont il eut :

1º Antoine Bollioud, mourut sans postérité et fit son héritière Elisabeth Seytre, sa nièce ;

2º Marguerite Bollioud, dite de Mary, fut mariée à Jean Seytre, de la Vala, qui ne laissa que deux filles :

1º Jeanne Seytre, mariée à Thomas Gonin, seigneur de Lurieu, à Saint-Rambert, fils d'un autre Thomas Gonin qui avait épousé N... Dallier, sœur de Jean, procureur du roi au bailliage de Bourg-Argental ;

2º Elisabeth Seytre, mariée à Marlhes, à Mᵉ Mathieu

Courbon, avocat et lieutenant en la juridiction de
la Faye ;

3° Joseph Bollioud de Doveyset, mousquetaire.

Branche des Bollioud du Regard.

5° DEGRÉ.

Abraham Bollioud, troisième fils d'Antoine et de Catherine Palerne, est la tige des Bollioud du Regard. Il fut
gendarme dans la compagnie du marquis d'Alincourt, et
épousa Catherine Beraud dont il eut :

1° Antoine Bollioud qui suit ;

2° Jacques Bollioud, archiprêtre et curé de la cure haute
de Bourg-Argental ;

3° Anne Bollioud, ne put rendre l'esprit en mourant.....
elle était idiote.

6° DEGRÉ.

Antoine Bollioud, seigneur du Regard, eut de son mariage avec Catherine Bollioud, fille de Daniel et d'Antoinette Seytre :

1° Joseph Bollioud, capitaine, fut anobli pour ses services
et fut tué dans la guerre de la Franche-comté ;

2° Antoine Bollioud, seigneur des Boisdelles ;

3° Jean Bollioud de Monteux, curé de Bourg-Argental.
Ces deux derniers étant morts sans postérité, leur
succession passa aux Bollioud de la Roche, leurs
plus proches parents ;

4° Marie Bollioud, morte à Lyon ;

5° Isaac Bollioud, seigneur de la Cour, épousa Angloise
Beraud dont il n'eut que deux filles. Il mourut au service et avec lui s'éteignit cette branche :

1° Catherine Bollioud, mariée à N... Dutreyve-Bon-
nard ;

2° Marguerite Bollioud, mariée à Jean Mathon à qui
elle porta en dot le petit fief de la Cour. Jean Ma-

thon était l'aïeul de Charles-Joseph Mathon, conseiller au Parlement de Dombes.

Branche des Bollioud des Granges ou de Grand-Maison.

3ᵉ DEGRÉ.

Gabriel Bollioud, fils aîné du second lit de Bérenger et de Claudine Paulat et son héritier, est la tige des Bollioud de Grand-Maison ou des Granges. Il fut procureur du roi en la châtellenie d'Argental sous quatre règnes : François Iᵉʳ, Henri II, François II et Charles IX. Ce fut lui qui fit bâtir, sur les débris de sept ou huit maisons, ce qu'on appelait la Grand-Maison à Bourg-Argental, et qui ressemblait plutôt à la maison forte d'un gentilhomme qu'à l'habitation d'un simple particulier. Il fit aussi construire, dans l'enclos de la même ville, en 1562, les halles dont il se réserva le *banchage* (droit de place). Il acquit les fours banaux du seigneur de Gerlande; acheta, le 20 juillet 1539, de noble Mérault de Boullieu, seigneur de Jarnieu, conjointement avec noble Antoine Harenc, seigneur de la Condamine, plusieurs cens et servis sur Argental, Saint-Jullien-Molin-Molette et Montchal; acquit encore, le 20 juin 1540, certains cens, servis et droits seigneuriaux de Pierre de Boullieu, frère de Mérault. Il fit son testament le 15 septembre 1566, par lequel il veut être enterré honorablement dans l'église de Bourg-Argental, tombe de ses prédécesseurs. Il nomma ses exécuteurs testamentaires Gabriel Bollioud, seigneur de Beaumont, son neveu, et Antoine Harenc, écuyer, seigneur de la Condamine; puis il mourut en 1567.

Il se maria en premières noces, par contrat du 18 février 1515 (1516), avec Barthelémie Basset, fille de Claude Basset, notaire à Saint-Andéol; en secondes noces, avec Anne Gros, veuve de François Nardoin, lieutenant-général du comté de Roussillon, demeurant au Péage, dont il n'eut pas d'enfants.

Enfants du premier lit :

1° Etienne Bollioud qui suit ;

2° Antoinette Bollioud, mariée à Jacques Rochette, bailli d'Argental, dont issus Jacques et Anne ;

3° Antoine Bollioud, seigneur du Crozet, s'allia avec Suzanne de Villars, fille de Charles et sœur de Claude de Villars, premier du nom, gentilhomme ordinaire de la chambre du roi, qui avait épousé Anne de Fay, fille de Jean, baron de Virieu et de Malleval, et de Louise de Varey. Antoine mourut sans postérité.

4e DEGRÉ.

Etienne Bollioud, fils et héritier de Gabriel, épousa Marie Nardoin, fille de la seconde femme de son père, le 3 décembre 1555, dont il n'eut pas d'enfants. Il se remaria en 1559, le 19 février, avec Catherine du Puy, fille de Jacques Ier, capitaine-châtelain de Saint-Galmier, de l'honorable famille des du Puy, féconde en grands hommes de lettres et distinguée par ses alliances avec les maisons de Livry, de Thou, du Peloux, de Bayas et de Villars. Jacques II du Puy, beau-frère d'Etienne Bollioud, s'étant allié avec Catherine de Villars dont, entre autres enfants, il eut Catherine, mariée à Nicolas du Peloux, chevalier de l'ordre du roi et gouverneur du Haut-Vivarez.

Etienne décéda au mois d'octobre 1586, laissant dix enfants de son mariage avec Catherine du Puy :

1° Gabriel Bollioud, l'aîné et l'héritier, décéda garçon;

2° Paul Bollioud mourut en bas âge, dans le temps de la grande peste, en 1586;

3° Isaac Bollioud, mourut comme le précédent ;

4° Daniel Bollioud qui suit ;

5° Pierre Bollioud a fait branche ;

6° Théophile Bollioud fut avocat. Il vivait le 3 juillet 1586 et mourut garçon ;

7° Madeleine Bollioud, mariée par contrat du 8 mai

1587, avec Pierre Dallier, procureur du roi au bailliage de Forez, siége de Bourg-Argental ;

8° Suzanne Bollioud, mariée, par contrat du 19 mars
1609, à Gabriel Boyer, commissaire d'artillerie ;

9° Marie Bollioud, mariée, par contrat du 13 janvier
1596, à Jean Bonnet, sr de Churchan, homme d'armes,
de la ville de Saint-Germain-Laval ;

10° Anne Bollioud testa le 27 juin 1599 et mourut fille.

5ᵉ DEGRÉ.

Daniel Bollioud recueillit la succession de ses père et
mère, par le décès de ses aînés. Il renouvela l'alliance avec
la famille des Guillon dans laquelle une fille d'Aymar Bollioud, de la branche aînée, avait été mariée. Il épousa en
premières noces Hélène de Guillon, fille de noble Pierre,
commissaire d'artillerie, et de Catherine Bollioud, par contrat du 7 novembre 1599. Ce fut apparemment cette alliance qui procura à Daniel la charge de contrôleur provincial de l'artillerie dans l'arsenal de Lyon. De ce premier
mariage il n'eut qu'un fils, nommé Pierre, qui suit.

Il épousa en secondes noces Antoinette Seytre, fille de
noble Gabriel Seytre, secrétaire de la reine, par contrat
du 21 avril 1609, dont issus :

1° Gabriel Bollioud, tige des Bollioud de la Roche ;

2° Louise Bollioud, mariée à N... Ferriol, de la Vala ;

3° Madeleine Bollioud, se fit religieuse à Sainte-Ursule
de Bourg-Argental, sous le nom de sœur Sainte-Marie ;

4° Etienne Bollioud, mort sans postérité ;

5° Catherine Bollioud fut mariée à Antoine Bollioud, sr
du Regard.

Daniel testa en 1621 et décéda à Lyon peu de temps après,
laissant sa charge et son hérédité à Pierre, son fils du premier lit.

6ᵉ DEGRÉ.

Pierre Bollioud fut, comme son père, commissaire et

contrôleur de l'artillerie. Il s'allia dans la branche aînée et épousa Marguerite Bollioud, fille d'Arnaud Bollioud, dit le jeune, capitaine-châtelain de Montchal, et de Madeleine Tardy du Bois, par contrat du 28 novembre 1631. Dans ce contrat, il prend la qualité de noble et de contrôleur provincial de l'artillerie et arsenal de Lyon. Il décéda à Dijon où il fit son testament le dernier août 1638, par lequel il institua Pierre, son fils, son héritier universel.

Ses enfants furent :

1º Pierre qui suit ;

2º Antoinette Bollioud, religieuse à Sainte-Ursule de Bourg-Argental ;

3º Elisabeth Bollioud, mariée à Pierre Bollioud des Granges ;

4º Madeleine Bollioud, morte fille.

7ᵉ DEGRÉ.

Pierre Bollioud, deuxième du nom de Pierre, surnommé de Grand-Maison, décéda sans avoir été marié, le 18 septembre 1659, et par sa mort et celle de Marguerite Bollioud, sa mère, qu'il avait faite héritière, Elisabeth ou Isabeau, sa sœur, recueillit toute la succession de la branche dite de Grand-Maison, qu'elle porta dans la branche cadette.

Branche cadette des Bollioud des Granges ou de Grand-Maison.

5ᵉ DEGRÉ.

Pierre Bollioud, docteur ez-droits, avocat et vice-gérant au siége de Bourg-Argental, frère cadet de Daniel, fut le chef de cette branche cadette de Grand-Maison dont elle hérita. Il épousa, par contrat du 27 janvier 1609, Béatrix Mayol, fille de François, contrôleur au grenier à sel de Bourg-Argental, et de Benoîte Perrel. Il testa le 7 avril 1640 et choisit sa sépulture dans l'église de Bourg-Argental,

dans la tombe de ses prédécesseurs, qui était en la chapelle
dite de Madame. Il mourut le 10 mars 1645, laissant les
enfants qui suivent :

1° François Bollioud se qualifiait avocat et contrôleur au
grenier à sel de Bourg-Argental, le 7 avril 1640. Il
fut pourvu de la charge de lieutenant particulier et
assesseur criminel au bailliage de Bourg-Argental, le
8 septembre 1641, et de celle de lieutenant particulier
civil, le 20 septembre 1659. Il épousa : 1° Marguerite
Bollioud, veuve de son cousin-germain Pierre Bollioud,
par contrat du 4 mars 1647; et 2° par contrat du 22
février 1670, Elisabeth de Serre, fille de Pierre, chevalier, baron d'Arlande, lieutenant-général au bailliage
d'Annonay, et de Dorothée de Vogué. N'ayant point
d'enfants de ses deux femmes, il institua son héritier
Pierre Bollioud des Granges, son frère, par son testament du 16 février 1672, et décéda à Bourg-Argental
le 8 octobre 1674;

2° Pierre Bollioud qui suit;

3° Daniel Bollioud, chanoine de l'église collégiale de
Notre-Dame d'Annonay, le 20 novembre 1660;

4° Autre Pierre Bollioud, ⎫
5° Antoinette Bollioud, ⎪ décédés en bas âge;
6° Jean Bollioud, ⎬
7° Antoine Bollioud, ⎭

8° Marie Bollioud, mariée le 7 avril 1640 avec Jacques
Picquet, juge du marquisat d'Annonay, duquel elle
eut :

1° Pierre Picquet, lieutenant particulier au bailliage
d'Annonay;

2° Anne Picquet, mariée à Just de Chalamont;

3° Marguerite Picquet, mariée à Pierre Cornier, bourgeois de Serrières;

4° Marie Picquet, religieuse à Sainte-Ursule de Bourg-
Argental, sous le nom de sœur Marie de l'Assomp-
tion.

Marie Bollioud étant veuve, se remaria avec Pierre des
Ormes, conseiller au bailliage de Velay, à Montfaucon;

9° Gabriel Bollioud forma la branche de Tartara, établie
à Annonay;

10° Marguerite Bollioud se fit religieuse de Sainte-Ursule
de Bourg-Argental, sous le nom de sœur de Notre-
Dame; de sorte que l'on vit à la fois, dans le même
monastère, six religieuses du nom de Bollioud, pauvres
filles jetées là le plus souvent pour faire un héritier
plus riche et satisfaire une vanité prétentieuse et une
ambition déréglée qui rendaient sacrées ces infortu-
nées victimes et qui couvraient de blâme leurs barbares oppresseurs.

4e DEGRÉ.

Pierre Bollioud des Granges, écuyer, conseiller, secrétaire du roi, maison, couronne de France et de ses finances,
lieutenant particulier, civil et assesseur criminel au bailliage
de Bourg-Argental, né le 29 août 1630. Il avait acheté
l'office de secrétaire du roi, par contrat du 10 novembre
1694, et décéda dans cette charge le 30 janvier 1704, dans
sa 74e année. Il épousa, par contrat du 20 novembre 1660,
Isabeau ou Elisabeth Bollioud, sœur de Pierre Bollioud de
Grand-Maison, fille de Pierre Bollioud, contrôleur provincial de l'artillerie à l'arsenal de Lyon, et de Marguerite
Bollioud qui avait pour père Arnaud Bollioud, châtelain de
Montchal. Par le double mariage des deux frères, Marguerite et Isabeau Bollioud, la mère et la fille, devinrent belles-
sœurs l'une de l'autre.

Il laissa treize enfants de son mariage, neuf moururent
avant lui; ceux qui lui survécurent furent :

1° Christrophe Bollioud qui suit;

2° Marguerite Bollioud, célèbre par sa grande piété et
la délicatesse de son esprit, mourut fille, ce qui prouve
en effet son esprit;

3° Elisabeth Bollioud, née le 14 octobre 1663, mariée
en 1663, le 26 novembre, à Etienne Dalier, procureür
du roi au.bailliage de Bourg-Argental. Sans enfants;
4° Marie Bollioud, née le 8 février 1669.

7° DEGRÉ.

Christophe Bollioud des Granges, écuyer, seigneur de
Saint-Julien, naquit le 3 mai 1674 et se trouva le dixième
enfant de sa famille, comme son père l'avait été de la sienne.
Devenu héritier des grands biens de son père, il se fit pourvoir, le 10 août 1704, de la charge de lieutenant-général
d'épée aux bailliages de Bourg-Argental et de Saint-Ferréol,
sur la démission d'Augustin de Ferriol, seigneur engagiste
de Bourg-Argental. Il mourut le 6 janvier 1736.

De son mariage, accordé par contrat du 5 juillet 1707,
avec Françoise Olivier, sœur de François, seigneur de
Sénozan, chevalier de l'ordre du roi et intendant-général
du clergé de France, fille de noble David Olivier, ancien
échevin de la ville de Lyon, et de Françoise Arezon ; il eut
les enfants qui suivent :

1° Elisabeth Bollioud, née à Lyon le 4 mai 1709, fut
mariée, par contrat du 3 février 1728, avec Gaspard-
Roch-Augustin de Quinson, seigneur de Bonjard,
écuyer, trésorier de France au bureau des finances de
Lyon, fils de Roch et de Marguerite Fayard ;

2° Françoise Bollioud, née à Lyon le 20 juillet 1710,
épousa par contrat du mois de mai 1731, Louis Bellet,
sr de Tavernot et de Cruis, chevalier d'honneur au
Parlement de Dombes, fils de Nicolas, président au
même Parlement, et de Marie Dugas ;

3° François-David qui suit ;

4° Camille Bollioud, né à Bourg-Argental, le 31 octobre
1714, décéda en bas âge ;

5° Suzanne Bollioud, née à Bourg-Argental le 11 décembre 1718, mariée le 15 mai 1737 à Louis-Claude

Dupin, écuyer, sr de Francueil, de l'Espinière, etc.,
conseiller du roi, receveur-général des finances de
Metz et d'Alsace, fils de Claude et de Marie Bonilhat
de Lalcuf.

8e DEGRÉ.

François-David Bollioud, écuyer, seigneur de Saint-
Julien et de Bourg-Argental, receveur-général du clergé
de France, naquit à Lyon le 12 juillet 1713. Il épousa, par
contrat du 18 décembre 1748, demoiselle Anne-Madeleine-
Louise-Charlotte de la Tour du Pin, fille de Jacques-Phi-
lippe-Auguste de la Tour du Pin, marquis de la Charce,
chevalier de Saint-Louis, mestre-de-camp de dragons,
gouverneur de la ville de Nyons en Dauphiné, et de dame
Antoinette-Gabrielle de Choiseul de Lauques.

C'était certainement un magnifique mariage, et sans son
immense fortune, François-David Bollioud n'eût point osé
porter jusques-là ses prétentions; mais que n'ose-t-on pas
entreprendre avec de l'or? Mlle de la Tour du Pin était
sans fortune ou du moins n'avait reçu qu'une très-médiocre
dot.

M. Bollioud allait avoir un enfant et il désirait un garçon;
sa femme le lui donna, mais lui fit payer cher le cadeau.
La naissance de ce fils faillit coûter la vie à la mère, et dans
les atroces douleurs d'un enfantement laborieux, elle s'é-
cria avec désespoir : « Dieu! est-il possible de tant souffrir
pour ne faire qu'un Bollioud! » Après ses relevailles, elle
se retira chez ses parents et ne voulut plus revoir son mari;
c'est ce qui explique pourquoi il n'y eut qu'un enfant de
ce mariage, qui fut :

9e DEGRÉ.

Jean-Victor-François-Auguste Bollioud, né le 7 septembre 1749, nous est inconnu.

Branche des Bollioud de Jarnieu.

4ᵉ DEGRÉ.

Etienne Bollioud, de la branche aînée, eut deux fils d'un second mariage :

1° Barthelémy qui suit ;
2° N.....Bollioud dont la postérité est inconnue.

5ᵉ DEGRÉ.

Barthelémy Bollioud s'allia avec Dauphine Allioud, morte vers l'an 1620, époque où elle testa et fit une fondation pieuse à l'église de Bourg-Argental.

De ce mariage vint, entre autres enfants :

6ᵉ DEGRÉ.

Jean Bollioud, se maria avec Marguerite Camier, de la ville de Malleval. Il mourut vers l'an 1672, elle décéda vers l'an 1672 où elle fit son testament. Ils laissèrent six enfants :

1° François Bollioud qui suit :
2° Nicolas Bollioud, sʳ de Berbeysse, s'établit à Metz où il fut greffier en chef du Parlement qui y avait été nouvellement érigé. De son mariage avec N.... il eut trois filles, à chacune desquelles il constitua 40,000 écus de dot :

  1° N... Bollioud, fut mariée à N..., grand conseiller au Parlement de Metz, après la mort duquel elle épousa en secondes noces le président Ferrier. Elle eut onze enfants du premier lit et cinq du deuxième;
  2° Bollioud, mariée à M. le président de Taille–Fumir, dont issus plusieurs enfants;
  3° N... Bollioud, mariée à N... de Pirnodan;
3° Jean Bollioud, prêtre, bachelier en théologie de la faculté de Sorbonne, chanoine de Varambon, mort à Bourg-Argental en 1720, âgé de 87 ans;

4° N... Bollioud dont on ne sait rien ;

5° N... Bollioud, mariée à N... Perdrigeon, pharmacien;

6° N... Bollioud, resta fille et mena une vie pieuse et retirée.

7ᵉ DEGRÉ.

François Bollioud s'établit à Bourg-Argental où il fut receveur du grenier à sel. Il épousa Julienne Mathon, sœur de Jacques, substitut du procureur du roi au bailliage de Bourg-Argental. Il mourut en 1688, bien jeune encore, laissant :

1° Nicolas qui suit ;

2° Marie Bollioud,

2° Catherine Bollioud,   } mortes filles ;

4° Marguerite Bollioud, mariée à François Perdrigeon, avocat au Parlement et receveur du grenier à sel, dont treize garçons et deux filles.

8ᵉ DEGRÉ.

Nicolas Bollioud, sʳ de Jarnieu, épousa N... Baron de la Lombardière, fille de N..., procureur du roi au bailliage d'Annonay, dont il n'eut que deux enfants :

1° N... Bollioud, mort jeune ;

2° Julienne Bollioud, héritière par la mort de son frère, fut mariée à Jacques Dupré, maître aux comptes de la ville de Grenoble. Cette alliance fit que Nicolas vendit les biens considérables qu'il avait à Bourg-Argental, pour se retirer à Grenoble, après la mort de sa mère.

Branche des Bollioud de Tartara.

6ᵉ DEGRÉ.

Gabriel Bollioud, le neuvième des enfants de Pierre Bollioud des Granges, forma la branche des Bollioud de Tartara, établie à Annonay. Il naquit le 18 octobre 1624,

et se maria à Annonay avec Madeleine Androl. Il fut
pourvu de la charge de lieutenant principal au bailliage de
cette ville et acheta le fief de Brogieu. Il décéda à Annonay
le 30 septembre 1680, laissant de son mariage :

1.º Jean Bollioud qui suit ;

2º Marguerite Bollioud, mariée à N... des Moulines, sʳ
   des Eymards ;

3º Marie-Anne Bollioud, mariée à Alexandre Crottier des
   Marets de Chambonas.

7ᵉ DEGRÉ.

Jean Bollioud épousa Gilette Crottier des Marets dont il
n'eut qu'un fils. Il décéda à Brogieu, en 1721.

8ᵉ DEGRÉ.

Pierre Bollioud, fils de Jean, seigneur de Brogieu, épousa
N... des Combes dont il eut plusieurs enfants.

Branche des Bollioud de la Roche.

6ᵉ DEGRÉ.

Gabriel Bollioud, fils aîné des enfants du second lit de
Daniel Bollioud et d'Antoinette Seytre, s'établit à Lyon. Il
fut pourvu de la charge de conseiller à la sénéchaussée et
siége présidial de Lyon où il épousa Eléonore du Cher dont
issus :

1º Clément Bollioud qui suit ;

2º Jean-Baptiste Bollioud, capitaine dans le régiment
   Dauphin, épousa à Metz, où sa compagnie était en
   garnison, Charlotte de Durant d'Arencourt, fille de
   Claude, lieutenant du roi dans la citadelle de Metz.
   Elle est morte à Bourg-Argental où elle s'était retirée;

3º N... Bollioud, lieutenant de vaisseau, marié en Normandie ;

4º Joseph Bollioud, mort à Lyon, célibataire ;

5º N... Bollioud, abbé ;

6° N... Bollioud, mariée à N... Bernard, conseiller au présidial de Mâcon.

7ᵉ DEGRÉ.

Clément Bollioud, conseiller à Lyon, épousa Hélie de Saint-Bonnet qui lui apporta en dot 400,000 livres, et eut de ce mariage :

1° Jacques Bollioud qui suit ;

3° N... Bollioud, capitaine de dragons.

8ᵉ DEGRÉ.

Jacques Bollioud, conseiller à Lyon comme son père, épousa N... Saladin du Fresne dont il n'eut point d'enfants. Son frère, qui s'était marié aussi, n'a pas laissé de postérité.

Armes.

Chaque branche principale de cette nombreuse famille prit des armes différentes, soit qu'elles eussent été anoblies séparément, soit aussi en souvenir des alliances qu'elles contractèrent.

Les armes de la branche de Bollioud-Mermet figurent dans l'armorial gravé par Claudine Brunand, après la reconnaissance des nobles de la généralité de Lyon, en 16.. Elle portait : d'argent à la bande d'azur cotoyée d'un lion de gueules en chef et de trois roses de même, une et deux en pointe.

La branche de Bollioud de Saint-Julien portait : d'azur à un chevron d'or, au chef cousu de gueules, chargé de trois besans aussi d'or, mis en rang. *(Planche 2ᵉ, nᵒ 2.)*

Généalogie de la famille de Roissieu *.

La famille de Roissieu paraît être d'origine stéphanoise, elle apparaît du moins à Saint-Etienne avec une haute considération, dès le commencement du XVIᵉ siècle, en la personne de Marcellin de Roissieu, marié à Hélène de Monteille qui lui apporta le château de ce nom dont elle avait hérité d'Etienne de Monteille, son neveu, décédé sans postérité.

1ᵉʳ DEGRÉ.

Marcellin de Roissieu eut de son mariage avec Hélène de Monteille trois enfants :

1º Jacques qui suit;

2º Louise, mariée à Pierre de Saint-Priest de Fontanez, fils d'Antoine, seigneur de Fontanez, et de Marguerite de Changi. Ladite Louise vendit, en 1578, avec son mari, différents fonds situés entre la Baraillière et Saint-Just-sur-Loire, à noble Claude de la Tour, sʳ du Play, branche cadette de la Tour-Varan;

3º Marcellin dont l'article vient après.

2ᵉ DEGRÉ.

Jacques de Roissieu épousa Anne de la Bessée qui, étant veuve, épousa en secondes noces Jean Blachon, dont issu Jacques, sʳ de Nantas, en 1576. A cette date, Anne était morte. De Jacques de Roissieu et d'Anne de la Bessée naquit :

3ᵉ DEGRÉ.

Charles de Roissieu, seigneur de Thélin en 1576, était conseiller du roi en son conseil d'Etat et privé, en 1604, époque où Marcellin d'Allard lui dédie sa *Gazette Française*. On voit par cette dédicace que Charles de Roissieu était un homme d'Etat jouissant de la confiance de Henri

IV. Il épousa Charlotte-Edeline du Troncay qui lui donna
pour fils :

4ᵉ DEGRÉ.

Jacques de Roissieu, seigneur de Fontville, conseiller
et maître d'hôtel ordinaire du roi. Il épousa dame Françoise
de Cormey qui était veuve de lui en 1630. Le 11 décembre
de ladite année, elle passe l'acte suivant : « Dame Françoise
« de Cormey, veuve de messire Jacques de Roissieu, vi-
« vant, seigneur de Fontville, conseiller et maître d'hôtel
« ordinaire du roi, donne à l'Hôtel-Dieu de Saint-Etienne
« la pension annuelle de 3 livres 5 sols, conjointement avec
« honorable homme Pierre Métare, sʳ de Biancourt, su-
« brogé-tuteur d'Hexanare de Roissieu, fils et héritier
« dudit feu Jacques de Roissieu et de ladite dame de Cor-
« mey. » C'est le dernier acte qui rappelle, à St-Etienne
cette branche aînée qui ne tarda pas à s'éteindre. De ce
mariage étaient issus :

1º Hexanare de Roissieu, mort à l'âge de 3 ans et demi;

2º Anne de Roissieu dont on ne sait rien.

La famille de Roissieu, quoique éloignée de St-Etienne
par ses emplois, conserva toujours des souvenirs de sa ville
natale; et nous voyons Charles de Roissieu, conseiller
d'Etat et privé, fonder en 1606, au couvent des Minimes,
la chapelle des Roissieu, sous le vocable de tous les Saints.
C'est la place de tombe qui en dépendait qui fit le sujet du
procès plaidé avec tant de hardiesse par Louis de Monteile
contre les RR. PP. Minimes, suivant son plaidoyer écrit en
entier de sa main.

2ᵉ DEGRÉ.

Marcellin de Roissieu, deuxième du nom, épousa Gasparde de la Bessée dont il eut :

1º Denis qui suit ;

2º Louise de Roissieu, épousa Hugues de Fleureton et
  porta dans cette famille le château de Monteille qui

avait été son apanage. Hugues décéda en 1616 environ, et Louise, après avoir testé le 8 octobre 1626, décéda quelques jours après, laissant de son mariage :

1º Henri de Fleureton, conseiller du roi en l'élection de Ponthieu en Picardie, lequel vendit Monteille, le 26 octobre 1629, à André d'Allard, son cousin-germain ;

2º Louis, cavalier de la compagnie de M. de Boissac ;

3º Catherine, religieuse à Joursey ;

3º Hélène de Roissieu épousa, en 1680, Marcellin d'Allard. Il lui fut constitué en dot 1,100 écus d'or sol, valant ordinairement 114 sols l'un. Elle eut de son mariage six enfants, et fit un premier testament le 19 juillet 1632, et un second le 8 juillet 1646. Dans ce dernier, elle rappelle son vieil âge, élit sa sépulture dans la chapelle des Roissieu ; lègue à Antoinette, sa fille, religieuse à Joursey, une robe large, suivant sa condition, pour faire le deuil ; fait différents legs à ses enfants et petits-enfants, et nomme héritier Pierre d'Allard, son fils, sʳ de Monteille. Elle avait alors 86 ans environ, et trois ans après, le 17 mai 1649, elle signe d'une main très-assurée un acte notarié. Elle décéda en 1650 environ, âgée de 90 ans, et en elle finit cette branche de Roissieu qui ne séjourna guères dans nos murs, parce qu'elle occupa de hautes places soit à l'armée, soit dans les conseils du monarque. Elle a cependant laissé son nom à une propriété près de Valbenoîte qui se nomme toujours à Roissieu.

3ᵉ DEGRÉ.

Denis de Roissieu, comme héritier de son père, constitua à Hélène, sa sœur, lors de son mariage, 1,100 écus d'or sol. En payement de cette somme, il fut relâché à ladite Hélène, par acte du 15 septembre 1581, un pré de trois seytives et demie, à l'Eperonnière, près le Treuil ; une terre de 8 métérées et un ténement de terre au même lieu de 52 métérées, avec la directe du seigneur de la Vallette, sur lesdites 52 métérées, franches par conséquent de tous cens et servis. Ce relâche fut fait par noble Pierre de l'Hospital, de cette ville, *naguère capitaine-coronel de* 500 *hommes de pied,* pour le service du roi, lequel était obligé envers ledit Denis de Roissieu, et était chargé de payer audit Allard ladite constitution.

Dès cette époque, Denis était commissaire-général des vivres du camp de M. le duc de Mayenne, pour le service du roi, en l'armée de Dauphiné. L'année suivante et le 8 février 1582, il constitue, en faveur de l'Hôtel-Dieu de Saint-Etienne, la rente d'un écu sol, pour laquelle il donne la somme de 20 écus sol.

Denis de Roissieu est nommé comme témoin dans le testament de Jean d'Ogerolles, seigneur de Roche-la-Molière et baron de Brunard, assassiné avec son père par Aymar de Saint-Priest. Ce testament est du 7 avril 1584. Denis de Roissieu y est qualifié de trésorier-général des finances à Orléans.

Il décéda en 1614 et constitua André d'Allard, son neveu, pour héritier.

APPENDICE.

Nous n'avons point la prétention de compléter l'article de M. Sauzéa, il l'est suffisamment ; de faire un plus bel éloge de la famille de Roissieu, qu'on ne saurait trop louer. Mais nous croyons lui donner plus de relief par quelques citations d'un document qui a précédé l'époque où M. Sauzéa place le 1er degré de cette généalogie, car s'il ne l'a vue que débarrassée de son obscure origine, nous devons la montrer se mouvant encore dans son état primitif. Selon nous, la noblesse personnelle est la véritable, et celle que l'on tient de la vertu de ses aïeux n'est plus qu'un fardeau onéreux et humiliant pour celui qui ne peut la soutenir par

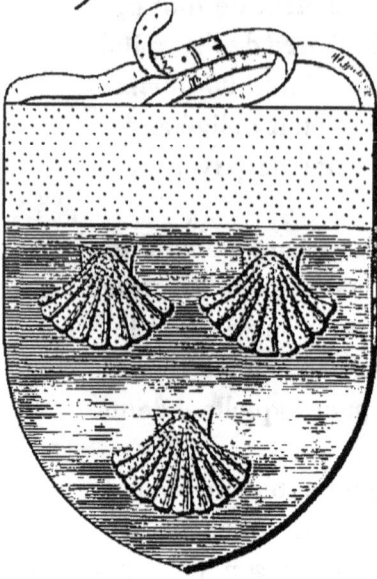

De Bourdon.

Bollioud.

Mathevon de Curnieu.

Besset de la Valette.

Dessiné par M. de la Tour-Varan.

Lith. Olivier.

son propre mérite. Voltaire avait raison quand il répondit à ce grand seigneur qui cherchait à l'humilier dans son nom *de Voltaire* : « Monseigneur, je suis le premier gentilhomme de ma race, comme vous êtes le dernier de la vôtre. » Quelle flétrissure ! C'est donc ajouter à l'éloge de la famille de Roissieu que d'ajouter ce qui suit :

« Anthonius Roissieu, faber, habitator burgi de Roannel, « confitetur se tenere quamdam platheam, olim pratum de « Lacu, situm in dicto burgo.

« Johannes Roissieu, faber, habitator burgi de Roannel, « confitetur se tenere quamdam suam domum altam, me- « diam et bassam, et hortum deretro, sitam in dicto burgo.

« Honestus vir Petrus Roissieu, alias Blanchon, mercator « draperius, habitator Sancti-Stephani-de-Furano, confi- « tetur se tenere quamdam suam domum altam, mediam « et bassam, cum alia domo de retro et curte in medio, « sitam in dicto loco Sancti-Stephani.

« Plus aliam domum cum horto de retro, sitam in burgo « et extra dictam villam, juxta iter quo itur de Sancto- « Stephano ad Sanctum-Præjectum.

« Plus quoddam pratum continentem unam seytivatam « cum dimidia, juxta iter..... (ut supra).

« Stephanus Roissieu, mercator de Sancto-Stephano-de- « Furano, confitetur tenere quasdam suas domos altas, « medias et bassas, unam de ante et alteram de retro, cum « curte in medio, sitas in villa Sancti-Stephani, juxta car- « rieram publicam de ante, ex vento ; et juxta aliam car- « rieram tendentem ad ecclesiam dicti loci ex sero, et juxta « domum Boniti Revolier ex mane, et juxta cimiterium « dicti loci ex Borea. (C'est aujourd'hui la maison Marcou, « rue de la Ville.)

« Plus quamdam aliam domum altam, mediam et bassam, « noviter edificatam, cum horto de retro et curte, sitam « extra villam.

« Gabriel Roissieu, faber, habitator Sancti-Stephani,

6

« tenet suam domum altam, mediam et bassam, sitam in
« Sancto-Stephano.

« Plus quamdam turrim sitam in villa Sancti-Stephani.

« Plus quemdam hortum situm juxta iter quo itur de
« Sancto-Stephano aux Gaulx. (Terrier de Saint-Etienne,
« 1515.) »

Des cinq individus qui précèdent, l'un d'eux pouvait
bien être le père ou au moins l'aïeul de Marcellin de Roissieu qui forme le 1er degré ; et même, si la chose était nécessaire, on pourrait affirmer, sans risque de se tromper,
qu'il descendait de Pierre ou d'Etienne Roissieu que le
terrier nous présente comme les plus riches et les mieux
placés, ce qui pourtant ne vaut pas une affirmation.

(Armoiries inconnues.)

Généalogie de la famille Mathevon de Curnieu.

1er DEGRÉ.

André Mathevon légua, en 1432, à l'église de Villars
10 écus, chacun du poids de 3 deniers, pour être employés
à l'acquisition de la pension d'un demi-écu en faveur de
ladite église. De sa femme qui nous est inconnue il eut :

2e DEGRÉ.

Pierre Mathevon dont on ne sait rien, sinon qu'il laissa
d'un mariage inconnu :

3e DEGRÉ.

Mathieu Mathevon qui fut marié deux fois. Le nom de
sa première femme est ignoré. Il épousa en secondes noces
Jeanne Angénieur. Nous citons le passage suivant d'après
un titre qui nous a été communiqué : « Mariage entre hon-

« nête homme Mathieu Mathevon, marchand, et Jeanne
« Angénieur, fille d'honneste Jacques Angénieur, mar-
« chand de Saint-Etienne, et encore Pierre Mathevon et
« Agathe Dixmes. Il fut constitué à chacune dès futures
« 400 escus sols et un trousseau. Ce double mariage passé
« à Saint-Héand, maison des mariés Angénieur, le 2 dé-
« cembre 1584. Jacques Angénieur et Pierre Mathevon
« déclarent ne savoir signer. »

De son premier mariage, Mathieu Mathevon laissa ledit
Pierre Mathevon qui suit :

4ᵉ DEGRÉ.

Pierre Mathevon, second du nom de Pierre, épousa,
comme nous venons de le dire, Agathe Dixmes dont il eut :

5ᵉ DEGRÉ.

Benoît Mathevon épousa Jeanne Martin dont issu :

6ᵉ DEGRÉ.

Laurent Mathevon, notaire et châtelain de St-Etienne,
épousa Jeanne Javelle, fille de Pierre. Il mourut en octobre
1626, laissant :

7ᵉ DEGRÉ.

Antoine Mathevon, avocat, châtelain de Saint-Etienne,
épousa, en 1628, Catherine Cozon de Bayard, fille de noble
Jean Cozon de Bayard et de Françoise de Paulat, dont issu :

8ᵉ DEGRÉ.

Jean Mathevon, avocat, juge de Valbenoîte, capitaine-
châtelain du marquisat de Saint-Priest, terre et baronie de
Feugerolles, Roche-la-Molière, Saint-Just-lez-Velay, et
châtelain de la ville de Saint-Etienne, fut pourvu d'une
commission de valet de la garderobe de Mᵐᵉ la duchesse
d'Orléans.

En 1670, Jean Mathevon vendit à demoiselle Hélène de
Saint-Priest-Fontanez, veuve de Pierre Dalmais, écuyer,

seigneur de Curnieu, un pré de 32 métérées près de Curnieu, moyennant la somme de 1,200 livres.

Dans un autre acte de la même année, il prend le titre
d'escuyer, sr de Curnieu.

Il acquit en 1672, du seigneur de Saint-Priest, des droits
féodaux près de Villars ; il avait déjà acquis du même seigneur de semblables droits dépendant de la directe de
Curnieu.

En 1681, il acheta de même les droits de rachat de certaines rentes seigneuriales.

Il avait épousé, en 1651, Jeanne de Pleney, fille unique
de Pierre de Pleney et de Jeanne Grivolat. De ce mariage
vinrent les enfants qui suivent :

1º Louis qui suit ;

2º Pierre Mathevon, juge à Saint-Etienne, mort sans
postérité ;

3º Antoinette Mathevon, mariée, en 1674, à Pierre-
François de Peyssonneaux, avocat, fils de Pierre et
d'Antoinette Métare.

9e DEGRÉ.

Louis Mathevon de Curnieu, élu en l'élection, épousa,
le 28 octobre 1681, Claire de Colomb, fille d'Antoine, procureur en l'élection, et de Jeanne Monier. Il acheta, en
1698, des frères Pierrefort de Montbrison, les rentes de la
Garde, Sainte-Agathe, Jonzieu et des Combes, au prix de
5,215 livres. Ses enfants furent :

1º Jean-Baptiste qui suit ;

2º Claude Mathevon, non marié, mort en 1707, à l'âge
de 21 ans ;

3º Claude-François Mathevon, mort en 1724 sans avoir
été marié ;

4º Madeleine Mathevon, non mariée ;

5º Agathe Mathevon, morte célibataire ;

6º Thérèse Mathevon, religieuse à Sainte-Catherine ;

7° Antoinette Mathevon, religieuse comme sa sœur ;

8° Jeanne, religieuse à Jourcey ;

9° Marthe, religieuse dans le même couvent.

Ainsi, pour favoriser son fils aîné, Louis Mathevon empêcha ses deux fils cadets de se marier, imposa le célibat à ses deux filles aînées et força les quatre autres à se faire religieuses.

10° DEGRÉ.

Jean-Baptiste Mathevon de Curnieu, né en 1688, élu en l'élection, épousa, en novembre 1725, Marie Vincent, fille d'Etienne et d'Antoinette Grandris. Il mourut le 11 mars 1743, laissant :

1° Louis-Etienne qui suit;

2° Jean-Louis Mathevon, né le 1er mars 1740, officier dans le régiment de Mazarin, était capitaine dans le régiment de Beauce en 1779 ;

3° Antoine Mathevon, née en mars 1741 ;

4° Madeleine Mathevon, née le 25 mars 1731, mariée en 1754 à Pierre-André Thiollière.

11° DEGRÉ.

Noble Louis-Etienne Mathevon, sr de Curnieu, conseiller du roi, élu en l'élection de Saint-Etienne, reconnut, en 1766, au terrier Bullat, en faveur du commandeur de Saint-Jean-des-Prés, à Montbrison.

—

Suivent quelques individus du nom de Mathevon, qu'il n'a pas été possible de lier à leur degré naturel.

Mathevon Claude et sa femme Antoinette vivaient en 1510. Ce doit être le même que

Claudius Mathevon, *faber burgi de Roannel*, qui reconnaît au terrier de 1515, signé Paulat, tenir une maison haute et basse, sise dans la ville de Saint-Etienne.

Plus, autre maison, haute et basse, *sitam extra villam Sancti-Stephani et in burgo de Roannel.*

Honorable Noël Mathevon, marchand cordonnier de Saint-Etienne, lègue une pension annuelle de 30 sols aux pauvres de l'Hôtel-Dieu. Décembre 1575.

Anne Mathevon, sa fille unique, femme de Jacques Blachon, reconnaît ladite pension. 28 janvier 1622.

Messire Mathieu Mathevon, châtelain de Saint-Priest et de Saint-Etienne, loue un sien domaine. Acte reçu Ducurtial, 1628.

Dans l'église de Villars, en entrant, à droite, on voit cette inscription : *Priez pour l'âme du brave et malheureux colonel J.-L.* MATHEVON, *baron de Curnieu, mort à Witeps en Russie, le 2 février 1813, à l'âge de 38 ans, après une vie glorieuse et sans tache.*

Armes : d'azur au lion d'or (ou d'argent), au chef cousu de gueules *(Planche 2, n° 3.)*

Généalogie de la famille Besset de la Valette.

On croit, peut-être sans fondement, que cette famille nous est venue du Velay et qu'elle s'établit à Saint-Etienne où elle a fait peu de bruit jusqu'au moment de l'acquisition de la terre de la Valette, acte qui lui donna une véritable importance.

1er DEGRÉ CONNU.

Guillaume Besset épousa Marguerite Deschamps dont issus :

1° Léonard qui suit;

2° Jean Besset épousa, en 1595, Antoinette Molinost, sœur de Claudine, femme de Pierre Badol dit de For-

cieu. Il acheta, en 1608, le grand et le petit Coin
(*Cugnus*). Il ne laissa qu'une fille unique, Marguerite
Besset, mariée en 1620 à Jean Palluat, contrôleur au
grenier à sel à Condrieu et à St-Chamond, qui joignit,
comme un titre honorifique, le nom de sa femme à
celui de sa famille. De ce mariage naquit Jean Palluat
de Besset qui épousa, en 1640, Jeanne Roussier, fille
de Noël ;

3° Pierre Besset épousa Catherine Régis. Sans postérité ;

4° Denis Besset, capucin, n'est cité que par M. Julien
du Bessy dans ses Tableaux généalogiques.

Les trois premiers étaient associés pour le commerce.

2° DEGRÉ.

Léonard Besset acquit, en 1608, le haut et le bas Villebœuf, ainsi que la terre de la Valette, et depuis il s'intitula
seigneur dudit lieu. Il fonda, en 1618, le couvent des capucins de Saint-Etienne.

Il se maria deux fois : 1° à Anne Chovin ; 2° à Anne de
la Tour-Paulat.

Du premier mariage naquit :

1° Hélène de Besset mariée : 1° le 22 octobre 1616, à
Gaspard de Beget ; 2° à Marcellin de Charbonnel du Betz ;

Du deuxième vinrent :

2° Jean qui suit ;

3° Louis Besset de Montchaud épousa Claire Staron dont
il n'eut pas d'enfants ;

4° Sans pouvoir dire de quel lit, N... Besset mariée, en
1610, à Marcellin Gayot de St-Chamond, dont issu :
Marcellin Gayot, échevin, de qui sont descendus
les Gayot de la Bussière, dont Louis Gayot, trésorier de France, épousa N... Mascrany, sœur de
Laurence, femme de Laurent Pianello II°. Gayot
(Gayotti), Pianello, Mascrany, sont autant de
familles italiennes naturalisées françaises.

3ᵉ DEGRÉ.

Jean de Besset, seigneur de la Valette, conseiller du roi en la sénéchaussée et présidial de Lyon, épousa N... Micolier, fille de Justinien, procureur-général au parlement de Dombes, dont il n'eut qu'une fille.

4ᵉ DEGRÉ.

Marie de Besset, dame de la Valette, mariée en 1638 à Baptiste Pianello, deuxième du nom, trésorier de France à Lyon, fils de Laurent premier du nom et de Marguerite Denot, dont issu :

Laurent Pianello deuxième du nom, seigneur de la Valette, qui fut père de

Jean-Baptiste, seigneur de la Valette, dont le fils

Laurent troisième du nom, seigneur de la Valette, laissa pour lui succéder son fils .

Louis-Gabriel Pianello de la Valette.

Cette famille de Pianello de la Valette n'était plus représentée, en 1850, que par M. le marquis de la Valette et sa fille, Mᵐᵉ la vicomtesse du Bouchage.

Armes : d'or à l'aigle de sable, le vol étendu, au chef d'azur chargé de trois étoiles d'or. *(Planche 2ᵉ, nᵒ 4.)*

———oₒ╳ₒ———

Généalogie de la famille Paulat.

Si cette famille n'est pas originaire de Saint-Etienne, elle y a du moins acquis un droit de cité si incontestable, qu'elle peut passer pour une des plus anciennes de celles qui figurent dans les annales de cette ville. On la reconnaît déjà bien au-delà des limites fixées par les plus rigoureuses exigences généalogiques, et bien des familles seraient jalouses de pouvoir établir une aussi respectable antiquité, puisque dès le XIII° siècle elle se montre revêtue de l'honorable charge du notariat. Pendant trois siècles elle vécut dans cette profession libérale et s'y conduisit avec tant de loyauté, qu'elle y grandit comme un chêne planté en bon terrain.

Le notariat, dans les anciens temps, était respecté comme toutes les positions hors ligne ; c'était la noblesse de plume, de science, de capacité. Nous pouvons citer plusieurs grandes familles qui descendent d'anciens notaires, elles ne manquent pas en Forez. Celle de Chatillon du Soleillan remontait à Jean de Chatillon, écuyer, notaire et secrétaire du roi, maison et couronne de France. Les Pellissier, à Saint-Etienne, ainsi que les De la Roère, les De la Roa, les Fromage et autres revendiquent une pareille origine qui n'est certes pas à dédaigner.

Sous nos premiers rois, les conventions se font par lettres *(epistolæ)*, ou se prouvent par témoins ; les formules s'introduisent, en même temps que les scribes chargés de prendre les *notes* se qualifient de notaires. Leurs charges deviennent importantes sous Charlemagne qui ordonne, par un de ses *Capitulaires* de l'an 803, que les *Missi dominici* nommeront des notaires dans toutes les localités populeuses ; et alors quand on disait notaire, on entendait un homme recommandable par sa science et sa probité, par ses bonnes mœurs et son incorruptibilité. Deux ans plus tard, en 805, le monarque forçait les évêques, les comtes et les abbés à avoir aussi leurs notaires, ce qui donna naissance aux notaires royaux, seigneuriaux et ecclésiastiques, dénominations qui se sont presque perpétuées jusqu'à nous. En même temps Charlemagne ordonna que les jugements et les actes publics fussent rédigés en latin, afin qu'ils ne fussent plus exposés aux fausses interprétations que favorisait l'inconcevable langage de ce temps, mélange épouvantable des divers dialectes de ces hordes barbares qui s'étaient fixées sur le sol franck ou qui l'avaient sillonné.

Pendant longtemps le notariat n'est exercé que par des personnes instruites, rédigeant en latin et choisies par le souverain, les seigneurs ou les abbés. Bientôt le clergé en usurpe les fonctions, les moines s'emparent des affaires, règlent les actes publics et surtout les mariages et les testaments. Ce sont eux qui rédigent les quittances des sommes qu'on devait léguer à l'Eglise sous peine d'excommunication, et de celles que devaient payer les nouveaux époux pour prix des trois premières nuits de mariage, car il leur était défendu de coucher ensemble pendant cette interdiction, s'ils n'en achetaient la permission ; ce qui fit dire à un chroniqueur pointilleux : « Que c'était bien ces trois nuits-là qu'il fallait choisir, car pour les autres on n'aurait pas donné grand'chose. »

Le notariat fut de tout le barreau ce qui fixa le plus particulièrement la sollicitude de saint Louis. Philippe-le-Bel voulut qu'on s'assurât de la capacité des notaires par une rigoureuse information, avant qu'ils fussent reçus : *per informationem reperti fuerint habiles et idonei in scriptura et scientia quam ipsi officii cura requirat.* Il exigea qu'ils ne se mêleraient ni d'arts mécaniques ni de métiers qui ne convenaient pas plus à leur état qu'à la noblesse. Charles VII leur accorda des lettres de sauvegarde et leur permit, pour marque de cette faveur, de placer sur leurs maisons des panonceaux royaux, qui sont ces plaques que l'on voit encore à la porte de quelques études, non comme une enseigne de la profession, mais comme un signe de la protection royale.

Ce qui avait porté Charlemagne à exiger que les gens de justice rédigeassent leurs actes en latin, obligea François Ier d'ordonner qu'ils fussent écrits en français ; car le langage dont on se servait dans la rédaction des actes était un latin d'un *titre* si bas et si diffus, un assemblage de barbarismes tellement inexplicables, que très-souvent on pouvait donner à une formule un sens tout différent de celui que le juge ou le notaire avait voulu exprimer, et de là force procès.

Nous avons lu quelque part qu'un grand seigneur rendit compte à François Ier d'un procès qu'il venait de perdre en ces termes : « J'étais venu en poste pour assister à un jugement ; à peine étais-je arrivé, que votre Parlement m'a débotté. — Comment débotté, reprit le roi ? — Oui sire, débotté ; car voici les termes de l'arrêt : *Dicta curia debotavit et debotat dictum actorem,* etc. » — Il n'en fallut pas davantage, le roi comprit tout le ridicule de semblables arrêts, et aussitôt, par son ordonnance de Villers-Cotterets (1539), il fut dit que les jugements et les *actes publics* seraient rédigés en français ; disposition qui eut aussi ses travers qui donnèrent lieu au proverbe : « Dieu nous préserve d'un *et cetera* de notaires, parce qu'ils faisaient quelquefois six rôles pour expliquer ces mots de leurs minutes : promettant... obligeant... renonçant... soumettant...

Nous ne suivrons pas le notariat jusqu'à notre époque, il nous a suffi de le montrer entouré de ces respectables traditions pour faire apprécier l'origine de la famille Paulat.

Cette famille *(Paulati)* était une des plus anciennes du Forez dans cette profession, et de nomination seigneuriale. Déjà en 1276 on trouve un acte authentique reçu par les notaires Baraillon et Paulat, le mardi après la fête de saint Mathieu apôtre, et depuis ce temps on voit cette charge passer de père en fils jusqu'en 1500 environ. Mais comme il serait très-difficile de rattacher entre eux tous ces noms de Paulat que nous trouvons mêlés sans suite jusqu'au milieu du XVe siècle, nous ne commencerons la filiation suivie qu'à

1er DEGRÉ CERTAIN.

. Jean Paulat, premier du nom de Jean, nous est révélé par l'acte de fondation de la première chapelle particulière érigée par la famille Cozon dans l'église de Saint-Etienne, qu'il reçut, conjointement avec Jacquier, en 1469.

De sa femme, dont le nom ne s'est point conservé, il eut :

2ᵉ DEGRÉ.

Hugues Paulat dont on ne sait rien, sinon qu'il fut père de Jean Paulat, comme celui-ci nous l'apprend dans la reconnaissance qu'il fit de ses biens au terrier de St-Priest.

3ᵉ DEGRÉ.

Jean Paulat, deuxième du nom, exécuta; au commencement de l'année 1500, un projet que son aïeul avait conçu avant lui. Il fit construire, dans l'église de Saint-Etienne, sous le vocable de Saint-Jean et Saint-Jacques, la chapelle des Paulat qu'il pensionna d'une rente annuelle de 5 livres 5 sols.

Il épousa Anne du Puy, fille de Hugues du Puy et d'Antoinette de Chatelus, et sœur de François du Puy, général des chartreux, l'un des plus célèbres de cet ordre, qui fit canoniser saint Bruno. Cette famille, originaire de Saint-Galmier, s'est illustrée par les grands hommes qu'elle a produits.

Jean Paulat reconnut au terrier que le seigneur de Saint-Priest fit renouveler en 1515 par le notaire Hugues Paulat, qui bien certainement était un proche parent de Jean, mais dont on ne peut désigner le degré faute de renseignements. Nous allons reproduire aussi brièvement que possible, comme document curieux, cette reconnaissance qui nous apprend ce que Jean Paulat possédait à Saint-Etienne.

Honestus vir Johannes Paulat, mercator de Sancto-Stephano-de-Furano, confitetur se tenere quasdam suas domos altas, medias et bassas quæ fuerunt Hugonis Paulat, sui patris, sitas in Sancto-Stephano juxta carreriam fori...

Plus, quemdam hortum situm

Honnête homme Jean Paulat, marchand de Saint-Etienne-de-Furan, confesse tenir certaines maisons hautes, moyennes et basses, qui furent (de la réponse) d'Hugues Paulat, son père, sises à Saint-Etienne, sur la rue du Marché...

Plus, un jardin situé sur le Pré

versus pratum de la Foyre, juxta bessum (1) molendini...

Plus, quasdam domum et curtem sitas juxta carreriam Fori...

Plus, quamdam aliam domum altam, mediam et bassam, sitam juxta carrieram Fori...

Plus, quamdam terram sitam juxta iter quo itur du Treuil à la Palle...

Plus, quamdam domum altam, mediam et bassam, sitam juxta carreriam publicam...

Plus, quamdam aliam domum altam, mediam et bassam, juxta carreriam publicam...

Plus, quoddam stabulum situm in dicto Sancto-Stephano prope turrim domini (Sancti-Præjecti) (2), juxta platheam et carreriam tendentem ad ipsam turrim ex mane et vento et juxta ventenum villæ, ex sero...

Plus, quamdam domum in qua fecit stabulum, sitam juxta vintenum villæ...

Plus, quoddam pratum situm versus La Voûte, juxta iter quo itur de Sancto-Stephano ad Sanctum-Annemundum...

Plus, quemdam hortum situm in territorio des Chambons...

Plus, quemdam hortum situm juxta bessum molendini et juxta iter tendens de Sancto-Stephano aux Gaulx...

Plus, quamdam terram sitam juxta iter tendens de Sancto-Stephano apud La Bastie...

de la Foire, joignant le bief du moulin...

Plus, une maison et cour situés sur la rue du Marché...

Plus, une autre maison haute, moyenne et basse, située sur la rue du Marché...

Plus, une terre sise près du chemin qui conduit du Treuil à la Palle...

Plus, une maison haute, moyenne et basse, joignant la rue publique...

Plus, une autre maison haute, moyenne et basse, sur la rue publique....

Plus, une étable située dans ladite ville de Saint-Etienne, près de la tour du seigneur, sur la place et la rue qui vont à ladite tour de matin et vent et joignant le vintain de la ville, de soir...

Plus, une maison dont il se sert d'écurie, sise près du vintain de la ville...

Plus, un pré sis du côté de La Voûte, sur le chemin par où l'on va de Saint-Etienne à Saint-Chamond...

Plus, un jardin au territoire des Chambons...

Plus un jardin joignant la bonde du moulin et le chemin tendant de Saint-Etienne aux Gaulx...

Plus, une terre sise près du chemin de Saint-Etienne à La Bâtie...

---

(1) *Pro bessium, id est politium molendini,* suite de pieux qui servent à soutenir l'eau, une digue, la bonde du moulin.

(2) Cette tour est celle qui a été démolie il n'y a pas longtemps, au Mont-d'Or, et que l'on prenait pour un monument romain, sans faire attention à la forme des portes et des fenêtres qui indiquaient suffisamment à quelle époque appartenait cette construction qui ne remontait pas au-delà de 1460.

Le vintain était la muraille d'enceinte de la ville; on l'appelait ainsi parce qu'elle avait vingt pieds de haut et qu'elle ne pouvait en avoir davantage.

Plus, aliam terram sitam juxta iter tendens de Sancto-Stephano apud La Bastie et juxta aliud iter tendens de Chaleyasseria apud Bessar...

Plus, une autre terre située près du chemin tendant de Saint-Etienne à La Bâtie et joignant un autre chemin allant de la Chaleyassière au Bessar...

Plus, quoddam tenementum continens domos, grangiam, edia et pratum..... situm apud la Monta...

Plus, un ténement contenant des maisons, une grange, des appartements et un pré... situé à la Monta...

Plus, confitetur debere pro blanda, super quadam terra sita juxta iter tendens de Sancto-Stephano apud Pra Troua...

Plus, il confesse devoir pour blande (1), sur la terre sise sur le chemin tendant de Saint-Etienne à Patroua...

Comme on le voit, Jean Paulat jouissait d'une assez belle position, et pour toutes ces propriétés territoriales, il payait annuellement au seigneur de Saint-Priest :

Argent, 29 sols 2 deniers.

Froment, 1 bichet, mesure de Jarez.

Id.   id.   id.   de Forez.

Seigle, 1[2 bichet et 1[8, mesure de Jarez.

Id.   1[2 coupe, mesure de Forez.

Avoine, 7 combles.

Id.   3 raz, mesure de Jarez.

Gelines, 4 et 1[4.

Sel, une coupe.

Jean Paulat laissa les enfants qui suivent :

1° Jean qui suit ;

2° Jacques a fait branche ;

3° Catherine Paulat, mariée à Gaspard Faure, dont issus:

     1° Jacques Faure ;

     2° Louise Faure, mariée à Jean Royon, père et mère de Sybile Royon, mariée à Louis Jacquier, intervenant avec Louis et Jacques Allard, descendants de Catherine Paulat, dans un procès dont nous parlerons bientôt ;

     3° Antoinette Paulat, mariée à Vital Soleysel, dont

---

(1) Dans Du Cange : « *In comitatu Forensi, Blande pro foagio accipitur.* » D'où le proverbe : *Feu mort, blande cesse.*

issu Mathieu Soleysel, principal demandeur dans
le même procès ;

4° Antoinette Paulat, non mariée ;

5° Claude Paulat fut ecclésiastique.

4ᵉ DEGRÉ.

Jean Paulat, troisième du nom, était l'aîné des enfants
de Jean II, et en cette qualité héritier des deux tiers des
biens de son père. Cette branche avait entièrement renoncé
au notariat qui se perpétuait dans une autre branche qui
peut-être était l'aînée, car il n'est pas facile de le décider,
et elle avait réussi dans le commerce. Jean Paulat, séduit
par les avantages qu'on en retirait, s'y adonna avec ardeur,
ainsi que son frère Jacques qu'il s'était associé, et tous deux
ajoutèrent considérablement à ce qu'ils tenaient déjà de
leur père.

Sur les derniers temps, il prenait la qualité de seigneur
de la Porte et de la Tour, ce qui prouve deux choses :
d'abord qu'il ne faisait plus le commerce qui aurait été un
obstacle à cette qualification incompatible avec le négoce :
ensuite qu'il dut acheter la seigneurie de La-Tour-en-Jarez
après la confiscation du comté de Forez sur le connétable
de Bourbon, par François Iᵉʳ qui, pressé d'argent pour
subvenir aux frais des guerres qu'il soutenait contre l'empereur Charles-Quint, aliéna par engagement tous les biens
qui dépendaient du Forez ; et La-Tour était une châtellenie
qui avait toujours fait partie du patrimoine de nos anciens
comtes. Les acquéreurs du domaine prenaient souvent les
titres des seigneuries dont ils n'étaient qu'engagistes et les
quittaient dès que le roi en avait ordonné le retrait.

Il épousa Jacquemette Laurençon à qui il légua pour son
douaire l'usufruit de sa maison de Lyon et de sa seigneurie
de la Porte ; plus, l'usufruit de ses deux molières près la
grange du Verney, à Saint-Étienne. Entre autres legs sti-
pulés dans son testament, se trouve celui de dix bichets

seigle, qu'il veut être payés annuellement à l'Hôtel-Dieu.
Ses enfants furent :.

1° Claude qui suit ;

2° Charles de Paulat, légataire de son père de la somme
de 4,000 livres ;

3° Françoise fut favorisée d'une semblable somme ;

4° Catherine reçut aussi 4,000 livres ;

5° Bonne fut obligée de se contenter de la somme de dix
écus d'or sol, parce qu'elle avait déjà été dotée, ce
qui prouve qu'elle était mariée à la mort de son père,
mais on ne sait pas avec qui.

5e DEGRÉ.

Claude de Paulat vendit, le 12 novembre 1569, à son
oncle Jacques de Paulat, seigneur de Montarboux, au prix
de 12 livres 10 sols, la moitié de la rente de la Ruffery que
son père avait achetée de moitié avec ledit Jacques, son
frère, de messire Léonard Jannier, prêtre vicaire de Saint-
Etienne. Plus, il abandonna à son cousin Jean, fils légitimé
de Jacques de Paulat, les droits qu'il pouvait avoir sur les
biens de son aïeul paternel Jean II et de son oncle Jacques,
père du légitimé, qui lui avait légué la grange et domaine
de Charpeney.

On ignore le nom de sa femme dont il eut :

1° Thomas qui suit ;

2° Louise Paulat qui n'a pas laissé d'autre souvenir ;

3° Claudine Paulat dont on ne sait rien non plus.

6e DEGRÉ.

Thomas de Paulat, écuyer, seigneur de Colange en Mâconnais, donna sa procuration, le 12 avril 1650, à Jean
Cozon de Bayard, pour recevoir huit années d'arrérages,
à 200 livres annuellement, qui lui étaient dues par le seigneur engagiste de La-Tour-en-Jarez, et recevoir aussi tout
ce que pouvait lui devoir Jean Accarie, son ancien fermier,

des rentes de La-Tour sans doute. On voit assez clairement que c'est lui qui avait revendu cette seigneurie. Tant qu'il en fut engagiste, il signa La-Tour-Paulat et Paulat de La-Tour; ne l'étant plus, il n'usa plus que du nom de Colange de Paulat. C'est ainsi qu'il a signé, pour le premier nom, dans un acte de 1645, et dans un autre de 1650 pour le second.

Nous avons parlé d'un procès au sujet de Louis et Jacques Allard et de Mathieu de Soleysel, descendants de Catherine Paulat, nous y revenons.

Après la mort de Jean de Paulat, fils légitimé de Jacques, une ardente contestation s'éleva au sujet du patronage de la chapelle fondée par Jean Paulat, deuxième du nom. La jouissance d'une semblable prérogative avait des charmes alors; elle était généralement ambitionnée et opiniâtrément défendue, s'il se rencontrait des prétendants au même titre. Les familles d'Allard et Berardier se disputaient vivement le patronage de cette chapelle, en même temps que les filles de Jean s'efforçaient de le retenir; et il ne fallut rien moins que les arrêts du Parlement pour faire lâcher prise aux plus acharnés et mettre fin à cette lutte violente.

Ce patronage appartenait évidemment et exclusivement au représentant de la branche aînée des Paulat; mais au temps de ces débats, elle était loin de Saint-Etienne et paraissait avoir oublié ou du moins ne pas attacher une grande importance à ce droit honorifique qui resta attaché à la branche cadette, en la personne de Jean Paulat, fils de Jacques. A sa mort, les descendants de Catherine Paulat le revendiquèrent, et le plus entreprenant de tous fut Mathieu Soleysel qui s'autorisait en alléguant qu'il devait être préféré aux enfants d'un bâtard, quoique ce bâtard eût été légitimé par le prince, ce qui n'empêcha pas le bailli de Forez de l'adjuger aux trois filles de Jean, et qu'en appel la Cour souveraine de Parlement confirma la sentence par arrêt du 14 août 1608. En même temps, Thomas de Paulat, représentant seul la branche ainée, mit la main sur l'objet litigieux et il n'en fut plus question.

L'éloignement de cette branche a fait qu'elle n'a guère laissé de souvenirs à Saint-Etienne, et que le nom de sa femme n'est pas connu ; mais l'on sait qu'il en eut :

7e DEGRÉ.

Antoine de Paulat, écuyer, seigneur de Colange, comme fils et héritier de Thomas de Paulat, reconnut, au profit du curé de Rochetaillée, une pension perpétuelle de six livres, due à son église, à la charge de quinze messes basses qui devaient être célébrées dans la chapelle que ledit reconnaissant avait à Rochetaillée, et cette rente était imposée sur son domaine de la Porte.

Le 26 juillet 1700, il permit à la confrérie des charpentiers et menuisiers de Saint-Etienne de continuer leurs exercices religieux dans sa chapelle des Trois-Rois, dédiée à saint Jean et saint Jacques, sans cependant se prévaloir d'aucun droit de propriété ; à la charge toutefois qu'ils l'entretiendraient et y feraient construire un banc pour lui et sa famille, et qu'ils pourraient en outre faire construire une sacristie y attenant, s'ils le jugeaient à propos, sans pouvoir enlever ses armes qui étaient peintes sur les vitres.

Quelques passages de cette concession feraient croire qu'il s'était rapproché de Saint-Etienne ; il y est dit, en parlant de lui : ci-devant résidant en son château de Colange, province de Mâconnais. Où habitait-il alors ? près de Saint-Etienne sans doute, puisqu'il impose à la confrérie des charpentiers l'obligation de construire un banc pour lui et sa famille.

C'est là tout ce que nous savons sur cette famille qui existe peut-être encore en Mâconnais, et son émigration de Saint-Etienne nous a privé de plus amples renseignements.

Deuxième Branche.

3ᵉ DEGRÉ.

Jacques Paulat et Jean IIIᵉ, son frère, firent ensemble le commerce et s'y enrichirent. Le premier se qualifia d'abord seigneur de la Porte, du nom de quelques fonds situés dans la terre de Rochetaillée ; mais plus tard il ne s'intitula plus que seigneur de Montarboux et de Palognieu, terres qu'il avait récemment acquises.

A cette même époque, on trouve un Jacques Paulat, marchand à Saint-Etienne, et sa femme Anne Négron, qui reconnaissent au terrier Cellion, le 27 avril 1582. Serait-ce une première femme ? Les preuves manquent, et si on ne peut rien savoir de ce côté, il est au moins bien certain qu'il fit le mariage suivant.

Il épousa Sybile de Chatillon, fille de Pierre, écuyer, seigneur du Soleillan, et de Germaine Buatier, et sœur de Noël de Chatillon, chevalier, seigneur du Soleillan, capi-taine de Saint-Germain-Laval, dont il n'eut pas d'enfants. Par son testament du 8 septembre 1598, il lui donna, en toute propriété, ses terres et seigneuries de Montarboux et de Palognieu, ainsi que ses maisons de Montbrison et les meubles qui s'y trouvaient ; plus, l'usufruit d'un pré et la faculté de prendre ce qui lui serait nécessaire dans les bois de Bardonnenche.

Et cependant Jacques Paulat laissait des enfants illégi-times, il est vrai, qu'il traita durement, à l'exception de l'aîné. Ces enfants furent :

1° Jean qui suit ;

2° Françoise, veuve de Noël Jacquier ;

3° Marie, femme de Benoît Berthoulat ;

4° Marguerite, veuve de Roland Réal.

Ces dernières ne reçoivent, par le testament de leur père, qu'un pré à partager entre elles et 16 bichets de seigle annuellement, imposés sur sa grange de la Monta. Il est facile de voir qu'un legs aussi médiocre n'était pas celui qu'aurait fait un père aussi riche à des enfants légitimes, car il ne leur laisse bien juste que ce qu'il faut pour ne pas mourir de faim.

4ᵉ DEGRÉ.

Jean de Paulat, fils naturel de Jacques, fut légitimé par lettres du roi du 18 avril 1577, et son père le fit son héritier. C'est ce qui prouve combien était grande sa fortune, puisque, après avoir disposé de ses deux grandes seigneuries, il fait encore un héritier qui put vivre dans l'opulence.

Il légua aussi à l'Hôtel-Dieu de Saint-Etienne une rente de 23 écus 1|3, imposée sur son domaine de la Monta, et une autre de 30 livres imposée sur celui de Charpeney. Déjà, depuis le 3 décembre 1559, il avait donné à la même maison vingt chars de charbon annuellement.

Jean de Paulat fut capitaine-châtelain de La-Tour-en-Jarez et seigneur de Chisy et du Buisson.

Le 4 septembre 1582, honeste homme Jean Paulat, marchand de Saint-Etienne, et sa femme, Catherine Grégoire, reconnaissent au terrier Cellion ce qu'ils tenaient de la seigneurie de Saint-Priest.

Il ne survécut que peu de temps à son père et mourut en 1603.

De sa femme Catherine Grégoire, qui testa le 18 mai 1612, devant Perret, notaire, il laissa trois filles :

1º Françoise de Paulat mariée, en 1601, à noble homme Jean Cozon de Bayard. Elle hérita de tous les biens de sa famille par la mort sans enfants de ses deux sœurs. Elle testa le 11 août 1620 ;

2º Sybile de Paulat, mariée à Pierre Chenu, testa en faveur de sa sœur Françoise ;

3º Anne de Paulat fit son testament le 9 mars 1613 et nomma héritière sa sœur Sybile.

—

Il y avait aussi à Firminy une famille Paulat qui était

certainement alliée à celle de Saint-Etienne, si même elle n'en était pas l'aînée. Elle y exerçait le notariat de temps immémorial et y possédait des fonds assez considérables, ce qui est prouvé par le terrier de Firminy, reçu Parchas, notaire, en 1534 :

« Discret homme, Me François Paulat, notaire procureur
« de la terre et jurisdiction de Fromigny, constitué en sa
« personne, tient de la susdite censive, directe, seigneurie
« et emphytéose, assavoir : ses maisons haultes, moyennes
« et basses, chambres, estables et court, le tout joinct en-
« semble, que ont estés de la response, au terrier précé-
« dent, de Me Georges Paulat, jadis notaire de Fromigny,
« situés dans la ville dudict Fromigny, jouxte la place pu-
« blique appellée Le Treyve, de vent ; jouxte la maison de
« Anthoine Bonnet et Vincent son fils, une ruette entre
« deux, de soir ; jouxte la maison de Me Jehan Ronat,
« notaire de Cornilhon, la terre de la cure et estables du
« dict respondant et du dict Ronat entre deux, de matin ;
« jouxte les foussés de la ville, de bise. Soubs le cens et
« servis de 10 deniers et mailhe viennois.

« *Item.* Un jardin situé jouxte le chemin allant de la
« Beynodière.... sous le cens de 4 deniers viennois.

« *Item.* Une terre..... joignant à la croze antique allant
« du chasteau de Fromigny aux garennes du dict seigneur
« prieur..... sous le cens de 21 deniers viennois.

« *Item.* Une terre... jouxte le chemin allant de Fromi-
« gny à Sainct-Ferriol... sous le cens de 6 deniers 2 pictes
« viennois (1), demi-coupe de froment et une coupe seigle,
« mesure de Saint-Didier.

(1) *Picta, pictavina*, pite, poitevine, monnaie des comtes de Poitou et une des plus petites connues. Quand on faisait fi d'une chose, on disait : Cela ne vaut pas une pite, une poitevine. Elle était si petite en effet, qu'il est dit dans l'Histoire de saint Louis : *Quamdam maculam circa caudam oculi dextri, ad modum puncturæ pulicis rubeam, latam sicut una pictavina.*

« *Item*. Une terre..... située jouxte le chemin allant de
« de la Tour aux Bruneaulx..... sous le cens de 1 denier
« viennois, une carte seigle, mesure de Saint-Didier, et
« un quarteron avoine, mesure vielhe.

« *Item*. Un pré... jouxte le chemin allant de Cornilhon
« à Fromigny... sous le cens de 2 sols 2 deniers viennois
« et un meytent avoine, mesure vielhe.

« Et pour l'eau qui provient des deux chemins des Osmes
« (Ormes) et de la croix de Paulat... 2 deniers viennois. »

Ce François Paulat eut pour fils Guillaume Paulat, greffier de Cornillon, qui épousa Madeleine Nyónier, de la
Nyorière, paroisse de Firminy.

Le même terrier nous fait voir que les Paulat de Saint-
Etienne avaient des fonds à Firminy, ce qui ferait croire
que la branche de Saint-Etienne, formée par un cadet,
quoique ayant quitté ce pays, y avait pourtant conservé sa
part ou une partie de ce qui lui était échu en partage.

Au reste, ceux qui continuèrent d'habiter Firminy y
jouèrent un certain rôle, et leur fortune leur permit de se
construire une habitation commode, une villa qui dépassait
de beaucoup en importance plusieurs des gentilhommières
du voisinage. Elle était où est encore ce qu'on appelle le
château de Paulat.

Comme les individus qui répondent au terrier de Firminy étaient les deux frères Jean et Jacques Paulat, qui
faisaient le commerce à Saint-Etienne, nous sommes en
droit de croire qu'ils possédaient les biens qu'ils déclarent
par indivis, et que ces biens pouvaient venir de ce qu'avait
eu en partage le premier qui vint s'établir à St-Etienne,
c'est probable ; au reste, voici ce que dit le terrier :

« Honorables hommes Jean et Jacques Paulat, mar-
« chands de Saint-Estienne-de-Furan, tiennent, Assavoir :

« Un pré situé à la Pra..... confrontant avec le pré du
« curé de Fromigny... sous le cens de 3 deniers.

« *Item*. Un pré situé vers le pont de Saulze, confrontant

« la rivière de Gampille, de vent... sous le cens de 6 de-
« niers viennois et la sixième partie d'une gelline. »

Comme nous l'avons vu, cette famille avait ses armoiries,
puisque l'un de ses membres recommande à la confrérie
des charpentiers de prendre soin de l'écusson qui était peint
sur les vitres de la chapelle des Trois-Rois, mais elles nous
sont inconnues.

—∞:◦:∞—

Généalogie de la famille Parchas.

Cette famille est originaire de la ville de Langeac, en
Auvergne. Comme toutes les races venues de loin, elle a
laissé ses anciens souvenirs attachés à son premier berceau
pour ne dater son existence que de sa nouvelle ère, celle
de son arrivée dans sa patrie adoptive. On ne sait donc rien
sur cette famille avant son apparition à Firminy, vers le
milieu du XVe siècle, et le premier connu est :

1er DEGRÉ.

Jacques Parchas, de la ville de Langeac, n'a point laissé
d'autre souvenir, sinon qu'il quitta l'Auvergne pour venir
s'établir à Firminy, et qu'y faire? on l'ignore. Il laissa pour
lui succéder un fils qui suit :

2e DEGRÉ.

Jacques Parchas, deuxième du nom, épousa, le 3 janvier 1450, Alix *Michaelis*, fille de Simon, notaire, demeurant au bourg de Firminy, dont issu :

3e DEGRÉ.

Benoît Parchas épousa Alix Balmat, fille d'Antoine,
notaire à Saint-Didier, et de Alizonne Pellissier du Coin,
dont naquirent :

1° Antoine qui suit ;

2° Thomas Parchas, demeurant à Lyon, à qui son frère
aîné légua la somme de 150 livres et *un noble à la*

rose « qu'il me doit, dit le testateur, comme argent
« prêté, pourvu qu'il ne demande rien des biens de
« nos père, mère, frères, sœurs, ni de la constitution
« que je lui fis, pour faire son mariage, dont il me
« passa quittance, pour les raisons que Dieu sait et
« lui, qui m'a coûté plus que fille à qui j'eusse donné
« 600 livres tournoises; »

3° N... Parchas, mariée à Aymar Coachy, à Montbrison.

4° DEGRÉ.

Antoine Parchas, seigneur de Villeneuve, épousa, le 26
mai 1529, Louise Berger, fille d'Antoine, notaire à Saint-
Didier, et de Catherine Bore.

Antoine Parchas testa à Firminy, le 19 mars 1558, en
présence de nobles Pierre et Antoine, écuyers, seigneurs
de la Tour; de Pierre Barlet, d'Annet Alary et autres. Il
voulut être enterré dans l'église de Notre-Dame de Firminy,
au tombeau joignant le treillis du chœur et la chapelle de
Chaponod. Il ordonna expressément qu'on ne lui cousît pas
le visage et qu'on ne l'enterrât que vingt-quatre heures
après son trépas. Il légua à sa femme, outre sa dot et son
augment, l'usufruit du domaine et chevance de Villeneuve,
particulièrement et généralement la jouissance et la gestion
de tous ses biens, pendant sa vie, à moins qu'elle ne con-
sentît à les remettre à ses enfants, à la forme de son testament.

Louise Berger mourut en 1586 et son mari en 1589,
laissant les enfants qui suivent :

1° Antoine a fait la branche A ;

2° Jean Parchas, sacristain de Firminy ;

3° Aymar qui suit ;

4° Antoine Parchas, Auteur de la branche B ;

5° François Parchas qui devait être curé du Chambon,
par résignation, à l'époque du testament de son père
qui lui lègue le revenu de la chevance de la Barge ;

6° Christophe Parchas, chef de la branche C ;

7° Ursule Parchas à qui son père légua la somme de 14 mille livres, plus 100 livres pour frais nuptiaux, robes, joyaux et lit.

5ᵉ DEGRÉ.

Aymar ou Marc de Parchas, seigneur de Villeneuve, épousa Claudine de Saint-Paul, fille de Philippe, seigneur de Chazeletz, et de Claudine de Sainte-Colombe. Il testa le 2 juillet 1575, et son testament commence ainsi : « Au nom « de Dieu... allant à Romans en Dauphiné au secours du « sieur de Gordes, gouverneur du dit Dauphiné, sous la « cornette du seigneur de Mandelot, gouverneur du Lyon- « nois, Forez et Beaujollois, le dit sieur de Gordes assiégé « au dit Romans (par le sieur de Montbrun), je soussigné « Marc de Parchas, seigneur de Villeneuve et de Malmont, « archer de ladite compagnie dudit sieur de Mandelot, « capitaine de cinquante lances, fais mon testament comme « s'en suit... Donne à l'hôpital de Firminy, annuellement, « douze métans blé seigle... à Clauda de Saint-Paul, ma « femme, la confirmation du contenu en notre mariage... « à mon fils Antoine, la somme de 2,500 liv. tournoises... « à Clauda, ma fille, semblable somme de 2,500 livres... « à Ursule, mon autre fille, semblable somme de 2,500 « livres..... et au surplus de mes biens, fais mon héritier « mon fils aîné..... »

Il paraîtrait qu'Antoine, Clauda et Ursule de Parchas moururent avant 1590, car à cette époque il n'en est plus question, et que Clauda ou Claudine hérita de tous les biens de sa famille qu'elle porta, par son mariage du 17 novembre 1588, à Marcellin de Bayle, gouverneur de Firminy. Il mourut le 22 octobre 1636, laissant les enfants qui suivent :

1° Balmont de Bayle de Villeneuve, né le 19 février 1592, épousa, le 7 juillet 1633, Claudine Anselmet des Bru- neaux, fille de François. Il mourut en 1663, sans postérité ;

2º Frànçois de Bayle épousa Marguerite Gaucher. Il
   mourut le 15 novembre 1685;

3º Catherine de Baylé, mariée : 1º le 20 janvier 1630,
   à Charles de Chabannes; 2º en 1639, à Louis de la
   Dorelière.

———

Branche A.

5ᵉ DEGRÉ.

Antoine de Parchas, de Fraisse-Grand près Firminy,
était l'aîné des fils d'Antoine et de Louise Berger. Il était
greffier de la juridiction de Feugerolles, et reçut par contrat de mariage la somme de 2,000 livres tournoises, et son
père, dans son testament, ratifie cette donation, « somme
« trop plus grande que ne seroit son droit et légitime, car
« n'y a tant pour chacun des autres enfants, (outre) ce
« qu'il m'a coûté, tant aux écoles qu'à Paris, Montbrison,
« Nismes, à Saint-Didier, au greffe qu'il tient ; ce que j'ai
« payé pour l'acquittement de ses debtes qu'il avait faites,
« que cédules, que entretenement d'amis pour lui faire
« avoir le greffe de Feugerolles et alliance de sa femme,
« les habillements de lui, joyaux et habillements de sa
« femme à leurs noces ; les maladies qu'il a eues après son
« dit mariage... etc. ; que le tout m'a coûté plus de 700
« livres tournoises, outre les 2,000 livres tournoises, et
« afin qu'il ne demande plus rien, lui donne par le présent
« testament la somme de 100 livres tournoises. »

Tant d'observations qui ressemblent plus à des reproches
qu'à de la bienveillance, font pressentir que ce fils aîné
ne sera pas l'héritier, il ne le fut pas.

Antoine de Parchas épousa, en 1555, Catherine d'Almaïs
et laissa un fils de son mariage.

6ᵉ DEGRÉ.

Marc de Parchas Saint-Marc, commissaire ordinaire en

l'artillerie de France, né en 1564, épousa, le 30 janvier 1586, Ursule de Charby qui épousa en deuxième noces N... Encellin, notaire à Firminy.

Marc de Parchas laissa un fils :

7ᵉ DEGRÉ.

Marcellin de Parchas Saint-Marc épousa Clémence de la Roue, fille de Claude et de Marie de Saint-Vidal, le 30 avril 1626, et testa le 2 juin 1636, laissant les enfants qui suivent :

1° Charles-Achile-François de Parchas, nommé héritier par son père, mourut jeune ;

2° Claude de Parchas qui suit ;

3° Jeanne de Parchas Saint-Marc mariée, le 25 septembre 1645, à Paul de la Rochette de Bobignieu, fils de Jean et de Catherine Coppier, dont le fils

Gabriel-Joseph de la Rochette, épousa, en août 1678, Madeleine de Laurençon de la Roche, fille d'Antoine et de Marguerite du Fournel, dont issu :

Henri de la Rochette, épousa Marie-Anne de Gimbert de Pramirail, fille du major de la ville de Lyon.

8ᵉ DEGRÉ.

Claude de Parchas Saint-Marc épousa, le 2 février 1659, Catherine de Chazeletz, fille de Jean et de Louise de la Filhe.

Claude de Parchas laissa de son mariage :

1° Marcellin-Joseph de Parchas qui suit ;

2° Marcellin-Balmond de Parchas Saint-Marc, né le 11 mai 1663, épousa en 1695 Claudine Tardy de Montravel. Il mourut le 15 janvier 1748, laissant :

Anne-Marie de Parchas Saint-Marc, née le 31 juillet

juillet 1706, mariée en 1725 à Jacques-Etienne
de Jullien du Bessy, dont issus :

1° Claude-Marcellin de Jullien de Villeneuve,
épousa Marguerite de Beget ;

2° Françoise-Virginie de Jullien du Bessy,
mariée en 1761 à Pierre-Joseph d'Arloz,
comte d'Entremont ;

3° Marie-Anne de Jullien de Villeneuve, mariée en 1753 à Nicolas-François de Ville,
ingénieur.

9e DEGRÉ.

Marcellin-Joseph de Parchas Saint-Marc de Malleval,
né le 25 novembre 1659, épousa, le 19 août 1700, Claudine d'Ecotay de la Pommière, fille de Claude, écuyer,
grand-prévôt de Forez, et d'Agnès Chirat de Montrouge.
Ils moururent, l'un le 26 octobre 1709, l'autre en 1732,
laissant :

1° Jean de Parchas Saint-Marc qui suit ;

2° Jeanne de Parchas Saint-Marc, née le 8 mai 1702,
morte fille.

10e DEGRÉ.

Jean de Parchas Saint-Marc de Malleval, né le 6 juillet
1701, décéda sans postérité le 2 mars 1733.

—

Branche B.

5e DEGRÉ.

Antoine de Parchas de Larzalier reçut de son père pour
sa légitime et par testament, une maison à Saint-Didier,
avec jardin et étables, le pré acquis de M. Antoine Deville,
la terre de la Croix-de-la-Séauve, la maison du château de
Saint-Didier, le pré de Guingonet et la vigne de Boulieu ;
et outre ce, la chevance de Larzalier garnie de meubles et
de bétail.

Il épousa, le 18 janvier 1565, Ursule Fayolle, fille de Louis et de Françoise Rascle, dont issus :

1° Charles de Parchas qui suit ;

2° Jean de Parchas, notaire, épousa, le 4 juin 1600, Marguerite Graville, fille de Victor, notaire, dont il eut :

Anne de Parchas ;

3° Ursule de Parchas, mariée à Claude Coppier, sieur de la Murette ;

4° Christophe de Parchas, prêtre curé de Saint-Just-lez-Velay.

6° DEGRÉ.

Charles de Parchas de Larzalier épousa : 1° le 3 janvier 1600, Anne Cathon, fille de Mathieu et d'Antoinette Tardy ; 2° Catherine de Rivoire. Il laissa du premier lit :

1° Claude de Parchas qui suit ;

2° Marie de Parchas, mariée à noble Gaspard de Cellarier, dont issu :

Claude de Cellarier de Malescour, marié à N..... Ronat, fille de Marcellin.

Du deuxième lit :

3° Pierre de Parchas que son père fit héritier ;

4° Jean de Parchas, religieux chartreux.

7° DEGRÉ.

Claude de Parchas de la Murette, à Saint-Didïer-la-Séauve, lieutenant-général au bailliage de Saint-Ferréol, épousa, le 13 février 1640, Marie Boyer, fille de Jean et d'Anne de Vinols, dont issus :

1° François de Parchas qui suit ;

2° Marguerite de Parchas, mariée à N... de Montchet ;

3° Anne de Parchas.

8° DEGRÉ.

François de Parchas de la Murette épousa, le 7 février

1689, Marthe-Françoise Noël, fille d'Antoine, conseiller élu à Roanne, et de Pernette Cusson. Il décéda le 30 septembre 1728, laissant :

1° Michel-François de Parchas qui suit :

2° Antoinette de Parchas, mariée à noble Joseph-Just Le Blanc de Chantemule, près Saint-Didier, fils de Just et de Marie de Luzy de Couzan, dont issus :

    1° Just-Eustache Le Blanc, chanoine ;

    2° Angélique Le Blanc, dite de Chantemule ;

    3° Catherine Le Blanc, dite de Solignac ;

    4° Marie Le Blanc, dite de Pélissac.

9e DEGRÉ.

Michel-François de Parchas de la Murette, né en 1691, épousa, en 1748, Isabelle Sauve, *alias* Isabeau Grasset. Il mourut sans postérité en 1761.

—

Branche C.

5e DEGRÉ.

Christophe de Parchas eut en partage une maison à Saint-Didier, joignant celle de son frère Antoine, acquise de Pierre et François Gourgoire, quelques autres prés et terres et la chevance de Dauroures garnie de bétail.

Il épousa, le 10 novembre 1577, Anglèze Aubert, fille de Gabriel, notaire, et de Marguerite Grosson. Il mourut le 6 novembre 1604, laissant :

6e DEGRÉ.

Marcellin de Parchas épousa, le 13 janvier 1625, Madeleine Reboul, fille de Guillaume et de Gabrielle de Laurençon, dont issu :

7e DEGRÉ.

Christophe de Parchas, deuxième du nom, épousa, le 16

février 1665, Marie Besson, fille de Claude et de Marguerite de Cellarier, dont naquit :

8e DEGRÉ.

Christophe de Parchas, troisième du nom, épousa, le 22 juillet 1734, Marguerite d'Aboin de Cordes, fille de François et de Marie Anselmet des Bruneaux. Il mourut le 10 février 1743, ne laissant que des filles :

1° Jeanne de Parchas, née le 13 août 1735 ;

2° Marie-Agathe de Parchas ;

3° Marie-Thérèse de Parchas ;

4° Marie-Anne de Parchas ;

5° Claudine-Marguerite de Parchas ;

6° Catherine de Parchas ;

7° N... de Parchas, décédée en bas âge.

Armes : d'or à trois cœurs de gueules, au lambel de trois pièces d'azur en chef, chargé d'une étoile d'argent.

Ces armes sont sculptées au château de Villeneuve.

(Planche 3, n° 1.)

Généalogie de la famille Badol*.

1er DEGRÉ.

N... Badol, marchand de Saint-Sauveur, laissa, de sa femme dont on ignore le nom, deux fils :

1° Antoine Badol qui suit ;

2° Pierre Badol dont il sera parlé.

2e DEGRÉ.

Antoine Badol, aussi marchand à Saint-Sauveur, épousa Madeleine Bertholat dont il eut :

1° Blaise qui suit ;

2º Jeanne Badol, mariée à Jacques du Bréas, fils d'Antoine et de Jeanne Cartier, le 8 novembre 1634, eut la somme de 2,500 livres pour dot. Baptiste du Bréas, frère de Jacques, épousa, le 15 novembre 1637, Jeanne Duon, fille de Gabriel, marchand à St-Etienne, et de Jeanne de Chazelles. Du mariage de Jacques de Bréas avec Jeanne Badol naquit Geneviève qui fut mariée, le 17 février 1661, à Pierre Girard, fils de Jean et de Hélène du Curtial, dont issu :

Pierre Girard, secrétaire du roi ;

3º André Badol, marchand à Saint-Etienne ;

4º Philippa Badol, mariée, le 16 janvier 1630, à Jacques Thomas.

3ᵉ DEGRÉ.

Blaise Badol, marchand à Orléans, épousa Jeanne Métare, fille de Jean et de Catherine Allard, le 7 janvier 1631. Elle reçut 9,000 livres de dot. (Extrait des Mémoires de M. Jullien du Bessy.)

Il paraîtrait que Blaise Badol avait pour prénoms Blaise-François ou François-Blaise, et qu'il usait indifféremment et séparément de l'un ou de l'autre de ces noms.

François Badol fit d'abord le commerce avantageusement à Saint-Etienne, puisque le 23 mars 1647 il acheta du seigneur de Saint-Priest des droits de Directe au denier 30 de la valeur, jusqu'à la somme de 7,000 livres, en déduction de celle de 9,000 liv. que lui devait ledit seigneur.

Dans tous les cas, Blaise Badol, avec le seul prénom de Blaise, assista au mariage de Louis Badol avec Jeanne de Bardonnenche, en 1640 ; il était alors marchand bourgeois de Lyon.

Faute de matériaux nécessaires, nous ne suivrons pas plus loin la branche aînée qui dut s'effacer devant la fortune heureuse et glorieuse de sa cadette.

Badol de Forcieu.

2ᵉ DEGRÉ.

Pierre Badol fit un commerce très-avantageux, comme on peut le voir par les légitimes qu'il donna à ses nombreux enfants, outre l'héritier qui devait avoir au moins autant que les autres ensemble. Sa fortune se montait approximativement à 250,000 livres. Aussi les 15,000 livres de dot qu'il assignait à ses filles firent accourir des prétendants assez haut empanachés.

Il épousa, le 1ᵉʳ septembre 1607, sous la qualité d'honorable Pierre Badol, marchand de St-Etienne, Claudine Molinost, fille de Mᵉ Pierre, marchand, demeurant à La Fouillouse, qui constitua à sa fille la somme de 1,500 livres tournoises pour tous ses droits paternels; plus un lit, etc. Le futur époux donna pour augment à la future la somme de 500 livres.

Il testa le 11 juillet 1629, époque de la grande peste; il se qualifie alors d'honorable homme Pierre Badol, contrôleur au grenier à sel de Saint-Etienne, demeurant à Lyon. Il nomme héritier Louis, son fils aîné, à qui il substitue les autres. Il mourut sans doute de la peste, la même année, laissant :

1º Louis qui suit ;

2º Hugues qui vient après ;

3º Benoît ;

4º Jacques ;

5º Antoine.

On ignore la destinée de ces trois derniers. C'est l'un d'eux qui, connu sous le nom de Saint-Martin, fut assassiné, en 1657 environ, par Gilbert de Chalus, seigneur d'Orcival et de Saint-Priest, lequel fut condamné, par sentence du 27 juillet 1657, à des dommages-intérêts considérables envers les héritiers.

Quant aux deux autres, il faut croire que leur existence se termina dans le fond des cloîtres ou sur les champs de bataille ;

6° Antoinette, mariée à noble Arnoulx du Rozier, le 11 juin 1628 ;

7° Catherine, épousa M⁰ Jean Veyrat, conseiller du roi, élu en l'élection de Lyon, fils de Jean et de Marie Honorat. Elle n'est point rappelée dans le testament de son père, sans doute parce qu'elle n'avait plus rien à prétendre dans sa succession, après avoir reçu sa dot de 15,000 livres ;

8° Marguerite, épousa Antoine de Lingendes, écuyer, sieur de Neubourg, fils de feu Antoine de Lingendes, vivant, écuyer, conseiller et secrétaire de la reine Louise, douairière de France, et trésorier-général du domaine du roi en Bourbonnais, et de damoiselle Catherine Drivet ; ledit époux procédant de l'avis et conseil de noble Jean Courtin, conseiller du roi, lieutenant-assesseur et premier élu en l'élection de Roanne, son beau-frère, et de damoiselle Catherine de Lingendes, veuve de noble Jacques du Rozier, vivant, sieur dudit lieu et de Rigny, conseiller du roi, lieutenant particulier en l'élection du Forez. Dot, 15,000 livres, augment de la moitié ; bagues et joyaux, 2,000 livres.

3ᵉ DEGRÉ.

Louis Badol, héritier de Pierre, son père, épousa, le 10 juin 1640, avec la qualification de Monsieur maître Louis Badol, Jeanne Bardonnenche, fille de feu Pierre, marchand de Saint-Etienne, et de Marguerite Réal. Elle apporta en dot 40,000 livres pour ses droits paternels. Présents noble Arnoulx du Rozier, sieur de la Bâtie, le plus ancien conseiller au bailliage de Montbrison ; noble Jacques Veyrat, conseiller et élu à Lyon ; noble Antoine de Lingendes,

écuyer, sieur de Neubourg, beaux-frères; noble Pierre
Métare, conseiller, secrétaire du roi, maison et couronne
de France.

Honneste Pierre Bardonnenche, marchand de Saint-
Etienne, père de Jeanne, avait épousé, le 30 décembre
1618, honneste Marguerite Réal, fille à honorable Etienne
Réal, aussi marchand, lequel constitua à sa fille la somme
de 4,000 livres et 200 livres en meubles.

Le 1er octobre 1645, Louis Badol acquit la charge de
maître d'hôtel ordinaire du roi.

Le 27 septembre, il acquit la terre et baronnie de Rochetaillée, au prix de 30,000 liv. (dit Me Julien du Bessy,
dans ses *Tableaux généalogiques*), de dame Léonarde de
Saux-Tavanes, tant en son nom que comme fondée de procuration de messire Jacques de Saint-Germain-d'Apchon,
son mari; encore de Claude d'Apchon, leur fils et donataire, et dame Rénée-Béatrix de Grolée, sa femme. Contrat
reçu par Me Duguet et Antoine Desverney, contenant
quittance du prix.

Louis Badol fit diverses autres acquisitions, parmi lesquelles le domaine du Mas et la maison, molière et prés de
l'Etivalière (1), qu'il acquit d'Antoine Molin, le 18 janvier
1645, au prix de 3,400 livres.

A peine propriétaire de la terre de Rochetaillée, il passa
un prix-fait pour les réparations à faire au château, à Benoît Berthéas, maçon et charpentier, moyennant la somme
de 3,000 livres pour sa main (d'œuvre); on voit par là que
ces réparations devaient s'élever à une forte somme.

En même temps, il amena de Paris un ameublement et
des chevaux, le tout du prix de 3,500 livres. L'inventaire

(1) Estival, d'après du Cange, est un lieu ombragé où l'on met les
troupeaux pour les garantir de l'ardeur du soleil pendant l'été; mot
auquel on a ajouté la désinence celtique *ière*, habitation, que la
langue romane avait définitivement acceptée.

fait à sa mort, en y réunissant ses autres valeurs mobi-
lières, porte le tout à 150,000 livres environ ; et en sup-
posant que la terre de Rochetaillée valut 50,000 livres, sa
fortune eût été considérable, par rapport à l'époque.

L'acquisition de la baronnie de Rochetaillée parut lui
imposer de grands devoirs à l'égard de son nom et de sa
race ; car il ne se croyait plus le simple et heureux *mer-
cantin,* mais bien un noble baron, du moins il l'entendait
ainsi ; et le même jour, 24 septembre 1644, ne voulant,
comme César, rien laisser à la fortune de ce qu'il pourrait
lui enlever, il testa pour assurer à Hugues son fils et à sa
postérité la plus reculée la seigneurie dont il était propriétaire depuis quelques minutes.

Il se qualifia dans ce testament : Louis de Badol, écuyer,
gentilhomme servant de la reine mère du roi, seigneur,
baron de Rochetaillée. Comme on le voit, il avait franchi
de plein saut toutes les qualifications qui s'étaient trouvées
devant lui, et dans son enthousiasme il testa en même temps
qu'il venait d'acquérir des titres qu'il lui tardait de s'appliquer. Il laissa les enfants qui suivent :

1° Hugues, mort avant son père, vivait encóre au 17
février 1644 ;

2° N... morte en bas âge ;

3° Catherine était en très-bas âge ou n'était peut-être
pas née à la mort de son père. Elle n'avait que 10,000
livres à prétendre sur sa succession et hérita de la
même somme léguée à sa sœur morte en bas âge. Elle
testa le 17 septembre 1662, âgée d'environ seize ans,
institua sa mère héritière et reconnut la substitution
faite en faveur de son oncle ; elle signa C. de Rochetaillée.

Elle épousa en 1665, le 5 janvier, Eustache Charrier,
écuyer, fils d'Aimé Charrier, aussi écuyer, seigneur de
la Roche-Jullié, et de dame Elisabeth de Rouvière,
ancienne famille d'Auvergne, originaire d'Issoire,

établie à Lyon. Catherine Badol lui donna trois fils et
trois filles, dont entr'autres :

Georges-Antoine Charrier, l'aîné, né en 1675, chevalier, seigneur de la Roche-Jullié, président en
la Cour des monnaies à Lyon. Il épousa, en 1701,
Marie-Marguerite Ranvier, fille de noble Annet
Ranvier, ancien échevin de Lyon, et de Catherine Rigoly, dont plusieurs enfants, entre autres :

1º Jeanne-Françoise Charrier, mariée à N.....
du Rozier ;

2º Antoinette-Rosine Charrier, femme d'Antoine Pierreclan, baron de Ceuve, trésorier
de France à Lyon.

Dans une donation faite, le 17 février 1644, par Marguerite Réal en faveur de Louis de Badol et de Hugues son
fils, le notaire le qualifie en commençant : Louis Badol,
écuyer, gentilhomme servant la reine. Ce pauvre notaire
n'était point accoutumé à écrire le nom de M. Badol, aussi
voit-on que la particule est ajoutée après coup. Pour réparer ce léger manquement, cette première faute, le notaire
appelle constamment le père et le fils : de Badol, dénomi-
nation qu'il répète dix fois dans cet acte assez court, outre
deux fois qu'il se laisse aller à les nommer Badol tout court,
tellement l'habitude est une seconde nature. Quant à Louis,
il signa cet acte : Debadol, comme s'il eût voulu prouver
que le *de* ne lui était pas plus familier qu'à un petit garçon
sa première culotte.

Louis de Badol décéda sur la fin de mars ou au commencement d'avril 1646, et par la substitution de son testament, la seigneurie de Rochetaillée passa à Hugues de
Badol de Forcieu, son frère, au préjudice de Catherine sa
fille.

3º DEGRÉ.

Hugues Badol était connu sous le nom de Forcieu qu'il
avait tiré sans doute de quelque propriété, et qu'il transmit

à sa famille en échange de celui de son père ; mais on n'a pas de renseignements sur cette propriété de Forcieu qui pouvait être aussi quelque rente noble.

Le 17 juillet 1643, il acquit la charge d'écuyer ordinaire du roi, et épousa, le 28 avril 1646, Catherine de Bardonnenche, sœur de Jeanne, femme de son frère aîné Louis Badol. Ce mariage se fit vingt-six jours après la mort de ce dernier.

Lorsqu'il n'était que simple légitimaire de 15,000 livres, il n'eût pu aborder une héritière de 60,000, savoir : 40,000 des droits paternels et 20,000 maternels. La substitution de la seigneurie de Rochetaillée, faite à son profit par son frère Louis, s'ouvrit en sa faveur par la mort de Hugues de Badol son neveu, décédé jeune, et son mariage avec Catherine de Bardonnenche mirent dans ses mains une grande fortune ; aussi voit-on par l'inventaire fait à sa mort qu'outre ses propriétés, il avaient des obligations qui s'élevaient à la somme de 52,500 livres. Il acquit beaucoup de propriétés, la plupart réunies à la seigneurie de Rochetaillée ; nous allons les énoncer sommairement, mais avant tout il faut rappeler l'acte le plus important pour lui et sa postérité. Ce furent les lettres qu'il obtint du roi, en novembre 1656, portant rétablissement en sa faveur de la terre de Rochetaillée en baronnie, avec pouvoir de prendre, lui et ses successeurs, la qualité de baron, aux mêmes honneurs et priviléges dûs aux autres baronnies. Signées sur le pli : Par le roi, *Le Tellier ;* scellées et régistrées en la chambre des comptes le 19 mars 1657, et au Parlement le 15 juillet de la même année.

En 1649, Hugues Badol acheta la rente du Monestier.

1650, le domaine de la Caure, fort considérable.

1653,   id.   de Condurant.

»   id.   du Treuil.

»   un droit de péage affermé, en 1745, 160 liv.

1654, le domaine de Planfoy.

En 1654, le domaine de Pinolenche.

1656, id. d'Essartines.

» une partie de la rente noble de Louis Baraillon, écuyer, seigneur de Nantas.

1658, il fait construire la chapelle de Planfoy, en suite de l'ordonnance de l'archevêque de Lyon.

1674, il achète la rente de la Porte, arrière-fief de Rochetaillée, de N... Mathevon de Curnieu.

1677, un autre domaine.

Plus 45 autres contrats d'acquisition de différents fonds.

Plus il acquiert la rente de Curnieu.

Il se trouva, à sa mort, à Rochetaillée 5,500 livres en louis d'or.

En même temps que Hugues augmentait sa fortune, sa famille croissait dans la même proportion ; car il eut douze enfants dont neuf survécurent.

Il testa le 2 mai 1682, et telles sont les principales dispositions de cet acte : Messire Hugues de Forcieu, écuyer, seigneur, baron de Rochetaillée, écuyer ordinaire du roi, résidant ordinairement en son château de Rochetaillée, veut qu'il soit dit après son décès mille messes ; donne à la chapelle de Planfoy, qu'il a fait édifier dans ses fonds le 12 mars 1658, une pension perpétuelle de 30 sols chaque dimanche, pour y dire la messe, etc.; donne à sa femme tous ses meubles meublants, linge et ustensiles, qu'il estime 6,000 livres, et son habitation à son choix. Donne à demoiselle Marguerite de Forcieu, épouse de M. Bernou de la Bernarie, 1,000 livres, outre ce qu'il lui a donné en dot. Donne à messire Jacques de Forcieu, seigneur, abbé de Valbenoîte, et à ses autres enfants, la somme de 6,000 liv., si ce n'est que Benoîte, sa fille, aura 10,000 livres. Donne à Catherine-Claire d'Essartines, qui est nourrie au château de Rochetaillée par ladite dame son épouse, une pension annuelle et viagère de 100 livres, recommandant d'avoir soin de son éducation, déclarant qu'elle a été baptisée à

Cosne le 9 novembre 1673. Il institue pour son héritier universel Alexandre de Forcieu, son fils aîné, et lui substitue Louis, pour ce qui est du château de Rochetaillée, droits de justice, directe, péage, bois, etc.; ensuite Jean et les autres par droit de primogéniture.

Hugues de Forcieu voyant sa fin approcher, voulut, pour dernière satisfaction, avoir une nouvelle assurance de la haute position qu'il avait faite à sa famille, et sollicita du roi des lettres de confirmation de noblesse qui lui furent accordées en avril 1681.

Il décéda le 21 mai 1682. Avant le dernier testament qu'il fit en 1682, Hugues en avait fait un premier pardevant Desverneys, notaire, le 8 septembre 1662, par lequel il avait ordonné que 800 messes seraient dites incontinent après son décès. Il léguait 25 livres de rente annuelle à l'église de Rochetaillée, pour célébrer une messe basse de trépassés tous les lundis de chaque semaine, pour le salut des âmes de son frère Louis, de lui-même et de ses successeurs en ladite terre (de ses prédécesseurs il ne s'en souvient pas). Après avoir rappelé ses enfants, il nommait sa femme héritière, à la charge de remettre à Arnoulx-Louis, avec substitution des autres mâles.

Le même jour, devant le même notaire, Catherine de Bardonnenche fit aussi son testament; mais Arnoulx-Louis étant décédé, Hugues fit un second testament le 4 novembre 1667, dans les mêmes termes que le premier, seulement il y multiplie les substitutions. Le même jour, Catherine de Bardonnenche testa de nouveau.

Il résulte de ces trois testaments qu'il eut les enfants qui suivent :

1° Arnoulx-Louis, mort avant son père;

2° Marguerite, mariée à Jean Bernou de la Bernarie, en 1662. Elle testa en 1719 et apporta dans la famille de son mari toute la fortune des Badol de Forcieu de Rochetaillée;

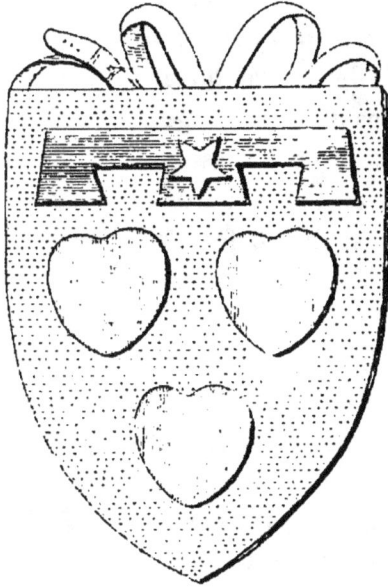

Parchas Saint-Marc.

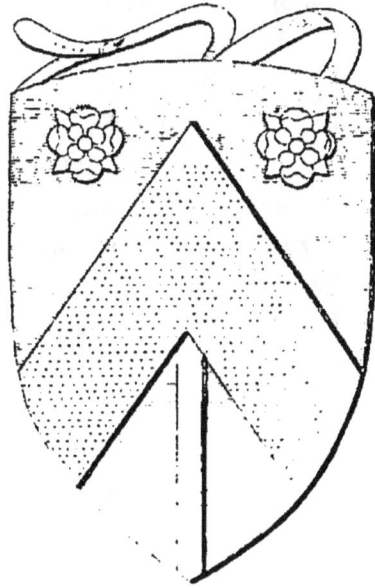

Badol de Forcieu.

Barallon

Thiollières

3° Claudine dut passer sa vie à l'ombre du cloître ;

4° Catherine-Rose fut religieuse à Sainte-Catherine ;

5° Benoîte ne fut pas mariée, elle s'efforça de soutenir le nom de sa famille en faisant marier Jacques, son frère, héritier d'Alexandre ; mais elle dut renoncer aux espérances qu'elle avait conçues de ce mariage. Elle survécut à son frère et entra alors en possession des biens de l'Etivalière, etc., et en jouit encore très-longtemps, puisque son testament est du 28 février 1738, et son codicile du 19 août 1744. Elle devait avoir 85 ans ;

6° Alexandre-Louis, devenu l'aîné par la mort d'Arnoul, fut institué héritier par son père et par sa mère. Il suivit d'abord la carrière militaire, mais la mort de son aîné lui imposait l'obligation de se marier ; il le fit assez tard, le 31 janvier 1697, en épousant Françoise de Sève, fille de feu messire Mathieu de Sève, baron de Fléchères, seigneur, etc., et de feu Marie Millotet, à laquelle il fut constitué 45,000 livres pour tous ses droits paternels et maternels. Augment, 22,500 livres. De Sève porte pour arme : fascé d'or et de sable de six pièces, à la bordure contre composée de même.

Alexandre n'eut pas d'enfants de son mariage et dût penser à faire son testament, quoiqu'il n'eut qu'une cinquantaine d'années ; la substance de cet acte, qui est du 31 janvier 1709, est telle : Testament de messire Alexandre-Louis de Forcieu, seigneur, baron de Rochetaillée, par lequel il lègue à la Charité (de Saint-Etienne), 6,000 livres ; à Catherine-Rose, sa sœur, religieuse à Sainte-Catherine, à Saint-Etienne, 100 livres annuellement ; à M. Antoine Gonin qui a la direction de ses affaires, 600 livres de pension viagère, pour ses agréables services (1). Et comme le testateur

_____

(1) On peut être parfait honnête homme et porter ce nom. *Gonin*

a aliéné la directe de quelques fonds, montant environ à 50 livres par an, il veut qu'en remplacement d'icelle, il soit délivré en propriété à M. de Forcieu, substitué, les domaines de la Barery et d'Essartines, lesquels demeureront unis à la terre de Rochetaillée, à cause de ladite substitution. Lègue à Manon Delorme, qui a été nourrie et élevée par la défunte mère du testateur, 100 livres de rente viagère. A damoiselle Benoîte de Forcieu de Rochetaillée, sa sœur, 400 livres de rente viagère. A M. Jacques de Forcieu, son frère, abbé de Valbenoîte, 600 livres de rente viagère, outre son entretien et celui d'un laquais dans la maison du testateur, pour lui tenir lieu de ses droits de légitime paternelle et maternelle, si cela lui convient. Héritier universel, Jacques de Forcieu, son frère, capitaine au régiment de Bueil, chevalier de St-Louis, actuellement prisonnier de guerre à Augsbourg. Exécuteur testamentaire, Jacques Faure, ancien capitaine au régiment de Champagne. Et dans le cas où ledit héritier viendrait à décéder sans enfants, il lui substitue ladite demoiselle de Rochetaillée, et à elle le fils ainé du sieur de Nantas et de la dame Deshayes son épouse; et où il se trouverait lors décédé, ou, vivant, décéderait sans enfants, celui des enfants mâles desdits sieur et dame de Nantas qui suivra d'âge ledit fils ainé. Ladite substitution seulement pour la maison de Saint-Etienne, la maison de l'Etivalière et toutes ses dépen-

---

signifie un homme fin et rusé. On dit proverbialement : un tour de *maître Gonin*. Les étymologistes le font venir de l'hébreu *Cwunen*, devin, enchanteur. Il vient, d'après Court de Gibelin, du primitif *con* prononcé *ken*, qui signifie habileté, art, puissance. Pour parler d'un homme adroit et rusé, les Anglais disent *Cuning*, et *master Cuning* fait notre *maître Gonin*.

Roquefort, *Glossaire de la langue romane*, va plus loin, il dit : *Gonin, maître fripon*. Ce mot viendrait-il du grec *Koinos*, commis?

dances, meubles, et y compris même le pré Beuchot,
les domaines de Reveux et de la Girardière, étang de
la Bâtie et de Rebot, avec les rentes de Saint-Priest-
Curnieu et Nantas appartenant audit testateur. —
Ordonne mille messes après son décès ; lègue audit
sieur Faure ci-dessus nommé 2,000 livres ; déclare
avoir donné aux Sœurs de Saint-Joseph de Rochetaillée
une sienne maison près la balustrade du château.

Alexandre décéda le 28 mai 1709.

On retrouve encore ici une Manon Delorme nourrie et
élevée par la mère du testateur. Tout indique la même
personne désignée dans le testament de Hugues sous
le nom de Claire d'Essartines, fruit d'un amour malheureux d'Arnoul-Louis, lorsqu'il faisait ses premières
armes, et que la mort vint frapper au milieu d'un
avenir si brillant. Cet intérêt si puissant qui s'attache
à l'enfance amena au manoir de Rochetaillée la jeune
enfant qui peut-être était née pour en être l'héritière,
si le sort eût épargné son malheureux père. Hugues
n'ose pas tout à fait l'apanager comme un enfant légitime, en lui attribuant l'une de ses propriétés, mais
il lui fait une pension de 100 liv., somme alors bien au-
dessus de ce qu'une orpheline élevée par charité eût
pu attendre d'une famille à laquelle elle eût été étrangère par le sang. Il recommande aussi d'avoir soin de
son éducation, et déclare qu'elle est née tel jour, à tel
endroit, sans faire connaître les auteurs de ses jours
qui, d'après les renseignements qu'il vient de donner,
ne pourraient lui être inconnus. Claire continua d'habiter le château, mais l'illégitimité de sa naissance, le
vague et l'incertitude de l'état sous lequel elle pouvait
se produire, disons-le, l'impossibilité de pouvoir soutenir dans la société un rang qui n'a pas de base, la
conduisirent sûrement à oublier les attentions et les
égards dont elle avait été l'objet pendant ses belles

années et à se dévouer à un rôle utile et secondaire dans le château. La jeune Claire d'Essartines devint alors Manon Delorme, et mérita toujours, comme l'on voit, l'affection et les bienfaits de ceux que le sort lui avait donnés pour appuis.

Alexandre avait aussi auprès de lui Jacques Faure, homme qui s'était élevé par son mérite et qui charmait les loisirs du baron par les récits de leurs aventures si douces à raconter au sein du repos. Nous y voyons aussi Antoine Gonin, l'homme d'affaires qui déchargeait son maître de tous les soins d'une administration importante et qui trouva dans cette place le principe d'une fortune qui, secondée d'une adresse heureuse, éleva ses descendants à un rang bien supérieur. Somme toute, l'existence du baron était noble et digne ; lui seul alors avait un carosse à deux chevaux à Saint-Etienne, et l'on rapporte que ses deux chevaux ayant péri dans le fatal hiver de 1709 et jetés aux champs, ils furent dévorés en un instant par la population affamée. Remarquons en finissant que c'est la substitution qu'il fit qui a porté chez MM. Bernou de Nantas la maison de la place (maison Descours), et toutes les propriétés de l'Etivalière, avec les trois rentes de St-Priest, de Curnieu et partie de celle de Nantas. Dans l'inventaire fait à sa mort, il se trouva à Rochetaillée : 22 mousquets à l'antique (arquebuses), une canonnière, 19 hallebardes ou fourches et deux cors de chasse ;

7° Jacques de Forcieu fut abbé et seigneur de Valbenoîte. Un poste aussi avantageux, sous les yeux du seigneur de Rochetaillée, ne pouvait lui échapper pour l'un de ses fils. Nous ne saurions à son sujet donner un article biographique bien étendu, tout le monde connaît d'ailleurs assez quelle était l'existence de ces abbés, existence enviée, critiquée, et dont aucun des détracteurs

n'eût voulu peut-être, à la charge d'en remplir exactement les devoirs. Le roi le nomma à cette abbaye
le 15 novembre 1680. De là nous arrivons à son testament qu'il fit le 20 octobre 1718, et que domine une
seule pensée. Il ordonne d'abord 1,650 messes, lègue
ensuite 1,000 livres aux capucins, 1,000 livres aux
religieuses hospitalières pour faire la pharmacie pour
les pauvres, dans leur communauté (à Saint-Etienne),
2,000 l. à la pharmacie de la Charité ; enfin , il lègue
à Gabrielle Badol du Soliez (du Soleil, c'est-à-dire, du
lieu qui a retenu le nom de Badol et par corruption
le Bardot), qui demeure dans sa maison, 180 livres
de pension viagère, plus ses meubles et linge de Valbenoîte ; plus, 200 liv. annuelles pour être employées
par ladité du Soliez aux bonnes œuvres que ledit testateur lui a déclarées, et qu'après la mort de ladite du
Soliez, les 200 livres soient employées à l'entretien
et nourriture de Marie, enfant placée chez les religieuses hospitalières depuis environ dix ans, et de laquelle la dame supérieure a le soin ; et les 4,000 liv.,
capital desdites 200 livres, aux hospices après la mort
de ladite Marie. Héritier universel, Jacques de Forcieu
son frère, écuyer, chevalier de Saint-Louis. Le 2 août
1726, il crut devoir ajouter de nouveaux legs à ceux
faits à Gabrielle Badol du Soliez et à Marie, et fit un
codicile pour assurer ces nouveaux avantages.

L'intérêt que témoigne notre abbé à cette Gabrielle qui
demeure dans sa maison, le mystère qui entoure l'existence de cette enfant que l'on nomme Marie, comme
s'il était impossible de faire connaître le nom de son
père ; la sollicitude avec laquelle il suit le sort de cette
enfant depuis sa naissance jusqu'à sa mort, les nouvelles dispositions qu'il fait en sa faveur, craignant de
n'avoir point assez fait par les premières, tout annonce
une tendresse d'affection et une de ces situations ex-

ceptionnelles si propres à donner de la vie et du mouvement aux narrations du romancier qui en serait
l'historien ;

8° Louis de Forcieu de Rochetaillée, écuyer, sieur du
Monestier, tirait ce surnom de la rente noble de ce
nom, vendue en 1649 par Jean de Légallery à Marguerite Réal qui la transporta à Hugues de Forcieu,
son gendre. Etant sur le point de partir de St-Etienne
pour l'armée, il fit, le 7 février 1686, son testament,
comme cela se pratiquait alors, et non sans raison,
car les victoires de Louis XIV consommaient beaucoup de ses hommes d'armes. Il institua pour son héritier Alexandre, son frère aîné. On ne peut s'empêcher de remarquer combien ce dévouement à l'honneur
de la famille était sans bornes dans chacun des individus qui la composaient. Ceux qui n'embrassaient
pas l'état ecclésiastique suivaient dans le célibat la
carrière des armes, pour ajouter, à leur mort héroïque,
un fleuron de plus à la couronne qui timbrait l'écu de
la famille, après avoir eu la précaution de tester en
faveur du représentant de leur nom. Louis suivit de
point en point cette voie tracée à l'avance à tous ceux
de sa qualité, et, en succombant au champ d'honneur,
il crut avoir entièrement rempli sa destinée. Famille!
famille! c'étaient là les jours de ta gloire!

9° Jean de Forcieu était le neuvième enfant de Hugues
et le dernier mâle ; en lui s'éteignit la famille Badol
de Forcieu, bien que Benoîte lui ait survécu dix ans.
Il portait dans sa jeunesse la qualité de seigneur de
Planfoy, et c'est avec cette qualification qu'il épousa,
à l'âge de 28 ans, Marie-Marguerite Duon, veuve de
Pierre Deshayes, par acte reçu Arnaud. On trouve ce
mariage porté à la date de juillet et encore à celle du
12 février 1697 ; dans tous les cas, il n'était postérieur
que de bien peu de temps à celui d'Alexandre, son

frère. Il n'était alors que simple légitimaire ; mais la
mort d'Alexandre ouvrit à son profit la substitution de
la baronnie de Rochetaillée. Il ne lui manquait plus
que des héritiers auxquels il put la transmettre, il ne
les obtint pas. Son testament, du 15 février 1733,
porte ce qui suit : Messire Jean de Forcieu, écuyer,
seigneur baron de Rochetaillée, résidant dans cette
ville (Saint-Etienne), dans la maison dépendant de la
succession de Jean Bernou, écuyer, sieur de Nantas,
lègue à Claire Bernou de Nantas, sa petite nièce, 300
livres et au surplus de tous ses biens, meubles et immeubles, droits, noms, raisons et actions, même en sa
terre et baronnie et succession de Rochetaillée qui lui
appartient, provenant de Messire Hugues de Forcieu,
seigneur de Rochetaillée, son père, il a du tout fait,
institué, créé et nommé de sa propre bouche, pour
être héritière universelle, dame Marie Deshayes, veuve
dudit sieur de Nantas, à laquelle il veut que le tout
appartienne de plein droit, à charge de remettre,
quand bon lui semblera, à Jacques Bernou de Nantas,
écuyer, son petit neveu, fils dudit Bernou et de Marie
Deshayes, la terre, baronnie et juridiction de Rochetaillée, avec les domaines et bois en dépendant, etc.

Jean de Forcieu décéda le 15 janvier 1734, et immédiatement ses biens passèrent dans la famille de Bernou de Nantas, comme la maison de la place, l'Etivalière, etc., échurent à cette même famille par la
substitution faite par Alexandre de Forcieu.

Marguerite Duon testa le 10 mai 1702 ; héritiers Jean
de Forcieu son mari, Marie-Thérèse et Marie Deshayes
ses filles, par égales parts. Elle décéda le 1er février
1733 ;

10° Jacques de Forcieu, le jeune, surnommé dans sa
jeunesse sieur des Farges (sous Rochetaillée), fut fondé
de procuration par son père, le 26 février 1680, pour

retirer de son procureur à Paris une promesse de 8,300 livres faite audit Hugues par François Badol, le 13 décembre 1654, et toutes les pièces des instances qu'il a eues contre ledit Badol et Antoinette Métare, sa veuve.

Il suivit aussi la carrière des armes comme ses frères; fut institué héritier universel par son frère aîné Alexandre qui étant mort le 28 mai 1709, Jacques de Forcieu devint propriétaire de la maison de la place, de l'Etivalière et ses dépendances, etc.; mais il ne devint pas par là propriétaire et seigneur de Rochetaillée, attendu la substitution de Hugues, leur père commun, qui attribuait la baronnie à Jean, aîné de Jacques. A cette époque (1709), Jacques de Forcieu était capitaine au régiment de Bueil, chevalier de Saint-Louis, et pour lors prisonnier de guerre à Ausbourg.

Tous les biens ci-dessus indiqués étaient grevés par le testateur d'une substitution en faveur de Benoîte de Forcieu, dans le cas où Jacques décéderait sans postérité. Celui-ci, ancien officier de guerre, couvert de blessures, comme il est dit dans un Mémoire sur procès, âgé et infirme, ne songeait guère à se marier; mais Benoîte, qui ne rêvait qu'à la gloire et à l'agrandissement de sa famille, voyant que Jean de Forcieu, marié depuis 1697, devenu baron de Rochetaillée, n'aurait point d'enfants, elle imposa le mariage à Jacques, pour que leur nom ne se perdît pas; le contrat est du 24 janvier 1715 et porte : Entre Jacques de Forcieu de Rochetaillée, écuyer, chevalier de l'ordre de Saint-Louis, ci-devant capitaine dans le régiment de Boufflers, demeurant à Lyon....., et Marie-Anne de la Roue, demoiselle, fille de noble Jean-Baptiste de la Roue, ancien échevin de Lyon, et de feu dame Madeleine Lagier, lequel constitue à sa fille

41,000 livres ; augment, 18,500 livres. Cette dot de
41,000 livres devait être payée incessamment ; mais
elle ne le fut que le 16 août 1730, en papier du temps
qui était déjà en discrédit de plus des deux tiers dans
le public, mais qui devint en effet totalement inutile
entre les mains de Jacques, en sorte qu'on peut dire
qu'il épousa Marie-Anne de la Roue sans dot. Il eut
encore le malheur de voir ses rentes lui tomber dans
les mains en cette sorte de papier. Enfin, suivant l'édit
du roi, il porta au trésor royal pour 42,725 livres
liquidées de 85,476, pour acquérir une rente viagère
au denier 25.

Jacques de Forcieu, âgé et infirme, acquit la rente en
question sur la tête de sa femme qui était jeune et en
bonne santé. Ce fut, à ce qu'il paraît, le sujet d'un
procès ; car, indépendamment de cette rente consti-
tuée sur sa tête des deniers de son mari, Marie-Anne
répétait encore sa dot en totalité et son augment. Enfin,
après avoir langui près de trois ans, Jacques mourut
le 25 août 1727, sans laisser d'enfants. On le crut
mort intestat, et sa succession était dévolue de droit
à sa sœur Benoîte et aux enfants d'autres sœurs ; mais
ceux-ci trouvant la succession trop onéreuse, y re-
noncèrent. Benoîte, par respect pour son frère et pour
honorer sa mémoire, accepta sa succession sous bénéfice d'inventaire. Le 18 juin 1728, Benoîte et la
veuve de son frère transigèrent de la sorte. Il fut con-
venu que la dot de Marianne serait restituée en entier,
qu'il lui serait payé 18,500 livres pour son augment,
8,000 livres pour son deuil et année de viduité ; de
sorte que ce fut 67,500 livres à payer en argent à la
veuve qui n'avait apporté que des effets sans valeur.

Benoîte déclara les biens qui lui avaient été substitués
valoir : la maison de la place, 10,000 livres ; l'Étiva-
lière, la molière et pré Beuchat, 14,000 livres ; le

9

domaine de Reveux, 2,800 livres ; celui de la Girardière, 1,300 livres ; l'étang de la Bâtie et celui de
Rebod, 2,400 livres ; le domaine de la Barbanche,
2,500 livres ; celui appelé Driguerie, 1,200 livres ;
trois petites rentes, sans aucune justice, appelées de
Saint-Priest, de Curnieu et de Nantas, 4,000 livres ;
le domaine du Mas, 1,150 livres ; celui de Brapeny,
1,200 livres ; Piguelouche, 2,000 ; Condurant, 1,300 ;
Planfoy, 2,000 ; la Caura, 3,150 ; la Fouillouse, 3,600,
et autres fonds détachés formant un total de 60,300
livres. Il est évident que le tout valait beaucoup plus.

11° *Pierre de Forcieu n'est connu que de nom ; et tout*
indique qu'il périt sur le champ de bataille. Hugues
et ses fils avaient senti le besoin de justifier les faveurs
insignes qu'ils avaient reçues du monarque, en même
temps qu'ils reconnaissaient que la position élevée où
ils venaient d'être placés leur imposait de grands devoirs et que le courage et leur belle conduite pouvaient
seuls leur mériter et faire sanctionner les priviléges
si récents dont ils jouissaient et les maintenir dans le
rang où se trouvaient tant de noms aussi anciens que
glorieux.

Le monarque appelait ainsi à lui tout ce qui portait un
cœur généreux et des sentiments élevés, et payait d'un
mot séduisant tout le sang que répandait sur le champ
de bataille l'élite des Français, pour lui obtenir ces
triomphes qui le firent saluer par l'Europe entière du
nom de Louis-le-Grand. Tous tant qu'ils furent, ceux
qui avaient reçu des faveurs du grand roi, les lui ren-
dirent au centuple, car tous passèrent leur vie en
présence de ses ennemis. De six braves guerriers que
Hugues lui envoya en échange de l'écu blasonné qu'il
lui avait permis de porter, trois ne revirent plus le
château de Rochetaillée ; et les trois autres, meurtris
et blessés, y rapportèrent vainement les dernières

gouttes d'un sang arraché par le fer ennemi. Alexandre, Jean et Jacques vinrent successivement y reposer leurs os, plus encore brisés par la guerre qu'affaiblis par les années, espérant du concours d'une jeune compagne voir s'élever un nouveau rejeton qui pût les remplacer ; mais l'espoir et la source de ce noble héritier, si ardemment désiré, s'étaient écoulés avec le sang sorti à flots de leurs larges blessures, et ils ne laissèrent aucun souvenir vivant de leur glorieuse carrière. Que dis-je, aucun souvenir vivant ? ils n'ont pas même laissé jusqu'à ce jour la trace la plus légère de leur existence, et vainement les titres et les exploits glorieux ont illustré dans leur temps ces hommes qui occupent tant de place parmi leurs comtemporains, vainement leurs portraits armoriés les représentent bardés de fer, dans les galeries du château de l'Etivalière, rien n'a pu les sauver de cet oubli dévorant où les faits de la veille s'engloutissent le lendemain. De cette généreuse famille de Badol de Forcieu, on retrouve à l'Etivalière quatre portraits de femmes, cinq hommes d'armes et un ecclésiastique ;

12° Paula de Forcieu entra dans le couvent des Dames Hospitalières. Sur le point de faire profession, elle testa le 29 mai 1690, et légua 100 livres à sa mère, 5 sols à ses frères et sœurs, et nomma son héritier Alexandre, son frère, à la charge de lui payer une pension viagère de 25 livres. Lors des testaments de 1667, c'est-à-dire, 21 ans après le mariage de ses auteurs, Paula n'était pas née. .

Telle a été l'existence de cette famille, courte mais glorieuse. Sortie du néant, son mérite et sa générosité l'élevèrent à un rang distingué ; puis, aidée par une heureuse fortune, elle a eu le bonheur bien rare de s'éteindre subitement au milieu de sa gloire. Ce désir persévérant et obstiné d'avoir des héritiers à qui ils auraient transmis leur fortune, leur réputation et leur honneur ne leur assuraient pas qu'ils fussent *dignement représentés*, et c'est peut-être un bien que Dieu, dont les desseins sont impénétrables, n'ait pas permis que le nom de Forcieu dépassât les bornes glorieuses plantées par ces généreux frères, et c'est assez vivre que de laisser une belle réputation et des exemples à suivre. Alexandre et César n'ont pas eu besoin de postérité pour que leur mémoire fût impérissable.

Armes : d'azur au chevron d'or, accompagné de deux roses d'or, en chef, et d'une vergette d'argent en pointe. Timbre : un casque à trois grilles. Cimier : un lion tenant une massue d'argent. *(Planche* 3, *n*° 2.)

Généalogie de la famille Barallon (1).

La famille Barallon sortait de St-Genest-Malifau qu'elle n'abandonna que pour venir s'établir à Saint-Etienne où elle fit une fortune considérable et y obtint les premières charges.

1er DEGRÉ.

Barthelémy Barallon, le premier qui vint à St-Etienne, épousa Claudine Tissot dont issu :

2e DEGRÉ.

Guy Barallon, négociant à Saint-Etienne, épousa Claudine Dallier, fille d'André et d'Antoinette Jacob, qui le rendit père de :

3e DEGRÉ.

Claude Barallon épousa N... Lardon dont issus :
1° Jacques qui suit ;

---

(1) Cette famille, qui s'est éteinte de nos jours, n'a pas de rapport avec ceux qui portent aujourd'hui le nom de Barallon.

2° Mathieu Barallon épousa N... Tézenas dont il n'eut
pas d'enfants. Il était échevin en 1698 ;
3° Guy Barallon, prêtre.

4e DEGRÉ.

Jacques Barallon, écuyer, héraut d'armes de France,
échevin de la ville en 1708, épousa Catherine Guillet, fille
de Jean, seigneur de Sacconins ou Sacconay, dont issus :
1° Philibert qui suit ;.
2° Claudine Barallon mariée, le 5 mars 1712, à Me Claude
Tézenas, notaire, fils de Gabriel et de Marie-Anne
Dutreuil de Rhins. Elle se remaria, étant veuve, à
Pierre Duchon, médecin ;
3° Claire Barallon, épouse de Nicolas du Saussay, du
diocèse de Coutances, chevalier de Saint-Louis, capitaine d'artillerie, inspecteur de la manufacture d'armes
de Saint-Etienne. Il mourut le 17 mars 1725.

5e DEGRÉ.

Philibert Barallon, entrepreneur des armes à St-Etienne,
épousa Claudine Carrier dont naquit un fils unique.

6e DEGRÉ.

Jacques Barallon a su se faire le plus remarquable de sa
famille ; il aimait les grandeurs, et n'en trouvant point autour des lares paternels, il fut les chercher plus loin et
acheta une charge de héraut d'armes de France, du titre
d'Alençon, qui lui donnait un reflet de noblesse viager.
Non satisfait de cette qualité dont il se pavanait, il la dissi-
mula en se qualifiant d'*officier chez le roi,* ce qui ne pré-
cisait rien et laissait entendre ou supposer tout ce qu'on
voulait. Il fut même assez osé, en quelques occasions, pour
faire précéder le nom de Barallon de la qualification de
Messire. Alors, nouveau marquis de Carabas, tout bouffi
de prétentieuse importance et accablé sous le poids des

galons de son habit de cour, il fut demander la main de Claire de Grézieu. Ce n'était pas la première fois que des maison titrées, chargées de filles, écoulaient cette marchandise comme elles pouvaient. Dans des cas semblables, la dot était vite comptée, au grand contentement du pauvre père qui voyait par là finir son embarras sur le sort de ses filles, et l'hérédité qu'il ménageait à son fils aîné point trop ébréchée par les exigences de son gendre.

Mais Jacques, il faut en convenir, n'était pas le moins content de tous, la tête lui tourna, au dire de beaucoup de personnes qui l'ont connu. Il avait une belle fortune et possédait, entre autres propriétés, celle du Soleil, autrefois du Solier, qu'il planta à l'instar des jardins princiers. Il y fit construire une chapelle au fronton de laquelle il fit sculpter de magnifiques armoiries, dans les plus larges proportions. Ses profusions ne lui permirent pas de garder ce diamant; mais son fils ayant hérité de son oncle (à Saint-Just-sur-Loire) d'une belle propriété audit lieu, Jacques s'y installa et, en vertu de la puissance paternelle, obligeait son fils à passer vente tantôt d'un pré, tantôt d'une terre, dont le prix servait à soutenir dignement son titre de *Messire Barallon, officier chez le roi.*

La famille fit alors partir le fils pour Paris, afin de mettre un terme à toutes ces ventes partielles qui allaient amener la perte totale de cette propriété. Jacques, comme on le voit, n'abondait pas en numéraire, et s'il eût voulu marier ses nombreuses filles, peut-être eût-il été bien empêché; mais sa manie de noblesse lui servit de quelque chose cette fois, car vainement des partis sortables se présentèrent-ils, jamais il ne put se résoudre à donner à des marchands ou des bourgeois des demoiselles Barallon de Grézieu. Tant et si bien qu'aucune ne se maria. L'une d'elles avait été demandée par M. R*** qui plus tard fit cette fortune colossale qui subsiste encore dans les mains de ses petits-fils. Jacques regarda même cette demande comme une insulte;

mais quand ensuite la pauvre jeune demoiselle, devenue vieille fille, vit la fortune et la position qu'elle avait manquées, sa tête, ébranlée par la secousse, confondant désormais les temps et les choses, se figura qu'elle était toujours à ces heureux moments où le jeune R*** lui offrait son cœur. Elle a vécu plus de 80 ans.

Deux autres de ses sœurs épousèrent à l'âge de 60 ans, l'une un grand oncle, l'autre un grand-père ; une quatrième mourut fille et très-âgée.

Les enfants de Jacques Barallon et de Claire Berardier de Grézieu furent :

1° Antoine-Charles qui suit ;

2° Marie-Thérèse Barallon ;

3° Marie-Marguerite-Claire Barallon ;

4° Marie-Françoise-Barthélemie Barallon ;

5° Antoinette Barallon ;

6° Marie-Marguerite Barallon.

7ᵉ DEGRÉ.

Antoine-Charles Barallon fut à Paris, comme nous l'avons dit ; il s'y adonna aux études et devint un très-fort helléniste. Il paraît qu'il ne fit pas les mêmes progrès dans la connaissance des belles manières, les femmes surtout, qui ne pouvaient apprécier son mérite, ne le voyaient que sous le côté grotesque qui, en effet, était le plus saillant chez lui, et ne pouvaient croire qu'un être, disons comme elles, qu'un ours si mal léché eût osé venir à Paris. M. Delaroa, son parent, l'avait prié d'y surveiller ses fils qui avaient grand besoin d'un mentor ; il s'en acquittait avec zèle, au grand dépit de ces *têtes vertes,* comme les appelait leur père. Et pour se dédommager de cette surveillance, il n'y avait pas un ridicule ou l'ombre d'un ridicule du mentor qui échappa à leur malignité.

Il avait une phrase qui revenait souvent dans ses discours, c'était : *la marche des idées.* Les deux étourdis ne cessaient toute la journée de la faire entrer dans leurs discours, même en lui parlant, ainsi qu'à leur père, lors des vacances; ils la faisaient entrer dans tout ce qu'ils disaient, avec le plus grand sérieux, et n'attendaient que le moment de se trouver seuls pour prendre leur revanche par des éclats de rire immodérés. Belle jeunesse, heureux temps! Je les ai vu depuis, vieillards et bien changés, mourir les uns après les autres.

Comme l'on voit, Antoine-Charles Barallon, enfoncé dans le grec, n'adressa sans doute ses hommages qu'à Hélène ou Briséis qui ne purent lui donner de progéniture. Il mourut sans avoir été marié, et avec lui s'éteignit sa famille.

Armes: d'argent, au lion de gueules, à la cotice d'or brochant sur le tout. *(Planche 3, n° 3.)*

Généalogie de la famille de Thiollière.

Cette famille, qui est très-nombreuse aujourd'hui, l'était bien autant autrefois. Son origine est des plus certaines, mais elle se trouve extrêmement embrouillée à cause de ce grand nombre de membres qu'il n'est pas possible de relier entre eux par une filiation commune et régulière. Pour ne rien omettre de ce qui peut jeter quelque jour sur ce sujet, et pour laisser à ceux qui nous suivront les matériaux qui pourront leur servir à terminer cette œuvre que nous commençons, nous transcrirons ici les documents épars qui appartiennent à la même histoire.

Nous devons observer que la généalogie de la famille de Thiollière, qui se trouve dans les tableaux généalogiques dressés par M. du Bessy de Villeneuve, est très-défectueuse, comme il lui est arrivé presque toujours et partout. Par exemple, il omet entièrement François de Thiollière qui est la souche et le premier auteur de la branche établie à Saint-Etienne, pour qui est cet article.

Cette famille sort de Thiollière, petite localité située entre Saint-Etienne et Saint-Jean-de-Bonnes-Fonts. On croit généralement que ce nom vient de quelque tuilerie qui y aurait existée à une époque indéterminée, nous ne sommes point de cet avis, et c'est sans nulle prétention que nous émettons le nôtre.

D'abord le nom de tuilerie était inconnu au moyen-âge; on disait *tuilleye,* pour désigner l'endoit où l'on fabriquait des tuiles, et plus rarement thuillerye qui annonçait une transformation de ce mot. Or, ces deux termes sont romans, et notre patois, qui a conservé toute l'allure de cet ancien idiome, n'a pu changer *tuilleye* et *thuillerye* en *thioleyre* ou *tioleyre.* A l'appui, nous pourrions citer une foule de preuves, nous nous contenterons de l'exemple suivant : en patois, pour désigner la Loire, on dit *Leire,* et c'est ainsi qu'on l'appelait en langue romane.

Thiollière est un nom qui s'applique à plusieurs localités; à Firminy, on le donne à un territoire qui dépend du village de Fayol; à St-Etienne, à la localité qui nous occupe. C'est un mot composé celtique qui vient de *Thi,* Dieu; *oll,* toute; *ière,* demeure, habitation; mot à mot : l'habitation toute de Dieu. Il pourrait bien se faire que *oll* fut là pour *éol, énéol,* ce qui compliquerait l'explication que nous venons de donner. Il y a tout lieu de croire que les druides ont eu sur ces montagnes, autrefois couvertes de forêts, une résidence, peut-être même un domaine qui appartenait à la classe sacerdotale, dont les produits étaient affectés aux dépenses du culte.

Par cela même, il nous semble absurde de tirer le nom de Thiollière de tuilerie qui ne prend pas d'*h,* et supposons encore qu'il y ait eu une tuilerie à Thiollière et une autre à Fayol près de Firminy, on se demandera de suite

pour qui fabriquait-on ces tuiles? était-ce pour la ville de
Saint-Etienne qui n'existait peut-être pas alors? était-ce
pour Firminy qni n'était pas mieux connu? Mais il y avait
bien plus près de ces deux endroits de la terre propre à la
fabrication des tuiles; quant au lieu de Thiollière situé sur
la Côte-du-Ban, commune de Firminy, il serait absolument
impossible d'y trouver de la terre glaise, il repose sur une
masse de micaschiste.

En 1600 environ, la famille de Thiollière se divisa en
deux branches : l'aînée, comme héritière des biens paternels, continua de séjourner à Thiollière; la cadette, représentée par Jean de Thiollière, vint s'établir à Saint-
Etienne.

Ici, nous ferons encore remarquer que c'est de son
autorité privée que M. du Bessy de Villeneuve a cru devoir
retrancher la particule *de* du nom de Thiollière, particule
qui lui a sans doute paru être une anomalie; mais il aurait
dû être plus réservé et savoir qu'il faut toujours conserver
aux noms propres leur physionomie, quelle que soit la
singularité qu'on puisse y rencontrer, et lui-même, il n'y
avait pas si longtemps qu'il l'avait ajoutée à son nom de
Julien.

Tous les documents établissent qu'à cette époque, et
même de tout temps, cette famille joignait la particule à
son nom; que ce n'était pas une marque de qualité, mais
seulement un usage de désigner par le nom de leurs héritages les possesseurs de biens ruraux, les propriétaires de
fermes; et sans aller bien loin en chercher un exemple,
nous le prenons dans une transaction passée, en 1446,
entre le seigneur de Feugerolles et les hommes du mandement; ces derniers sont ainsi nommés..... : Mathieu de
Fonfreydy, Laurent de la Colombière, Vincent de la Brosse,
Jean de Poys, Jacques de la Chavana, Georges de Violet,
Jean du Boysson, Jean de Fayolle, Jean de Roche-Rebod,
Jean du Bouchet, etc., etc., au nombre de quarante-cinq,

tous emphytéotes de la terre de Feugerolles, et certes il serait ridicule de les prendre tous pour des seigneurs de village, et l'on n'en trouve que deux : l'un, baron de Chapponay, l'autre, le sieur de Maisoncelles.

Cette affaire ainsi réglée, nous poursuivrons comme il suit.

Jean de Thiollière, premier cadet sorti de la maison paternelle, vint s'établir à Saint-Etienne en qualité de tonnelier. Il y acheta, le 17 octobre 1605, par acte notarié, d'Antoine Boudon, de Saint-Genest-Malifau, 65 charretées d'ais (planches) sapin, et six toises par dessus, au prix de 114 livres. Et le 14 novembre 1606, le même honest (honnête) Jean de Thiollière, tonnelier, reconnaît devoir, conjointement avec Claude Poulleaux, à Louis Poulleaux, 60 livres. Et dans les deux actes il a déclaré ne savoir signer.

La postérité de ce Jean de Thiollière n'est pas connue d'une manière certaine, mais nous allons donner, par ordre de dates, les noms de ceux qu'on trouve après lui et qui ont dû, la plupart, être ses descendants.

En 1622, Antoine de Thiollière fait baptiser Jean, son fils, et de Philippe Charra sa femme. Parrain, Jean de Thiollière.

1623, 24 mai. Baptême d'Antoine, fils de feu Antoine de Thiollière et de Catherine Perrin.

1626. Mariage entre Barthélemy de Thiollière et Marie du Saulze.

1631. Antoine de Thiollière, tuteur des enfants de feu Pierre de Thiollière, dans l'hoirie duquel se trouvait une maison en rue Froide.

1646, 26 juin. Mariage entre Pierre de Thiollière, maître arquebusier, fils d'Antoine de Thiollière, aussi maître arquebusier, et de feu Philippe Charra, et Claudine Champt, fille de Marcellin, graveur de gardes d'épée, et veuve d'Antoine Gourgouillat, vivant maître graveur de gardes.

1663. Jean de Thiollière, mari de Catherine Mosnier,

passe quittance de 40 livres à Jean Mosnier, son beau-père, en déduction de la dot de sa femme, en présence de Jean de Thiollière, père dudit Jean.

1670. Jacques de Thiollière et Anne Lyonney, sa femme, font baptiser Jacques leur fils.

Même année. Claude de Thiollière et Barthélemye Guyot font baptiser Catherine leur fille.

1671. Jean de Thiollière et Françoise Fayon font baptiser Jean leur fils.

1675. Claude de Thiollière avait épousé Catherine Rivoire, alors décédée.

1676. Louis de Thiollière, coutelier, et Mathie Giron font baptiser Jean leur fils.

1677. Claude de Thiollière et Anne Marcou font baptiser Claudine leur fille.

Même année. Roch de Thiollière et Béatrix Genivet font baptiser Louis leur fils.

Les articles qui précèdent sont la plupart tirés des registres de l'état-civil; mais, malgré leur authenticité, il n'est pas possible d'établir entre eux les degrés certains de filiation qui seraient peu intéressants, du reste; c'est pourquoi nous reviendrons au tronc principal qui avait si profondément implanté ses racines au lieu de Thiollière.

1er DEGRÉ.

Jacques de Thiollière, tenancier au lieu de Thiollière, paroisse de Saint-Jean-de-Bonnes-Fonts, épousa, sur la fin du XVIe siècle, Jeanne Riocreux dont il eut, entre autres :

2e DEGRÉ.

Antoine de Thiollière, tenancier audit lieu de Thiollière, épousa Claudine Pascalet, et il était déjà veuf d'elle au 16 avril 1651, époque à laquelle il maria Christophe de Thiollière, marchand dudit lieu, l'un de ses fils, avec Antoinette Chastaignier, en présence de Claude de Thiollière, tisso-

tier de soie, de Montsalson, frère de l'époux et de François
de Thiollière, marchand du lieu de Thiollière, autre frère
et donataire de leur père commun. Claude de Thiollière
et son frère François figurent dans l'assemblée des tissotiers
de soie tenue en 1660.

Antoine de Thiollière fit son testament le 1er août 1651,
et légua à François de Thiollière, marchand de St-Etienne,
son fils, la somme de 500 livres ; à Antoine, Claude et
Christophe, ses autres fils, celle de 5 sols, outre ce qu'il
leur a donné par contrat de mariage, et nomma héritier
Barthélemy de Thiollière, son fils aîné sans doute.

Disons un mot de ces différents enfants, avant d'en venir
à François de Thiollière :

1° Barthélemy de Thiollière fut donataire de son père
lors de son mariage avec Catherine Michal, et encore
son héritier testamentaire. Il fit valoir lui-même les
domaines de ses pères, et testa le 16 novembre 1653.
Cet acte porte : Barthélemy de Thiollière lègue à Antoine l'aîné, Claude, Christophe et Antoine le jeune,
ses enfants et de Catherine Michal sa femme, à chacun
600 livres, et nomme héritière sa femme.

Antoine de Thiollière remplaça Barthélemy, son
père, dans le domaine héréditaire. On ignore le
nom de sa femme, mais l'on sait très-certaine-
ment qu'elle lui donna pour fils Claude qui suit.
Quant à Antoine, il était déjà mort en 1697.

Claude de Thiollière fit comme ses prédécesseurs, il cultiva ses champs. Nous ne pouvons suivre plus loin cette descendance qui
suffit pour faire voir que c'est de ce dernier
Claude que sont sortis les Thiollière qui ont
subsisté à Thiollière jusqu'à ces derniers
temps. Ce long espace d'années leur avait
enfin permis de sortir des limites uniformes
de l'existence ordinaire ; mais au commen-

cement de ce siècle, l'un d'eux s'étant un peu trop confié au hasard, fut forcé de vendre les propriétés paternelles de la Côte-Thiollière, comme on dit maintenant ;

2º Christophe de Thiollière, marchand du lieu de Thiollière, épousa, comme nous l'avons dit, le 16 avril 1651, Antoinette Chastaignier ;

3º Claude de Thiollière, tissotier de soie à Montsalson, épousa Catherine Peyret dont il eut :

Antoine de Thiollière, marchand à Saint-Etienne, épousa, le 19 juin 1669, Françoise Pomeyrol, fille de Barthélemy et de Michelle Cizeron, en présence de François de Thiollière, oncle de l'époux, et Claude de Thiollière, marchand de Saint-Etienne ;

4º Antoine de Thiollière, qui était déjà marié lors du testament de son père, en 1651, et qui n'est pas autrement connu ;

5º François qui suit.

Laissons donc à Thiollière la branche aînée *gaudentem patrios findere sarculo agros,* et voyons ce que deviendra la branche cadette dans la nouvelle carrière où elle va faire le premier pas.

3º DEGRÉ.

François de Thiollière était sans doute le plus jeune des enfants d'Antoine et de Claudine Pascalet, puisqu'en 1651, lors du testament de son père, ses quatre frères étaient déjà mariés et ne reçurent de leur père que 5 sols, comme ayant été suffisamment dotés en se mariant ; tandis que François reçut 500 livres pour ses droits légitimaires.

Le 16 avril 1651, époque du mariage de son frère Christophe, François était marchand au lieu de Thiollière, et le 1er août suivant il était marchand à Saint-Etienne, ce qui nous apprend d'une manière bien précise l'époque où il vint chercher la fortune sur un plus grand théâtre. Il ne tarda pas à s'y marier et épousa Anne-Marie Saulnier à peu près à la même époque, puisque Antoine, son troisième fils, en se mariant en 1688, était agé de trente ans.

Comme tous ceux qui, dans tous les temps, eurent l'heureuse idée de venir à Saint-Etienne, François de Thiollière y fit d'excellentes affaires, puisque dès l'an 1667 il devint adjudicataire des biens vendus par décret au lieu de la Janiveri près la Beraudière, pour le prix de 4,010 livres qu'il consigna à Montbrison le 12 octobre de la même année. Le domaine de la Janiveri, qui tirait son nom d'un précédent propriétaire nommé Jani (1), fut choisi comme manoir paternel destiné à protéger les générations futures et garder leur souvenir. C'est pour ce motif que différents portraits y avaient été transportés et y sont restés jusqu'à ces derniers temps que M. Jacquemont, mari de Mlle Thiollière-Dutreuil les a fait transporter dans sa belle campagne de Montaud ; car la Janiveri, depuis un certain nombre d'années, était sortie de la famille Thiollière.

François testa le 28 janvier 1663, mais ce n'était sans doute qu'un testament de précaution, car il vécut longtemps après. Il eut de son mariage les enfants qui suivent :

---

(1) Il est plus certain que ce nom lui venait de la famille Genivet, ce qui n'aurait point empêché Jani de le posséder quand son tour fut venu. On trouve donc que cette propriété s'est appelée Geniveri et Genivière, ce qui est parfaitement en harmonie avec notre opinion. C'était une habitude constante à Saint-Etienne que le propriétaire qui faisait construire une habitation à la campagne lui donna son nom en y ajoutant le mot celtique *ière*, habitation. C'est de cette manière qu'on a appelé la Chaumassière, du nom de Chaumat ; la Richerandière, et non la Richelandière, du nom de Richerand, ancienne famille stéphanoise ; Brunandière, du nom de M. Brunand, puis on a dit les Brulandières, parce qu'on y remarque les traces d'une conflagration qui a eu lieu en bien d'autres endroits ; la Bertrandière, de Bertrand ; la Beraudière, de Beraud, etc.

1° Claude de Thiollière dont on ne connaît pas la destinée;

2° Antoine-François de Thiollière épousa Jeanne Piolat dont il eut un fils qui mourut jeune et deux filles mariées, l'une, Marguerite-Rose, à Jean-Nicolas de Sauzéa; l'autre, Agathe, à.....

Après avoir fait le commerce avec avantage, il acheta une charge de secrétaire du roi, et décéda honorablement revêtu de ce titre qui anoblissait le titulaire et sa postérité;

3° Barthélemy de Thiollière épousa, le 25 novembre 1689, Marguerite Jamet, fille de Pierre et de Charlotte Bourgoin; mais il mourut l'année suivante, dans le mois de septembre, laissant :

> Pierre-François, son fils, âgé seulement de quelques jours;

4° Catherine de Thiollière, baptisée en 1661 et mariée en 1687 à Jean Marinier, marchand;

5° Philippa-Marie de Thiollière;

6° Claudine de Thiollière;

7° Marie de Thiollière;

8° Antoinette de Thiollière;

9° Agathe de Thiollière.

> Et de ces six filles nous n'avons pas trouvé d'autres preuves de leur existence;

10° Jacques de Thiollière, né en 1675, marié le 7 janvier 1700, à Jeanne Rousset, fille de Laurent et d'Elisabeth Gueylin. De ce mariage vinrent :

> 1° Marianne de Thiollière, mariée le 16 mai 1730 à Marcellin Neyron;
>
> 2° Laurent de Thiollière, marié en 1753 à Marie-Rose Coustier, fille de Simon et de feu Fleurie Imbert;

11° Antoine de Thiollière qui suit.

On est forcé de faire ici une remarque assez importante

sur la manière d'écrire le nom de Thiollière. Jusques là
nous avons vu qu'on écrivait : Jean, Pierre ou Benoît de
Thiollière, et nous avons expliqué pourquoi ; de même que
nous avons dit que M. du Bessy de Villeneuve n'avait pas
eu le droit de supprimer la particule *de* du nom de Thiollière, ce qu'il avait fait en écrivant ses généalogies stépha-
noises, sans que pour cela il eût changé en rien la coutume
reçue. Cependant l'opinion publique, juge suprême et
inexorable, se prit à examiner la question ; et quand elle
eut décidé que la particule serait retranchée, son jugement
resta sans appel.

Dans le mariage de Laurent de Thiollière avec Marie-
Rose Coustier, le notaire écrit constamment de Thiollière;
mais ce n'était qu'une complaisance ou une flatterie de sa
part, car dès l'année 1685, on remarque dans le testament
« d'Agathe *de* Thiollière, âgée de 20 ans, fille de défunt
sieur François *de* Thiollière, marchand, rue de Polignais,
par lequel elle institua héritières : Marie et Antoinette *de*
Thiollière, ses sœurs germaines. »

Dans cet acte, partout où le nom *de Thiollière* est ré-
pété, et il l'est trois fois, la particule a été biffée, peut-être
par le notaire lui-même, et si ce n'a été par lui, ç'aura été
par les gens du contrôle ou ceux du roi qui avaient l'œil
sur les empiètements et, comme on disait alors, les usurpateurs de noblesse. C'est qu'alors la fortune de cette famille,
qui était devenue considérable, donnait de la méfiance, et
d'avance on se précautionnait contre de trop hautes prétentions. Tant que le *de* ne fut attaché qu'à la primitive
position des de Thiollière, il ne fut que démonstratif de
leur pays natal ; mais attaché à la fortune, elle pouvait
devenir attributive de qualité, et dès lors il convenait de
prévenir l'abus. François de Thiollière avait dû, sur la fin
de sa vie, se conformer à cette exigence, à laquelle nous
allons nous conformer aussi.

10

4e DEGRÉ.

Antoine Thiollière épousa demoiselle Marie-Jeanne Piolat, fille d'Antoine, en 1688; il en eut :

1° Pierre Thiollière embrassa l'état ecclésiastique ;

2° Jean-Claude Thiollière qui a continué la postérité ;

3° Pierre-André Thiollière marié, en 1728, à Louise Ferriol, fille de Pierre et de Jeanne Mazenod ; on ne voit pas qu'il ait eu d'enfants ;

4° Barthélemy Thiollière, né en 1690 ;

5° François Thiollière dont on ignore la destinée ;

6° Siméon-Pierre Thiollière, négociant, établi à la Rochelle, épousa Marie-Madeleine Rivière, de la même ville, dont issus :

    1° Marie-Madeleine Thiollière, mariée, en février 1747, à Michel Alléon, fils de Justin et d'Antoinette Doron ;

    2° Jean-Claude Thiollière, prêtre ;

    3° Antoine Thiollière ;

7° Antoine Thiollière, prêtre. C'est lui qui a écrit l'histoire de Saint-Etienne ou plutôt de son église, à la date de 1753.

Antoine Thiollière fit un premier testament en 1709, un second en 1715, un troisième le 1er octobre 1719, un quatrième enfin en décembre de la même année. Le but principal et peut-être l'unique but de tous ces testaments était d'assurer la transmission, de mâle en mâle, de son domaine de la Janiveri. Cette substitution, qu'il fait de la manière la plus prolixe, comprend quatre ou cinq pages dans chaque testament.

5e DEGRÉ.

Jean-Claude Thiollière, négociant, épousa, par contrat du 29 novembre 1719, demoiselle Jeanne Gourgouillat, fille de Barthélemy, receveur au grenier à sel, et de Marie-Anne Robin, dont il eut les enfants qui suivent :

1° Marie-Madeleine Thiollière, née en 1720 ;

2° Pierre-Antoine Thiollière, né en 1722, épousa, en 1749, Marguerite-Françoise Alléon, fille de Henri-Joseph, négociant à Lyon, et de N... Vial. En 1760 environ, il était conseiller du roi, changeur des monnaies. Marguerite-Françoise Alléon étant veuve de lui, se remaria, en 1763, à Claude-François Courbon des Gaux de Faubert, docteur en médecine.

> Du premier mariage vinrent :
>
> 1° Jean-Claude-Joseph Thiollière, né en 1753 ;
> 2° Henri-Joseph Thiollière, né en 1754 ;
> 3° Jeanne Thiollière, née en 1755 ;
> 4° Pierre-Antoine-André Thiollière, né en 1757 ;
> 5° François Thiollière, né en 1758 ;

3° Marguerite-Rose Thiollière, née en 1723 ;

4° Marie-Anne Thiollière, née en 1724, mariée à Simon Jourgeon, fils de Simon, entrepreneur des armes pour le roi, et de Anne Martin ;

5° Antoinette Thiollière, née en 1725, mariée à Antoine Chovet, coseigneur de la baronnie de la Faye, Marlhes et Saint-Genest-Malifau ;

6° Marie-Antoinette Thiollière, née en 1726 ;

7° Pierre-André Thiollière, né en 1728, épousa, en 1754, Madeleine Mathevon de Curnieu, fille de Jean-Baptiste, et de Marie Vincent, dont issus :

> 1° Marie Thiollière, née en 1755 ;
> 2° Jeanne Thiollière, née en 1756 ;
> 3° Pierre-Antoine Thiollière, né en 1758 ;
> 4° Marie-Anne Thiollière, née en 1759 ;
> 5° Jean-Louis Thiollière, né en 1760 ;
> 6° Antoinette Thiollière, née en 1761 ;
> 7° Catherine Thiollière, née en 1763 ;
> 8° Antoinette Thiollière la jeune, née en 1764 ;
> 9° Guy-Michel Thiollière, dit Durivaux, célibataire, né en 1766, décédé en 1849 ;

10° Jean-Claude Thiollière, né en 1767 ;

11° Benoît Thiollière, né en 1768 ;

12° Antoine Thiollière, né en 1770 ;

8° François Thiollière, né en 1729, épousa demoiselle Marie-Olive Rousselot, dont issus :

    1° Pierre-Antoine Thiollière, né en 1758 ;

    2° Simon Thiollière, né en 1759 ;

    3° M.-F.-Marie Thiollière, née en 1763 ;

9° Jean-François Thiollière dont l'article vient après ;

10° Jean-Claude, né en 1732. Il y a apparence qu'il aurait épousé Marie-Rénée Gros, et aurait été président de l'élection en 1783. On trouve aussi une Jeanne de Bombourg veuve, en 1759, d'un Jean-Claude Thiollière ;

11° Claudine Thiollière, née en 1733 ;

12° Barthélemye Thiollière, née en 1735, mariée.....

6ᵉ DEGRÉ.

Jean-François Thiollière, dit de l'Ile, négociant, fut pourvu de l'honorable charge d'échevin de la ville de Saint-Etienne, non-seulement à cause de ses qualités privées, mais encore pour la place importante que sa famille avait su se faire à Saint-Etienne, par sa fortune et sa réputation bien méritée, de la part de ses concitoyens qui lui portaient estime et avaient pour elle toute la considération qu'on doit aux personnes recommandables.

Il épousa, en novembre 1758, demoiselle Marguerite Ravel, âgée de 18 ans, fille de Jacques, receveur des consignations et commissaire aux saisies réelles du bailliage et élection de Vienne, demeurant en cette ville de Saint-Etienne, et de dame Claudine-Tècle Jourgeon, dont issus :

    1° Jeanne-Jacobine-Josephte, née en 1760. Elle fut mariée en premières noces à sieur Pierre Paillon qui était très-âgé et qui mourut la même année. Elle épousa ensuite noble André David, âgé de 26 ans, conseiller

du roi au bailliage de Forez, fils de noble Jean-Baptiste David, conseiller honoraire audit siége, assesseur
écuyer en la maréchaussée générale·du Lyonnais,
Forez et Beaujolais, et de feu dame Simonne Boyer;
la future âgée de 24 ans. Contrat reçu Ferrandin,
notaire, le 24 avril 1784.

Nous observerons que la famille David dont il est question dans ce mariage est la même par la descendance
que MM. David, de Saint-Etienne ;

2º Pierre-André Thiollière, né en 1762, était l'aîné des
fils de Jean-François Thiollière ; il mourut célibataire;.

3º Jean-Claude Thiollière, né en 1763, dit de la Côte,
domaine qui dépendait de la belle propriété de la
Roche, se fixa à Saint-Chamond où il se maria avec
demoiselle Louise Raynaud, de Montfaucon, dont il
eut trois fils et quatre filles :

    1º N... Thiollière, marié à N. Angénieur, de Lyon,
        dont issus :
            1º N... Thiollière, mariée à Elisée Neyrand;.
            2º Eugène Thiollière;.

    2º Eugène Thiollière épousa sa cousine, demoiselle
        Stéphanie Thiollière-la-Roche, dont deux fils :
            1º Jules Thiollière ;
            2º Camille Thiollière ;

    3º Henri Thiollière, marié à N... Magnin, dont un
        fils et une fille ;

    4º N... Thiollière, mariée à N... Neyrand-Collenon,
        sans enfants ;

    5º N... Thiollière, mariée à N... Neyrand-Buyet,
        dont issus :
            1º Antoine Neyrand, marié à N... Terrasse,
               de Lyon, dont issus huit enfants ;
            2º Williams Neyrand, marié à Mademoiselle
               David, dont issues deux filles ;

3° Elisée Neyrand, marié à sa cousine, N...
Thiollière, dont une fille ;

4° Henri Neyrand, marié à Mlle Coste, de Lyon,
n'a eu qu'une fille ;

5° N... Neyrand, marié à N... de Fraix ou de
Fray. Six enfants ont été le fruit de cette
union ;

6° N... Neyrand, mariée à M. Ernest Neyron,
morte laissant quatre enfants ;

6° N... Thiollière, marié à N... Chaland, dont issues
cinq filles ; l'aînée est mariée à M. Finaz, notaire
à Saint-Chamond ;

7° N... Thiollière, marié à N... Dugas, dont une
fille mariée à M. de Boissieu. Huit enfants sont
nés de ce mariage ;

4° Claude-Simon Thiollière, dit Dutreuil, né en 1765,
se maria, à l'âge de 27 ans, le 6 juin 1791, avec Mlle
Marie-Anne Neyron, fille de M. Antoine Neyron,
maire de la ville de Saint-Etienne, administrateur des
hospices, et de feu Marie-Anne Jourjon, dont issus :

1° Adolphe Thiollière, né le 24 avril 1792, curé
d'abord de Saint-Pierre, à Saint-Chamond, ensuite chanoine de la cathédrale de Lyon ;

2° Marie-Antoinette-Olympe Thiollière, mariée, le
12 février 1813, à M. Joseph-Marie-François
Neyron qui reçut comptant, de son père, la
somme de 60,000 francs. De ce mariage est issu
M. Ernest Neyron, marié à Mlle Neyrand ;

3° Amélie Thiollière, mariée à M. Jacquemond ;

4° Gustave Thiollière ;

5° Antoine Thiollière, dit la Roche, qui suit ;

6° Jean-Marie-François Thiollière, né en 1768 ;

7° Eustache Thiollière, né en 1769, eut dans le
partage des biens de sa famille la propriété de la
Roche. Il épousa, le 28 vendémiaire an VI (19

octobre 1797), Mlle Jeanne-Marguerite Neyron,
fille de M. Jacques Neyron, de Roche-la-Molière,
et de Marie Vincent de la Berardière, dont issus :

　　1° Hippolyte Thiollière, décédé à l'âge de 15
　　　ans ;
　　2° N... Thiollière, mariée à M. Godinot, de la
　　　ville de Châtillon ;
　　3° Victor Thiollière, non marié ; .
　　4° Louis Thiollière, élève de l'école poly-
　　　technique ;

8° Jean-Baptiste Thiollière, né en 1771 ;
9° Autre Jean-Baptiste Thiollière, né en 1774;
10° Michel Thiollière, dit Duchaussis, habitait près
de St-Galmier. La religion et les bienfaits qu'elle
commande furent la grande affaire et l'unique
occupation de toute sa vie. Une morale bien
comprise, mais sévère, le fit classer parmi ceux
qu'à grand tort on désignait sous le nom de *jan-
sénistes*, qualification qui a malheureusement
servi de prétexte pour martyriser bien des con-
sciences honnêtes et saintes.

Par son testament, il appela Louis Thiollière, son
neveu, fils d'Eustache, et Frédéric David, son
neveu aussi, à recueillir, par moitié, les biens
qu'il tenait de sa famille, et qui consistaient en
trois domaines appelés des Combes, qui avaient
été démembrés de la terre du Verney, ensemble
du revenu alors de 5,000 francs. Il légua 20,000
francs à la ville de Saint-Galmier, pour l'érection
d'une fontaine ; à l'hospice dudit lieu, un riche
domaine appelé Grelou, près de Fontanez, de la
valeur de 70,000 francs; le surplus de sa fortune
fut employé en œuvres pies ;

11° Antoine Thiollière, né en 1778.
Jean-François Thiollière avait sous les yeux l'exemple

d'un oncle décédé secrétaire du roi et, par ce fait, il était mort noble, et sa postérité, s'il en eût laissé, eût joui des priviléges acquis. Il fit comme lui, il acheta une charge de secrétaire du roi, en 1778 environ. Mais le temps n'a pas de maître, nous ne saurions en disposer, quoiqu'on dise qu'il faut tout attendre du temps. Pour rendre son privilége utile et héréditaire, il lui fallait avoir occupé la charge pendant vingt ans ou mourir en l'exerçant. Ni l'un ni l'autre cas n'arriva, la révolution vint interrompre le cours des glorieuses espérances qu'il rêvait.

7ᵉ DEGRÉ.

Antoine Thiollière dit la Roche, fut maire de la commune de Montaud alors qu'elle comprenait le quartier de la Croix-de-Mission. Il fit ériger, pendant son administration qui ne finit qu'en 1830, la fontaine si utile à ce quartier et tant désirée par les habitants. C'est lui qui, un des premiers à Saint-Etienne, a adopté la mécanique dite *à la Jacquard*, sur les métiers à la barre, dans sa propriété du Clapier.

Il épousa demoiselle Catherine-Sophie Peyret, fille de N.. Peyret-du-Bois, de la rue de Lyon, à Saint-Etienne. Il est mort le 7 janvier 1850, âgé de 84 ans, laissant les enfants qui suivent ;

1º Stéphanie Thiollière-la-Roche, mariée à son cousin, Eugène Thiollière, à Saint-Chamond, dont issus :
>   1º Jules Thiollière ;
>   2º Camille Thiollière ;

2º N... Thiollière, mariée à M. Jules Balay, dont issue : N... Balay, mariée à M. Francisque Balay, son cousin-germain ;

3º N..... Thiollière, mariée à M. Constant Balay, dont issues trois filles ;

4º Félix Thiollière, jésuite.

Généalogie de la famille Pellissier.

Il nous est souvent arrivé, comme bien certainement il est arrivé à tant d'autres, de rencontrer des noms patronymiques qui préviennent par leur harmonie en faveur des personnes qui les portent, et avec lesquelles on sympathise tout d'abord ; c'est que leurs noms sont aussi doux à l'oreille que l'azur du ciel est agréable à l'œil.

Mais aussi il en est d'autres, rudes comme une poignée de chardon, âpres comme des paroles de colère, qui ne sauraient sortir du gosier sans l'écorcher, et il y en a beaucoup de ces noms qui ressemblent même à une injure. C'est un déplorable préjugé qui disparaît souvent aussitôt qu'on connaît particulièrement les personnes qui les portent, mais qui existe vis-à-vis de l'étranger qui ne les accepte pas aussi facilement, si peu qu'il ait l'oreille délicate, si peu qu'il ait le sentiment du beau. Ces noms sont nombreux, et si peu qu'on prenne garde à leurs étymologies, on arrive à des images basses, triviales et souvent ignobles, qui conservent ce fâcheux et importun caractère dans toutes les positions de la vie, sans que l'imposant prestige de l'opulence y apporte le moindre correctif.

Les premiers, au contraire, naissent sans effort comme une joyeuse exclamation, se présentent comme une heureuse nouvelle et causent au cœur une agréable sensation. Tel est le nom de Pellissier : en le prononçant, on croit sentir sous la main la fourrure de la pelisse dont il dérive (1). Rien ne choque en lui, de quelque manière qu'on l'analyse, et il a cet autre avantage d'être du nombre de ceux qui sont les moins nombreux. C'est donc de la famille Pellisssier que nous allons parler.

(1) En roman, *pelisse*, toison de brebis ; *pellisson*, vêtement garni de fourrures ; *pellissier*, fourreur ; en basse latinité, *pellissarius*.

On peut dire, sans risque de trop avancer, que cette famille est la plus ancienne et une des plus honorables de Saint-Etienne. On la retrouve à différentes époques, en diverses localités, principalement à Firminy où il y a eu plusieurs notaires de ce nom ; peut-être aussi que ce lieu a été son berceau.

Quoi qu'il en soit, si elle n'est pas originaire de Saint-Etienne, elle y a pris depuis si longtemps une si grande habitude, et son établissement y a été si heureux, qu'elle peut passer aujourd'hui pour une des familles du plus pur sang stéphanois. Son ancienneté bien reconnue, ses alliances avec des maisons privilégiées, les charges importantes dont elle a été revêtue, et sa réputation de probité incontestable, lui ont assuré depuis longtemps la vénération qui s'attache aux noms historiques et dont elle est la plus glorieuse récompense, en même temps qu'elle est la plus durable.

Le nom de Pellissier, *Pellisserii*, se trouve déjà consigné dans des actes du XIII° siècle, ainsi que celui d'une autre famille non moins recommandable, celle de la Roëre, *de Roeria ;* ces titres nous les avons lus, comme aussi nous avons trouvé qu'en 1315, Guillaume Pellissier avait reçu, *le jeudi devant la feste sainct Marc,* l'hommage prêté à Luce de Beaudiner, dame de Cornillon, par Dalmaïs Guiriny, de tous les biens qu'il possédait à Cornillon et à Cemène.

Denis Pellicier, greffier de Cornillon, signe, en 1453, le *vidimus* d'une donation faite par noble Jean du Rochain, son neveu, châtelain de Cornillon, des rentes qu'il avait acquises du seigneur de Villeneuve et de Germaine de Taillefer.

1ᵉʳ DEGRÉ PROBABLE.

Denis Pellissier, dont la femme n'est pas connue, paraît être père du suivant :

2ᵉ DEGRÉ.

Maurice Pellissier épousa Antoinette du Coing, dont issu probablement :

3ᵉ DEGRÉ.

Mathieu Pellissier du Coing, notaire dudit lieu, paroisse de Saint-Sauveur-en-Rue, épousa, le 2 octobre 1486, Gabrielle Baylesse (Bayle), fille de noble Mathieu Bayle, seigneur de Martinas, qui constitua à sa fille 400 livres, et Antonia du Coing donna à son fils la moitié de ses biens. De celui-ci a dû naître :

4ᵉ DEGRÉ.

Jacques Pellissier, était procureur-général de la Cour de Forez en 1510. Il en est fait mention dans un règlement de Anne de France, comtesse de Forez. Or, comme ce règlement concerne la seigneurie d'Argental dont elle était dame, Jacques Pellissier appartenait au bailliage de Bourg-Argental, ressort de Forez. De sa femme inconnue il eut :

5ᵉ DEGRÉ.

Claude Pellissier, notaire royal, épousa Benoîte Françon dont issu :

6ᵉ DEGRÉ.

François Pellissier, juge-châtelain de la Valette et de Valbenoîte, épousa, en 1587, Marie de Bourdon, fille de Claude, maître des comptes à Bourg en Bresse, et d'Olive du Roure. Elle était nièce de noble Jean de Bourdon, seigneur engagiste de Saint-Victor-sur-Loire, La Fouillouse, Malleval et autres lieux. Ils laissèrent les enfants qui suivent :

1° François qui suit ;

2° Claude Pellissier épousa Claudine Froment dont il eut :

1° Claude Pellissier de Bourdon, avocat en Parlement,
juge de Feugerolles et de Roche-la-Molière, épousa
Alix Chavanon dont issus :

  1° Antoinette Pellissier mariée : 1° à Jacques du
    Fay de Villers ; 2° à André de Cussonnet de
    Lalo ;

  2° Françoise Pellissier mariée à noble François
    Descrivieux, écuyer, habitant au Chambon
    sous Feugerolles ;

2° François Pellissier épousa, en 1648, Catherine Pellissier, fille de Jean, notaire au Chambon, dont
issus :

  1° Claude Pellissier,
  2° Claudine Pellissier mariée à Jean Genthon ;
3° Claudine Pellissier mariée à Christophe Duon ;
4° Autre Claude Pellissier épousa, en 1650, Marguerite
  Ravel, fille de Jean et de Jeanne Denis ;
5° Louise Pellissier mariée à N... Gonin de Lurieu ;
6° Jean Pellissier dont on ne sait rien ;
7° Marie Pellissier mariée à Blaise Colombier ;
8° Claude Pellissier, dit le jeune, marié à Catherine
  David, de La Fouillouse ;
9° Hélène Pellissier mariée à Jean Griottier.

7ᵉ DEGRÉ.

François Pellissier, deuxième du nom, juge-châtelain
de Firminy, notaire royal à Saint-Etienne, épousa, le 11
septembre 1651, Catherine Jolivet, fille de Genest et d'A-
lexie Lardier, dont issus :

1° Antoine qui suit ;
2° Laurent Pellissier, religieux minime, mort en 1710 ;
3° Claudine Pellissier, religieuse dominicaine dans le
  couvent de Sainte-Catherine, à Saint-Etienne.

8ᵉ DEGRÉ.

Antoine Pellissier, notaire, conseiller du roi et maire de

la ville de Saint-Etienne, épousa, le 11 novembre 1689, Marie Deshayes, fille de Jacques et de Marie Berard. Il mourut en janvier 1715 et son épouse en 1725. De leur mariage sont issus :

1° Pierre Pellissier, notaire et maire de la ville de Saint-Etienne, non marié, mort en 1747 ;

2° Jean-Joseph Pellissier, notaire royal et procureur à Saint-Etienne, poursuivant d'armes de France, reconnut au terrier Bussat, en 1726, en faveur du commandeur de Saint-Jean-des-Prés à Montbrison. Il épousa, le 9 janvier 1724, Madeleine Palluat, fille de Jean et de Marguerite Bernou de Nantas ;

3° Marie-Anne Pellissier mariée, en 1721, à noble Pierre d'Assier, écuyer, conseiller au Parlement de Dombes, fils de Jean et de Marguerite Aubert, dont issu :

Pierre-Bonnet d'Assier, écuyer, marié, en avril 1758, à Hélène Chovet de la Chance, fille d'Antoine et d'Antoinette Marinier ;

4° Claudine Pellissier mariée, en 1721, à François Desverneys, échevin de Saint-Etienne ;

5° Antoine Pellissier, mort sans être marié en 1753 ;

6° Catherine Pellissier mariée, le 20 décembre 1725, à Pierre Boyer de Rériec, écuyer, conseiller du roi, lieutenant-général au bailliage de Chaufour, fils de Christophe et d'Antoinette Guigou, dont issu :

Antoine Boyer de Rériec épousa en septembre 1770, Catherine Courbon de St-Genest, fille de Claude et de Marie Vincent ;

7° Jacques qui suit.

9ᵉ DEGRÉ.

Jacques Pellissier était le plus jeune des enfants d'Antoine. Il fut échevin de la ville de Saint-Etienne, et l'acte de sa prestation de serment étant une pièce importante par l'intérêt qu'elle présente au sujet des formalités qui s'observaient en pareil cas, nous le reproduisons comme souvenir des vieilles formules qui s'en vont tous les jours en oubli.

« François de la Rochefoucauld, marquis de Rochebaron, commandant pour Sa Majesté dans les provinces de Lyonnois, Forez et Beaujollois.

« Aujourd'hui quatrième jour de mars mil sept cent quarante-quatre, sont comparus pardevant nous sieurs Jacques Pellissier et Joseph Dubost l'aîné, bourgeois et marchands de la ville de Saint-Etienne en Forez, lesquels, par l'assemblée convoquée le six octobre 1743, ont été nommés et élus échevins de ladite ville de Saint-Etienne, pour en faire les fonctions pendant la présente année et la suivante; à l'effet de quoi ils ont prêté le serment accoutumé entre nos mains, nous ont promis de bien et fidèlement servir le roi et le public, et de nous informer régulièrement de tout ce qui pourrait arriver de contraire au service de Sa Majesté.

« Donné à Lyon, en notre hôtel, les jour, mois et an que dessus.

« *Signé* : LA ROCHEFOUCAUD-ROCHEBARON.

« Par Monseigneur :

« *Signé* : SAVARY. »

Jacques Pellissier fut aussi pourvu d'une charge de poursuivant d'armes. Quelques familles à Saint-Etienne ont eu plusieurs de leurs membres décorés de cette qualité qu'à tort on a appelée du titre de héraut d'armes, ce qui n'est pas tout à fait la même chose, n'importe. Nous rapportons les pièces qu'une pareille nomination exigeait non-seulement comme curieuses, mais aussi pour faire connaître que cette charge avait de l'importance et n'était pas un vain titre.

Lettres de provisions de la charge de poursuivant d'armes.

« De par le roy. Grand écuier de France et vous tré-

sorier et controlleurs du fait et service de nos écuries, salut.
Sur le favorable rapport qui nous a été fait de la personne
de Jacques Pellissier et de son affection à notre service, à
ces causes nous l'avons ce jourd'hui retenu et par ces présentes signées de notre main retenons en la charge de
poursuivant d'armes, vacante par le décès de François
Georjon, dernier possesseur d'icelle, pour par lui l'avoir et
exercer, en jouir et user, aux honneurs, priviléges, fran-
chises, libertés, gages, droits, fruits, profits, revenus et
émoluments accoutumés et y appartenant, tels et semblables qu'en a joui ou dû jouir ledit Georjon, et ce, tant qu'il
nous plaira. Si vous mandons qu'après qu'il vous sera
aparu des bonnes vie et mœurs, religion catholique, apos-
tolique et romaine du dit Pellissier, et que vous aurez de
lui pris et reçu le serment, en tel cas requis et accoutumé,
vous aiez à faire registrer ces présentes ès registres de nos
écuries, et du contenu cy-dessus le faire jouir et user pleinement et paisiblement ès choses concernant ladite charge.
Mandons aussi, à vous dit trésorier, que les dits gages vous
ayez à paier au dit Pellissier, à l'avenir par chacun an, aux
termes accoutumés, suivant nos états, car tel est notre
plaisir.

« Donné à Versailles, sous le scel de notre secret, le
vingt-un avril mil sept cent quarante-sept.

« *Signé :* LOUIS.

Et plus bas :
« Par le Roy, *Signé :* PHELYPEAUX.
« Enregistrées au greffe de St-Etienne, le 7 mai 1747. »

Commission pour recevoir le serment du titulaire.

« Charles de Lorraine, comte d'Armagnac et de Charny,
vicomte de Joyeuse, pair et grand écuyer de France, chevalier des ordres du roy, lieutenant-général de ses armées,
gouverneur et lieutenant-général pour Sa Majesté en la
province de Picardie, Artois, Boulonnois et pays reconquis,

grand sénéchal héréditaire de Bourgogne et gouverneur des ville et citadelle de Montreuil-sur-Mer, A Monsieur Gaspard Faure, chevalier de l'ordre militaire de Saint-Louis et lieutenant d'artillerie, salut. Ayant plû au roy de retenir par lettres du vingt-un avril dernier, en la charge de poursuivant d'armes, Jacques Pellissier, demeurant à Saint-Etienne en Forez, lequel, par des raisons qui nous sont connues, ne peut venir en personne prêter entre nos mains le serment qu'il doit à Sa Majesté, au sujet de la dite charge. Pour ces causes, nous vous avons commis et députe, commettons et députons par ces présentes, à l'effet de pour nous prendre et recevoir dudit Pellissier le serment qu'il doit à Sa Majesté et qu'il est tenu de faire entre nos mains, pour raison de la dite charge, et de lui en délivrer tous actes et certifications nécessaires; de ce faire vous donnons pouvoir, commission et mandement spécial par ces dites présentes. En témoignage de quoi nous les avons signé, icelles fait contresigner par le secrétaire de nos commandements et scellé du sceau de nos armes.

« A Paris, le sixième jour de may mil sept cens quarante-sept.

« *Signé :* Le prince CHARLES DE LORRAINE. »

Au bas est écrit :

« Aujourd'huy dix-sept[e] jour du mois de may mil sept cens quarante-sept, en vertu de la commission cy dessus, à nous adressée par S. A. Monseigneur le prince Charles de Lorraine, pair et grand écuyer de France, du six du présent mois de may, le dit sieur Jacques Pellissier dénommé aux présentes, a fait et prêté entre nos mains le serment de fidélité qu'il devait au roy, à cause de sa charge de poursuivant d'armes.

« *Signé :* FAURE. »

Extrait des registres de la Cour des Aides.

« Veu par la Cour la requeste à elle présentée par Jac-

ques Pellissier, tendante à ce que, suivant les lettres de
provisions à luy accordées par le roy, à Versailles, le 21
avril 1747, de la charge de poursuivant d'armes vacante
par le decéds de François Georjon, dernier possesseur, il
pleust à la dicte Cour ordonner que le suppliant seroit
couché et employé en la dicte qualité sur l'estat des officiers
des écuries du roy, qui est au greffe de la dicte Cour, au
lieu et place du dict deffunt Georjon, qui en seroit rayé ;
veu aussy les dictes lettres de provisions sus dattées, signées
Louis, et plus bas, par le roy : Phelypeaux, et scellées ;
l'extrait délivré le 9 du dict mois d'avril, par le sieur Ga-
riel, curé de Meys, généralité de Lyon, deuement légalisé,
qui prouve que le dict François Georjon a esté inhumé dans
l'église paroissiale de Meys, le 8 du dict présent mois d'avril;
élection de domicile en la maison de Cousin, procureur ;
ouy le rapport de M.ᵉ Antoine Lamelin, conseiller, et tout
considéré, la Cour a ordonné et ordonne que le suppliant
sera couché et employé sur l'estat des officiers des écuries
du roy, estant au greffe d'icelle, en la dicte qualité de
poursuivant d'armes, au lieu et place du dict deffunt François Georjon qui en sera rayé, pour jouir par le dict suppliant des gages, droits, exemptions, priviléges attribués
à la dicte charge, en satisfaisant par lui aux édits et dé-
clarations du roy bien et deuement vérifiés en la dicte Cour,
arrêts et règlements d'icelle. Donné à Paris, en la première
chambre de la dite Cour des Aides, le 25 avril 1747. »

Jacques Pellissier épousa, le 4 février 1739, Catherine
Thomas, fille de François Thomas, ancien échevin de la
ville de Saint-Etienne, et de Marguerite Dumarest. Sa dot
fut de 9,000 livres, l'augment de 5,446 livres 13 sols 4
deniers; bagues et joyaux, 1,805 livres 11 sols. Entre les
témoins de cet acte, nous remarquons *M. Jacques-Etienne
de Julien, écuyer, sieur du Bessy,* cousin issu de germain
de la future épouse (1).

(1) En mettant ainsi son nom partout, M. du Bessy ne prévoyait

De ce mariage naquit :

10ᵉ DEGRÉ.

Pierre-Antoine Pellissier, né le 6 décembre 1748, était appelé à jouir d'une belle fortune et à jouer un bien beau rôle; malheureusement il était né sous un règne où les plus sages étaient fous, et ses dispositions le portèrent sans résistance à cette prodigalité inouïe qui a tant ruiné de maisons opulentes. C'était la mode,

. . . .
    Tout bourgeois veut bâtir comme les grands seigneurs,
        Tout petit prince a des ambassadeurs,
        Tout marquis veut avoir des pages.

Jacques Pellissier se conduisit si bien que Jean-Joseph Pellissier, son oncle, qui était célibataire et qui lui destinait les propriétés de Villebœuf, prit le parti de se marier dans un âge déjà avancé, uniquement pour empêcher la ruine totale de sa maison, ce qu'il fit à peu près à l'âge de 70 ans.

Jacques Pellissier dut sans doute *se mordre les doigts* plus tard, mais alors il était en plein cours de folies, il ne les avait pas épuisées toutes, lorsqu'enfin il songea à se marier. Cette résolution, toute sage qu'elle paraisse, fut encore une folie, car enfin il pouvait se les passer toutes dans la position où il s'était placé vis-à-vis de ses parents : il épousa, le 14 avril 1770, demoiselle Marguerite Fauvin qui avait plus de beauté que de fortune. Effectivement, au dire des renseignements qui nous guident, elle n'était pas riche, sa dot ne se montant qu'en la somme de 7,000 liv. en argent et 1,000 livres pour le trousseau. Le futur ne se constitua rien, et malgré cela il laissa à ses enfants assez

pas qu'il fournirait les preuves nécessaires pour démentir l'origine bourguignonne qu'il se donnait.

de biens pour se soutenir dignement dans le monde. Ces enfants furent :

1° Joseph Pellissier, mort sans postérité à Saint-Héand;

2° Claude Pellissier qui suit;

3° Antoine Pellissier, habitant à Annonay, épousa N...
Fraisse dont il eut :
Joseph Pellissier;

4° Jeanne Pellissier, mariée à N... Dumarest;

5° Mariette Pellissier, morte célibataire;

6° Madeleine Pellissier, mariée à M. Delaval.

11° DEGRÉ.

Claude Pellissier, négociant à Saint-Etienne, épousa Françoise Labrosse; il est mort en 1852. Ses enfants furent:

1° Etienne Pellissier qui suit;

2° Antoine Pellissier, commissionnaire à Saint-Etienne;

3° Louise Pellissier, mariée à L. Bérthollet, morte sans postérité à Montbrison;

4° Joséphine Pellissier, morte fille.

12° DEGRÉ.

Etienne Pellissier, négociant à Saint-Etienne, a épousé Noémie Gillier dont issue :
Fanny Pellissier.

Nous avons contracté une dette de reconnaissance vis-à-vis de M. Pellissier, nous nous faisons un devoir de le reconnaître publiquement.

Nous savions que M. Pellissier possédait une assez grande quantité de papiers de famille que nous aurions bien voulu fouiller, parce que nous savions qu'il n'y avait pas seulement que des titres domestiques; mais comment y arriver? Nous n'avions pas l'honneur de connaître M. Pellissier. Quand on désire vivement une chose raisonnable, on est

bien près de l'obtenir, ou du moins on est déjà bien avant
sur la voie. Imbu de cette idée fixe, nous allâmes droit à
M. Pellissier lui demander la faveur de paperasser dans ses
coffres. — C'est me faire plaisir que de me fournir le
moyen de les mettre en lieu sûr, nous répondit M. Pellissier ; votre visite me suggère une bonne idée, non-seulement vous les fouillerez, mais encore je vous les donne, et
chez vous, vous les compulserez plus à l'aise ; vous brûlerez
ce qui ne vaudra rien, et ce que vous aurez choisi, je le
donne à la ville pour être déposé à la bibliothèque. Depuis
longtemps ces papiers dépérissent chez moi, sans profit pour
personne, en vous les remettant, je ne fais que me débarrasser d'un soin qui me rendait ces papiers inutiles ; et si
parfois ils me devenaient de quelque utilité plus tard, je
les retrouverais toujours et en ordre dans ce dépôt public.
Je vous les donne tels qu'ils sont, et je voudrais qu'ils
fussent cent fois plus précieux, je vous les donnerais de
même, parce que je suis persuadé que ce n'est que dans un
établissement public que des titres particuliers sont bien
placés ; là ils sont en sûreté, tandis que dans une maison
particulière, quand ils ont échappé aux vers et aux souris,
ils périssent sous la main d'un domestique ou sous la gout-
tière d'un grenier.

Comme on le voit, M. Pellissier ne se laisse pas tellement
absorber par les affaires d'un commerce de rubans très-
étendu et des plus heureux, qu'il ne sache apprécier autre
chose que le titre des soies, son intelligente pensée lui laisse
encore percevoir, avec un tact parfait, tout ce qu'il y a de
grand dans les sciences, tout ce qu'il y a de beau dans les
arts. Nous le disons franchement, M. Pellissier nous a
d'autant plus surpris par sa manière de parler du commerce et de la science, qu'on est moins habitué à entendre
ces deux noms sortir accolés de la bouche de bien d'autres.

Nous espérons que l'exemple donné par M. Pellissier
trouvera des imitateurs qui comprendront qu'il vaut mieux

donner un titre qu'on ne peut lire plutôt que de le dé-
chirer; qu'il vaut mieux encore donner à ceux qui les
connaissent les papiers qu'on vend au chiffonnier, parce
qu'on les regarde comme inutiles et qui cependant ren-
ferment très-souvent des documénts précieux; nous pouvons l'affirmer en donnant pour exemple les papiers de
M. Pellissier, parmi lesquels nous avons trouvé des pièces
précieuses sur le château de Saint-Priest et l'histoire de
Saint-Etienne, et qui, sans la réflexion lucide du détenteur,
auraient fini par périr ou tout au moins par rester indéfi-
niment enfouis dans un réduit ignoré et impénétrable.

Dans l'Armorial manuscrit de d'Hozier on lit :

« Pellissier, à Saint-Etienne, porte pour armes :

« D'azur à un pélican d'argent, avec sa piété ensanglan-
tée de gueules. »

UNE FAMILLE NOBLE ARTÉSIENNE
DEVENUE STÉPHANOISE.

On l'a dit avant nous : Dieu a bien fait toutes choses!
La Fontaine en a fait convenir un paresseux couché sous
un chêne, et Dieu ne cesse chaque jour de nous le prouver
dans le partage qu'il fait à chaque individu des biens ma-
tériels et intellectuels. A celui-ci il a donné la fortune,
parce que sans elle que ferait-il, que serait-il? A coup sûr
un bien triste hère. (Nous parlons en général, il y a heureusement de si consolantes exceptions.) Eh bien! que ces
soi-disant heureux ne se lassent jamais du bonheur de posséder de l'or ni des plaisirs qu'ils en achètent, nous le leur
souhaitons de bon cœur. Pour nous, à qui Dieu a refusé la
fortune en nous donnant d'autres désirs, nous recherchons
des jouissances dont le souvenir ne laisse pas de regrets,

et donne au contraire de nouveaux appétits. Dieu a bien fait toutes choses, et nous serions peut-être tout autre dans une position différente. Tout ce que nous envions à l'homme riche, c'est l'argent qu'il dépense à tant de choses que nous ne dirons pas, ou qu'il entasse dans ses coffres comme si la terre devait lui manquer, et que nous dépenserions sans scrupule à acheter des livres, des tableaux, des productions d'arts, et surtout à mettre quelque chose dans la main de celui qui endure et qui n'ose le dire, par fierté ; enfin, pour être utile à quelque chose dans le monde. Passé ce léger inconvénient, nous n'avons rien à demander à l'opulence, et nous ne voudrions pas échanger contre ses plus grandes félicités une des joies calmes, pures et durables, que nous procure la trouvaille d'un document nouveau, inédit et inconnu, quelque mince qu'en soit la valeur. Ce plaisir, on peut l'avouer, il n'a rien de ce qui fait rougir, il n'a rien de ceux qu'achètent l'opulent dissipé ou le stupide avare, nous les trouvons trop chers. Nous préférons bien davantage les heures délicieuses passées à paperasser dans un de ces dépôts particuliers de papiers de famille, devenus rares aujourd'hui, parce qu'on les a trop regardés comme inutiles, qu'on a détruits et qu'on détruit encore chaque jour, imprudemment, sans songer que ce que contiennent les vieux papiers est utile au présent qui a tant besoins de bons enseignements.

Cette philosophie nous est particulière, elle est à nous, elle n'est point à Voltaire, ni à Rousseau, ni à Diderot et autres ; c'est la mort qui nous l'a enseignée : un testament trouvé au fond d'un sac poudreux nous a dit tout le secret de la vie ; l'inscription tumulaire, tout le mystère de la tombe. Nous avons tant parlé avec les morts, qu'aucun de leurs secrets ne nous a échappé ; quelque impénétrables qu'ils fussent, ils nous les ont criés du fond de leur sépulcre. Le prêtre, qu'il n'y a que Dieu d'infini ; le gentilhomme, que les honneurs sont des chimères, que les prérogatives

sont des insultes et que le même ver ronge également le
sceptre et la houlette, que Dieu seul est éternel ; le bourgeois, que toutes les tracasseries du négoce ne valent pas
seulement une goutte d'eau de l'Océan qu'ont sillonné ses
navires, et qu'au moment suprême il ne valait pas lui-même
cette goutte d'eau ; c'était bien la peine de faire tant de
bruit. Le laboureur meurt au bout du sillon, lui seul sait
mourir, car l'idée de la tombe ne lui fait pas de mal, il a
songé qu'en creusant un sillon plus profond il ressemblait
à la fosse qui l'attend au cimetière du village, son testament ne ressemble en rien à ceux du bourgeois, du gentilhomme, du prêtre, son âme a ignoré les passions qui ont
agité leurs cœurs ; son testament, il l'a dicté comme un
remerciment, sans préférence, sans choix injuste, sans
substitutions ; il ne sait pas s'il n'emportera rien, il ne veut
pas le savoir, il sait seulement que Dieu incompréhensible
est au-dessus de tout, qu'il aime également ses créatures
et qu'il veut que lui, laboureur, homme de peine, chérisse
ses enfants au même degré ; alors leurs parts sont égales,
s'il faisait autrement, il croirait emporter un fardeau, il
ne veut rien emporter ; et ainsi préparé il quitte les siens
paisiblement et avec la tranquillité et l'espérance d'un
adieu, au revoir, à bientôt !

Dans les contrats de mariage que nous avons lus, ils se
ressemblent tous au fond, en les lisant on croirait entendre
le bruit de cent trompettes, cela se comprend, il y a tant
d'avenir devant ce jour, la tombe est si loin, l'espace est
si large qu'il faut bien le remplir par un peu de bruit ;
mais le testament est bien différent, la route s'est raccour-
cie, l'espace s'est rétréci, on marche doucement crainte
d'éveiller l'ange de la mort qui sommeille encore ; alors
pas plus de bruit que dans une pyramide d'Egypte ou dans
les catacombes de Rome ; c'est, hélas ! que les deux extré-
mités sont sans acoustique.

Cette grande vérité de la tombe, nous l'avons étudiée

l'oreille collée sur le tertre qui recouvre nos proches ; nous sentions la terre tressaillir sous nos embrassements, et nous prenions les pulsations de notre cœur pour des mouvements venus du tombeau. Les soupirs, nous les entendions, mais ce n'était que la brise matinale frôlant les grandes herbes du cimetière ou gémissant au faîte d'un cyprès, comme un vent d'Ossian. Et cependant nous entendions du bruit dans ces tombes qui semblaient se tourmenter, quand une voix douce comme celle de l'espérance nous dit avec la lenteur d'une sentence : Ce bruit que tu entends, qui t'étonne et que tu ne comprends pas, est bien celui de la tombe, c'est celui que font les milliers de vers occupés à ronger des cadavres, et les êtres qui les ont animés tu ne les reverras plus que dans le ciel, dépouillés de toute fange humaine.

C'est triste, c'est bien triste! Qu'importe! nous ne nous découragerons pas et nous irons jusqu'au bout ; nous sasserons les vieux papiers, ces riches et précieux lambeaux qui nous ont procuré tant et de si doux moments et qui nous en préparent tant d'autres encore. Pour nous ils sont tous utiles , nous n'avons pas de choix à faire ; les yeux fermés nous prenons un des volumes où nous avons entassé ces précieux documents, nous l'ouvrons au hasard et justement nous tombons sur une généalogie, c'est celle d'une famille qui s'est mue pendant quelque temps dans la cité stéphanoise. D'où venait-elle? Du nord de la France, car la bonne ville recevait dans ses murs tant d'étrangers qu'on ne doit pas s'étonner qu'ils se laissassent prendre attirés par l'appât quelquefois trompeur de ce grand trébuchet.

Généalogie de la maison Le Cordelier.

Cette maison, originaire du pays d'Artois, s'établit ensuite en Picardie , dans les environs d'Abbeville, où elle posséda les seigneuries de Lincheuil, Montaigue, Vualus et autres.; le premier connu est :

1ᵉʳ DEGRÉ.

Pierre Cordelier, chevalier, seigneur de Lincheuil, Montaigue, Vualus et autres lieux, vivait en 1240. Il épousa N... d'Orgemont, issue de cette noble maison qui a produit des branches établies en Auvergne, en Champagne, en Picardie et ailleurs, assez peu connues cependant, si ce n'est les descendants de Pierre d'Orgemont, chancelier de France, auquel les généalogistes font commencer l'histoire de cette maison, qui est beaucoup plus ancienne, comme étant le plus éminent et celui dont est issu ce brave seigneur d'Armentières qui entra dans la ville de Senlis lorsqu'elle était assiégée par M. d'Aumale, et qu'il défendit si courageusement de concert avec de Bouteville, son parent.

Les maisons de Fosseuse, de Montmorency, de la Chapelle aux Ursins, d'Auchy et autres illustres, demandèrent des femmes à cette maison, ce qui prouve combien elle était considérable, quoique les prédécesseurs de Pierre d'Orgemont ne soient pas connus.

Pierre Cordelier eut, entre autres enfants : '

2ᵉ DEGRÉ.

Robert Le Cordelier, seigneur de Lincheuil, Montaigue, etc., épousa Perrette Allegrain, fille de Jean-Philippe Allegrain, gouverneur du Dauphiné, et de Jeanne Poyet qui vivait en 1253. Jean-Philippe Allegrain était petit-fils de Jean Allegrain, chancelier du roi saint Louis.

Robert Le Cordelier vivait encore en 1304, il laissa de son mariage :

3ᵉ DEGRÉ.

Pierre Le Cordelier, deuxième du nom, chevalier, seigneur des mêmes terres que son père, épousa Jeanne de

Linières, veuve d'un premier mari, dont le fils Raoul fut maintenu, par arrêt du 17 décembre 1323, dans la jouissance d'un certain usage dans les bois de Saint-Benoît. Elle était fille de Guillaume IV, seigneur de Linières, et de Jeanne de Nemours. Jean de Linières, frère de Jeanne, devint seigneur de la terre et château de Rochetaillée, en Forez, par son mariage avec Florie de Jarez, fille de Godemar, seigneur de Saint-Chamond, et de Béatrix de Roussillon.

Jeanne de Linières fit, en testant, des legs considérables à l'église de Saint-Ulfran, d'Abbeville, et aux Célestins de Paris, en leur délivrant ceux que leur avait faits Robert Le Cordelier, son fils, dont elle fut l'exécutrice testamentaire avec de Folleville, prévôt de Paris, Mathieu de Linières et autres.

Pierre Le Cordelier fut inhumé dans l'église des Célestins de Paris, comme le prouve le registre des sépultures de ce couvent. Il eut pour successeur son fils qui suit :

4ᵉ DEGRÉ.

Robert Le Cordelier, deuxième du nom, chevalier, seigneur de Lincheuil, de Montaigue, de Vualus et de Chenevières-sur-Marne, épousa Marguerite de Paillard, de la noble et ancienne famille d'Urfecq (1), dont la sœur, autre Marguerite, fut mariée à Philippe de Poitiers, chevalier, que du Tillet, dans ses *Recherches*, cite si avantageusement, et dont Carondas, dans ses *Arrêts*, parle, ainsi que de sa femme, avec les plus grands éloges.

----

(1) On ne saurait s'y tromper, on voit qu'il est ici question de la maison d'Urfé qui jouissait d'une grande réputation. Bien certainement Robert Le Cordelier, en se mariant, savait fort bien qu'il n'épousait pas une femme de cette maison ; mais plus tard, ses successeurs, trompés par le nom de Paillard, auront ajouté d'Urfecq pour Urfé, sans prendre garde que le nom de Paillard n'a été qu'un sobriquet, supportable autrefois, déshonnête aujourd'hui, et qu'il n'a été imposé qu'à un individu du nom de d'Urfé.

Robert Le Cordelier fut maître des requêtes de l'hôtel du roi Charles V et son ambassadeur en Portugal, Arragon et ailleurs. Il fut un des fondateurs des Célestins d'Amiens, auxquels il fit du bien par son testament, par lequel aussi il donna 1,000 livres tournoises pour la fondation d'une messe de *requiem* perpétuelle qui serait célébrée chaque jour de la semaine, à sept heures du matin, dans la chapelle qu'il avait fait édifier dans l'église « de Monseigneur » saint Antoine, à Paris. Plus loin, nous verrons que les donataires oublièrent non-seulement ce bienfait, mais qu'ils voulurent dépouiller les descendants du donateur de la jouissance de la chapelle qu'il avait fait élever. Il fit plusieurs autres legs pieux à d'autres églises et monastères de Paris et d'Abbeville, donna plusieurs terres à diverses personnes, entre autres, la terre et baronnie de Lincheuil à Jeanne, sa bâtarde, et une somme d'argent à Jean Allegrain, son cousin, demeurant à Saint-Denis en France (1), où sa famille était venue s'établir, par suite de la guerre des Anglais qui leur avait fait abandonner Abbeville pour Saint-Denis qui était devenu, en ce temps de calamités, le séjour de plusieurs autres grands personnages.

Ce testament, passé à Paris devant Jean Lhuillier et Jean Menessier, notaires du roi au Châtelet, est du 4 février 1396.

La qualité de chevalier, maître des requêtes, que prenait Robert Le Cordelier, est justifiée par un extrait, fait à la requête de Jacques Le Cordelier, le 25 avril 1679, dont voici la teneur : « Extrait faict en la chambre des comptes du roy, nostre sire, par ordonnance de Nosseigneurs d'icelle, escript en la marge d'en haut et à la requeste cy-dessus, d'une partie couchée au compte de Guillaume Pardois, clerc du dict seigneur (le roi), en sa chambre aux deniers, par luy rendu, et François Bourdon, conseiller en la dicte

---

(1) C'est-à-dire, dans l'Île de France.

chambre, pour six mois commençant le 1er jour de juillet,
l'an 1387, jusques au 1er janvier ensuivant, soubs le nom
de Robert Le Cordelier, au chapitre des chevaliers des requestes, clos le 3e jour de may au dict an, ainsi qu'il suit
au chapitre des chevaliers des requestes : Me Robert Le
Cordelier, pour ses gages de 34 jours qu'il a servy en ce
terme, les mois de septembre et novembre, à 30 sols parisis
par jour servant, comme il appert par les les lettres du roy
rendues en ce terme, montant à 51 liv. parisis.

« Collation faicte par moy, clerc et auditeur du roy,
nostre sire, le 11 de febvrier, l'an 1540, Signé : de Ma-
chault (1). »

Robert Le Cordelier n'eut pas d'enfants de sa femme
Marguerite de Paillard, mais il laissa deux enfants naturels
qu'il fit légitimer sans doute :

1° Robert qui suit ;
2° Jeanne Le Cordelier dont on ne sait que ce que nous
   en avons dit plus haut. Elle dut se marier certainement, car, comme son père lui avait donné par testament la baronnie de Lincheuil et qu'on ne la retrouve
   plus aux mains des Cordelier, il est évident qu'elle
   passa, avec Jeanne, dans une autre maison.

5e DEGRÉ.

Robert Le Cordelier, troisième du nom, chevalier, seigneur de Chenevières-sur-Marne et autres places, écuyer
d'honneur du roi Charles VI, épousa Marguerite de Biancourt, de l'ancienne maison de Poitrincourt, en Picardie.
Elle eut en dot, du côté de son père seulement, sa mère

---

(1) On trouve dans l'*Histoire du Dauphiné*, par Chorier, un
Robert Cordelier qui vivait l'an 1385, président du Conseil Del-
phinal. Cette époque est si parfaitement en rapport avec la généalogie, qu'on est tenté de croire que c'est le même personnage.

vivant encore, la terre de Saint-Aubin près Saint-Josse-
sur-Mer, celles d'Airon, de Verton, de Beaupré, de Sorus,
de Montchelles et d'Adrechies, les bois de la Caloterie, des
rentes dans la ville de Montreuil, le fief de Beaumery et un
muid de blé froment à prendre annuellement sur l'abbaye
de Valloires. Son mari lui assigna pour son douaire la
somme de 120 livres parisis de rente, somme qui équivalait
120 muids de blé de rente, ainsi qu'il est amplement stipulé
dans leur contrat de mariage, passé à Paris, le 20 mai 1416,
pardevant Etienne Dagnau et Thomas de Savoye, clercs,
notaires jurés du roi, établis au Châtelet. D'eux est issu :

6° DEGRÉ.

Benoît Cordelier, chevalier, successivement seigneur de
Chenevières-sur-Marne, de St-Aubin, d'Airon, de Verton,
etc., fut capitaine, pour le roi Charles VII, du bois de
Vincennes et du château de Beauté qu'habitait alors Agnès
Sorel que son royal amant appelait la belle des belles.

Il épousa Alix de Chasserat, d'une noble maison de Bretagne, dont issu :

7° DEGRÉ.

Gentien Cordelier, chevalier, seigneur de Chenevières-
sur-Marne, de Saint-Aubin, etc., capitaine de la ville et
franchise d'Arras, pour le service du roi Louis XI, épousa
Simonne de Cautiers, sortie « d'une noble, ancienne et bien
apparente maison de Normandie, » aux environs de Gisors.
De ce mariage naquirent onze enfants, cinq garçons et six
filles :

1° Jean Cordelier, ecclésiastique ;

2° Jacques qui suit ;

3° Pierre Cordelier, se maria en Anjou. On ignore ce
   qu'est devenue sa postérité ;

4° Robert Cordelier, chevalier de Saint-Jean-de-Jérusalem ;

5° Maurice Cordelier, seigneur de Freton, a pu laisser des descendants qui nous sont inconnus ;

6° Jeanne Cordelier, mariée à Oger Pinterel, conseiller au Parlement. Son épitaphe se trouvait sur son tombeau placé dans la chapelle des Cordeliers, église de Saint-Antoine-le-Petit, à Paris ; elle portait :

> *Cy gist damoiselle Jeanne Cordelier, veufve de feu noble homme maistre Oger Pinterel, vivant, conseiller du roi en sa Cour de Parlement à Paris, et fille de défunct Gentien Cordelier, seigneur de Chenevières-sur-Marne, venue et issue de droite ligne des fondateurs de ceste chapelle, laquelle trépassa aagée de soixante et dix-huict ans, le mardy de la sepmaine saincte, dix-septiesme jour d'apvril mil cinq cens quatre vingts cinq.*
>
> *Priez Dieu pour son âme.*

7° Françoise Cordelier, épouse de Louis de Donon, écuyer, seigneur de Richelieu en Touraine, du Fort et en partie de Montmérant ;

8° Catherine Cordelier, femme de N... Perrignon, décédée sans enfants ;

9° Isabeau Cordelier, mariée à Antoine d'Escarlian, seigneur de la Millerie au pays d'Albi ;

10° Claude Cordelier, religieuse à l'abbaye de Sainte-Trinité à Caen, ordre de Saint-Benoît ;

11° Marthe Cordelier, aussi religieuse.

8ᵉ DEGRÉ.

Jacques Cordelier, écuyer, seigneur de Chenevières et de Montgazon, dans la paroisse de Courquetaines ou Croquetaines en Brie, épousa Marie du Bois, de la maison de Verneuil en Brie, dont issus :

1° Christophe qui suit ;

2° Michel Cordelier, qui aura son chapitre après son
frère ;

3° Guillaume Cordelier, fut reçu chevalier de l'ordre de
Saint-Jean-de-Jérusalem à l'âge de 19 ans, ainsi que
le constatent les registres du grand-prieuré de France:

Du 12 juin 1550, a esté présenté Guillaume, fils
de feu Jacques Cordelier, escuyer, seigneur de Montgazon et de la Brosse, et de damoiselle Marie du Bois,
natif du dit lieu de Montgazon, paroisse de Croquetaines, diocèse de Paris, pour estre reçeu en estat de
frère chevalier ; sont commis pour faire les preuves
de sa noblesse MM. les commandeurs de la Croix et
de Beauvais en Gatinois et d'Auxerre, les chevaliers
du Plessis et de Beaumont, Saint-Mesmin, Sarcauville
d'Estoges et deux d'iceux.

(Suit l'enquête faite pour les preuves de noblesse.)

Extrait des registres de la vénérable langue de France.

Ce jourd'huy vingt-septiesme juin 1351, par congé
et licence de Monseig^r Révérendissime frère Jacques
de Homedes, digne Grand-Maistre, s'est trouvée la
vénérable langue de France générale, président en
icelle, M. le commandeur de Bourneuf, frère Christophe Aton, en laquelle les seigneurs commissaires
desputez en la dernière langue générale de France,
tenue le 22° du dit mois, pour voir les preuves de la
noblesse du seigneur Guillaume Cordelier, ont fait
relation qu'ils les ont veues et trouvées bonnes et
faictes selon la forme de nos establissements. Ouy leur
rapport, tous les seigneurs assistants en icelle, les ont
passées pour bonnes et les ont trouvées en rang et
estat de frère chevalier, sans aucune contradiction, et
a payé son marc d'argent es mains de M. de Monguidy.
Les procureurs de la vénérable langue, signé : le chev^r

d'Avise, le chev^r de Fussey, le chev^r de Lestandière;
le secrétaire de la vénérable langue, frère Louis de
Vuilly, avec paraphe.

4° Charles Cordelier, mort célibataire;

5° Bienvenu Cordelier dont on ne sait rien, sinon qu'il
fut présent au mariage de sa nièce Charlotte;

6° Nicole Cordelier qui n'est pas mieux connue.

9ᵉ DEGRÉ.

Christophe Cordelier, seigneur de Chenevières et de
Montgazon, épousa Nicole de Chalmaison, descendue des
anciens seigneurs de ce nom près Provins.

De ce mariage vinrent :

1° Charlotte Cordelier, mariée à Robert de Champagne,
écuyer, seigneur de Latour de l'Echelle, fils de Roland, seigneur dudit lieu, aux environs de Provins,
par contrat du 26 avril 1576, et dont est issu :

> Robert de Champagne, écuyer, seigneur de Level
> et de Lours, par son mariage avec N... de Lours;

2° Marie Cordelier, femme de Guillaume Le Mestayer,
seigneur de la Fontenelle dans le Maine, dont issue :

> N..... Le Mestayer, mariée à Charles Le Chesne,
> écuyer, seigneur de la Boissière, pays de Maine,
> dont issus un fils et trois filles :

>> 1° N..... Le Chesne, écuyer, seigneur de la
>> Boissière;

>> 2° N... Le Chesne, mariée à Réné de la Cha-
>> pelle, chevalier, seigneur de Poille, allié à
>> la maison du maréchal de Laverdin;

>> 3° N... Le Chesne, épousa N... de Bourdaiz,
>> seigneur de Chevaigne, receveur des dé-
>> cimes au diocèse du Mans;

>> 4° N..... Le Chesne, mariée à N..... Bertrand,
>> receveur des gabelles dans le Maine.

Pellissier

Le Cordelier

Alléon

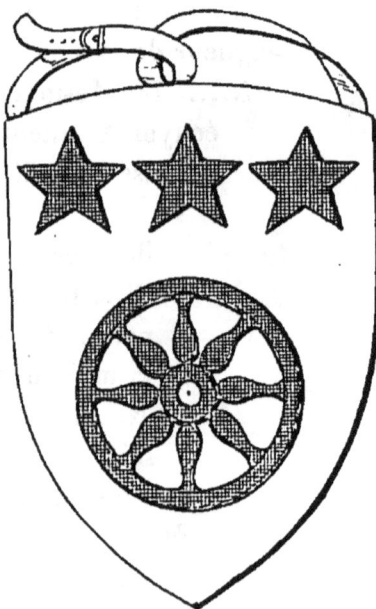

Delaroa

Dessiné par M. de la Tour-Varan

Lith Pinsard

9ᵉ DEGRÉ.

Michel Cordelier devint seigneur de Chenevières après son frère Christophe. Par sentence des commissaires députés par le roi pour le fait des francs fiefs et nouveaux acquets, en date du 29 août 1574, il fut maintenu dans sa noblesse, ainsi que ses frères.

Il fut inhumé dans sa chapelle de l'église de Saint-Antoine-le-Petit, et sur son tombeau était gravée cette singulière épitaphe :

Cy gist soubz cette tombe deffunct Michel Cordelier, vivant escuyer, seigneur de Chenevières-sur-Marne, Montgazon, la Brosse et la Croix, lequel décéda le premier janvier mil cinq cens quatre vingts dix, fils de deffunct Jacques Cordelier, vivant escuyer, seigneur du dict Chenevières, Montigny, Saint-Félix et des fiefs sus dicts, frère de damoiselle Jeanne Cordelier, vivante, vefve de monsieur maistre Oger Pinterel, inhumée soubz la prochaine tombe, et oncle de damoiselle Marguerite de Dosnon, vefve de feu sʳ Bertrand, fillie de damoiselle Françoise Cordelier, espouze de feu sʳ de Dosnon, sœur jumelle de la dicte vefve Bertrand, inhumée soubz la prochaine tombe eslevée, tous dessendants en ligne directe de deffunct Mʳᵒ Robert Cordelier, chevalier, seigneur du dict Chenevières et plusieurs autres terres et seigneuries, ambassadeur pour le roy Charles cinq ez pays d'Espagne, Navarre et Arragon, et chevallier des requestes de son hostel, fondateur de ceste chapelle.

Il avait épousé Antoinette Le Bel, d'une noble famille de Senlis, dont issus :

1º Claude qui suit ;

2º Jean Cordelier se qualifia toujours seigneur de Chenevières, quoiqu'il n'y eut aucun droit. Il fut exempté

de la taille par sentence des commissaires députés par
le roi, pour le règlement des tailles, à cause de sa
noblesse, en date du 1er mars 1599.

Il se maria avec Anne Le Blanc dont il eut :

1° Jacques Cordelier ;

2° Marie Cordelier, femme de N... de Beaulieu ;

3° Françoise Cordelier.

10e DEGRÉ.

Claude Cordelier, écuyer, seigneur de la Brosse, eut un
procès à soutenir contre les religieux de Saint-Antoine-le-
Petit, à Paris, qui refusaient de le reconnaître comme pa-
tron et propriétaire de la chapelle qu'un de ses prédécesseurs avait fait édifier en leur église. Depuis la mort du
fondateur, qui arriva en 1396, ses successeurs, prédécesseurs de Claude Cordelier, avaient quitté Paris pour s'établir soit à Chenevières et à Croquetaine dont ils étaient
seigneurs, soit à Senlis et ailleurs. De sorte que (Claude
Cordelier) « revenu à Paris et voulant visiter les tombeaux
de ses ancêtres, requeroit que les religieux fussent tenus
de lui laisser la libre entrée, afin qu'il pût y aller toutes
fois et quantes, aux heures deues et commodes, et à cet
effet lui en donner la clef. De plus, qu'ils fussent tenus de
célébrer une messe chaque jour de la semaine et à perpétuité, comme succédans aux commandeurs dudit lieu de
Saint-Antoine-le-Petit, et comme ils y sont obligés par le
testament de Robert Cordelier ; que tout devoit rentrer
dans son premier état, comme de remettre les tombes de
chascun sepulcre aux mesmes lieux et en mesmes émi-
nences, faire rataclier les vitres, remettre leurs mesmes
armes, reboucher l'ouverture de deux passages qu'on y
auroit pratiqués, et oster les nouvelles armes qui sont au-
dessus du portail de la chapelle, pour y graver les siennes.
Ayant, le demandeur, justifié sa généalogie, tant par contrats de mariages et testaments que aultres titres. »

Pour leur défense, les religieux, qui ne manquent jamais de moyens, soutinrent que les servitudes qu'on cherchait à leur imposer étaient inouïes ; que le legs de 1,000 liv., fait par Robert Cordelier, n'avait point été accepté et qu'il n'avait pu l'être par leurs prédécesseurs, « parce qu'estans religieux soubz un *général d'ordre, ils ont leurs services et exercices réglés, et ne se regardent point subjects à telles fondations.* » Et quelle est donc la communauté passée et présente qui ait jamais refusé une fondation, ne valut-elle que cinq sous ?

Malgré la ruse et les subtilités des opposants, Louis Séguier, garde de la prévôté et vicomté de Paris, ordonna, par sa sentence du 28 mai 1632, que le demandeur était maintenu dans la jouissance de ladite chapelle ; que lui et ses descendants pourront y être inhumés, sans être tenus de payer la moindre chose aux religieux auxquels il fait défense d'apporter aucuns troubles, etc., etc. Tout ce que les religieux gagnèrent dans cette affaire fut qu'au lieu de dire 365 messes de *requiem* par an, ils ne furent plus tenus que d'en célébrer 12, une par mois. De quelque manière qu'on s'y prenne, ces gens-là savent arracher pieds ou ailes.

Claude Cordelier fut enterré dans sa chapelle de l'église de Saint-Antoine-le-Petit, où son fils lui dressa un monument sur lequel fut gravée cette épitaphe :

D. O. M.

Claudius Le Cordelier, eques, dominus de la Brosse de
'Saussy, vir militiæ fortis, domi modestus, summis
. utrinque ornamentis clarissimus
vetustate prosapiæ
quæ cum illustrissima jam ante annos quingentos esset
novum deinde splendorem a maximis affinitatibus
dignitate majorum
quorum in Stemmate cancellarii.legati ad .exteros re-

ges provinciarum et arcium gubernatores plurimi cen-
sentur

sua virtute

qua una contentus hac solemni epigraphœ verebatur
qui bene latuit, suis carus, omnibus verendus

omni laude insignis,

post vitam in armorum luce primum deinde in umbra
suavissimi .... cum Francisca de Boissancourt
prima, deinde cum Maria Cescault secunda conjuge
.... traductam

hic situs est.

Patri optimo et benemeriti cum annos vixisset LXXXIIos
*obiisset que die XII*a *septembris, anno Christi M. D.*
C. XLVI,

Petrus filius posuit.

Claude Le Cordelier se maria deux fois, comme on vient
de le voir, et du premier mariage naquirent :

1° Charles qui suit ;

2° Pierre Cordelier, gendarme, mort au service du roi ;

3° Benjamin Cordelier, chanoine à Marsanne et curé de
Saint-Saturnin en Champagne.

Du second mariage vinrent :

4° Pierre Cordelier, écuyer, seigneur de la Cordelière,
capitaine au régiment de Béthune, épousa demoiselle
Marie Le Febvre, dame de Soupizot près Senlis, dont
issu :

Edouard-Charles Cordelier, écuyer, seigneur de la
compagnie colonelle du régiment de Plessis-
Praslin, puis major du même régiment, qui prit
ensuite le nom de régiment de Poitou. Il fut tué
au siége de Philisbourg, et sa succession passa à
son oncle Charles Cordelier qui fonda de pouvoir
messire François Dumarest, prêtre de St-Etienne
et aumônier de feu S. A. R. madame d'Orléans,

pour en retirer le produit qui se monta à la somme de 1,800 livres ;

5° Philippe Cordelier, mort célibataire, laissant un testament du 13 février 1648, et un codicile du 9 mars de la même année. Tout ce qu'il possède, il le lègue aux églises et aux couvents ; seulement, il laisse une pension viagère de 50 livres à sa sœur Marie et de 30 livres à Eléonore, son autre sœur, toutes deux religieuses. Comme il ne rappelle pas sa troisième sœur Françoise Cordelier, aussi religieuse, c'est une preuve qu'elle était morte avant ce testament ;

6° Marie Cordelier, religieuse à Compré ;

7° Eléonore Cordelier, nonne à Gisors ;

8° Françoise Cordelier, aussi religieuse.

11° DEGRÉ.

Charles Cordelier, écuyer, seigneur de la Grange, gentilhomme ordinaire servant de très-haute et puissante princesse, mademoiselle Anne-Marie-Louise de Bourbon, princesse souveraine de Dombes, et fille unique de monseigneur d'Orléans, fils de France.

Le 27 février 1631, le roi lui délivra la commission qui suit :

« De par le roi. Il est ordonné à tous maistres de postes fournir et livrer au sieur de la Grange, porteur de la présente, les chevaux de poste dont il aura besoing pour le voyage qui luy est commandé par Sa Majesté, pour affaires important à son service. Fait à Paris, le 27° jour de febvrier 1631. Signé : Louis, et plus bas : de Lomenic. »

Dans un acte du 15 mai 1632, Charles Cordelier prend la qualité de maréchal-des-logis de monseigneur le duc d'Angoulême.

Il épousa, le 15 mai 1632, demoiselle Louise Papon, fille de feu noble Pierre Papon, jadis enquêteur et examinateur au bailliage de Forez, et de feu Catherine Prieur, demeu-

rant à Paris, dans la maison de noble homme, Jean Fautrier, seigneur de Maleval et de la Vaure, près Sorbier.
Furent présents, du côté de l'époux : noble Jean de Boissancourt, prévôt de Chantemerle ; Jean, seigneur du Cou-
dray, secrétaire du roi ; Mre Etienne Perriquet, conseiller
du roi, receveur-général des gabelles du Lyonnais ; et du
côté de l'épouse : Jean Beraud, seigneur de Beauregard,
son beau-frère à cause de feu Catherine Papon sa femme ;
Etienne Papon, seigneur de Gazillan, conseiller du roi au
bailliage de Forez ; Jean Fautrier, seigneur de Maleval, et
son fils Jean Fautrier ; dom Ry, prieur de Colonge en Ni-
vernais, et Jacques de Granin, ses cousins et alliés.

Charles Cordelier était déjà établi à Saint-Etienne en
1639, époque où, conjointement avec son frère Benjamin,
il donna sa procuration à Claude Cordelier, son père, pour
le motif qui y est porté. Dans cet acte, il s'intitule conseiller du roi et élu en l'élection de Saint-Chamond (1) ;
puis, dans une requête aux trésoriers-généraux de la généralité de Lyon, il se dit encore conseiller du roi, élu en
l'élection de Saint-Etienne. De cette époque il devient tout
Stéphanois, il adopte les mœurs de ses nouveaux concitoyens, s'impatronise chez eux, vit comme ils vivent, se
meut comme eux, il n'a plus rien qui le distingue des
autres que ses titres, du reste il est *Gagat*.

Il était déjà possesseur d'une maison à Saint-Etienne
lorsque, le 29 octobre 1657, il acheta de Henri Alléon,
marchand de ladite ville, une maison haute, moyenne et
basse, grange, étable, aisances et jardin, le tout attenant
et situé à Saint-Etienne, rue Saint-Denis, autrement de
Mi-Carême, au prix de 1,800 livres tournois. Passé en
présence de noble Louis Cozon, seigneur de Bayard, et

---

(1) Il n'y avait que peu de temps que l'élection de Saint-Etienne
avait été transférée à Saint-Chamond, mais elle ne tarda pas à revenir dans la première ville.

d'Antoine Siméon, clerc de Saint-Etienne. Pour cette acquisition, Charles Cordelier paya au seigneur de St-Priest
un droit de lods de 150 livres.

Dès ce jour, Charles Cordelier eut à souffrir des peines
bien sensibles que lui fit éprouver son fils; nous les dédui-
rons au chapitre suivant.

De Louise Papon, issue, comme le dit son mari, « de
ceste ancienne et noble famille des Papon du pays de Forest, » naquirent :

1° Louis qui suit;

2° Marie-Elisabeth Cordelier, morte vierge « à l'aage
de plus de quatre-vingts ans, saine et libre de ses sens, »
ainsi qu'elle le dit dans son testament du 7 avril 1724.
Elle demanda à être inhumée dans l'église de Notre-
Dame de Saint-Etienne, et disposa de ses biens de
cette manière : Lègue aux pauvres incurables de cette
ville, 20 livres payables aux filles qui en ont besoin;
à Charles Dumarest, son neveu, les loyers qu'il peut
lui devoir de la maison appartenant à la testatrice, rue
Mi-Carême; et au surplus de ses biens, consistant en
deux maisons sises dans ladite rue de Mi-Carême, et
en 1,500 livres faisant partie de 2,000 dues par M. de
Canaye, conseiller en la grande chambre du Parlement de Paris, les autres 500 livres ayant été fournies
par son héritière, elle institue sa légataire universelle
demoiselle Marguerite Dumarest, sa nièce, veuve de
sieur François Thomas, marchand de Saint-Etienne;

3° Isabelle Cordelier, mariée à Claude Dumarest, marchand, bourgeois de Saint-Etienne, fils de Florent
Dumarest et de Philippa Selion;

4° Autre Louis Cordelier, cornette de cavalerie dans la
compagnie d'ordonnance du comte de Montillier, son
parent, au service du roi Louis XIV, dans les troupes
qu'il envoya au secours de l'empereur contre les Turcs.
Il fut tué en Hongrie, à la bataille de Raabe.

12ᵉ DEGRÉ.

Louis Cordelier, fils aîné de Charles, écuyer, seigneur de la Grange, eut l'honneur d'avoir pour marraine Anne-Marie-Louise de Bourbon, souveraine de Dombes, dite *Mademoiselle de Montpensier*, fille de Gaston de France, duc d'Orléans, frère de Louis XIII.

Le sentiment de cette auguste parenté aurait dû le rendre fils plus respectueux, car les papiers que nous consultons nous montrent Charles Cordelier bon père, bon magistrat, bon citoyen. Ce ne fut peut-être pas lui qui fut méchant, comme ce fut sa femme, demoiselle Gabrielle Tixier du Buisson, de la ville de Saint-Galmier en Forez, qu'il avait épousée le 2 avril 1681, laquelle avait, comme tant d'autres, l'amour de la domination, cet ennemi déclaré de l'amour conjugal, hideuse plaie qui ne se montre qu'au mariage; mais pourquoi se plaindre, la loi est ainsi faite, et, sous ce rapport, on est mieux en Turquie.

Pour nous, nous n'avons rien à dire de cette demoiselle Tixier du Buisson, c'est son bon et beau-père, Charles Cordelier, qui se plaint « d'avoir esté assigné par son ingrat et indigne fils, contre tout ordre de justice, dict pour répondre aux injustes prétentions du dict Louis Cordelier, duquel il ne peut approuver la filiation, par tant de mauvais procédés qu'il lui a faicts et qu'il lui faict tous les jours par de novelles insultes, bien loin de luy porter le respect, l'affection et debvoirs d'un véritable filz, il n'a faict et ne faict tous les jours que paroistre de nouvelles ingratitudes, n'ayant depuis son mariage faict autre chose que de se mécognoistre, ne travaillant qu'à la ruine entière de ses deux sœurs et de toute la maison, dont la ville entière cognoit la probité... n'ayant rien espargné pour l'éducation de cet indigne filz qu'il a si chèrement élevé et nourri, tant dans les colléges et pensions de Montbrison, de Paris,

qu'à la suite du barreau du Parlement où il l'a faict recevoir
advocat.. Il traicte ses sœurs d'étrangères, et elles estoient
un subject d'aversion pour la dicte Tixier qui déteste son
beau-père et toute sa famille, empoisonnant tous les avis
qu'il leur a voulu donner, inspirant à son mary de le faire
sortir de la maison, afin d'avoir encore plus de liberté dans
ses commerces. Ce filz ingrat et méconnaissant a demandé
qu'un officier eut à se transporter dans son cabinet pour
y faire inventaire, comme s'il étoit un insigne banquerou-
tier... Quoiqu'il fut obligé par leurs précédents arrange-
ments à fournir à son père tous les meubles et ustenciles
dont il auroit de besoing, ce dénaturé et ingrat filz n'a
jamais voulu luy donner quoi que ce soit. Il y a unze mois
qu'il ne luy a pas offert un verre d'eau, quoique malade.
Il a sorti son père de la maison, l'a obligé d'aller manger
soir et matin hors de chez luy, pendant six mois, et l'hiver
estant survenu, le dict père ne pouvant plus aller manger
dehors, à cause de l'injure de la saison et à cause de son
grand âge, a été obligé d'emprunter de la vaisselle, des
draps et linges de table; aussy ne lui a-t-il parlé depuis
unze mois que pour le menacer de le frapper, et que s'il
ne quittoit la maison tout à faict, la dicte Tixier sa femme
le menaça d'y mettre le feu pour l'en chasser. Voilà les
debvoirs et les respects qu'il dict estre deubs à son père.

« Les deux premières années de leur mariage, le père
les a nourris, sans y estre obligé, luy, sa femme, servantes,
laquais et chevaux, avec l'usage entier de ses maisons et
meubles, sans jamais luy avoir rien offert; tandis que la
troisième année, quand il leur eut faict la relasche de tous
ses biens, il a vescu avec eux et leur a payé 300 liv. pour
sa pension, etc., etc. »

Ces plaintes, Charles Cordelier les faisait le 26 février
1685.

Enfin, le 2 avril 1685, le père et le fils transigèrent sur
leurs différends, en présence de Jean Bernou, sieur de la

Bernary et Nantas ; Claude Picon, avocat ; Tardy de Montravel, avocat, et Mᵉ Jacques Caze, avocat. Cet acte authentique était une garantie suffisante aux deux parties,
et l'on devait croire que les animosités étaient assoupies, il
n'en fut rien cependant : quoique le père eût cédé tout ce
qu'il pouvait raisonnablement relâcher, le fils ou plutôt sa
femme refusant de ratifier la transaction qui venait d'avoir
lieu, le malheureux père se vit encore obligé de soutenir
un nouveau procès que nous ne pouvons suivre jusqu'au
bout, faute de titres, mais qui dut certainement prendre
fin à la mort du malheureux père.

Nous n'avons plus rien à dire sur Louis Cordelier que
nous perdons entièrement de vue, sans savoir s'il resta en
Forez et s'il eut des enfants. S'il en eut, il a dû leur apprendre le quatrième commandement du Décalogue :

> Tes père et mère honoreras,
> Afin de vivre longuement.

Armes : d'azur à deux gerbes d'or, une en chef et l'autre
en pointe, au franc quartier d'argent chargé d'un lion de
gueules.

Cimier : un lion naissant.

Supports : deux licornes.

Généalogie de la famille Alléon.

La famille Alléon est originaire de Larins, près Beaulieu.
Elle s'est acquis une juste renommée à Saint-Etienne où
elle avait pris un brillant essor ; toutefois, l'aigle de cette
famille qui a volé le plus haut est sans contredit l'auteur
des *Mémoires sur l'histoire naturelle des trois provinces
du gouvernement de Lyonnais.*

1er DEGRÉ.

Nous commençons cette généalogie par Henri Alléon, quoiqu'il ne paraisse pas être le premier qui vint s'établir à Saint-Etienne ; mais n'ayant rien trouvé sur ses prédécesseurs, nous sommes forcés d'en faire le premier degré.

Il fut marié deux fois : la première, avec Hélène Falque qu'il épousa en 1620 ; la seconde, avec Antoinette Thomas.

Les enfants du premier lit furent :

1° Pierre qui suit ;

2° François Alléon épousa Sibylle Bernou, fille de Pierre et de N... Chenu, dont issus :

    1° François Alléon-Dulac épousa, en 1722, Catherine Carrier, fille de Jean-Louis et de Madeleine Dignaron, dont issu :

        Jean-Louis Alléon-Dulac, avocat à Lyon, épousa N... Mesnard ;

    2° Marie Alléon, mariée à Claude Cizeron, secrétaire du roi à Lyon, fils de Barthélemy et de Claire Berger ;

    3° Anne Alléon, mariée à N..... Pujol, marchand drapier à Lyon ;

    4° Jean-Baptiste Alléon, non marié, mort en 1754 ;

    5° Jean Alléon, prêtre ;

3° Jean Alléon épousa Marie Valoux, nièce de N... Pacot, capitoul de Toulouse (1), dont issu :

    1° Maurice Alléon, échevin de Saint-Etienne en

---

(1) Cette famille Pacot sortait du lieu du Fay, paroisse de Saint-Jean-de-Bonnes-Fonts. On la trouve déjà dans des actes du milieu du XIVe siècle, et un peu plus tard elle se transplanta à Bordeaux, et de là sans doute à Toulouse. La famille Tézenas du Montcel a hérité de quelques biens des Pacot, entre autres d'une chapelle dans l'église de Saint-Jean-de-Bonnes-Fonts, connue autrefois sous le nom de *Prébende des Pacot*.

1700, épousa Catherine Pierrefort, fille de Louis
et de Catherine Dances, dont un fils :

Henri Alléon épousa, en 1713, Jeanne Me-
tayer, fille de Hugues et de Marcelline
Tissot qui eurent pour fils :

Henri, 2e du nom, épousa, en 1741, N...
Bonnard, fille de Joseph et de Marguerite Forette ;

2° Catherine Alléon, mariée, en 1701, à Henri
Thoinet, lieutenant en l'élection ;

3° Henri Alléon, conseiller clerc ;

4° N... Alléon, mariée à Pierre de la Véhue ;

5° Hélène Alléon mariée, en 1664, à Antoine Desavoye.
Enfants du second lit :

6° Jean-Baptiste Alléon, échevin de Saint-Etienne en
1693, avait épousé, en 1667, Anne Courbon, fille de
Barthélemy et de Jeanne Savoie, dont issu :

Barthélemy Alléon, épousa Marguerite Allard dont
il eut :

Claude-Etienne Alléon, avocat ;

7° Jean-Baptiste Alléon, prêtre ;

8° Marie Alléon, mariée à Benoît Fauvin, procureur.

2e DEGRÉ.

Pierre Alléon, procureur fiscal, épousa Anne Courtin,
dont issus :

1° Justin qui suit ;

2° Antoinette Alléon mariée à Philippe Bichard ;

3° Henri Alléon, lieutenant d'infanterie, exempt de la
maréchaussée, mort sans postérité en 1749 ;

4° Henri-Joseph Alléon, négociant à Lyon, échevin en
1754, épousa N... Vial, de la même ville, dont issue :
Marguerite Alléon mariée, en 1749, à Pierre-Antoine Thiollière, fils de Claude et de Jeanne Gourgouillat.

3ᵉ DEGRÉ.

Justin Alléon, négociant, fut pourvu de la charge honorable d'échevin en 1719. Il épousa Antoinette Doron, fille de Michel et de Claudine Courbon, dont issus :

1º Michel qui suit ;

2º Barthélemy Alléon ;

3º Philippe Alléon ;

4º Gabrielle Alléon mariée à Jacques Tézenas, fils d'Antoine et de Marguerite l'Hermite ;

5º Jeanne Alléon mariée, en juin 1750, à Jacques Jourdan, de Pont-de-Vesle.

4ᵉ DEGRÉ.

Michel Alléon, négociant, épousa, en février 1747, Marie-Madeleine Thiollière, fille de Simon-Pierre et de Marie-Madeleine Rivière.

Ici se bornent nos recherches : c'est là tout ce que les titres qui ont passé par nos mains ont pu nous révéler sur la famille Alléon. Nous sommes loin de penser que ces renseignements soient complets ; ils serviront au moins de canevas à celui qui, plus heureux, viendra après nous combler les lacunes déplorables que nous avons laissées malgré nos efforts pour les remplir convenablement.

Dans la cour de la maison Alléon qui aboutit d'un côté à la rue St-Jacques, de l'autre à la rue Violette, à Saint-Etienne, on voit un écusson qui portait les armes de cette famille ; mais elles sont si frustes aujourd'hui, qu'il nous a été impossible d'en reconnaître une seule pièce.

Ce nom n'est point éteint, comme nous l'avions cru d'abord, il existe à Constantinople, et il n'y a pas long-temps que, sur la demande de M. Alléon qui en est aujourd'hui le représentant, nous lui avons transmis quelques renseignements sur sa famille.

Généalogie de la famille Delaroa.

Cette famille est bien véritablement stéphanoise. Originaire de Saint-Victor-sur-Loire (arrondissement de St-Etienne), où elle était établie depuis plusieurs siècles, elle vint plus tard se fixer à Saint-Etienne, d'où ses rameaux s'étendirent successivement en diverses localités circonvoisines.

Son nom appartient au dialecte vulgaire, il est patois; traduit en français, il veut dire *la roue.* A toutes les époques elle a apporté d'incroyables varations dans la manière de l'écrire : d'abord ce fut Laroa, et c'est ainsi qu'on le retrouve dans les anciens titres, puis elle l'écrivit Delaroa, et finalement de la Roa.

A l'époque de la tourmente révolutionnaire, elle n'usa de son nom qu'à l'expression la plus brève, la plus restreinte, elle signait Laroa ; sous l'empire, elle lui donna plus d'extension et signait Delaroa ; enfin, au temps de la restauration, elle lui fit subir sa plus grande métamorphose en la syllabant De la Roa. Pourquoi tant de peine pour des prétentions ambitieuses qui dénoncent toujours une fâcheuse faiblesse pour tout ce qui tient à l'orgueil dont le seul véritable est de se reconnaître fils de son père. Qu'importent les *de, du, des;* mais chacun a son goût et sa folie.

Ce n'est que dans les anciens terriers qu'il a été possible de retrouver les premiers degrés de la famille Delaróa ; et les contrats de mariage ou les testaments ayant été perdus, ce n'est plus qu'à ces précieux registres qu'on peut demander des renseignements et qu'on a trouvés dans ceux de la cure de Prétieux, de 1412 ; du prieuré de Saint-Rambert, de 1450 ; et de celui de Forez, pour la paroisse de Saint-Genest-Lerpt, de 1456.

1er DEGRÉ CONNU.

Durand Delaroa vivait en 1430 avec sa femme Jeanne Durieu dont il eut un fils qui suit :

2e DEGRÉ.

Jean Delaroa épousa, vers 1465, Claudine Ducoin, de Saint-Etienne, dont il eut :

1° Barthélemy qui suit ;
2° Jean Delaroa qui partagea avec son frère le domaine de la Roa qui passa plus tard à la famille Fauvin.

3e DEGRÉ.

Barthélemy Delaroa vivait encore en 1525 ; il avait épousé Jeanne Durand qui le rendit père de :

4e DEGRÉ.

Pierre Delaroa marié, vers 1540, avec Louise Grézieu, fille de Lyonnet Grézieu, notaire, dont il eut :

1° Lyonnet qui suit ;
2° Rose Delaroa ;
3° Jeanne-Marie Delaroa ;
4° Barthélemy Delaroa dont on ne sait rien, ainsi que Rose et Jeanne-Marie ses sœurs.

5e DEGRÉ.

Lyonnet Delaroa, notaire royal, capitaine-châtelain de Saint-Maurice et Saint-Rambert, commissaire examinateur et lieutenant de la châtellenie de Saint-Victor-sur-Loire, eut pour femme Anne Guyot, fille de Pierre Guyot, dont issus :

1° Philippe qui suit ;
2° Louise Delaroa mariée, en 1631, à Jean Dubreuil, avocat à Montbrison, duquel mariage naquirent :

1° Michel Dubreuil, curé de Saint-Victor-sur-Loire, fondateur de la prébende de Saint-Eustache, en 1686, le 27 avril, mort en 1689 ;

2° Ramberte Dubreuil mariée à Jean Achard, notaire, dont elle eut :

1° Michel Achard ;

2° Jeanne Achard mariée à Jean-Baptiste Pommerol, le 3 septembre 1682 ;

3° Anne Dubreuil mariée, le 9 novembre 1665, à Jean Ferrandin dont elle eut :

1° Michel Ferrandin, procureur à St-Etienne, mort le 1er mai 1730, avait épousé Christine Fournier dont issus :

1° Gérard Ferrandin, prêtre, curé de Saint-Nizier ;

2° Marguerite Ferrandin, morte vierge ;

3° Michel Ferrandin, notaire et procureur à Saint-Etienne, laissa cinq fils et trois filles ;

2° Anne Ferrandin, née le 28 octobre 1671, mariée, en 1696, à Michel Delaroa ;

3° Jeanne Delaroa mariée à Claude Chovet, de Saint-Etienne ;

4° Catherine Delaroa, femme de Pierre Dejames, graveur à Saint-Etienne ;

5° Jeanne Delaroa mariée, le 12 janvier 1643, à Pierre Grevol ou Gruaret, chirurgien à Saint-Etienne ;

6° Anne Delaroa, religieuse ursuline à Montbrison ;

7° Catherine Delaroa mariée, en 1648, à Jean Bartal, tailleur d'habits.

6° DEGRÉ.

Philippe Delaroa fut pourvu des mêmes charges que son père. Il se maria en premières noces, le 27 janvier 1641, avec Antoinette Deville, fille de Mathieu Deville, marchand

de Saint-Etienne, et de Claudine Mosnier, de la même ville.
En deuxièmes noces, il épousa Jeanne Cozon, fille de...
veuve de Louis l'Héritier, marchand de Saint-Etienne.

Du premier lit naquirent :

1° Jean-François qui suit ;

2° Anne Delaroa, morte en 1720 sans avoir été mariée,
avait été nommée héritière par M. Michel Dubreuil,
curé de Saint-Victor, avec droit de patronage. Elle
nomma successivement quatre prébendiers et institua
pour son héritier Michel Delaroa, son frère du second
lit ;

3° Jeanne Delaroa, morte fille ;

4° François Delaroa, avocat à Montbrison, mort sans
postérité ;

5° Claudine Delaroa, née le 4 juin 1645, mariée en premières noces, le 5 septembre 1669, à Jean Berthéas,
marchand à Lyon, dont elle n'eut pas d'enfants ; en
deuxièmes noces, en 1681, à Claude Gonin, marchand
au Pont-Saint-Rambert, parent des Gonin de Saint-
Rambert, dont issue :

Benoîte Gonin, mariée à Pierre Perrin, de Saint-
Maurice, dont issue :

Anne Perrin, mariée, le 3 août 1742, à Jean-
Pierre Berry-de-la-Barre, marchand de
charbon pour l'approvisionnement de Paris,
dont naquirent :

1° Philiberte Berry-de-la-Barre, mariée à
N... Brochard, marchand de charbon
à Roanne, dont issus sept enfants ;

2° Jean Berry-de-la-Barre, marié, en
1781, à Catherine Bouquet, fille d'un
avocat d'Ambierle ;

3° Jeanne-Marie Berry-de-la-Barre, mariée à N. Guilhon, marchand épicier à
Roanne. Ils laissèrent deux garçons et
trois filles. 13

Du second lit sortirent :

6° Ramberte Delaroa, née le 9 janvier 1667, femme de Jean Achard, notaire à Saint-Victor, dont issu :

Pierre Achard, épousa Etiennette Azmas, de Lyon, dont un fils, Joseph Azmas, et une fille ;

7° Michel Delaroa, né le 17 février 1669, a fait la branche A ;

8° Pierre Delaroa, né le 9 décembre 1670 ;

9° Jeanne-Marie Delaroa, née le 22 novembre 1671, morte fille ;

10° François Delaroa, né le 7 janvier 1677, auteur de la branche B ;

11° Marie, épousa Jean-Joseph Trablaine, notaire et procureur à Saint-Etienne, d'où sortirent plusieurs enfants.

7ᵉ DEGRÉ.

Jean-François Delaroa, dit Dupoyet, né le 10 janvier 1644, épousa, le 12 décembre 1679, Philiberte de Saint-Paul de Vérines, fille de Jean et de Catherine de Pontde-vaux de Chaudenon. De ce mariage naquirent :

1° Jean-Baptiste qui suit ;

2° Gaspard Delaroa, mort sans alliance ;

3° Michel Delaroa, épousa Marcelline Terrenoire, 1720 ;

4° Ramberte Delaroa, femme de Jean Plotton, dont issu :

Jean-Baptiste Plotton, fils unique, marié, le 16 janvier 1754, à N... Grillet dont il eut un fils et trois fils habitant à Notre-Dame-de-Grâce.

8ᵉ DEGRÉ.

Jean-Baptiste Delaroa épousa, en 1719, Catherine Charra de Saint-Didier en Velay, dont il eut :

1° François Delaroa, notaire à Firminy en 1748, mort en 1756, sans avoir été marié ;

2° Joseph Delaroa, mort au service du roi ;

3° Madeleine Delaroa, mariée le 11 novembre 1735, à Jean Bastide, laboureur de La Fouillouse, dont issus:

    1° Jean-Baptiste Bastide, marié à Catherine Grivolat, de La Ricamarie;

    2° Jean-François Bastide;

    3° Jean-Marie Bastide, marié, le 11 novembre 17.., avec Claudine Berthéas;

    4° Denise Bastide;

    5° Louis Bastide;

4° Anne Delaroa, mariée à Pierre Giraud, marchand charpentier aux Barques, dont issus;

    1° Pierre Giraud;

    2° Pierre Giraud le jeune;

    3° Marie Giraud.

Branche A.

7° DEGRÉ.

Michel Delaroa, fils et héritier de Philippe Delaroa et de Jeanne Cozon, fut notaire, commissaire à terrier et greffier de Cornillon. Il épousa, le 27 février 1696, Anne Ferrandin, fille de Jean Ferrandin et de Anne Dubreuil. Il décéda le 24 janvier 1747.

Les enfants qui suivent sortirent de ce mariage:

1° Michel qui suit;

2° François Delaroa, né le 14 février 1698;

3° Jean-Baptiste Delaroa, dit Grandpré, né le 12 juillet 1704, épousa Claudine Dubouchet, du lieu Deschandons près Unieu, dont issus:

    1° Michel Delaroa, eut d'un mariage qui ne nous est pas connu deux garçons et une fille. Leur postérité existe encore aux environs d'Unieu et de la Noyerie; mais, manquant de renseignements, nous n'en dirons pas autre chose, si ce n'est que c'est dans cette famille que M. le doc-

teur Roux, savant distingué, écrivain spirituel
et gracieux, ami généreux et dévoué, avait choisi
une épouse qui était sa cousine. La mort l'enleva
trop tôt à l'affection de cette compagne qu'il
chérissait, à la science et à l'amitié. C'est en voulant soigner Mme Delaroa, sa belle-mère, alors
dangereusement malade, qu'il trouva lui-même
la mort. C'est presque toujours en se dévouant
que finissent les hommes de cœur;

2° Thérèse Delaroa, morte fille;

4° Jeanne Delaroa, née le 15 juillet 1702, mariée à Joseph Prudhomme-Lacroix, bourgeois de Les Cos, près
Firminy, dont issus :

1° Michel Prudhomme, dit Dubois; marié à Antoinette Grimod, de Saint-Bonnet, en 1787;

2° Ennemond Prudhomme;

3° Michel Prudhomme, dit Deschamps;

4° Jean-François Prudhomme, dit Grandpré, marié
à Catherine Grimod, la sœur sans doute d'Antoinette, femme de Michel, son frère;

5° Jeanne-Marie Delaroa, née le 25 juin 1706, mariée à
un sieur Lafont, marchand à Montbrison, sans postérité;

6° Michel Delaroa, né le 25 janvier 1714, dit Dubois,
épousa Anne Aubert, de Saint-Rambert, dont il eut :
Suzanne Delaroa.

8e DEGRÉ.

Michel Delaroa, deuxième du nom, né le 19 janvier
1697, notaire et commis-greffier de Cornillon, habitant à
Firminy comme son père, épousa, le 2 juin 1734, Thérèse
Martignat, du lieu du Bouchet, près Le Chambon, autrefois
de la paroisse de Firminy, née le 29 juillet 1704; elle
mourut le 6 mai 1761, et son mari le 5 avril 1773, laissant
les enfants qui suivent:

1° Michel-Louis qui suit ;

2° Jean-Bruno Delaroa, prêtre prébendier de Saint-
Eustache, né le 7 octobre 1737;

3° Jeanne-Marie, née le 28 octobre 1738 ;

4° Christine, née le 9 mai 1740, mariée à Jacques Pey-
rot, notaire à Saint-Genest-Malifau. De ce mariage
naquirent plusieurs enfants, entre autres, une fille
mariée à un tailleur de Saint-Didier en Velay et deux
garçons, l'un mort en Espagne, l'autre marié à Saint-
Didier. Christine Delaroa mourut le 18 février 1791;

5° Michel, né le 30 avril 1740, fut chirurgien-major du
régiment suisse de Cartala ou Castella, décéda dans
la Lorraine allemande, le 6 novembre 1784. Il s'était
marié en Corse, le 27 février 1775, avec Gasparine
Lacombe, fille du receveur des lettres à Bastia, et en
avait eu :

    1° Julie, née le 16 février 1777, mariée à Jean Dau-
    relle, de Tréma;

    2° Michel-Jean-Baptiste-Grégoire-Vincent, dit Du-
    clos, né le 7 avril 1779;

    3° Félicité, née le 20 juillet 1783, mariée à Jean
    Bastide, laboureur à Etra, paroisse de Saint-Just-
    sur-Loire ;

6° Marie, née le 19 août 1745, épousa, le 2 février 1775,
Marcellin Beraud, graveur à Valbenoîte. Elle mourut
le 2 prairial an 8 de la république, laissant de son
mariage :

    1° Jeanne Beraud, mariée à N... Bonan, visiteur
    des armes à la manufacture royale de St-Etienne;

    2° Marcelline Beraud, décédée fille.

9ᵉ DEGRÉ.

Michel-Louis Delaroa, notaire royal à Firminy, né le 25
août 1732, épousa, le 27 mai 1764, Catherine Peyron, de

la ville de Saint-Etienne, et mourut le 9 mars 1774, laissant de son mariage :

1° Jeanne-Marie Delaroa, née le 23 mars 1667, mariée, le 17 juin 1792, à M. Jean-Louis Chaleyer, dont issus:

    1° Barthélemy Chaleyer, né le 4 mars 1793, épousa, le 28 janvier 1823, demoiselle Marie-Anne-Olympe Girard, de Bas-en-Basset, dont issus :

        1° Octavie Chaleyer, née le 16 janvier 1824;

        2° Jean-Louis Chaleyer, né le 30 août 1826;

    2° Jeanne-Marie-Adélaïde Chaleyer, née le 30 janvier 1800, mariée le 21 janvier 1817, à Josué-Marie Gérentet, dont issus :

        1° Léon Gérentet, né le 12 janvier 1818 ;

        2° Louis Gérentet, né le 10 janvier 1821 ;

        3° Josué Gérentet, né le 31 mars 1830 ;

    3° Marie-Catherine-Eugénie Chaleyer, née le 7 décembre 1802, mariée le 19 octobre 1830, à Julien Véricel, dont issu :

    Gustave Véricel ;

2° Pierre qui suit :

10° DEGRÉ.

Pierre Delaroa, notaire à Firminy, né le 4 avril 1770, épousa N... d'Aboin de Cordes dont il n'eut pas d'enfants. Ainsi s'est éteinte cette branche qui a jeté plus d'éclat par sa brillante réputation de probité proverbiale que par ces actions où tant d'autres s'efforcent de trouver une gloire, vaine presque toujours, si elle n'est soutenue par les éminentes qualités qui brillèrent constamment dans cette branche établie à Firminy, et plus particulièrement en M. Pierre Delaroa dont le souvenir est profondément gravé dans la mémoire des habitants de cette localité.

Branche B.

7e DEGRÉ.

François Delaroa, dit Dubuisson, fils de Philippe Delaroa

et de Jeanne Cozon, fut marchand de rubans à St-Etienne.
Il épousa Benoîte Dubois dont il eut :

1º Catherine Delaroa, morte fille ;

2º Claude Delaroa ;

3º Pierre Delaroa, prêtre, bachelier de Sorbonne, doyen
des sociétaires de l'église de Saint-Etienne ;

4º Benoît Delaroa, épousa Catherine Tézenas, fille de
Claude, dont issus :

> 1º Marie Delaroa, femme de N... Baillot, avocat à
> Lyon, expéditionnaire en cour de Rome, asses-
> seur de l'officialité, juge d'Oullins, de Miribel,
> de Margniolas, etc., morte sans enfants ;

> 2º Jacques Delaroa, dit de Faverange, à cause des
> fonds ruraux qu'il possédait en ce lieu, paroisse
> de Saint-Victor, épousa Marie-Anne Ducurtil,
> de Saint-Chamond, dont il eut cinq garçons. Cette
> branche de Faverange nous est inconnue ;

5º Rose Delaroa, religieuse à Sainte-Marie de Saint-
Etienne, morte en 1783 ;

6º Marie Delaroa.

8e DEGRÉ.

Claude Delaroa, dit Dubuisson comme son père, épousa
Marie Alléon, fille de Henri. Il était premier échevin de la
ville de Saint-Etienne en 1750, et sur la fin de janvier de
l'année suivante, il quittait sa ville natale, où il se trouvait
le premier magistrat, pour aller en exil se constituer prisonnier au château d'Auxonne, en vertu d'une lettre de
cachet obtenue contre lui par le marquis de la Rochefoucaud-Rochebaron, gouverneur de la province. Claude Delaroa avait osé braver les ordres du gouverneur dans un
débat fiscal qui s'était élevé entre lui et le sieur Colomb,
lieutenant-civil en la sénéchaussée, le sieur Carrier et
quelques autres officiers de la ville, au sujet de la répar-
tition des tailles que Claude Delaroa trouvait peu équitable

et trop onéreuse pour la ville de Saint-Etienne. Dans cette
fàcheuse circonstance, le premier échevin dominait ses
adversaires de tout l'amour que lui portaient ses concitoyens et de tous les vœux qui l'accompagnèrent dans son
exil. De son mariage il eut les enfants qui suivent :

1º N... Delaroa, femme de Jean-Natal Imbert ;

2º Maurice Delaroa, mariée en premières noces avec une
inconnue ; en deuxièmes, à N .. Turgis ou Turges ;

3º N... Delaroa, marié à Saint-Rambert ;

4º Joseph Delaroa, marié à N... Rivière, de St-Etienne ;

5º Claude-Henri-Maurice qui suit ;

6º Catherine Delaroa, religieuse hospitalière à Saint-
Etienne, en 1783 ;

7º Jeanne Delaroa, mariée à N. Berchou de Fontaines,
de Saint-Chamond, dont elle n'eut point d'enfants.

9º DEGRÉ.

Claude-Henri-Maurice Delaroa-Dubuisson, héritier de
son père Claude Delaroa-Dubuisson, épousa en premières
noces N... Colombet; en deuxièmes, dame Marie-Madeleine Tézenas dont il n'eut pas d'enfants.

Claude-Henri-Maurice Delaroa est mort le 20 février
1844, à l'âge de 92 ans, laissant de son premier mariage:

1º N... Delaroa, mariée à M. le chevalier Décrivieux,
maire de Feugerolles, dont deux filles : l'une mariée
à M. Gorand, l'autre à M. Charles Paillard ;

2º N... Delaroa, mariée à M. Fontvieille, fabricant de
rubans, dont un fils et deux filles.

Les armes de cette famille, que nous avons trouvées
dessinées à la plume sur un fragment de généalogie, sont :
*d'argent à trois étoiles de sable, en chef, à une roue de
même, en pointe.*

Généalogie de la famille de Solleyzel *.

La famille de Solleyzel est originaire du Beaujolais. Ce n'est qu'aux premières années du XVIIe siècle que nos renseignements nous la font voir à Lyon, en même temps qu'à Saint-Etienne.

Dans les archives de la ville de Lyon, à l'hôtel de ville, on voit un tableau représentant les différentes communautés des corporations et corps de la milice bourgeoise de Lyon, dans leurs costumes respectifs et l'ordre qu'ils observèrent lors de l'entrée à Lyon de Louis XIII et d'Anne d'Autriche, en 1622. Ce tableau n'est qu'un lavis grossier qui date de cette époque, et on y lit, entre autres choses, au-dessus du premier rang de la cavalerie : *M. de Solleyzel en teste de la garde.*

On trouve, en 1671, une Marie d'Avegne veuve de M. de Solleyzel ; il appartient à la branche restée à Lyon.

De Colonia, historien lyonnais, dit : « C'est à un de nos illustres Lyonnois, M. François du Clapier de Solleyzel que l'on doit la découverte des quatre livres d'Agobard, archevêque de Lyon, contre Amalerius. » Ce François du Clapier de Solleyzel ne peut être que François, fils de Jacques, auteur du *Parfait Maréchal*, et frère d'Odet-Joseph de Solleyzel.

Quant à la branche établie à Saint-Etienne, elle commence ainsi :

1er DEGRÉ.

Vital de Solleyzel, ainsi que tous les autres cadets de tant de familles connues qui leur donnèrent l'exemple ou qui le suivirent, abandonna les qualifications nobiliaires pour celle que lui imposait le nouvel état qu'il embrassait. Nous voyons donc Vital Solleyzel, marchand à Saint-Etienne, passer un acte, le 22 mars 1605, avec Barthélemy Esgallon, fourbisseur, par lequel ils se tiennent respectivement quittes de toutes choses qu'ils ont eu à faire ensemble jusqu'à hui… Signé Solleyzel. On ignore le nom de sa femme dont il eut :

1° Mathieu qui suit;

2° Catherine, a laissé sa signature sur un volume de la bibliothèque du Clapier, 1610. Cela fait voir que si, en 1605, Vital Solleyzel était marchand, cinq ans plus tard ses enfants habitaient le château du Clapier. On ignore comment il leur était parvenu, et il serait très-possible qu'ils l'eussent acquis de leurs aînés de la Bessée dont la famille s'était éteinte par la mort de Jacques et de Charles son fils avant 1603.

Catherine de Solleyzel fut mariée à Jean-Jacques Rochette, avocat, sr de Brinières, famille de St-Sauveur-en-Rue ;

3° Jean de Solleyzel, prieur de Firminy ;

4° Antoine de Solleyzel, aussi prieur de Firminy, paraît être le frère des précédents.

En 1614, cette famille de Solleyzel était déjà remontée au rang qu'elle avait occupé primitivement, car on voit entre ses mains le terrier de la rente de Montant, autrement de la Bessée.

2ᵉ DEGRÉ.

Mathieu de Solleyzel, écuyer, seigneur du Clapier, conseiller du roi, maître des ponts-et-chaussées de l'ancien gouvernement du Lyonnais et maréchal-des-logis de la garde écossaise du roi. On le voit figurer dans le ban et arrière-ban de la noblesse de France, en 1635, par ces mots: « Le sieur de Solleyzel, pour le Clapier, *un soldat mous-queteur.* » C'était donc le contingent auquel était tenu le château du Clapier.

En 1632, on le trouve sous la qualification d'écuyer, sieur du Clapier et de la Berardière, gentilhomme ordinaire de la chambre du roi, maréchal des-logis de la garde écossaise du corps de Sa Majesté, conseiller-maître des ports, ponts et chaussées de la ville de Lyon, pays de Lyonnais, Forez, etc.

Il épousa dame Françoise Chappuis, laquelle donna et légua, le dernier novembre 1640, aux pauvres de l'Hôtel-Dieu de Saint-Etienne, la pension annuelle et perpétuelle de 157 livres 10 sols, sous le sort principal de 3,150 livres. Et le lendemain, 1er décembre 1640, Mathieu de Solleyzel, son mari, fonda treize messes au Clapier, par acte reçu Pellissier. Il y avait aussi à la chapelle du Clapier une fondation, pour Jean du Clapier, de quatre grandes messes, moyennant une livre. Cette fondation, vu la faible rétribution, paraît remonter à une époque fort reculée.

En 1631, on trouve un François de Solleyzel, seigneur du Clapier. Il faudrait supposer qu'il était l'aîné de Mathieu, et qu'il serait décédé peu de temps après, sans postérité, puisqu'en 1632, on trouve Mathieu qualifié sieur du Clapier et de la Berardière. Ce dernier eut les enfants qui suivent :

1° 1640. Jean-François de Solleyzel, seigneur et prieur de Firminy ;

2° Marguerite de Solleyzel était mariée, en 1640, à Antoine Berardier, père d'Antoine, secrétaire du roi ;

3° Jacques qui suit.

3e DEGRÉ.

Jacques de Sollyzel se trouve qualifié, en l'année 1659, d'écuyer ordinaire de la grande écurie du roi, seigneur de la Berardière et du Clapier. Il avait épousé dame Catherine d'Allier, par contrat du 26 mai 1653, reçu Rogier, notaire à Lyon.

Le 20 septembre 1666, il fit donation à l'Hôtel-Dieu de Saint-Etienne de 3,000 liv., à charge de différentes prières et de recevoir, à perpétuité, un de ses parents, descendants ou domestiques, présenté par le chef de la famille.

Il est l'auteur du *Parfait Maréchal,* ouvrage qui lui valut, à cette époque, une réputation européenne. Nous copions textuellement son article biographique dans Delandine :
« Jacques de Solleyzel, gentilhomme du Forez, naquit
« en 1617, dans une de ses terres nommée le Clapier,
« proche la ville de Saint-Etienne, et mourut, en 1680,
« à 63 ans, après avoir formé une célèbre académie pour
« le manége. Sa probité était au-dessus de son savoir,
« quoiqu'il sût beaucoup. On a de lui quelques ouvrages,
« le plus estimé est intitulé *le Parfait Maréchal,* 1754,
« in-4º. Il y traite de tout ce qui concerne les chevaux
« et surtout de leurs maladies et des remèdes qu'on peut
« y apporter. Il y a quelques endroits qui auraient besoin
« d'être retouchés dans ce livre ; mais en général il est
« très-utile et assez exact. Solleyzel passait pour un si ga-
« lant homme, qu'on a dit de lui : qu'il aurait encore mieux
« fait le livre du parfait honnête que du parfait maré-
« chal. »

Les archives historiques du Rhône, dans le nº 20, en parlent en ces termes : « Jacques La Bessée de Solleyzel,
« fit ses premières études à Lyon. C'est dans cette ville
« qu'il enseigna longtemps l'art du manége et de l'équita-
« tion ; aucun chef d'académie n'avait joui avant lui d'une
« aussi grande renommée. Perrault, de l'Académie fran-
« çoise, a placé son portrait dans sa galerie des cent illustres
« François du XVIIᵉ siècle. Son *Parfait Maréchal* a eu
« 26 ou 30 éditions.

« Il est aussi l'auteur d'un petit ouvrage qui a pour titre :
« *le Mareschal méthodique,* qu'il publia sous le nom sup-
« posé de la Bessée, écuyer de M. l'électeur de Bavière.
« Il mourut de mort subite dans son académie, le 30 jan-
« vier 1680. »

1662. La voûte de l'église de Saint-Etienne menaçant de s'écrouler, on fut d'avis de prier M. Jacques de Solleyzel de remettre le capital de 3,150 livres de sa rente faite, le

dernier novembre 1640, par feu Françoise Chappuis, sa
mère, à l'Hôtel-Dieu, les marguilliers se chargeant de payer
à l'hospice ladite rente de 157 livres 10 sols. C'est alors
que l'on fit construire huit arcs-boutans en pierre de taille,
nécessaires et élevés à la hauteur des combles des chapelles.

La rente noble du Clapier qu'il possédait fit qu'il offrit
d'en rendre foi et hommage le 18 juin 1674, et la même
année il parut au ban de la noblesse du Forez.

On trouve dans quelques documents qu'il avait établi
une fonderie à Saint-Étienne, et qu'il était généralement
connu sous le nom de : *le Parfait Maréchal.*

Jacques de Solleyzel, homme savant, avait rassemblé au
Clapier une bibliothèque nombreuse et choisie. Elle ren-
fermait beaucoup d'Elzevirs, des éditions de luxe et un
grand nombre d'ouvrages allemands. Cette précieuse col-
lection fut vendue, sur la fin du XVIIIᵉ siècle, et la famille
de Sauzéa de Monteille en acheta la plus grande partie. Elle
est presque toute perdue aujourd'hui, parce qu'il arriva à
l'acquéreur ce qui arrive aux prêteurs trop faciles : qu'on
empruntait des ouvrages qu'on ne lui rendait pas. Ce qui
en reste se trouve au château de Monteille, et plus tard on
s'expliquera difficilement d'où viennent ces nombreux livres allemands, recouverts en parchemin, dont quelques-
uns portent le nom de Solleyzel. En général, ce sont des
ouvrages rares ou curieux, difficiles à rencontrer ailleurs
que dans les collections de choix ; nous y avons remarqué
un recueil d'apophthegmes des auteurs anciens que Jacques
de Solleyzel a souligné presque à toutes les pages.

Il laissa de sa femme Catherine d'Allier :

1º François qui suit ;

2º Odet-Joseph qui fut d'église, et tous deux encore mi-
neurs restèrent sous la tutelle de Mʳᵉ Antoine-Joseph
du Montcel de Bourdon, chevalier, seignʳ dudit lieu.

4ᵉ DEGRÉ.

François de Solleyzel, écuyer, premier gentilhomme de
la maison de Mgr le duc de Berry, devint possesseur du
château du Clapier après la mort de son père. Ce manoir
n'était pas très-considérable; il a été beauconp agrandi
depuis, ce qui ne l'empêche pas de se confondre avec les
fabriques qui l'entourent.

François vivait encore en 1697. Il paraît qu'il ne laissa
pas de postérité et qu'il ne fut même pas marié, puisque
tous ses biens se trouvent plus tard dans les mains d'Odet-
Joseph, son frère, aumônier du roi.

L'abbé de Solleyzel fut le dernier de sa famille dont les
biens, après lui, passèrent à M. de Giry de Vaux, par droit
d'héritage, sa mère devait être une sœur de l'abbé; mais
les femmes, dans cette famille, ne sont pas connues, nous
n'en avons cité qu'une.

———

Il est très-probable que les de Solleyzel sont une branche
de la maison de la Bessée dont nous allons parler, quelques
observations préliminaires sont indispensables pour élucider
un peu cette obscure question. Chacun sait que non-seulement dans les familles nobles, mais aussi, par imitation,
dans celles de la bourgeoisie, à l'exception de l'aîné qui
retenait le nom du principal fief, les puinés recevaient ceux
des moindres terres, ceux même de simples domaines ruraux.

Cette famille de la Bessée, venue du Beaujolais, fit
d'abord à Lyon un établissement, puisque l'histoire rapporte (Archives du Rhône, nº 41) qu'à la Saint-Barthélemy,
le sieur de la Bessée, citoyen recommandable, fut, parmi
tant d'autres, arraché de prison et massacré à Lyon. On
voit par là qu'en 1570, cette famille portait encore à Lyon
le nom de la Bessée; mais plus tard elle n'y était plus
connue que sous celui de Solleyzel, puisque, ainsi que nous

l'avons déjà remarqué, en 1622, en *tête de la garde d'hon-*
neur, à la réception de Louis XIII, on trouve M. de Solleyzel. Et ce qui prouve que c'était toujours la famille de
la Bessée sous ce nouveau nom, c'est que les rédacteurs des
Archives du Rhône, placés dans les meilleures conditions
pour bien connaître les personnages, nomment l'auteur du
Parfait Maréchal : Jacques de la Bessée de Solleyzel.

Le dictionnaire de Delandine, en rappelant qu'il avait
composé un premier et petit ouvrage intitulé : *le Maréchal
Méthodique,* dit qu'il l'avait publié sous le nom supposé
de la Bessée. Au moment où Delandine écrivait, il ne lui
était pas possible de savoir que c'était là le véritable nom
de l'auteur, et c'en serait au contraire une preuve assez
formelle. De Solleyzel pouvait avoir plus d'un motif pour
passer ce premier ouvrage sous ce nom qui ne pouvait le
faire reconnaître, et le plus évident de ces motifs était sans
doute le désir de connaître l'accueil qu'il recevrait dans le
monde. S'il était favorablement reçu, l'auteur pouvait facilement le revendiquer ; si au contraire l'ouvrage devait
succomber, il restait sur le compte de la Bessée que le
public ne saurait trop où prendre.

Ce que nous venons de dire établit d'une manière assez
claire que les de Solleyzel proviennent d'une branche de
la Bessée. Cette branche a d'abord commencé à Lyon où
elle séjourna assez longtemps, puisqu'on trouve, en 1671,
une Charlotte d'Aveyne, veuve de M. de Solleyzel. Puis
de là, un cadet, sans doute, vint s'établir à Saint-Etienne
où, tout en conservant son nom, il eut soin d'en retrancher
la particule, puisqu'il se faisait marchand.

Ce premier venu est, selon toute apparence, Vital dont
la femme est restée inconnue. Il était marchand en 1605,
et en 1614, lui ou Mathieu son fils possédait déjà les rentes
de Montaud et de la Bessée.

Il parait que la branche aînée s'était aussi établie à
Saint-Etienne, ou du moins y avait acquis des rentes, et

deux demoiselles de la Bessées avaient été mariées à deux frères de Roissieu.

Armes : d'azur à un soleil rayonnant d'or, au chef cousu de gueule, chargé de trois croisettes d'argent, 2 et une.

—o:o:o:oo—

Recherches généalogiques sur la maison de la Bessée.

La Bessée, famille de Villefranche (Beaujolais), que l'auteur d'une histoire de cette ville, imprimée en 1671, fait parfaitement connaître, quoiqu'il n'en donne pas la généalogie; en voici un extrait :

« La maison de la Bessée a été illustre dans Villefranche,
« il y en a qui ont possédé des dignités dans le chapitre de
« Beaujeu. On voit qu'un Aymé de la Bessée était, en
« l'année 1352, chantre et chanoine de ladite église, et y
« fonda la chapelle de Sainte-Croix. Il portait pour armes:
« fascé d'argent et de gueules de sept pièces, au lion d'ar-
« gent, brochant sur le tout.

« Cette maison de la Bessée fut encore en considération
« près d'Edouard, dernier seigneur de la maison de Beau-
« jeu, jusque là qu'une fille de la Bessée fut assez heureuse
« pour mériter les bonnes grâces de ce prince, en sorte
« que bien souvent il se plaisait à jouer aux échecs avec
« elle, ainsi qu'il paroit dans d'anciennes vitres de la
« maison de la Bessée. »

Parmi les échevins de Villefranche, on trouve :

En 1398, Guyonnet de la Bessée.
   » 1417, Véran   »
   » 1424, Véran   »
   » 1430, Antoine   »
   » 1435, Véran   »
   » 1445, Véran   »

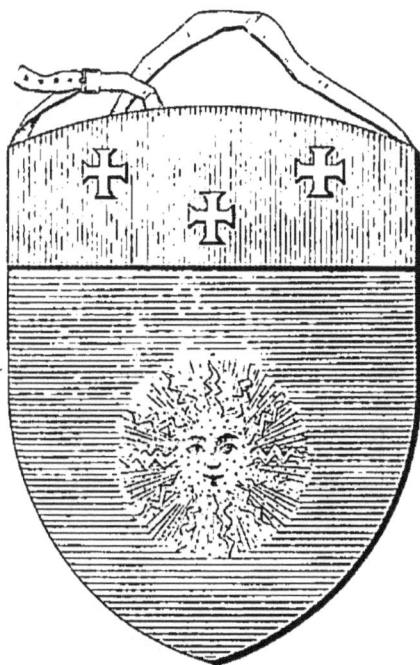

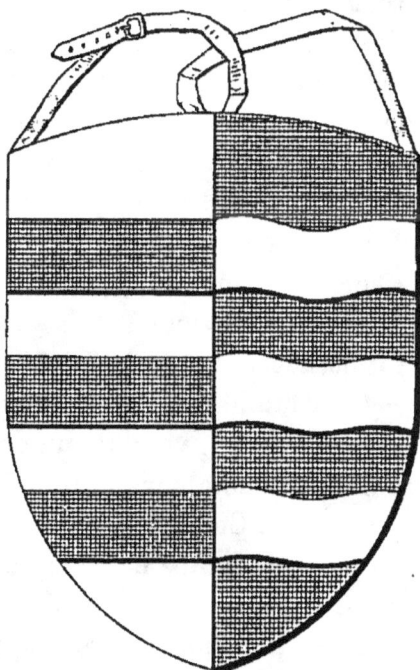

St Etienne. Lith l'ublat Jᵗᵉ

1. De Solleyzel
2. De la Bessée
3. De Chazeletz
4. D'Aboin

En 1450, Humbert de la Bessée.

» 1458, Guillaume   »

» 1461, Humbert   »

» 1466, Véran   »

» 1470, Véran   »

» 1474, Guillaume   »

» 1482, Véran   »

» 1486, Guillaume   »

» 1491, Jean   »

» 1497, Guillaume   »

» 1506, Jean   »

A dater de cette époque, le nom de la Bessée ne se retrouve plus dans la liste des échevins. L'auteur, en parlant des familles les plus considérables de Villefranche, n'en cite que trois, celle de la Bessée est la seconde.

On peut ajouter que la seigneurie de Ronins appartenait autrefois aux seigneurs de Beaujeu ; mais Edouard s'étant rendu coupable du crime de rapt en la personne d'une demoiselle de la Bessée, fit avaler à l'huissier royal qui l'ajournait les sceaux de sa commission et le fit jeter par les fenêtres dans les fossés du château de Pouilly. A cette occasion, la seigneurie de Ronins fut confisquée et adjugée au sieur de la Bessée, pour réparation du rapt de sa fille.

On trouve, en 1552, nobles Jean et Véran de la Bessée sieurs de Branceloup, frères.

En 1572, un sieur de la Bessée, retenu prisonnier à Lyon, fut massacré lors de la Saint-Barthélemy.

Cette famille qui, après avoir quitté Villefranche, s'était établie à Lyon, vit aussi un de ses membres venir se fixer à Saint-Etienne dans la première moitié du XVIe siècle, puisqu'un Georges de la Bessée vendait, avant 1561, au seigneur de Saint-Chamond, la rente de la Bessée qui était assise sur le territoire de Montaud.

Il est plus que probable que cette famille a séjourné quelque temps à Saint-Chamond avant que d'arriver à St-

Etienne, et elle y avait sans doute son principal établissement, puisqu'elle y avait fondé une chapelle particulière
dans l'église paroissiale, dont le patronage passa, par la
mort de Georges et Charles de la Bessée, à Gasparde de la
Bessée, veuve de Marcellin de Roissieu, et après elle dans
la famille d'Allard de Monteille.

Cette mort du père et du fils éteignit la famille de la
Bessée dont le nom ne se retrouve plus nulle part. Il est à
croire que le château du Clapier, chef-lieu de leur seigneurie à Saint-Etienne, échut en partage aux de Solleyzel leurs
alliés.

Tout nous indique que Georges de la Bessée, trésorier
de France, avait pour sœurs :

1° Gasparde, mariée, vers 1560, à Marcellin de Roissieu;
2° Anne, femme de N... de Roissieu, frère de Marcellin;
3° Louise, mariée à Hugues Fleureton à qui elle apporta
le château de Monteille;
4° Marie de la Bessée étant veuve, en 1603, d'un mari
inconnu, se remaria, selon toute apparence, au père
de Vital de Solleyzel; en conséquence de quoi, ces
derniers auraient eu dans le partage de cette succession le château du Clapier, et Gasparde les biens
à Saint-Chamond.

Gasparde de la Bessée, veuve de Marcellin de Roissieu,
fonde de pouvoir honorable homme Marcellin d'Allard, son
gendre, pour la représenter dans la succession arrivée par
le décès de noble Georges de la Bessée, vivant trésorier du
roi, et de feu Charles de la Bessée son fils, en faire le partage avec les autres cohéritiers, et faire la division du lot
échu à ladite constituante et à Marie sa sœur, veuve de feu
N..... Procuration reçue Pellissier, notaire, le 12 octobre
1603.

Il paraît que la mort de Charles de la Bessée mit fin à
cette famille qui était protestante, ainsi que le prouve le
le massacre où périt à Lyon un sieur de la Bessée, et sa

dispersion en fut une conséquence. Venant à Saint-Etienne, ville dont les habitants avaient la réputation d'être doux, affables et aimant à rendre service, la première arrivée des de la Bessée y trouva la paix d'abord, l'abondance ensuite. C'est peut-être le seul motif qui y attira tant d'étrangers à cette époque, et cette remarque doit être prise en considération. Presque tous ayant été dépouillés de leurs biens, plusieurs vinrent y chercher une profession, et plusieurs aussi y firent de grandes fortunes.

Cette ville étonnante offre tant de ressources, que la fortune s'y montre véritablement aveugle; car on y a vu plus d'un individu descendu de sa montagne ou sorti de son obscur hameau, avec la seule ambition d'occuper un emploi des plus médiocres, y retourner possesseur incroyable d'une fortune plus incroyable encore.

Armes : d'argent à trois fasces de gueules au lion d'argent, brochant sur le tout.

Généalogie de la famille de Chazeletz.

Cette famille a pris son nom du fief de Chazeletz, dans la paroisse de la Chapelle-d'Aurec en Velay. Elle s'établit à Firminy en 1622.

La généalogie de cette famille devient authentique depuis :

1er DEGRÉ.

Noble Gérard de Chazeletz, écuyer, seigneur de la Rivoire, affranchit le domaine de la Rivoire du seigneur de Rochebaron. Il eut de sa femme inconnue :

2e DEGRÉ.

Charles de Chazeletz, seigneur de la Rivoire, n'est pas autrement rappelé ; et de sa femme inconnue aussi il eut :

3ᵉ DEGRÉ.

Guillaume de Chazeletz, seigneur de la Rivoire, acquit la Maison-Rouge du seigneur de Rochebaron. De son mariage resté dans l'oubli il eut :

4ᵉ DEGRÉ.

Pons de Chazeletz, seigneur de la Rivoire, épousa Marguerite de Meynard, fille de noble Pierre, à la charge de porter le nom et les armes de Meynard, ce qui parait ne pas avoir eu lieu. De ce mariage naquit :

5ᵉ DEGRÉ.

Guyot de Chazeletz, seigneur de la Rivoire, a reconnu au terrier du seigneur d'Aurec et de la Chapelle. Sa femme, qui n'est pas citée, le rendit père de :

6ᵉ DEGRÉ.

Pierre de Chazeletz, écuyer, seigneur dudit lieu et de la Rivoire, vivait en 1480. François, seigneur de Rochebaron, le fit son procureur fondé, pour assister à la tutelle des enfants de feu Just, seigneur de Tournon. Cette procuration est du 15 août 1482, reçu Tourton, notaire à Bas.

Il fit construire la chapelle de Chazeletz dans l'église de la Chapelle-d'Aurec, et y fonda trois grandes messes.

Il laissa de sa femme qui n'est pas mieux rappelée que les précédentes :

7ᵉ DEGRÉ.

Jacques, écuyer, seigneur de Chazeletz et de la Rivoire, épousa Aymare Sicard de Cubleze, fille de Claude, seigneur de Cubleze, et de Mathie de Montagniec. Il fonda trois messes dans sa chapelle, en 1500, et fut père de :

1° Jean qui suit ;

2° Gaspare de Chazeletz, mariée à noble Philippe de Sainte-Colombe à qui elle porta, comme héritière, les fiefs de Chazeletz et de la Rivoire. Plus tard, ils transigèrent, à ce sujet, avec Jean de Chazeletz (1532).

8ᵉ DEGRÉ.

Jean de Chazeletz, seigneur de Saint-Julien et de Besse, épousa Marie du Port, fille de Vital et de Jeanne de la Filhe. Il fut pourvu de l'office de capitaine du château de Rochebaron par Jacques de Chalancon, fils aîné, gouverneur et administrateur de ses frères, enfants de feu puissant seigneur Claude de Chalancon, chevalier, seigneur de Rochebaron. 22 avril 1537.

Jean de Chazeletz étant sur le point de partir pour l'armée au service du roi, fit un testament par lequel il institua Jean de Chazeletz, son fils aîné, pour son héritier. 10 mai 1552.

Ses enfants furent :

1° Jean qui suit ;

2° Sébastien de Chazeletz ;

3° Anne de Chazeletz ;

4° Hector de Chazeletz ;

5° Claudine de Chazeletz ;

6° Françoise de Chazeletz.

Si ce n'est l'existence de ces cinq derniers enfants, rien autre n'a été consigné dans l'histoire.

9° DEGRÉ.

Jean de Chazeletz, deuxième du nom de Jean, seigneur de Saint-Julien, épousa, en 1588, Denise Chanut, fille de Michel, capitaine-châtelain de Rochebaron, et de Catherine de Montorcier. Il porta les armes assez longtemps, puis testa en 1598, laissant :

1° Jean qui suit ;

2° Anne de Chazeletz dont on ne sait rien ;

3° Catherine de Chazeletz qui n'est pas mieux connue.

10ᵉ DEGRÉ.

Jean de Chazeletz, troisième du nom, épousa, en 1622, Louise de la Filhe, fille de noble Pierre et de Catherine de Figon. Il porta les armes avec honneur, ce qui est prouvé par plusieurs certificats qui lni furent délivrés par de hauts personnages, commandants des corps où il a servi. Il testa en 1653, laissant de son mariage :

1° Jean-Bruno qui suit ;

2° Michel de Chazeletz, lieutenant au régiment de Conti ;

3° Melchior de Chazeletz, lieutenant au régiment de Lyonnais, mort en 1658 ;

4° Catherine de Chazeletz, mariée à Claude Parchas de Saint-Marc ;

5° Catherine de Chazeletz la jeune, mariée à Jean de Fraix de la Pomme-Lachamp.

11ᵉ DEGRÉ.

Jean-Bruno de Chazeletz, écuyer, seigneur de Saint-Julien, épousa, en 1655, Catherine d'Aboin de Cordes, fille de Gilbert. Il prit du service et fut lieutenant d'une compagnie entretenue pour le service de Sa Majesté dans la citadelle de Cisteron, et plus tard il servit comme volontaire dans les chevau-légers du duc d'Enghien. Il décéda en 1702, laissant :

12ᵉ DEGRÉ.

Jean-Gilbert de Chazeletz épousa, en 1683, Marie de Licques de Nirandes, fille de Guy-François. Il décéda en 1740, ne laissant, à ce qu'il paraît, qu'un fils unique :

13ᵉ DEGRÉ.

Jean-Bruno de Chazeletz, deuxième du nom, épousa, en 1721, Claudine Besson de la Rochette, fille de Jacques. Il mourut en 1740, même année que son père, laissant après lui :

1° Claude-Louis qui suit ;
2° Anne-Antoinette de Chazeletz ;
3° Catherine-Marguerite de Chazeletz ;
4° Marie de Chazeletz ;
5° Mathie-Françoise de Chazeletz.

14ᵉ DEGRÉ.

Claude-Louis de Chazeletz épousa, en 1777, demoiselle Madeleine de Chambarlhac de Martézé, fille de Charles et de Madeleine de Chambarlhac de la Roche. Il n'eut pas d'enfants de ce mariage, et fit sa femme héritière de tous ses biens.

C'est ainsi que finissent et s'en vont à l'oubli les plus anciennes familles, les noms les plus recommandables.

M. Camille de Chambarlhac, comme héritiers des biens de la maison de Chazeletz, représente fort dignement, par ses qualités personnelles, ceux qui portèrent ce nom ; et la funeste lacune laissée après la mort de Mᵐᵉ de Chazeletz est dignement remplie par les efforts de M. de Chambarlhac, maire de Firminy, à amener dans cette localité la concorde d'abord, puis l'abondance en favorisant les diverses industries, enfin les établissements qui doivent participer à son embellissement et à sa prospérité. M. de Chambarlhac s'est toujours montré l'ami et le protecteur dévoué de son pays, et nous ne pensons pas que là il puisse se trouver un cœur assez ingrat pour méconnaître les nobles sentiments qui ont sans cesse fait agir ce fonctionnaire dévoué et surtout si désintéressé.

Généalogie de la famille d'Aboin de Cordes

La maison d'Aboin est originaire du lieu d'Aboin, dans la paroisse de Périgneux, sur le ruisseau de Bonzonnet, non loin de Saint-Bonnet-le-Château.   °

Cette maison était une des meilleures et des plus anciennes du Forez, mais les titres qui pouvaient le constater furent brûlés par les huguenots qui saccagèrent le château d'Aboin, pendant que Georges d'Aboin défendait la ville de Saint-Bonnet-le-Château, ce que les protestants ne firent que pour se venger de la résistance de ce généreux catholique. Tout ce qu'il éprouva de pertes à cette époque ébranla sa fortune qui pouvait se réparer; mais ses titres, qui ne pouvaient plus se remplacer, périrent tous dans le brasier allumé par les iconoclastes.

Le premier de cette maison qui se présente, faute de titres pour remonter plus haut, est :

1er DEGRÉ CONNU.

Noble Pierre d'Aboin, seigneur dudit lieu, fit refaire son terrier, et il y est qualifié de *nobilis Petrus d'Aboin, dominus dicti loci.* C'est tout ce qu'on en apprend.

De sa femme, dont le nom n'est pas connu, il eut les enfants qui suivent :

1° Amable d'Aboin qui suit ;

2° Alexandre d'Aboin, moine de l'Isle-Barbe, est cité par
Le Laboureur, dans ses *Mazures*, en ces termes :
« Alexandre d'Aboin estoit bien gentilhomme, et la
« raison du temps me persuade qu'il estoit frère ou
« proche parent d'Amable d'Aboin, noble vavasseur,
« lequel avoit épousé damoiselle Hélide ou Alix d'Or-
« sclans, du pays de Forez, duquel descendait par
« degrez Gilbert d'Aboin, sieur de Cordes, lequel as-
« signé pour le règlement des tailles l'an 1633, par-

« devant Messieurs de Chapponey et Guerin, maistres
« des requestes, fut déclaré noble d'ancienne noblesse,
« et renvoyé de l'assignation à luy donnée. »

Ce n'est point à nous à reprendre l'historien de l'Isle-
Barbe, il ne nous convient pas de reprendre personne;
cependant il faut que nous disions que Le Laboureur s'est
trompé en donnant à Amable d'Aboin une femme qui n'a
pas été la sienne, comme nous le verrons au degré suivant;
et Hélide ou Alix d'Orselans était plutôt sa mère, femme de
Pierre d'Aboin, nous ne l'affirmons pas. Il est si facile de
se tromper en matière de généalogie, que nous ne devons
pas nous étonner que Le Laboureur ait erré sans s'en
apercevoir.

2ᵉ DEGRÉ.

Amable d'Aboin, noble vavasseur, seigneur d'Aboin,
épousa, le 21 octobre 1462, Hélène de Sévoles, fille de
noble Gabriel de Chalancon, dont il eut:

3ᵉ DEGRÉ.

Gabriel d'Aboin, seigneur dudit lieu, épousa, par contrat du 19 avril 1498, Michelette de Laire, fille donnée de
noble Pierre de Laire, baron de Cornillon. Comme la généalogie ne présente d'autre individu, connu sous ce nom,
que Pierre de Laire, chevalier de l'ordre de Saint-Jean-
de-Jérusalem, il est à croire que Michelette était sa fille
et le fruit d'une union illicite. Ce mariage fit que Gabriel
d'Aboin s'établit à Saint-Paul-sous-Cornillon où sa postérité a possédé quelques héritages de la dot de Michelette
de Laire. Il fut gendarme de la compagnie d'ordonnance
du comte de Ventadour, baron de Cornillon ; capitaine-
châtelain dudit château. Ses enfants furent :

1° Jean qui suit ;

2° N... d'Aboin, ⎫ morts dans les guerres de la Sainte-
3° N... d'Aboin, ⎬ Union, ce qui n'est guère croyable,
                  ⎭ eu égard au temps où ils vivaient.

4ᵉ DEGRÉ.

Jean d'Aboin, seigneur de ce lieu, épousa, en 1529, Marthe de Boulieu, fille de Denis. Il fut aussi gendarme dans la compagnie de M. de Ventadour, capitaine-châtelain et gouverneur de la ville et château de Cornillon. Il reconnut au terrier de Firminy, le 10 septembre 1535, les articles qui suivent :

1° Une maison sise à Saint-Paul, la place publique, de matin ; le chemin allant de l'Olme aux maisons des Martins, de vent ; la maison de Jean des Brayes, de soir ; les maisons de Claude Moine, une ruelle entre deux, de bise ; sous le servis d'un denier et une gelline.

2° Un jardin au même lieu, sous le cens de la tierce partie de deux deniers.

3° Un ténement de pré et terre, juxta la rivière de Loire. Servis, 3 sols 6 deniers, 2 chapons, une lampe d'huile et 1ı2 coupe d'avoine.

4° Une terre près la Loire. Servis, 1 carte seigle, 1 carte, 1 *carteron*, deux coupes et *cart* seigle.

5° Une chambre, étable, passage et terre, audit lieu, sous le servis d'une maille.

6° Une terre sur les rives de la Loire, sous le cens de 9 coupes et demie seigle et un denier et maille.

7° Une terre à Saint-Paul, payant trois deniers.

8° Une vigne située en *Coste Malle,* sous le cens d'une maille et picte.

9° Une terre appelée *la Chau,* sous le cens d'une carte et une coupe et demie seigle.

10° Une terre située de là Loire, sous le cens de trois carterons, deux coupes et un cart seigle.

11° Une terre appelée *le Vignal* et *la Chau,* sous le cens d'un denier et maille.

Jean d'Aboin eut pour successeur son fils qui suit.

5ᵉ DEGRÉ.

Georges d'Aboin, né en 1530, épousa, le 19 janvier 1560, Marthe de Cordes, fille unique et héritière de noble Denis de Cordes, seigneur dudit lieu, et de Marguerite de la Tour, fille de Charles et d'Alix du Fieu. Il était gendarme de la compagnie du duc de Ventadour, ensuite de M. de Chevrières. Ses enfants furent :

1º Antoine qui suit ;

2º Gilbert, tué au service, étant gendarme de la compagnie de Chevrières.

6ᵉ DEGRÉ.

Antoine d'Aboin de Cordes, servait dans le régiment de M. de Nérestang. Il épousa, le 10 juillet 1599, Colombe de Chabannes, fille de noble Mathieu, seigneur de Montregard, et de Marguerite de Marnas. Antoine d'Aboin décéda en 1626, laissant :

1º Mathieu d'Aboin, moine et sacristain de l'abbaye de Savigny ;

2º Gilbert qui suit ;

3º Gilbert d'Aboin, aussi moine et chantre de Savigny, collége de gentilshommes ;

4º Guillaume d'Aboin, suivit la carrière des armes ;

5º François d'Aboin, embrassa la même profession ;

6º Catherine d'Aboin, mariée à Jean-Bruno de Chazeletz.

7ᵉ DEGRÉ.

Gilbert d'Aboin de Cordes avait servi dans le régiment de M. le marquis de Villeroi. Il épousa, le 26 novembre 1631, Antoinette du Port, fille de noble Jean, seigneur de ...., et de Suzanne de Sicard des Granges, paroisse de Bas-en-Basset. Hélène Sicard, sœur de Suzanne, fut mariée Pierre d'Arènes, seigneur de Jonas, fils de Pierre d'Arènes et de Germaine Duranton de Chaponod. Cecile d'Arènes,

leur fille, fut mariée à Philibert de Nérestang ; et Germaine
Duranton, devenue veuve, s'était remariée à noble Gabriel
de la Tour, seigneur de la Grange, capitaine-châtelain de
Feugerolles.

Antoinette du Port hérita de sa sœur Louise, veuve de
Louis Fronton, lieutenant de Bauzac, qui testa à Firminy,
dans la maison de Cordes, le 30 décembre 1645.

Antoinette du Port testa le 21 janvier 1646, en faveur
de son mari dont elle avait eu Philibert qui suit.

8ᵉ DEGRÉ.

Philibert d'Aboin de Cordes, né en 1645, épousa, le 25
novembre 1664, Marguerite de Saint-Paul, née le 25 août
1645, fille de noble Jean, seigneur de Vérines, et de Jeanne
Salichon, et petite-fille de noble François de Saint-Paul,
seigneur de Vérines, et de Catherine de Beaulieu du Mazet.

Philibert d'Aboin testa une première fois le 20 décembre
1675, une seconde et sans doute la dernière, le 14 mars
1683. Dans ces deux actes, après avoir rappelé ses enfants,
il nomme sa femme héritière fidéi-commise, et mourut peu
de temps après cette dernière date, et sa femme le 7 mai
1727, laissant les enfants qui suivent :

1º Jean-François qui suit ;

2º Philibert d'Aboin de Cordes de Piney, lieutenant de
cavalerie, épousa Louise de Chazeletz, sa cousine. Il mourut
sans postérité ;

3º Gaspard d'Aboin de Cordes servit dans l'arrière-ban
de la noblesse, et mourut bien jeune, sans avoir été marié ;

4º Denis d'Aboin servit comme lui et mourut de même.

9ᵉ DEGRÉ.

Jean-François d'Aboin de Cordes, lieutenant d'infanterie, passa capitaine dans le régiment de Maubourg. Il
épousa, le 13 juillet 1714, Marie Anselmet des Brunaux,
fille de Nicolas, écuyer, seigneur de St-Just, et de Louise

Baraille. En deuxièmes noces il épousa, le 29 avril 1725 Jeanne Hébras, fille d'un maréchal ferrant de Firminy.

Du premier mariage naquirent :

1° Marguerite-Firmine d'Aboin de Cordes, née le 11 octobre 1715, mariée, le 22 juillet 1734, à Christophe Parchas, avocat à Saint-Didier ; en secondes noces, à François Parchas de l'Arzalier ;

2° Agathe d'Aboin de Cordes, née le 17 avril 1718, mariée, le 19 novembre 1742, à Jacques Chometton de Monistrol ;

3° Catherine d'Aboin de Cordes, née le 11 septembre 1719, mariée, en 1758, à N... Sauveterre.

Du deuxième lit vinrent :

4° Marie d'Aboin de Cordes, née le 1er avril 1726 ;

5° Marguerite-Firmine, née le 27 octobre 1728, épousa noble François de Parchas, officier de chevau-légers de la garde du roi ;

6° Denis qui suit ;

7° Jean-Thomas d'Aboin de Cordes, né le 20 décembre 1734, fut lieutenant dans le régiment de la Vieille-Marine, en 1760 ;

8° Jean-Marie d'Aboin de Cordes, né le 7 septembre 1737, lieutenant de grenadiers au régiment de....... décéda le 8 mars 1782, âgé de 45 ans.

10e DEGRÉ.

Denis d'Aboin de Cordes, né le 6 avril 1730, épousa, en 1772, dame Anne-Philippe du Favray, fille de N..., seigneur de Prunerie, et de N... de Chambéran, dont issus trois garçons et deux filles :

1° N... de Cordes l'aîné ;

2° N... chevalier d'Aboin ;

3° N... d'Aboin, dit Saint-Paul, mort à Firminy des suites d'une chute de cheval qu'il fit, étant militaire, en Espagne ;

5º Eugénie d'Aboin de Cordes, mariée à Pierre Delaroa,
    notaire à Firminy, sans enfants ;
6º N... d'Aboin de Cordes, mariée à N... Chometton,
    de Monistrol, a eu des enfants.

Armes : d'argent à trois fasces de sable, parti d'argent
à trois fasces ondées d'argent.

Généalogie de la famille de la Roue de Montpeloux.

C'est en vain que, dans l'arrondissement de nos recherches, nous avons tâché de trouver un château auquel nous
puissions convenablement rattacher la généalogie de l'illustre maison de la Roue de Montpeloux : il n'en existe pas.
C'est mal nous exprimer quand nous disons la généalogie,
nous devrions dire les généalogies, puisque le glorieux titre
de seigneurs de la Roue a été porté par trois races bien
distinctes, encore que la dernière représente à elle seule
trois autres grandes maisons, comme on le verra bientôt.

Dans notre embarras, nous lui donnons place ici, ne
serait-ce que pour produire une généalogie de la maison
de Pierrefort qui a fourni les derniers seigneurs de la Roue,
dressée par Me Jean Piquet, juge d'Aurec et de St-Didier.
Ce travail mérite d'être connu ; peut-être que ceux qui
s'intéressent à l'histoire locale, ceux qui aiment leur pays
pour sa gloire, nous sauront gré de cette détermination.

Cette généalogie fait partie d'un précieux manuscrit que
nous avons retrouvé à Saint-Didier (Haute-Loire), chez un
parent qui s'est empressé de nous l'offrir, et qu'à notre tour
nous avons remis à la bibliothèque de la ville de Saint-
Etienne. Nous ne pensons pas toutefois que ce soit l'ou-

vrage de M⁰ Jean Piquet, dont M. Aug. Bernard déplore
la perte avec amertume, dans une de ses publications dont
le titre nous échappe. Mais, quoiqu'il en soit, il renferme
une mine précieuse de bons et utiles renseignements qu'on
chercherait vainement ailleurs.

On remarquera, au commencement de cette généalogie,
une certaine obscurité qui s'éclaircit bien vite pour arriver
à la maison de Solignac qui a été puissante en Velay et qui
a possédé en fief la ville de Saint-Agrève. Nous avons de
fortes raisons pour croire que cette maison de Solignac est
la même que celle que d'anciens titres sur Aurec, Oriol,
Varan, La Fayette et autres lieux de ce canton des bords
de la Loire, nomment du nom latin barbare de *Solomniaco*,
de *Solemniaco*, ainsi qu'avec cette physionomie presque
tudesque de *Solompniaco*, en français de Solomniac.

Dans les registres du Parlement, dits *les Olim*, nous
trouvons au tome III, page 2, sous philippe IV, an 1299 :

« Visa inquesta facta super quibusdam excessibus ser-
« vientibus regis et prioris de Aurecyo gentibus, qui est
« de garda speciali regis, per Girbertum de Soleingnac,
« dominum de Aurecyo (Aurec), et ejus gentes illatis : Per
« judicium curie condempnatus fuit idem G. Domino regi
« in sexcentis libris Turonensibus, pro emenda. »

Ce Gilbert de Solignac, seigneur de Saint-Agrève, avait
épousé, vers l'an 1290, Sibylle, dame de la Roue, de Montpeloux, d'Aurec, etc. ; c'est pourquoi il prend la qualité
de seigneur d'Aurec, à l'exclusion de la Roue, que nous
ne comprenons pas. Quoi qu'il en soit, Solomniac et Solignac sont identiques, le dernier n'étant qu'une syncope
qui adoucissait visiblement la rudesse de prononciation de
Solomniac. Nous croyons donc que ces deux noms sont les
mêmes, parce que nous les trouvons qualifiés des mêmes
titres, à la même époque, et jouissant des mêmes prérogatives. Nous tenons d'autant plus à nous en convaincre et
à le constater, que ce sera pour nous un moyen d'arriver

à établir d'une manière positive à quel seigneur d'Aurec et d'Oriol fut engagé le fief de Varan, par ses anciens maîtres, au temps où saint Louis fit ses guerres en Palestine, à qui il fut remis plus tard, et comment il se trouvait entre les mains de N... Duranton vers 1540 ou environ, et qu'il relevait alors de la suzeraineté d'Aymar de Chambon, seigneur de la Tranchardière, et non de celle des seigneurs d'Aurec, au moment où Guillaume de la Tour put le racheter en tout ou en partie, trois siècles à peu près après la primitive aliénation.

Nous ne produisons rien par orgueil, nous ne soutiendrons rien non plus avec opiniâtreté, nous ne cherchons que le moyen d'arriver à la vérité. Or, ce qui nous déroute quelque peu dans la supposition de l'identité des noms de Solignac et de Solomniac, c'est que nous trouvons, en 1317, un Beraud, seigneur *de Solompniaco*, diocèse du Puy, qui reconnaît tenir en fief du comte de Forez, tout ce qu'il avait à raison de son château d'Aurec, ainsi que celui d'Oriol, le bois de Montchal, la maison de la Fayette, qui n'est autre que Varan, etc. Et ce Beraud ne figure pas dans la généalogie des seigneurs de la Roue du nom de Solignac.

En 1333, Chatard *de Solompniaco* rend hommage pour les mêmes choses, et son nom ne figure pas mieux parmi ceux des seigneurs de la Roue.

Et cependant il est certain que les seigneurs de la Roue l'étaient également d'Aurec, quoique Dauphine de Laviéu, du consentement de Pierre de la Roue, son quatrième mari, eût vendu, en 1279, à Robert Damas, son fils, qu'elle avait eu de son mariage avec Guy Damas, le château d'Aurec et celui de Saint-Didier, avec le fief d'Oriol, etc.

Autre embarras : Guillaume de Poitiers et Sybille sa femme prêtèrent, en 1336, au comte de Forez, l'hommage d'Oriol, de Saint-Ferréol, de la Fayette, etc. Or, nous trouvons deux Guillaume de Poitiers qui ont pu prêter cet

1. De la Roue ancien
2. De Solignac.
3. Bretagne, pour Pierrefort.
4. De la Roue Harenc de la Condamine.

hommage : le premier avait épousé, sur la fin du XIIIe
siècle, Luce de Beaudiner, dame de Cornillon ; le second,
qui était leur fils, épousa Walpurge de Graignac (de Gri-
gny). Quel est donc ce Guillaume de Poitiers marié à Sybille, et comment expliquer cette possession d'Oriol, de
Saint-Ferréol, etc., en d'autres mains que celles des seigneurs de la Roue et d'Aurec? C'est qu'il nous manque
encore bien des renseignements pour arriver à une connaissance exacte des faits. Ce chaos probablement ne s'é-
claircira jamais, si l'on songe aux immenses recherches
qui ont été faites avant nous, à celles qui se sont faites de
nos jours, à celles dont nous avons fait notre partage, et
et qui toutes ne servent qu'à constater tout ce qu'il reste
à découvrir encore, et le pire de la chose, sans espoir d'y
réussir.

L'article qui suit est tiré du *Dictionnaire de la Noblesse*,
par M. Lainé.

La terre et châtellenie de la Roue (de *Rota*), ancien
fief du comté de Forez, mais dépendant pour le ressort de
la sénéchaussée d'Auvergne, a été l'apanage de trois maisons distinguées par leur ancienneté chevaleresque et leurs
alliances, auxquelles cette terre a successivement transmis
son nom. Avant la révolution, on distinguait encore dans
la paroisse de Saint-Anthelme, où cette terre est située, les
ruines de l'ancien château de la Roue, avec une tour carrée
qui avait résisté au temps. Les châtellenies de la Chaux
et d'Usson relevaient de ce château, (*Coutumes d'Auvergne*, par Chabrol, t. IV, p. 296.)

La proximité de cette terre, séjour des diverses maisons
qui en ont eu successivement la possession, des pays de
Forez, de Vivarez et de Velay, a donné lieu à l'établissement de plusieurs anciens rameaux dans ces divers pays,
dès le XIIe siècle. L'un de ces rameaux se répandit même
jusqu'en Languedoc, car on voit un Foulques de la Roue
assister, en 1200, à une charte de Raymond de Roquefeuil

et de Guillaume, seigneur de Montpellier ; et un Payen de
la Roue prêter serment de fidélité, en 1249, à Alphonse,
comte de Poitiers, et à Jeanne, comtesse de Toulouse, sa
femme. (*Histoire générale de Languedoc,* par Don Vais-
sète, t. III. Preuves, col. 188, 475.)

Deux principales branches de la maison de la Roue exis-
taient dans le même temps en Auvergne et en Forez (1).
L'aîné, apanagé de la terre de la Roue, se fondit, vers la
fin du XIII⁰ siècle, dans la maison de Solignac qui relevant
le nom et les armes de la Roue, les continua jusqu'en 1557.
A cette époque, les terres de la Roue, de Montpeloux, de la
Chaux et de Saint-Anthelme, furent portées par un mariage
dans la maison d'Hérail de Pierrefort qui, à l'exemple de
celle de Solignac, prit aussi le nom et les armes de la Roue,
qu'elle a portés jusqu'à la fin du XVII⁰ siècle, date de son
extinction dans la maison de Saint-Martin d'Aglié, marquis
de Rivarolles, en Piémont.

La seconde des deux branches principales de l'ancienne
maison de la Roue, possessionnée dans le Forez au milieu
du XII⁰ siècle, a prouvé au cabinet des ordres du roi,
devant M. Cherin, pour les honneurs de la cour, au mois
d'octobre 1785, depuis Pierre de la Roue, damoiseau, vivant en 1328. Josserand de la Roue, fils de Pierre, ayant

---

(1) Une famille de la Roue, seigneur de la Ville-Hervé, en Bretagne, a été maintenue dans sa noblesse par arrêt du 7 juillet 1669,
sur une production de titres remontant à Guillaume de la Roue,
seigneur de la Ville-Hervé, qui vivait en 1400. Elle portait pour
armoiries : *d'azur à une roue à six raies d'or.* Louis de la Roue,
servant à l'armée de Flandres, en 1405, sous Jean du Vergier, chevalier-bachelier, et Jean de la Roue, aussi chevalier-bachelier,
servant sous M. de Craon, selon une revue passée à Étampes, le 6
décembre 1411 ; enfin, Guy-Damons de la Roue, écuyer de la compagnie de Jean de Monteclerc, suivant une montre faite à Craon, le
24 mai de la même année (titres scellés de Clairambault, à la bibliothèque du roi), paraissent appartenir à cette ancienne maison de la
Roue.

épousé, vers le milieu du XIV⁰ siècle, l'héritière de la maison de Harenc illustrée dans les premières croisades, ses descendants en adjoignirent d'abord le nom à celui de la Roue ; mais peu après ils quittèrent tout-à-fait ce dernier nom pour ne porter que celui de Harenc, ainsi que les armoiries de cette ancienne famille, conformément à l'usage que prescrivaient toutes les substitutions et qui fut pratiquée deux fois dans la branche aînée d'Auvergne.

L'éloignement des temps et la rareté des titres pour les filiations antérieures au XII⁰ siècle, laissent peu d'espoir qu'on puisse découvrir le chaînon auquel se rattachent les deux principales branches de la maison de la Roue. Mais comme ce nom n'a été porté en Auvergne et en Forez, au-delà de l'année 1300, que par une seule et même famille, la communauté d'origine de ces deux branches est suffisamment établie par l'identité primitive du berceau et par leur longue habitation dans des provinces limitrophes. Nous ajouterons qu'elle a été juridiquement reconnue par une enquête de 1517, dans laquelle ont déposé cinq gentilshommes.

Nous donnons ici l'état de ces deux branches d'après l'ordre de primogéniture.

1ᵉʳ DEGRÉ.

N... de la Roue eut les enfants qui suivent :
1° Armand qui a continué la postérité ;
2° Guillaume, prieur de Savignac, en 1235 ;
3° Lantard ou Léotard, abbé de Saint-Evod du Puy, en 1247. (*Gal. Christ.*, t. 2, col. 362, 759.)

2⁰ DEGRÉ.

Armand, Iᵉʳ du nom, seigneur de la Roue, eut de sa femme dont le nom est inconnu :
1° Pierre, seigneur de la Roue en 1250, marié, peu avant l'année 1277, avec Dauphine de Lavieu, dame de

Saint-Bonnet-le-Château, de la Chaux et de Miribel
en Forez, veuve 1° de Guy Damas, baron de Cousan;
2° de Guy, sire de Baugé, seigneur de Bresse, mort en
1268; de Jean, seigneur de Chatillon-en-Bassois.
Pierre de la Roue mourut sans enfants, après l'année
1279;

2° Armand qui suit;

3° Goyet qui ne fut pas marié;

4° Guillaume, prieur de la Chaux, au diocèse de Clermont, nommé en 1260 à l'évêché du Puy dont il prit
possession en 1265. Le pape Urbain IV le sacra à
Orviette, le 12 février, et Clément IV lui envoya le
pallium avec des reliques pour son église. Il mourut
en 1285;

5° Guy dont on ignore la destinée, mais qui, par l'ordre
des temps, a pu être père de :

    1° Bertrand, seigneur d'Auzelle, dont la fille :
    Sybille fut mariée, par contrat du lundi après la
      fête de saint Jacques, apôtre, 1308, avec Eus-
      tache, seigneur d'Alègre, de Chalenclis, etc.,
      chevalier, lequel fit son testament en 1340;

    2° Goyet, chevalier, qui fut présent, en 1321, au
      contrat de mariage de Marsibilie de Bussières.
      (Coutumes d'Auvergne, t. 4, p. 296.);

6° Alix, femme de N..., seigneur de Bouzols;

7° Marguerite, religieuse.

3° DEGRÉ.

Armand, deuxième du nom, seigneur de la Roue, mentionné avec ses frères Pierre et Goyet dans une charte de
l'an 1257, succéda au premier vers l'année 1282, et laissa
de Sybille sa femme, entre autres enfants :

    1° Bertrand, sire de la Roue, chevalier qui, d'après
    l'*Histoire du Languedoc*, conduisit dix hommes

d'armes (1) à la guerre de Flandres, en 1304, dans
l'armée du roi Philippe-le-Bel. En 1311 et 1347, il
transigea avec Jean, comte de Forez, au sujet des
limites des seigneuries de la Roue et de Montpeloux.
(*Archives de la Chambre des Comptes*, regist. 1400,
p. 989; regist. 1401, p. 1046.) Il mourut sans postérité, après l'année 1324;

2° Sybille qui porta dans la maison de Solignac les nom
et armes de la Roue;

3° Maragde, femme de N..., seigneur de Montaigu.

Armes : d'azur à trois bandes d'or. (Le Laboureur.)

MAISON DE SOLIGNAC.

4ᵉ DEGRÉ.

Sybille, dame de la Roue, de Montpeloux, etc., après
son frère, avait épousé, vers l'an 1290, Gilbert, baron de
Solignac et seigneur de Saint-Agrève en Velay, avec lequel
elle vivait en 1328; elle en eut :

1° Léautaud ou Liautaud, baron de Solignac, seigneur
de Saint-Agrève, marié avec Marguerite de Monteil.
Il mourut le 14 septembre 1357, n'ayant eu qu'une
fille :

Marguerite, dame de Saint-Agrève, mariée, en
1347, avec Armand IX, vicomte de Polignac;

2° Bertrand qui suit.

5° DEGRÉ.

Bertrand de Solignac, seigneur de la Roue, prit le nom

---

(1) Chaque homme d'armes avait à sa suite deux archers, ce
qui faisait trois hommes; et l'on entendait toujours 300 hommes
quand on parlait d'une compagnie de 100 hommes d'armes.

et les armes de la Roue, conformément aux dispositions
testamentaires de sa mère. Il épousa 1°, vers 1320, Andrée
de Saint-Trivier, fille de Guy, seigneur de Saint-Trivier en
Dombes ; 2° Maragde de Châteauneuf, veuve du seigneur
de Quélus. Ses enfants furent :

1° Goyet, seigneur de la Roue, marié à Catherine, dame
de Quélus et de la Bussière, fille de Maragde de Châteauneuf. Il mourut sans postérité ;

2° Armand qui suit ;

3° André, reçu chanoine, comte de Lyon ;

4° Maragde, femme de Hugues, seigneur de l'Espinasse,
chevalier, qu'elle rendit père de :

Jean, seigneur de l'Espinasse, vaillant chevalier,
mort sans postérité en Hongrie. La maison de la
Roue réclama la moitié de la terre de l'Espinasse
pour les reprises dotales de Maragde de la Roue.

6ᵉ DEGRÉ.

Armand III, seigneur de la Roue, de Montpeloux, etc.,
eut une guerre sanglante, en 1357, avec Armand IX, vicomte de Polignac, époux de Marguerite de Solignac,
relativement à la succession de Liautaud de Solignac, père
de cette dame, guerre qui se renouvela en 1372.

Le seigneur de la Roue avait épousé, vers 1350, Alix
d'Usson, fille et héritière de Guillaume de Rochebaron, dit
Bilhaud (1), seigneurs d'Usson, et en eut :

1° Guyot, sire de la Roue, qui donna quittance, le 16
août 1385, à Guillaume d'Amphernet, trésorier des
guerres, de la somme de 45 livres tournois, pour ses
appointements et ceux d'un chevalier et de six écuyers
de sa compagnie, se rendant en Flandres, sous M. de

---

(1) Nous pensons que c'est une erreur et qu'Alix, au lieu d'être
fille de Guillaume, l'était de son fils Guillaume II, et qu'il n'eut que
cette fille qui porta la terre d'Usson dans la maison de la Roue.

Bourbon. Son sceau, apposé à cet acte, est fascé de
six pièces. L'écu est timbré d'un casque de profil ayant
pour cimier une tête d'aigle issante d'un vol banneret,
et il a pour tenants deux anges. (Vol. 98 des sceaux,
à la bibliothèque impériale, folios 7621, 7623.) Guyot,
sire de la Roue, mourut sans postérité ;

2° Pierre qui suit ;

3° Guy, archidiacre de Bourges ;

4° Armand ;

5° Maragde, mariée 1° avec Briand de Retourtour, baron d'Argental et de Mahun, seigneur de Beauchâtel,
de Montfaucon, de Dunières, etc.; 2°, en 1380, avec
Guy, baron de Saint-Priest, seigneur banneret.

7ᵉ DEGRÉ.

Pierre dit Goyet, seigneur de la Roue, de Montpeloux,
d'Usson, etc., épousa Blonde de Langeac, fille d'Armand,
seigneur de Langeac, et de Joffreze de Rochemaure, dame
de Damperoux et de Fressinet, qui le rendit père de :

. 1° Armand qui suit ;

2° Jean qui fit montre à Rouen, le 24 septembre 1415,
avec neuf autres écuyers de sa compagnie. En 1421,
il servit sous le sénéchal de Beaucaire, suivant une
montre faite au Saint-Esprit, le 8 septembre de cette
année. (Titres scellés à la bibliothèque impériale.) On
ignore sa destinée ultérieure ;

3° Pierre, conseiller clerc au Parlement de Paris, présenté pour être reçu chanoine, comte de Lyon, en
1425, mort au Puy le 22 février 1441 ;

4° Elide ou Alix, mariée en 1401 avec Héracle de Rochebaron qui, au mois de juin 1402, fit hommage au
comte de Forez pour ce qu'il avait acquis du seigneur
de la Roue dans le mandement de Rochebaron.

8ᵉ DEGRÉ.

Armand, 4ᵉ du nom, seigneur de la Roue, d'Usson, de Montpeloux, etc., fut présent, en 1426, au contrat de mariage de Louis de Bourbon avec Jeanne Dauphine, et vivait encore en 1450. Il avait épousé 1°, en 1404, Isabeau de Chalancon (1), fille de Guillaume, seigneur de Chalancon, et de Catherine, dame de la Mothe-Saint-Jean ; 2°, en 1422, Jeanne de Tournon, fille de Guillaume V, baron de Tournon, chevalier, et d'Eléonore de Grosléc. Ses enfants furent :

Du premier lit :

1° Claude qui suit ;

2° Antoinette, mariée, en 1422, avec Guillaume VI, baron de Tournon, chevalier, fils du susdit Guillaume V, baron de Tournon.

Du deuxième lit :

3° Pierre, seigneur de Damperoux, mort sans postérité ;

4° Guillaume, seigneur de l'Espinasse, décédé en Franche-Comté, sans avoir été marié.

9ᵉ DEGRÉ.

Claude, seigneur de la Roue, d'Usson, de la Chaux, etc., fit construire la grosse tour d'Aurec, en 1464, et acheta la terre de la Fare du seigneur de Saint-Vidal. Il avait épousé, en 1422, Billette de Tournon, sœur de Jeanne, sa belle-mère. Il eut de ce mariage :

1° Guillaume qui suit ;

2° Pierre, chanoine, comte de Brioude, en 1491 ;

3° Catherine, mariée avec Pierre de Chariol (Boulier), chevalier, baron d'Aurouse, avec lequel elle vivait le 2 mai 1491 ;

(1) Quelques personnes écrivent *Chalançon*, sans prendre garde qu'on écrit *Calanconio* en latin.

4° Gabrielle;

5° Françoise, abbesse de la Seauve-Bénite, au diocèse du Puy, en 1496. *(Gallia Christ.*, t. 2, col. 778.)*;

6° Anne, femme d'Antoine de Vissac, seigneur de Vissac, d'Arlenc, de Murs, etc.

10ᵉ DEGRÉ.

Guillaume, seigneur d'Usson, de la Chaux, de Montpeloux, de Saint-Anthelme, etc., fit son testament le 17 juin 1517. Il avait épousé Gabrielle de Chauvigny de Blot, fille de Hugues, seigneur de Blot, et de Catherine Motier de la Fayette. De ce mariage sont provenus :

1° Antoine, que le roi François Iᵉʳ arma de sa main chevalier sur le champ de bataille de Marignan;

2° Louis qui suit;

3° Jacques, mort en Artois, sans avoir été marié;

4° Jean, prévôt de l'église du Puy en 1518;

5° Anne, mariée, en 1485, avec Gabriel, seigneur de Saint-Priest, chevalier de l'ordre du roi;

6° Jeanne, femme de N..., seigneur de Monastier;

7° Marguerite, abbesse de la Seauve-Bénite en 1531.

11ᵉ DEGRÉ.

Louis, seigneur de la Roue, d'Usson, de Montpeloux, de la Chaux et de Saint-Anthelme, épousa Louise d'Hostun, dite de Claveson, née le 21 septembre 1509, fille de Louis, seigneur d'Hostun, de Claveson, de Mercurol, etc., et de Mirande de Montchenu. Le seigneur de la Roue et sa femme acquirent du roi la vicomté de Lavieu. Il mourut en 1537. Sa veuve, en qualité de tutrice de leurs enfants, déclara, en 1540, que la Roue était fief du comté de Forez, quoique ressortissant de la sénéchaussée d'Auvergne. De leur mariage sont nés :

1° Charles, seigneur de la Roue, qui fut tué, en 1554, à l'assaut de Dinan. Il n'était pas marié;

2º Jacques, seigneur de la Roue après son frère, mort à Paris sans postérité, en 1557;

3º Jeanne, dame de la Roue, d'Usson, de Montpeloux, de la Chaux et de Saint-Anthelme, mariée, en 1545, avec Réné d'Herail de Pierrefort de Ganges. Leurs descendants ont relevé le nom et les armes de la Roue et ont formé la troisième maison de la Roue, ainsi qu'il est porté dans l'article suivant.

Voir au 10º degré la postérité de Jeanne de la Roue.

Armes : d'argent, au chef de gueules.

Généalogie de la maison de Pierrefort

Faicte et recueilhie par Mᵉ Jehan Piquet, juge de Saint-Didier et d'Auriec, en l'an 1585.

A Monseignenr de la Roue, Montpeloux,
Pierrefort, Buzeringues et autres places,
chevalier de l'ordre du roy.

Monseigneur, m'estant acheminé par vostre commandement à vostre ville de Pierrefort, ce moys de juilhet dernier, je ne voulus laisser couller les heures qui me restèrent de loisir, après avoir satisfait à la charge qu'il vous avoit pleu me commettre, sans les employer à feulhetter les tiltres et vieils documents estant en vostre chasteau de Pierrefort, tant pour mettre à part ceulx qui pouvoient servyr au procès de la baronnie de Ganges, que pour recueilhir la généalogie de la maison de Pierrefort et la tirer des ténèbres d'ignorance en quelque lumière; à quoy faire le temps et le loisir me manqueront plus tost que la vollonté de m'y employer, car pour revestir cest ouvrage de toutes ses couleurs, il estoit requis de recerchér (rechércher) plus amplement l'antiquité de la maison de Pierrefort; celles

encore de Buzeringues et Agen, ce que je fus contraint de
reserver à ung plus grand loisir et lors que j'auray peu voyr
les tiltres de vostre maison, pour dresser une généalogie
universelle des quatre maisons qui ont esté unies ensemble,
assavoyr : de Pierrefort, de Ganges, de Buzeringues et de
la Roue. Neantmoings, j'eus moyen de faire une bonne
reveue de tous vos dits tiltres et choisir ceulx que j'estimois
pouvoyr servyr à mon entreprise, pour battir la généalogie
que je vous offre maintenant, afin que par cest eschantilhon
vous puissiez, Monseigneur, juger de l'affection que j'ay
à vous faire très humble service, et combien je désire
m'affranchir de toute notte d'ingratitude, après avoir heu
cest honneur que d'estre reçeu au nombre de vos humbles
serviteurs et officiers. Cependant je vous supplieray, Monseigneur, recevoir de bon vizage ce petit présent, attendant que Dieu m'ait fait ceste grâce de vous pouvoyr faire
service en affaire plus sérieux et important, avec toute
fidellité, diligence et affection possible, le suppliant,

Monseigneur, voulloir conserver longuement Vostre
Grandeur en tout heur et prospérité.

De Saint-Didier, ce 23e sétembre 1585.

> Vostre très humble et très obeissant serviteur,
> Signé : Jean PIQUET, juge de Saint-
> Didier et Auriec.

GÉNÉALOGIE DE LA MAISON DE PIERREFORT.

Les seigneurs, barons de Pierrefort, comme il se trouve
es archives du dit chasteau, sont venus d'un puisné de la
maison de Bretaigne, comme aussy le démonstrent les
armoiries de la dite baronnie ayant les hermines ; mais le
nom d'icelluy est ignoré pour l'antiquité et laps du temps.

1er DEGRÉ.

Le plus ancien tiltre de la maison de Pierrefort est une

recognoissance que Pons de Gourdon de Ganges fit à Pons Pierre (1), seigneur de Ganges, de Brissac, de Pépian et de Grignac, l'an 1082. Ledit Pons Pierre fut marié avec une nommée Angline, duquel mariage furent procréés les enfants qui s'ensuivent :

1° Raymond qui suit ;

2° Tibore Montpaour, à laquelle son père légua 100 marcs d'argent ;

3° Bernard Raimundy, chanoine de Magallone ;

4° Guilhaume que le dit Pons ordonne estre moyne ou chanoine ;

5° Ancelline qu'il destine aussi au monastère.

2ᵉ DEGRÉ.

Raymond, héritier, auquel son père avoit donné, par contract de mariage, les chasteaux de Ganges, Brissac, Montollivet et Rocquefeuilhe, (avec cette réserve) et sy le dit Raimond venoit à vendre quelque chose, en ce cas donnoit tout son bien à l'evesque de Magallonne.

Le dit Raymond avoit lors ung fils appelé Pons qui luy fust substitué par le dit Pons son ayeul, à la charge que l'héretier qui luy succéderoit ne pourroit eslire qu'ung héretier en la baronnie de Ganges, ne aussy leurs héretiers à jamays.

(Il) Fist son testament en date de l'an 1218, par lequel ordonna estre enterré à Saint-Pierre de Magallonne.

Se trouve encores un hommage vieil de l'an 1168, faict à l'evesque de Magallonne par Raymond Pierre de Ganges, fils de Pons Pierre.

Raymond Pierre, chevalier, espousa en premières nopces Alasacie de Bernieu, de laquelle eut :

(1) Il faut remarquer que Pons, Raymond ou Guillaume, sont les prénoms, et Pierre le nom patronimique des seigneurs de Ganges, la suite le prouvera.

1º Pons ;

2º Guillaume.

En secondes nopces espousa Bermonde, eut les enfants que s'ensuivent, comme appert par son testament de l'an 1268 :

3º Raymond qui fust cordellier ;

4º Pierre, chanoine de Magallonne ;

5º Alamande, mariée avec Pierre Bremundy, à laquelle donna 10,000 sous ;

6º Elizabet, autrement Aigline, mariée à messire Raimondel, baron, seigneur de Chasteauneuf ;

7º Ancelline, religieuse de Fontaines, au diocèse d'Uses;

8º Vierne, nonain de Sainte-Clere à Montpellier ;

9º Raymond, héritier universel, tant de Ganges que aultres, ses places.

3ᵉ DEGRÉ.

Le dit Raymond (deuxième du nom) passa transaction avec Dauphine de Roquefeuilhe, l'an 1275, par laquelle fust accordé que les parties cognoistroient par ensemble des crimes comis ez chemins de la paroisse de Saint Nazaire et du chasteau de Brissac, comme estans communs entre eulx. Et contient le dit contract plusieurs règlements de la justice des dits lieux.

Toutes les terres de Ganges paioient lors troys marabutins de censive à l'Eglise romaine.

Donna encores le dit Raymond plusieurs libertez aux habitants de Ganges, entre aultres : de ne payer leide des choses qui se vandent en la dite ville de Ganges.

Il feist hommage de la dite seigneurie de Ganges à l'evesque de Magallonne, l'an 1262.

Se trouve ung vieil codicille d'ung nommé Raymond, seigneur de Caumont, de la maison de Pierrefort, qui fust evesque de Rodes (Rodez).

Pons Pierre (1) (ou plutôt Raymond), chevalier, seigneur de Ganges et de Brissac , fut marié avec Béatrix , fille de messᵉ Bermond d'Anduze, qui lui apporta 1000 livres de dot, duquel mariage furent procréés les enfans qui s'ensuyvent, comme appert par son testament de l'an 1305 :

1° Pons Pierre ;

2° Galburge , religieuse de Sainte-Clere à Montpellier ;

3° Raymond (qui suit) ;

4° Guilhemette, aussy religieuse ;

5° Pons, cordellier ;

6° Guilhaume, chanoine ;

7° Bermond ;

8° Béatrix, à laquelle légua 1000 livres en son harnois nuptial. Ainsy parle il (pour parle-t-il).

4ᵉ DEGRÉ.

Le dit Raymond fut son héretier qui lors avait deux filhes , Béatrix et Marguerite.

De son temps, sçavoyr l'an 1321, fut faicte une procédure et enqueste par laquelle appert que la punition et correction des officiers de Ganges appartient au roy et à l'evesque de Magallonne. Aussy les premières appellations de la cour de Ganges ne doivent point dévoluer devant les juges de l'evesque de Magallonne ou aultres de Montpellier, ains (mais) devant les juges d'appel du dit seigneur de Ganges.

L'an 1331 il fit hommage de sa seigneurie de Ganges au Sʳ evesque de Magallonne, les cérémonies duquel hommage, pour ce qu'elles sont notables, seront icy mises au long. Au premier lieu, le dit Sʳ de Ganges bailha les clefs de la dite ville et chasteau au dit evesque, les gents duquel, de son commandement, montèrent au clocher de Saint-

---

(1) Il est à croire que Mᵉ Jean Piquet a écrit ici Pons pour Raymond, le nom du fils au lieu du père.

Pierre, en la dite ville, tenants au poing l'estendard du dit evesque, et crièrent par plusieurs foys : Magallonne, Magallonne, pour Monseigneur l'evesque de Magallonne, et firent le mesme cry par toutes les rues et à l'entour des des murailhes de la dite ville. Et le dit evesque ayant rendu les clefs de la ville au dit Raymond Peyre, Sr de Ganges, incontinent les gents du dit Raymond montèrent avec son estendard au clocher, murailhes et rues de la dite ville, criant : A Ganges, à Ganges, per Monseigneur Raymond Peyre, signor d'Agange. Auparavant, ung aultre Raymond Pierre avoit faict semblable hommage au dit sieur evesque, l'an 1168. Semblable hommage fut encores faict par aultre Raymond Pierre à l'evesque du dit lieu, l'an 1262.

Raymond Pierre, fils du dit Pons (1), fut seigneur de Ganges, de Castres, d'Albigez, de Molles, de Brissac, de Cassilhac (par moitié et par indivis avec l'evesque de Magallonne) et de Pierrefort.

Fut marié avec Fleur de Landoran, duquel mariage furent procréés les enfants qui s'ensuyvent :

1° Béatrix, à laquelle légua 4000 livres ;

2° Marguerite, mariée avec Bérangier de Combrell, sieur de Brognières, l'an 1339, d'où sortirent :

    1° Bernard ;

    2° Raymond ;

    3° Pierre ;

    4° Béatrix de Combrell.

Fault noter que la mère du dit Raymond, nommée Béatrix d'Anduze, fut mariée en secondes nopces avec Gilibert de Pierrefort, seigneur de Pierrefort, dont naquit Bertrand, frère utérin du dit Raymond. Et ayant le dit Bertrand esté

---

(1) Il nous semble que tous ces personnages s'embrouillent un peu les uns dans les autres, Me Jean Piquet a bien pu s'embrouiller lui-même dans les parchemins qu'il fouillait ; corrigera qui voudra, notre soin est de le copier mot à mot.

émancippé par son dit père Gilbert, heust (eut) en don de
luy les baronnies de Pierrefort et de Castres, au dioceze de
Magallonne, et le chasteau et fief de Clappiers sis au dit
dioceze, l'an 1348. Le dit Bertrand de Pierrefort espousa
Montbrune, filhe de Mᵉ Jehan de Pian, Sʳ de Verdan, et
de Terraillhes, duquel mariage furent procréés Béatrix et
Cécile, à chacune desquelles donna 5000 florins d'or, et
institua son héritier universel le susdit Raymond Pierre,
son frère utérin, Sʳ de Ganges, par son testament de l'an
1361, et lui substitua les enfans masles d'icelluy. Et s'il
décédait sans enfans masles, luy substitua les dites Béatrix
et Cécile, ses filhes, par esgales portions, et les enfans
d'icelles de l'ung à l'autre. Et où le dit Raymond décéderoit sans enfans masles et aussy les filhes du dit testateur
et les enfans d'icelles de l'ung à l'aultre, sans enfans, en
ce cas substituoit les filhes du dit seigneurs de Ganges et
les leurs. Et en deffauts de tous les dessus dits, substitue son
père Gilbert sus nommé, auquel légua 200 florins. Par ce
moyen le dit Raymond Peyre succéda à la maison de Pierrefort qui fut unie à la maison de Ganges.

Le dit Raymond fit hommage des chasteaux de Pierrefort et de Turlande et de leurs mandements au vicomte de
Carlat, l'an 1346.

Aussy, environ ces temps, une comtesse de Rodez assiégea les chasteaux du Caylar et de Neyrebrousse qui estoient
merveilleusement forts, ayants doubles tours, lesquels elle
fit raser, et le chasteau de Pierrefort luy fust rendu par
composition, duquel elle fit abattre le donjon, mais on n'a
peu trouver, par les mémoires estants à Pierrefort, pour
quelle raison la dite comtesse fist ceste guerre, c'estoit
(sans doute) pour quelques rebellions et désobéissance des
seigneurs des dits chasteaux. Le comte Henry, mary de la
dite comtesse, avoit aussy faict abbattre le chasteau de
Turlande pour mesme occasion.

L'an 1367, il (Raymond) bailha en bénévis les fours de

Ganges aux consuls du dit lieu, avec permission de prendre du boys en ses forêts pour cuire le pain, avec aultres conditions y apposées.

Le dit Raimond heust encore de la dite Fleur de Landoron :

3° Elix, mariée à Jehan, seigneur de Lestang ;

4° Loys Pierre qu'il laissa son héretier en l'eage de cinq ans.

La dite Fleur sa femme fut par luy délaissée usufructeresse de touts ses biens, par son testament de l'an 1367.

Le seigneur de Pierrefort acheta du seigneur de Pons les chateaulx de Turlande et de la Garde et de toute la chastellenie de Turlande et les mandements des dits chasteaux, sauf l'hommage au sieur vicomte de Carlat, l'an 1342, en mars.

5e DEGRÉ.

Loys Pierre, seigneur de Ganges, de Pierrefort et baron de Castres, fut marié avec Jehanne d'Erzen en prèmières nopces, et en secondes avec Marguerite de la Voulte, de laquelle heust enfants :

1° Jehanne, à laquelle laissa 5,500 livres ;

2° Fleur quy heust 4,000 livres, mariée avec le sieur du Caylar.

Le dit Loys, par son testament faict à Alby, institua héretier le premier-né posthume masle, et les enfans d'icelluy, préférant toujours les masles ; et à deffauts de ce substitua Bertrand de Pierrefort son frère, et après le fils d'icelluy, et en deffauts d'enfans masles, le premier-né de Jehanne sa fille.

L'an 1375 et 18 décembre, la dite Fleur, comme tutrice du dit Loys son fils, fit hommage au roy de la terre et juridiction de Moles et ses deppendances, avec obligation d'armer deux chevaux pour le service du roy, selon l'hommage faict par Pons Pierre, l'an 1293.

16

(Elle) Fist aussy hommage à l'évesque de Magallonne de la ville et seigneurie de Ganges, du chasteau de Sobeyrac, de la moitié de Cassilhac et chasteau de Brissac, lesquels fiefs de Cassilhac et Brissac estoient tenus par le dit évesque de l'Eglise romaine. Le revenu de Ganges est estimé au dit hommage à 8,000 sous, Cassilhac et Brissac à 100 livres.

Le dit Loys ayant vendu avec la sus dite Fleur sa mère 40 livres de rente à Jehan Jacoby, docteur en médecine à Montpellier, l'an 1432, pour la fondation de deux chapelles en la dite ville de Montpellier, pour le prix de 500 livres de principal assigné sur la baronnie de Castres, Bertrand Pierre, frère au dit Loys et fils à Fleur, racheta quelque temps après la dite rente, moyennant le remboursement de 500 livres.

Le dit Loys Pierre, l'an 1371, afferma les mines d'argent, cuivre, plomb et aultres métaux estants en ses terres de Ganges et Irle, à troys marchands de Montpellier, durant six années, pour 350 livres, pour tout le dit temps, à condition qu'ils pourroient faire des martinets sur la rivière de Vaux, pour battre les dits métaux. *Item :* que les fermiers seroient tenus luy payer deux quintaulx cuivre et deux quintaulx plomb, et donner deux tasses de bon argent à madame de Ganges, du poids les deux de troys marcs.

Guillaume de Collombier, aultrement dit de Bémes, escuyer, capitaine du chasteau de Pierrefort, natif du dit lieu, fit son héretier le dit messire Loys Pierre, seigneur de Pierrefort, et lui légua 200 livres pour racheter la rente de Neyrebrousse, aliénée par les prédécesseurs du dit Loys, et où il ne vouldroit accomplir son testament, faict le roy de France son héretier. Il estoit sieur des villages de Montusclat, de Faveyrolas, de Montclergue, de la Corbatos, de las Besseyras.

5ᵉ DEGRÉ.

Bertrand Pierre, seigneur des baronnies de Pierrefort,
Ganges, Castres, Aray, seigneur de Brissac, Cassilhac,
Sbensiac et aultres places, frère du dit Loys Pierre, fut
marié avec damoiselle Blanche de Seveyrac qui eut en dot
10,000 florins d'or, l'an 1391, et décéda la dite damoiselle
l'an 1406, ayant laissé de ce mariage les enfans qui s'ensuivent :

1° Antoinette, mariée, l'an 1408, à Loys de Panat, seigneur de Panat, vicomte de Peyrebrurme, seigneur
de Theuilhe et de Coppiac, et seneschal de Rouergue,
laquelle eut en dot 6,000 florins ;

2° Blanche, mariée à Gérard Heymar, seigneur de Gri-
gnan, l'an 1419 ;

3° Guilhaume, autrement Claudette, mariée à messire
Anthoine de Lodun, sʳ de Lers ;

4° Loys qui fut son héretier universel.

En secondes nopces, le dit Bertrand espousa Isabeau
de Gorsac qui apporta 4,500 liv., de laquelle heust
une fille :

5° Claude, mariée, l'an 1438, avec messire Mathellin
de Cardailhac, baron de Cardailhac et Montbrun en
Quercy, à laquelle fut constitué en dot, par son frère
Loys, 10,000 florins, de 16....... le chacun de forte
monoye.

De son temps et en l'an 1419, au mois d'apvril, fut
faicte enqueste par le seigneur de....., commissaire, et Mᵉ
Bardet, procureur et nothaire au lieu de Pierrefort, sur les
coustumes et antiens droicts seigneuriaulx qu'avoit le sʳ de
Pierrefort entre les rivières d'Espie, de Brezons et de Gre-
volhe et montagnes de Chantal, où entre aultres tesmoings,
Raymond Cayrol, eagé de 65 ans ; Gilbert Bra, eagé de
65, et Pierre Boyel de 80, déppozèrent unanimement qu'ils
avoient veu tout le temps de leur vie que toutes les me-

sures de bled et vin de Paulhenc, de Trébol, d'Oradour, de Cesens et Ripeyre de Bresons, lieux situés dans les li- mittes susdites, où se vendent les bleds et vins, estoient marquées aux armes du dit seigneur de Pierrefort, et que touts les marchands de vin résidants es dits lieux n'ausoient vendre le vin, sinon au prix taxé au dit lieu de Pierrefort.

Aussy touts ceulx qui tiennent rentes ou terres entre les troys rivières sus dites, doibvent hommage au dit sr de Pierrefort, comme sont les srs de Bresons, de Lastie, de Turlande, de Cognural, de Neyrebrousse, d'Oradour, de Seveyrac, du Caylar et aultres gentilshommes et vassaulx, jusques au nombre de quarante ou cinquante, comme il se voit par leurs hommages estants au chasteau de Pierrefort.

Envyron ce temps, la guerre des Anglois estant fort enflammée en France d'assiéger le chasteau d'Empon au diocèse de Nismes, où commandait le sr de Seveyrac qui tenoit le party des Anglois contre le roy de France. Et fust la dite place si bien assailhie, qu'enfin le dit sr de Seveyrac fut contraint de parlementer et la rendre entre les mains du dit seigneur Bertrand, moyennant 500 livres qu'il en receut, laquelle capitullation fut ratiffiée par le dit sieur Mareschal qui ordonna la dite somme estre payée par des- charge qu'il en fit sur le trésorier de Languedoc.

6e DEGRÉ.

Loys Pierre (2e du nom), fils de Bertrand, seigneur de Ganges, Pierrefort, Irle, Sumène, Brissac, etc., fut marié, environ l'an 1420, avec Anne Brachette, filhe de Marie de Vendosme, femme de messire Brachet, dame usufruic- tueresse de Montagu, de Pierrousse, de Sallignhac et de Sainct-Vallery, à laquelle fut constitué en dot ses seigneu- ries de la Faye en la marche, de Villefranche et de la Rocque-d'Arifac en Albigois. Jacques Brachet estoit son usufruictueresse.

Se trouve ung instrument de partage au chasteau de

Pierrefort ; faict entre deux frères de la maison de Vendosme, en date de l'an 1387, assavoir : entre messire Brochard de Vendosme, aussy chevalier, s^r de Foilhet, et messire Jehan de Vendosme, aussy chevalier, s^r de la Ferrère, par lequel ils divisèrent entre eulx unze places y spécifiées, dont ils estoient coseigneurs par indivis.

Du dit mariage sortirent les enfans qui s'ensuivent :

1° Gabrielle qui fut mariée avec Gaston de Lévis, chevalier, s^r de Leran, au diocèse de Mirepoix, l'an 1463;

2° Eliz, mariée avec messire Robert de Caylus, chevalier, seigneur de Caylus, de Bergonne et de Condonte ;

3° Galiéne, mariée à messire Jehan de la Caussade, seigneur de Puech-Cornet, à laquelle fut constitué en dot 5,000 escus ;

4° Jean qui fut institué héretier universel, par testament du dit Loys son père, de l'an 1471, et posséda le dit héretage trente-un ans ou environ, et Bertrand son frère luy fut substitué par le mesme testament ;

5° Bertraud qui eut pour sa part tout le bien dotal de la dite Anne Brachette sa mère, assavoir : les seigneuries de la Faye, de Villefranche et de la Rocque de Riphac.

Le dit Loys eut procès, aux requestes du palais à Paris, l'an 1450, contre l'évesque de Saint-Flour, touchant l'hommage de la seigneurie de Pierrefort, où le comte d'Armaignhac intervint, disant le dit hommage luy appartenir à raison de sa comté de Rhodez et Carlat.

Jehan, comte d'Armaignhac, ayant faict la guerre au roy Loys XI, avec les aultres princes de France, en l'an 1460, et faict prendre le seigneur de Beaujeu, gouverneur de Guyenne pour le roy, en l'an 1472, lequel toutefois il deslivra bien tost après, fut surprins l'an 1474 par les gents du dit roy Loys, en la ville de Lectore, où il fust tué avec la plus part des habitants, et pour ce que le dit Loys Pierre, Jehan et Bertrand Pierre, ses enfants, avoient heu plusieurs intelligences avec le dit feu Jehan, comte d'Armai-

gnhac, et mesme l'avoient recellé au chasteau de Pierrefort et avoient mesme plusieurs praticques avec le duc de
Nemours, associé du dit comte d'Armaignhac et des
princes conspirateurs, le dit roy Loys, en l'an 1476, donna
commission à mestre Taneguy de Jouieuse, chevalier, son
chambellan et son seneschal de Lyon, de faire saisir entre
ses mains tout le bien des trois susdicts, ce quy fut executé
par le dit sr de Jouieuse, le 20e may au dit an, en la ville
de Ganges ; et de tant que sa commission portoit de faire
venyr en cour les trois susdits et de retirer une jeune demoiselle non mariée, filhe du dit messire Loys, à la Mastre-
Jouieuse ou aultre-sienne place, le dit sr de Jouieuse les
somma de s'en aller en cour trouver le roy, quy firent
response : estre prets d'obeyr au roy ; et quand à la dite
jeune damoiselle, il la print par la main et luy demanda
gracieusement sy elle vouloit point venir avec luy à Jouieuse
ou à la Mastre, où elle seroit aussy bien traictée qu'aucune
de ses filhes. La dite damoiselle toute éplorée se jetta sur
le col de son père, disant ne le vouloyr abandonner. Et
ayant apperceu le dit sr commissaire que s'il usoit de force
à l'endroit des dessus dits, que les habitants de Ganges se
pourroient mutiner, trouva plus expédiant du scavoyr du
roy ce qu'il luy plairoit en ordonner. Du depuis il rentrèrent en grace avec le roy quy leur pardonna tout le
passé.

7e DEGRÉ.

Jean Pierre, fils de Loys, seigneur de Ganges, Pierrefort, Agen, Castres, Grissac, Verfeuilh, Bellegarde. Il eut
troys femmes : la première nommée Isabel-Grimoarde, de
la maison de Grissac, séneschaussée de Nismes. Et pour
entendre sa généalogie, convient scavoir que Guilhaume
Grimoard, sieur de Grissac, heust deux enfans : Guilhaume
quy fust abbé de Saint-Victor de Marseilhe et du depuis
pape soubs le nom de Urbain cinquiesme, l'an 1361, quy

fust personnage d'excellente vertu et magnanime, tenant
siége en Avignon, où les papes s'estoient tenus despuis l'an
1305 (1307). La quatriesme année de son pontificat, il fit
ung voyage à Rome, où arrivé qu'il fust essaia de pacifier
toute l'Italie agitée de diverses guerres et rechercha cu-
rieusement les chefs de saint Pierre et saint Paul, lesquels
par la longueur du temps estoient coulés hors la souvenance des hommes. Le dit pape Urbain ayant gouverné
l'Esglise chrestienne très sagement l'espace de huict ans et
quatre moys, mourut à Marseilhe. En faveur de luy,
Charles-le-Quint, roy de France, exempta de tailhes et
aultres charges les habitants de Grissac jusques à deux cents
feux.

L'autre fils du dit Guilhaume estoit nommé Anglois Grimoard, qui par après fut cardinal surnommé d'Albanie,
lequel, en l'an 1337, donna les seigneuries de Grissac,
Verfeulh et Bellegarde, à Grimaud Grimoard, aultrement
Signore, son neveu, qui heust quatre enfants :

1° Anthoine ;

2° Marguerite quy fust mariée avec Jehan de Gousson,
sieur d'Auriec, etc. ;

3° La dite Isabel mariée avec ledit Jehan Pierre, et encores

4° Urbaine que le dit Pierre maria avec Guilhaume de
Belvesser, sieur du Roure, à laquelle constitua en dot
3,000 escus.

A toutes les dites seigneuries de Grissac, Verfeulh, Bellegarde, la Roque, Rabiers et Montbel, la dite Isabeau
succéda comme substituée à Anthoine son frère, et après
elle estoit la dite Urbaine substituée.

Du mariage des dits Jehan et Isabeau sortit un filhe
unique nommée Loyse, laquelle, par testament de la dite
Isabel sa mère, faict en l'an 1465, fust instituée héretière
par esgale portion avec le dit Jehan Pierre. Et où la dite
Loyse décéderoit sans enfans, le dit Jehan Pierre son père

luy est substitué. Advint que la dite Loyse, après le décès
de sa mère, fut mariée avec messire Anthoine de l'Estrange, seigneur de l'Estrange et Boloigne en Vivarois
(Vivarez), laquelle mourut sans enfans en l'eage de pupillarité. Après la mort d'icelle survint grand procès entre
la susdite Urbaine Grimoarde, soy disant substituée à Isabel
sa sœur, et le dit Jehan Pierre, soy disant aussy substitué
à la dite Loyse. Enfin, par arrest de parlement, la substitution fust adjugée à Urbaine.

La segonde femme du dit Jehan Pierre fut Françoise de
Chalancon, qui mourut sans laisser aucuns enfans de ce
mariage.

Pendant que la dite Françoise estoit vivante, Bertrand,
frère du dit Jehan Pierre, pour mieux se nourrir en paix
et amityé avec Jehan son frère, espousa Loyse de Cenars,
niepce de la dite Françoise, et demeurèrent ensemble les
deux frères, au chasteau de Pierrefort, tant que la dite
dite Françoise vesquit; mays après sa mort, au moyen des
difficiles déportements d'Anne d'Ussel, troisiesme femme
du dit messire Jehan Pierre, se séparèrent.

La troisiesme femme fut Anne d'Ussel, veuve de messire
Claude de Montfalcon, chevalier, baron de Vicenobre et
d'Allez et séneschal de Carcassonne, filhe de messire
Georges d'Ussel, chevalier, seigneur du dit lieu en Lemo-
gen (Limousin) et des..... de Caylus et Palhez.

Le dit séneschal de Carcassonne heut six enfans de la
dite dame d'Ussel : ung fils et cinq filhes, ayant la chacune
3,000 livres de dot. Le fils appelé Pierre de Montfalcon
fut son héretier, lors pupille; la filhe aisnée fut mariée
avec le sr de l'Estrange; Jehanne, la seconde filhe, fut
mariée l'an 1499, à Loys de la Croix, escuyer, président
des généraulx de Montpellier.

Au dit Pierre de Montfalcon le dit Jehan Pierre vendit
la barounie de Brissac, l'an 1502, et mourut le dit Pierre
l'an 1513, et bientost après luy sa dite mère Anne d'Ussel,

ayant laissé de grandes richesses à Guilhaume La Croix,
fils des dits Loys et Jehanne, qu'elle avait amassées de la
maison de Pierrefort.

Le dit Jehan Pierre, induict par les pratiques et subor-
nations d'Anne d'Ussel, sa dite femme quy vouloit enrichir
ses enfans (du premier lit), et pour frauder d'autant Bertrand Pierre qui luy estoit substitué, vendit à plus de 100
mille francs de bien, entre autres la baronnie de Brissac,
pour 4,000 livres, avec pacte de *remere ;* les salines de
Peccajor ; la baronnie de Castres, pour autres 4,000 livres ;
les moulins du mandement de Ganges, pour 800 livres, à
M⁰. Honnorat Piguet, médecin du roy, habitant de B.....
Il querrela aussy (querella) la succession de Souveyrac en
Rouergue ; mais le collecteur de la présente généalogie
n'eut loysir, estant au tresor de Pierrefort, de visiter les
pièces du procès, pour apprendre le droict que pouvoit
avoir le dit Jehan ; toutefois, fut par luy noté, en passant,
ce qui s'ensuit.

L'an 1390, messire Guy de Seveyrac, chevalier, seigneur
du dit lieu et autres places, eut, entre autres enfans :

1° Jehanne de Seveyrac, mariée à mesʳᵉ Hugues d'Arpajon ; eut encores une autre filhe appelée :

2° Blanche de Seveyrac, qui fut femme de messire Bertrand Pierre, baron de Pierrefort et Ganges ; eut
encores ;

3° Guy de Seveyrac, lequel fut institué héretier par
testament de son père, à condition que où le dit Guy,
héretier, décéderoit sans enfans masles ou femelles, la
dite Jehanne luy succéderoit, et à la dite Jehanne le
second fils d'elle qui seroit tenu de porter les noms et
armes de Seveyrac, sans prendre aultre nom ne armes.
Et où la dite Jehanne décéderoit sans enfans, la dite
Blanche luy estoit substituée et les enfans d'icelle,
selon l'ordre susdit.

Le dit Guy de Seveyrac le fils fit son testament l'an

1416, par lequel institua son héretier Amaly de Seveyrac, mareschal de France, son oncle paternel, et fit son exécuteur messire Bernard d'Armaignhac, connestable de France.

Non obstant ce, Jehanne se porta pour héretière du dit Guy son père, et pour ce qu'elle avoit deux fils, le puisné d'iceulx, Béranger d'Arpajon, suyvant le testament du premier Guy, prit le nom et armes de Seveyrac et de Beauquaire. Et d'autre part, Amaly de Seveyrac se mit en possession du dit héritage et empêcha la dite Jehanne et son fils. A raison de quoy y eut procès au parlement de Paris, auquel intervint le comte d'Armaignhac, en vertu d'une prétendue donation que le dit Amaly luy avoit faicte de la dite seigneurie de Seveyrac et autres places de la dite maison. Pendant ce procès, le dit comte d'Armaignhac fit transport de ses droicts à Monsieur de Bourbon qui fit grande poursuite contre le dit messire Béranger d'Arpajon, lequel Béranger mourut sur ces entrefaites et laissa un fils nommé d'Arpajon.

Le comte d'Armaignhac, fils du dit connestable, estant décédé, le roy, qui disoit touts les biens du dit comte luy appartenir par confiscation, donna la seigneurie de Seveyrac au comte Dampmartin et la seigneurie de Beauquaire à l'admiral.

Reste de voir à qui fust ordonné par arrest du dit parlement, et le droict que le dit sr de Pierrefort prétendoit au dit héritage, et ce qu'en peut espérer le seigneur qui est aujourd'hui ou sa postérité. Sur quoy faut voir un factum estant en la trésorerie de Pierrefort.

Le dit messire Jehan Pierre afferma les mines d'argent et aultres métaulx estants au mont de Gordan et touche la baronnie de Ganges et Aray, à nobles François Agen et aultre François Agen, durant le temps de vingt-sept ans, pour le prix de 500 escus. Fit son testament l'an 1502, par lequel constitua héretier Bertrand Pierre son frère et luy substitua autre Bertrand son neveu, fils du dit Bertrand, et au dit neveu substitua sa nièce, première filhe de son dit frère, et à elle la seconde filhe après, et fit de beaux et riches léguats à Jehanne d'Ussel sa troisiesme femme, et mourut l'an 1508.

Il avait arrenté de son vivant la baronnie de Pierrefort et de Turlande, l'an 1480, au dit Bertrand Pierre son frère, seigneur de Villefranche d'Albigeois, pour quatre années et pour le prix de 1,600 livres.

Les dits Jehan et Bertrand Pierre frères vendirent à Guilhaume de Seveyrac la montaigne de la Chambe, au hault pays d'Auvergne, et le village de Trenac avec toute justice (pour) le prix de 1,200 livres.

7° DEGRÉ.

Bertrand Pierre, frère du dit Jehan Pierre, seigneur de Pierrefort, Ganges, etc., print à femme Loyse de Cenars, de laquelle heut trois enfans qui luy survesquirent :

1° Jehanne, mariée avec messire Loys Eraïl, seigneur de Buzeringes, d'Agen, etc. ;

2° Françoise qui fut mariée avec messire Jehan de Bizières, seigneur de Venejan ;

3° Bertrand qu'il institua héretier, et sy mouroit sans enfans, luy substitua Françoise, et à la dite Françoise Jehanne son aultre filhe. Toutes fois, par codicile de l'an 1511, faict à Ganges, le dit testateur couppa les dites substitutions et ordonna que, où son fils Bertrand décéderoit sans enfans masles, que les biens fussent rendus à l'une de ses dites filhes ou l'ung des enfans masles d'icelles, que le dit Bertrand esliroit, à la charge que le masle esleu porteroit le nom et armes de la maison de Pierrefort et Ganges, aultrement non, et qu'en ses biens n'y eut qu'ung héretier. Et où le dit Bertrand décéderoit sans enfans, survivant sa dite mère, en ce cas vouloit que Loyse de Cenars, femme

du dit testateur, fit l'élection et instituât et substituât
une de ses dites filhes ou un leur fils masle, aux conditions susdites ; voulant ses dits biens estre rendus à
l'héretier esleu, sans diminution et retention aucune,
et que son héretier, du vivant de la dite Loyse de
Cenars, ne puisse rien faire sans sa licence. Il mourut
l'an 1511.

Il achepta la place de Saincte-Eulalie du seigneur de
Cenars son beau-père, appert du contract de vente reçeu
par Mᵉ Michel Michel, du lieu de la Cavorgne ; et par son
codicile sus-mentionné, prohiba à ses héretiers de ne la
vendre à aucun, non pas mesme à la maison de Cenars.

Transaction fut passée entre les dites sœurs Françoise
et Jehanne, de l'auctorité de leurs maris, que, au cas que
la dite Françoise décéderoit sans enfans légitimes, la baronnie de Ganges et Saincte-Eulalie appartiendroient à la
dite Jehanne, sauf la baronnie d'Yerle de laquelle la dite
Françoise pourroit disposer à sa vollunté. Et advint que la
dite Françoise, quy estoit une dévote et vertueuse damoiselle, mourut sans enfans, après avoir recueilhy les biens
de sa mère Loyse de Cenars qui l'avoit instituée héritière ;
elle fit héretier son mary, le dit messire Jehan de Beziers ;
de quoy sera parlé cy-après.

8ᵉ DEGRÉ.

Bertrand Pierre, deuxième du nom, fils du dit Bertrand,
baron de Ganges, Pierrefort, Aray, etc., print à femme
damoiselle Isabeau de Lastic, filhe de mesʳᵉ Loys de Lastic,
seigneur du dit lieu, de Monsuc et Rochegonde, et de
damoiselle Anne de la Fayette, en aoust 1515, qui luy
constituèrent en dot 4,000 livres et 500 livres pour les
vestements nuptiaulx. Le dit mariage fut (célébré) à Ro-
chegude.

Le dit Bertrand mourut tost après, sans avoir eu aucuns
enfans et sans tester ny faire l'élection portée par le testa-

ment de son père ; parce la dite Loyse de Cenars sa mère
eslut la susdite Jehanne, femme du dit messire Loys Erailh,
de laquelle Jehanne messire Réné Erailh son mari fut héretier.

La dite damoiselle Isabeau de Lastic espousa en secondes
nopces messire François Jauffre, chevalier, seigneur de
Bossigncu, Pasots, La Nef et Sumène. l'an 1520.

Fut passée quittance au dit Bertrand par un prieur du
couvent de Saint-Flour, l'an 1515, par laquelle appert que
les seigneurs de Pierrefort ont fondé au dit couvent une -
vicarie dotée par eulx de 500 sestiers..... bled soigle, du
revenu chacun an.....

Le dit prieuré conventuel dépend de l'abbaye de Cluny
et fut despuis érigé en évesché par le pape Jehan XXII,
et fut démembré au (du) diocèse de Clermont pour la trop
grande estendue d'icelluy, et fut le premier évesque de
Sainct-Flour ung nommé messire Archimbaut.

Se trouvent au chasteau de Pierrefort deux hommages
du dit chasteau et seigneurie de Pierrefort, l'ung faict par
ung seigneur du dit lieu, fils de Guilhaume de Pierrefort,
au dit prieuré conventuel, en date de l'an 1056.

L'autre hommage est faict par Gilbert, seigneur de
Pierrefort, fils de Pierre, l'an 1277, par lequel est porté
que, quand le prieur du dit monastère de Sainct-Flour
viendra au chasteau de Pierrefort, il logera avec deux ou
trois moines et ses serviteurs au donjon du dit chasteau;
et le seigneur de Pierrefort avec ses gens sera tenu d'aller
au bourg (1).

Se trouve que le seigneur de Pierrefort fit hommage au
vicomte de Carlat des chasteaux de Pierrefort et de Tur-

---

(1) De pareilles choses seraient-elles croyables , si l'histoire ne
les rapportait pas très-souvent, plus humiliantes encore; et comment cette noblesse, née parfaitement libre, avait-elle pu s'assujétir
à de semblables manœuvres ?

lande, avec leurs mandements, reçeu par Mᵉ Jehan, notaire, en septembre 1346.

8ᵉ DEGRÉ.

**Loys Pierre, dit Erailh, sieur de Buzeringues, d'Agen,
Pierrefort, Ganges, etc., espousa Jehanne de Pierrefort,**
héritière universelle de Bertrand Pierre, son père, et aultre
Bertrand Pierre, son frère, en l'an 1516, par la nomination
de sa mère Loyse de Cenars. Par le moyen duquel mariage
les maisons de Buzeringues, d'Agen et Pierrefort, furent
unies.

La dicte Loyse de Cenars mourut l'an 1523, après avoir
demeuré en viduité l'espace de douze années, ayant esté
usufructuaire d'une bonne partie des biens de son feu mary,
et pourvcut bien ses deux filhes, car Jehanne fut eslevée
par elle aux biens de la maison de Pierrefort et de Ganges,
selon le pouvoi qu'elle en avoit de son feu mary, et fut
son héritière universelle Françoise, femme du sʳ de Venejan.

De ce mariage de messire Loys Pierre, dit Erailh, furent
procréés les enfans qui s'ensuivent :

1º Françoys qui mourut en pupillarité, nommé héretier;

2º Réné quy fut héretier substitué ;

3º Françoyse, mariée au sieur de Capluc, Mainial, Vay-
    rans, en 1555 ;

4º Pierre ;

5º Jean, lequel, en l'an 1549, s'en allant faire la guerre
    à Ardres ou en Ecosse, sous la charge du capitaine
    Dampans, fit au lieu d'Aspañon, concession de tous
    ses biens au dit Réné son frère ;

6º Jeanne ;

7º Autre Jeanne plus jeune.

Pour descharger plusieurs Ippotèques (de) la maison de
Pierrefort, le dit Loys Erailh vendit une seigneurie appelée
de Peyrebessère, en Gévaudan, pour le prix de 4,000 liv.;
vendit encore la seigneurie d'Agen.

Le dit messire Loys et damoiselle Jehanne de Pierrefort, par leur testament de l'an 1508, instituèrent leur héretier universel Françoys Erailh leur fils aisné, et luy substituèrent Réné Erailh leur autre fils quy succéda, car Françoys mourut en eage de pupillarité. Il maria sa sœur Anthoinette avec messire Anthoine Sac, sieur de Cocunral, 1526. Et par autre leur testament du 19 aoust 1523, prohibèrent à leur dit héretier et ses enfants malles d'aliéner Ganges, Pierrefort et Buzeringues, pour la continuation du nom, maison et armes de la maison (de Pierrefort).

9ᵉ DEGRÉ.

Réné Pierre, dit Erailh, chevalier de l'ordre du roy, seigneur de Pierrefort, Ganges, Buzeringues, Agen, Brissac, etc., fut marié avec dame Jehanne de la Roue, filhe de messire Loys de la Roue, baron du dit lieu, de Montpeloux, etc., à laquelle Charles de la Roue, son frère, constitua en dot 8,500 livres; et fut faict le mariage, en mars 1549, au chasteau de Tournon, estant lors curateur de la dite dame messire Just de Tournon.

Le dit messire Réné vendit à Balthazar de Sainct-Estienne, escuyer, seigneur de Bozerolles et de Sainct-Marsal, la baronnie de Ganges, pour le prix de 9,900 livres; contract reçeu Selans, le 3ᵉ aoust 1560; partie duquel prix fut employé pour recouvrer Agen et Saincte-Eulalie.

Le dit messire Loys de la Roue heut de damoiselle Loyse de Clavisson, sa femme, trois enfans :

1º Charles, son fils ainé, quy fut un très vaillant seigneur, et mourut frappé de troys arquebusades à l'assaut de Dinan, pays de Liège, pour le service du roy Henri II, l'an 28ᵉ de son eage et de nostre siècle 1554;

2º Jacques, quy luy estoit substitué, succéda au dit Charles, et quictant le bonnet rond, suivit les armes pour le service du roy en toutes les guerres civiles; fut chevalier de l'ordre du roy et capitaine de cin-

quante hommes de ses ordonnances, et mourut à Paris
l'an 1575, et fut enterré aux Cordeliers de Paris,
comme le corps de son frère Charles à Nostre-Dame
de Mizières, et le cœur d'icelluy en l'esglise d'Aurec.
Et pour ce que touts deux moururent sans enfans et
sans estre mariés ;

3° Jehanne leur sœur, qui aussi leur estoit substituée,
succéda à l'héritage de la maison de la Roue en mars
1570;

De ce mariage ont esté procréés sept enfans, ung fils
et six filhes, desquelles sont encore vivants aujourd'huy,
20 décembre 1585, ceulx quy s'ensuivent :

1° Damoiselle Gabrielle, mariée avec Monsieur de Com-
brelles ;

2° Damoiselle Marcelline, en premières nopces mariée
avec le sr de Monstroger, et en secondes avec M. de
Vassallieu et la Guilhanche ;

3° Loyse ;

4° Anthoinette, mariée avec M. du Goys ;

5° Messire Marc de la Roue, à présent seigneur et baron
du dit lieu, à qui Dieu veuilhe prester très heureuse
et très longue vie, et qu'il puisse voyr fleurir ses enfants jusques à la quatriesme et cinquiesme génération ;

6° Magdaleyne, religieuse au monastère Saincte-Claire
du Puy ;

7° Marguerite, mariée avec M. de la Valette.

L'an 1541, Aymar d'Ancesune, seigneur de Capderousse,
passa revente au dit Réné de la place et seigneurie de
Brissac, que Guilhaume d'Ancesune, père du dit Aymar,
avoit acheté de messire Loys Erailh, Françoise et Jehanne
de Pierrefort et Loyse de Cenars, en l'an 1517, pour le prix
de 4,000 livres.

Le dit messire Réné passa transaction avec messire Jehan
de Beziers, seigneur de Venejan, au diocèse d'Uzès, senes-

chaussée de Beauquaire et Nismes, en date du 26 novembre
1554, que ledit de Beziers pour touts les droicts que luy
peuvent competer sur la maison de Pierrefort. La femme
de laquelle il estoit héretier, aura les baronnies d'Yerles et
de Brissac ; *item :* jouira de la moitié du revenu de la baronnie de Ganges ; *item :* que les droicts et actions prove-
nants de la dot de feue damoiselle Loyse de Cenars, de et
sur les biens dudit seigneur de Cenars, appartiendront audit Venejean, comme héretier de ladite feu damoiselle de
Pierrefort, sa femme, héretière universelle de ladite dame
Loyse de Cenars ; *item :* que les baronnies de Pierrefort et
Ganges et les droicts de recouvrer ce qui est aliéné, dépendant desdictes baronnies, et les autres biens de Pierrefort, demeureront audit Réné Erailh, ensemble Saincte-
Eulalie.

Ledit messire Réné mourut l'an 1572, en septembre, et
par son testament du 5 dudit moys et an, institua héretier
messire Marc Pierre, son fils, et luy substitua Gabrielle,
et de l'une à l'autre. Ledit testament reçu Solans.

10e DEGRÉ.

Messire Marc Pierre de la Roue, fils dudit messire Réné,
chevalier de l'ordre du roy, seigneur et baron de Pierrefort,
Buzeringues, Agen, Saincte-Eulalie, la Roue, Sainct-
Anthème, Montpeloux, Usson, Aurec, Oriol, La Chapelle,
Dunières, La Fare, La Marade, Fressens et autres places,
est marié avec madame Suzanne de Rochebaron, et de cet
heureux mariage sont sortis de très-beaux enfants, assavoir : quatre fils et quatre filhes que Dieu a voulu appeler
à soy, réservé deux filhes qui sont restées vivantes dudit
nombre, l'aisnée appelée

Mademoiselle Jeanne, du despuis mariée avec monsieur
de Haulte-Val, et eut 10,000 escus de dot ; l'autre :

Mademoiselle Gaspare.

En faveur dudit mariage, dame Jehanne de la Roue

donna audit messire Marc, son fils, lesdites seigneuries de
la Roue, Sainct-Anthème, Montpeloux, Usson et La Marade, en prépcivité et avantage de touts ses autres enfants,
retenant l'usufruit desdits biens donnés, sa vie durant,
soubs condition que sy ledit sieur donataire meurt sans
enfants procréés de luy en loyal mariage, à luy survivants,
ladite dame sa mère, en ce cas, tous lesdits biens retour-
neront à ladite dame donatrice, pour en disposer à volonté.
Et seroit aussy descendu dudit seigneur Marc de la Roue,
Gaspard de la Roue, son fils aagé d'un an.

Ici finit la généalogie manuscrite dressée par Me Jean
Piquet.

Armes : de Bretagne, pour Pierrefort.

Branche de la Roue-Harenc, en Forez.

L'existence de cette branche en Forez et en Lyonnais,
dès le XIIe siècle, est constatée par diverses chartes de ce
temps et par plusieurs témoignages publics des plus respectables, entre autres par M. Lambert d'Herbigny, intendant de Lyon, dans le Mémoire particulier qu'il composa
pour M. le duc de Bourgogne ; par M. Boullainvilliers qui,
dans son *Etat de la France,* la met au rang des principales maisons de cette généralité ; par une enquête juridique
de l'année 1517 ; enfin , par une enquête en l'élection de
Saint-Etienne, pour la reprise du nom de la Roue, du 29
août 1665. Elle se trouve aussi mentionnée dans l'état des
familles nobles du Vivarais qui ont fourni des gentilshommes
aux bans et arrière-bans des années 1513, 1637 et 1694.

Dans le terrier de Saint-Robert du prieuré de Saint-
Sauveur, folio 21, il est dit qu'en 1173, Humbert de la
Roue a légué au monastère de Saint-Sauveur et aux moines

de la Chaise-Dieu tous les ténements des Chaboudes au village de Malbesse.

Au folio 53 du même terrier se trouve la donation que Bernard de la Roue fit au prieuré de Saint-Sauveur de tout ce qu'il possédait au Tronc, à raison de l'admission de Guigon de la Roue son fils parmi les religieux de ce monastère. Enfin, au folio 31 du même terrier, on voit que le même Bernard de la Roue et Arnaud du Sablon, qui avait épousé une sœur de Humbert de la Roue, promirent par serment de ne troubler en aucune façon les donataires du même Humbert dans les choses dont il avait disposé en leur faveur.

1er DEGRÉ.

Pierre de la Roue, premier du nom; damoiseau, reconnut, par acte du 2 mars 1323, tenir le fief des Chabondes à foi et hommage du prieuré de Saint-Sauveur, reconnaissance reçue par Guy de Vassel, prieur de ce monastère. (*Terrier de Saint-Robert, folio 412.*)

En 1328, Pierre de la Roue, damoiseau, transigea avec Alexandre, seigneur de Saint-Didier, sur leurs prétentions respectives au sujet de la juridiction basse des mas de Poyet, de Malaure et de Fauges. Il eut pour fils :

2e DEGRÉ.

Josserand de la Roue, damoiseau, qui reçut un aveu de Marc de la Fayolle, en 1333, acte dans lequel Josserand est énoncé fils de Pierre de la Roue, damoiseau. Il est rappelé dans l'enquête de 1517 dont nous parlerons plus bas. Il avait épousé, vers l'an 1340, N..... Harenc, héritière d'une ancienne et illustre famille (1) dont les descendants ont relevé le nom et les armes. Il fut père de :

(1) Voir la note à la fin de la généalogie.

Pierre de la Roue, *alias* Harenc, deuxième du nom, qui assista, le 14 janvier 1400, avec Béatrix sa femme, au contrat de mariage d'Antoine, leur fils aîné, et lui firent donation, le 18 du même mois, de la quatrième partie de leurs biens meubles et immeubles. Béatrix ne vivait plus le 19 décembre 1406. Pierre de la Roue en avait eu :

1° Antoine, premier du nom, dont l'article suit ;

5° Jean Harenc de Malbesse, damoiseau, ainsi nommé et qualifié dans son contrat de mariage, en 1402, avec Alix de Maumer, fille de Guigues, seigneur de Maumer, damoiseau, et de Sibylle de Pagan. On ne leur connaît pas de postérité ;

3° Deux filles dont on ignore la destinée.

4ᵉ DEGRÉ.

Antoine de la Roue, *alias* Harenc, premier du nom, seigneur de la Condamine, épousa, par contrat du 4 janvier 1400, signé Gordani, Louise de Montoner, fille unique et héritière de Nicolas de Montoner (ou Monthovert), seigneur de la Condamine, et de Catherine d'Ay. C'est de l'époque de ce mariage que date l'établissement de la maison de Harenc au château de la Condamine qu'elle possède encore aujourd'hui et dont elle a constamment porté le nom. Antoine de la Roue est rappelé dans l'enquête de 1517, comme ayant fait le service du ban et arrière-ban. Ses enfants furent :

1° Aimard, premier du nom, qui suit ;

2° Louise Harenc, mariée, en 1432, avec Pierre de la Gorce, du lieu d'Ay en Vivarais ;

3° Artaude Harenc, mariée, le 7 janvier 1438, avec noble Perrinet du Bois.

5ᵉ DEGRÉ.

Aimar Harenc, premier du nom, dit le Vieux, damoiseau, seigneur de la Condamine, est également rappelé dans l'enquête de 1517, comme ayant fait le service au ban et arrière-ban du Forez, toutes les fois qu'il avait été convoqué. Il épousa, par contrat du 6 janvier 1446, Françoise de Beaux, fille de noble Bertrand de Beaux, des seigneurs de Jonas et de Sarras en Vivarais. Il eut de ce mariage :

1° Aimar, deuxième du nom, qui suit ;

2° Philippe Harenc qui passa un contrat de vente avec son frère Aimar, le 1er mai 1483. Les deux frères transigèrent avec un tiers, le 5 juillet 1516, sur la succession de Louise de Verrières, veuve de noble André du Bois, leur cousin, lequel avait testé le 13 novembre 1510, en faveur de la même Louise et d'Aimar Harenc ;

3° Marie Harenc, femme de Barthélemy de Villars, l'un des aïeux du maréchal de Villars.

6e DEGRÉ.

Aimar Harenc, deuxième du nom, écuyer, seigneur de la Condamine, passa un contrat de vente, le 23 décembre 1482, et fournit une reconnaissance féodale au mois de décembre 1493. Ayant été troublé dans ses droits par les habitants de Saint-Julien-Molin-Molette en Forez, il fit constater sa noblesse par deux enquêtes dont l'une, datée du 15 juillet 1517, rapporte que sa famille passait pour être sortie de celle de la Roue ; qu'Antoine, son aïeul, avait servi le roi, en qualité de page, dans la guerre de Catalogne et à Perrigny, et que lui personnellement avait porté les armes comme archer dans la compagnie du bailli de Forez. Le 1er décembre de la même année 1517, il intervint une sentence des élus de Forez qui le confirmèrent dans ses droits et exemptions de noblesse, sentence confirmée par la Cour des Aides de Paris, le 6 juillet 1518. Le sire de Beaujeu avait fait épouser à Aimar II, par contrat du 24 novembre 1499, Antoinette de Sallemard, fille de Bertrand de Sallemard, seigneur de Ressis, chevalier de l'ordre du

roi, chambellan de Pierre II, duc de Bourbon, et d'Anne
de France, et de Jeanne de Bourbon, fille de Jean II de
Bourbon, seigneur de Carency, de l'Ecluse et de Duisant,
chambellan du roi Charles VII, et nièce de Jacques de
Bourbon, comte de la Marche, grand chambrier de France,
auteur de toutes les branches actuelles de l'auguste maison
de Bourbon. Aimar Harenc était gentilhomme du connétable de Bourbon, comte de Forez. Il eut une grande part
à la confiance de ce prince, et le reçut dans son château
de la Rivory lorsqu'il sortit du royaume pour se jeter dans
les bras de l'empereur Charles-Quint (1). L'hospitalité que
lui donna Aimar Harenc eut des suites fâcheuses pour sa
fortune : une partie de ses biens fut confisquée et le château
de la Rivory rasé. Il fit son testament le 24 février 1523.
Ses enfants furent :

1º Antoine, deuxième du nom, dont l'article suit ;

2º Philippe Harenc, seigneur de Trorésar, marié avec
Julienne Le Gros, héritière de noble Jean Servat son
oncle. Philippe laissa deux fils en bas âge sous la tutelle de Christophe de Saint-Chamond qui commandait
dans le haut et bas Vivarais, savoir :

1º Louis Harenc, seigneur de Trocésar, qui épousa
N... de Saint-Chamond, fille du même Christophe.
Le roi Henri III lui donna une commission pour
commander une compagnie de deux cents lances,
et fut l'un des trois gentilshommes que M. de
Mandelot choisit par ordre du roi, pour faire une
semblable levée. Louis Harenc avait été lieutenant de la compagnie de gens d'armes de M. de
Chevrières. Il laissa deux fils :

1º Christophe de Harenc de la Condamine,

---

(1) On conserve encore dans le château de la Condamine un vieux
vase en verre assez commun, où sont figurées, en espèces de semences
de perles, les armoiries du connétable de Bourbon.

seigneur de Trocésar, qui eut trois filles de
son mariage avec Louise de Villars :

1° N... de Harenc de la Condamine, admise au noviciat au couvent de Joursey, dépendant de l'abbaye de Fonte-
vrant, suivant une obligation au profit
de ce couvent, du 12 novembre 1617;

2° N..... de Harenc de la Condamine, à
laquelle Pierre de Villars, coadjuteur
de l'archevêque de Vienne, son oncle,
fit une donation, le 25 mai 1625, au
profit du monastère de Sainte-Claire
d'Annonay, où elle prenait le voile;

3° Antoinette de Harenc de la Condamine,
de Trocésar, qui fut reçue religieuse
au couvent des Ursulines de Saint-
Chamond, le 14 février 1627;.

2° Jacques de Harenc de la Condamine, seigneur de Trocésar, qui fit son testament le
16 juillet 1632, au profit de Pierre de Villars,
archevêque de Vienne. Cette branche de
Trocésar, maintenue dans sa noblesse en
1667, s'est éteinte en la personne de Melchior de Harenc, premier doyen du chapitre
noble de Saint-Pierre de Vienne, après sa
sécularisation ;

2° Artaud Harenc, seigneur de Farnay, gouverneur
du château et de la ville de Saint-Chamond pendant les guerres civiles. En 1581, il prête serment entre les mains du gouverneur de Lyon.
Sa postérité s'est éteinte avant celle de son frère
aîné ;

3° Louise Harenc, mariée, en 1516, avec Claude de
Crues, écuyer, lequel fit son testament le 16 avril
1550;

4° Autre Louise Harenc, mariée, le 11 mars 1521, avec
Laurent de Gramont, seigneur des Echelles, panetier
de l'empereur.

7° DEGRÉ.

Antoine Harenc, deuxième du nom, seigneur de la Condamine, et noble Bertrand de Boulieu, seigneur de Jarnieu,
vendirent, par acte du 20 juillet 1539, à Gabriel Bollioud,
procureur du roi à Bourg-Argental, divers cens situés à
Argental, Saint-Julien-Molin-Molette et Montchal, Antoine
Harenc fournit, dans la même année 1539, au bailli de
Forez, le dénombrement de ce qu'il tenait en franc fief
dans ce pays. En 1543, il servait en qualité de lieutenant
des gens de pied composant la garnison établie alors dans
la ville de Narbonne. Un congé de deux mois que lui donna,
le 6 août de cette année, M. de Montpezat, commandant
en Languedoc, le qualifie de lieutenant de la bande de mille
légionnaires. Il fut délégué, par commission du 3 août 1544,
pour faire les montres, contrôles et payements des arrière-
bans de Lyonnais, Forez et Beaujolais. Il avait épousé, par
contrat passé devant Paret, notaire à Saint-Chamond, le 5
juillet 1525, Sibylle de Saint-Chamond, laquelle fit son
testament le 11 août 1552, devant Royer, notaire royal en
Forez. Elle était fille de haut et puissant seigneur Jean de
Saint-Priest, marquis de Saint-Chamond, premier baron de
Lyonnais. Antoine Harenc fit le sien devant Trompet, notaire à Champagne, le 10 janvier 1579. Leurs enfants
furent :

1° Artaud Harenc, mort sans postérité ;

2° Jean Harenc,   id.

3° André qui a continué la descendance ;

4° Claude Harenc, mort jeune ;

5° Antoine Harenc qui a eu pour fille Louise de Harenc,
mariée, en 1599, avec Aimar de Saint-Priest, seigneur
marquis de Fontanez, fils de Louis de Saint-Priest et
d'Antoinette de la Porte ;

6° Jeanne Harenc, mariée, le 29 décembre 1557 (acte
reçu Bollioüd, notaire), avec Guillaume de la Tour,
seigneur de Varan (1);

7° Cécile de Harenc, femme de noble Louis Le Felin, en
Dauphiné;

8° Louise de Harenc, mariée, en 1563, avec Louis Arod,
seigneur de Senevas, fils de Jacques Arod, seigneur de
Senevas, et de Claude de Saconnay.

8ᵉ DEGRÉ.

André de Harenc, écuyer, seigneur de la Condamine,
fut du nombre des seigneurs catholiques que le massacre
de la Saint-Barthélemy rallia au parti du roi de Navarre,
du prince de Condé et des religionnaires. Il prit une part
très-active aux événements militaires du Vivarais. Aussi,
lorsqu'en septembre 1574, Jean de Fay, seigneur de Virieu,
qui avait longtemps suivi le même parti, vint proposer, au
nom de Henri III qui revenait de Pologne et traversait le
midi de la France, de conférer avec la ville d'Annonay
pour la soumission de cette place, les seigneurs de la Condamine et de Fay-Gerlande, deux des principaux chefs qui
s'y trouvaient, refusèrent-ils de se constituer ôtages de
cette négociation. Cependant les pourparlers ayant continué, et les offres présentant de la sécurité et des avantages
pour le pays, une trève fut conclue le 25 avril de cette
année dans le château de la Condamine, situé sur la paroisse de Saint-Julien-Molin-Molette, au diocèse de Lyon.
Le roi nomma André de Harenc commandant des places de
Virieu et d'Annonay, et le pourvut d'une charge de l'un
des cent gentilshommes de sa maison. *(Pièces fugitives*

(1) Dans la généalogie publiée par M. Lainé, il y a eu erreur. C'est
que Louise de Harenc, qui tient le n° 6, a été mise à la place de
Jeanne sous le n° 8 de la filiation. Les titres que nous possédons
nous ont permis de redresser cette inexactitude.

pour servir à l'Histoire de France, t. 2 ; *Notice sur les
guerres civiles du Haut-Vivarais*, p. 6, 14 et 38.) En
1577 et 1578, André reçut deux nouvelles commissions de
M. de Mandelot pour défendre diverses places du pays
contre les religionnaires. Il avait épousé, par contrat du
15 mars de la même année 1574, passé devant Rousset,
notaire à Chavanay en Forez, Michelle de Fay, fille de
haut et puissant seigneur messire Jean de Fay, chevalier
de l'ordre du roi, seigneur de Virieu et de Malleval (de la
même maison que les seigneurs de la Tour-Maubourg) et
de Louise de Varey. André de Harenc fut maintenu dans
sa noblesse par jugement des commissaires au régallement
des tailles, du 1er mars 1599. Il avait fait son testament
devant Rousset, notaire à la Condamine, le 31 juillet 1591.
Il mourut le 3 octobre 1600, ayant eu de son mariage :

1° Antoine de Harenc, marié avec Marguerite de Rey-
nard. Ils firent un testament mutuel, le 9 juin 1618,
et n'eurent pas de postérité ;

2° Christophe qui suit ;

3° Jean de Harenc qui reçut, le 1er octobre 1605, du
duc de Savoie, en récompense de ses services et blessures, le brevet d'une pension de 300 ducatons. Il
jouissait au même titre, en France, d'une autre pension de 1,800 livres que S. M. transféra, le 19 février
1611, à Christophe son frère. Jean de Harenc était
gentilhomme du roi Louis XIII. Le 23 mai 1614, ce
monarque et la reine-régente le chargèrent d'une
négociation secrète auprès de la duchesse de Nevers,
pour engager cette princesse à faire retirer ses troupes,
conformément au traité de Soissons et de Sainte-Me-
nehould. Il fit son testament le 1er mars 1613, puis,
le 14 juillet 1627, un codicile dans lequel il est qualifié capitaine d'une compagnie de gens de pied du
régiment de Champagne ;

4° Imbert de Harenc ;

5° Jacques-Claude de Harenc ;

6° Pierre-Antoine de Harenc.

L'un de ces trois derniers frères fut chanoine du noble chapitre de Saint-Pierre de Vienne ;

7° Louise de Harenc ;

9ᵉ DEGRÉ.

Christophe de Harenc, écuyer, seigneur de la Condamine, transigea avec son frère Jean, le 4 juillet 1612. Le 23 juillet 1616, il reçut du duc de Savoie une commission pour commander une compagnie de cent hommes de pied dans le régiment de M. de Viricu. Il en commandait une, en 1617, dans le régiment de Champagne, puis une autre, par commission du 23 novembre 1621, dans un régiment de nouvelle levée. Lieutenant du célèbre marquis de Saint-Chamond, le seigneur de la Condamine commanda les enfants perdus au siége et au sac de Privas par Louis XIII, en 1629. (Voyez la *Vie de Henri, dernier duc de Montmorency*, par Ducros.) Il fut déclaré noble issu de noble race et lignée par les commissaires départis pour le régallement des tailles dans la généralité de Lyon, le 30 mars 1635. Il était lieutenant du roi à Valence en Dauphiné, lors d'une sentence du bailliage de Bourg-Argental, du 26 août 1636, qui le dispense, par ce motif, de se rendre à l'armée de Picardie. Il avait épousé, par contrat du 3 octobre 1600, passé devant Garnier, notaire à Annonay, Anne de Boulieu, fille de noble Meraud de Boulieu, seigneur de Charlieu, gentilhomme ordinaire de la chambre du roi, et de Jeanne de Pelet de la Vérune, et nièce de Laurent de Boulieu, chevalier de l'ordre de Malte, qui, commandant au fort Saint-Elme, en 1565, fit une glorieuse défense dans ce poste, lors du siége de Malte par les Turcs, et qui, après la prise de ce fort, quoique atteint de plusieurs blessures mortelles, fut écorché vif par ces ennemis de la foi chrétienne. (Tom. 1ᵉʳ, p. 53, du *Martyrologe des Chevaliers de Malte,* par le P. Goussencourt qui, par erreur, fait la femme de Christophe de Harenc sœur de Laurent de Bou-lieu.)

Christophe de Harenc, toujours lieutenant du gouver-nement de la citadelle de Valence, fit son testament devant Mayol, notaire à Bourg-Argental, le 29 juin 1658.

Ses enfants furent :

1° Pierre, troisième du nom, qui suit;

2° Gabrielle de Harenc, mariée avec Meraud de Saint-Pol, seigneur de Reveux, qu'elle rendit père d'Artaud, de Saint-Pol, seigneur de même lieu;

3° Trois autres filles dont on ignore la destinée.

10° DEGRÉ.

Pierre de Harenc, troisième du nom, chevalier, seigneur de la Condamine, de la Rivory, de Vernas, etc., page, puis gentilhomme ordinaire de la chambre du roi Louis XIII, et son écuyer tranchant, servait en qualité d'enseigne de la compagnie colonnelle du régiment de Féron, comme on l'apprend par un acte de notoriété qu'il fit faire en 1641, et dans lequel il est dit qu'il était au service depuis l'âge de 18 ans. Ensuite il fut capitaine dans le régiment de Balagny. Il fut maintenu dans sa noblesse d'abord, en 1641, par les commissaires-généraux aux francs fiefs; puis, en 1667, par M. du Gué, intendant en Lyonnais. Il avait épousé, par contrat passé devant Dubois, notaire au man-dement de Quinthenas en Vivarais, le 11 avril 1641, Claude de Baronnat, fille d'Imbert de Baronnat, sieur de la Mure, et de Rénée du Gast de Saint-Gervais. De ce mariage sont issus :

1° Gabriel-Henri dont l'article suit;

2° Joseph de Harenc de la Condamine, écuyer, lieute-nant dans le régiment de Leuville (infanterie), marié, par contrat du 13 septembre 1685, avec Marie-Marthe de Bère, fille d'Antoine de Bère et de Claudine Ber-nier. Il eut pour fils :

Gabriel-Joseph de Harenc de la Roue, chevalier,
né le 11 août 1687. Il fit une campagne en qualité d'aide-de-camp du maréchal de Villars dont
il était parent. Sa mauvaise santé le força de
quitter le service. Il s'était marié, par contrat du
2 janvier 1727, avec Jeanne Chappuis de Laval,
fille d'André Chappuis, écuyer, seigneur de Laval,
de la Goutte, du Sappey, de Charlieu, etc., cornette dans le régiment Royal-Piémont, et de
Françoise de Mazenod, sa seconde femme. Il en
eut :

1° André-François, comte de Harenc, né le 15
janvier 1731, page de madame la dauphine
en 1749, mousquetaire de la seconde compagnie en 1752, puis, en 1756, capitaine de
dragons au régiment de Languedoc, enfin
chevalier de l'ordre de Saint-Louis en 1773.
Il quitta le service l'année suivante, et se
maria le 30 novembre 1775, avec Charlotte-
Marie-Anne-Louise de Bon, fille de haut et
puissant seigneur messire Guillaume de Bon,
ancien premier président du Conseil souverain de Roussillon et intendant de cette
province, et d'Elisabeth-Jeanne-Thérèse de
Bernage, fille de Louis-Basile de Bernage,
seigneur de Saint-Maurice, conseiller d'état
ordinaire, officier grand'croix de l'ordre de
Saint-Louis et prévôt des marchands de
Paris. Le comte de Harenc est mort sans
postérité ;

2° Marc-Marie de Harenc, officier au régiment
de Navarre, mort en Allemagne au service
du roi ;

3° Jeanne-Marie de Harenc, mariée à Claude
de Mayol de Bayard, mousquetaire gris,
chevalier de l'ordre de Saint-Louis ;

4° Angélique de Harenc, femme de Jean-
Baptiste Mazenod du Cluzel;

3° Claude de Harenc fut ecclésiastique et mourut jeune;

4° André de Harenc, comme le précédent;

5° Louis de Harenc, sieur de Pourzin, vivant en 1683;

6° Antoine de Harenc, sieur de Saint-Michel, vivant à
la même époque;

7° Agathe de Harenc, mariée avec François de Vavre,
écuyer, seigneur de Boncy, premier maréchal-des-
logis aide-major de la première compagnie des mous-
quetaires, chevalier de l'ordre de St-Louis et mestre-
de-camp de cavalerie;

8° Elisabeth de Harenc, religieuse clariste à Annonay.

11° DEGRÉ.

Gabriel-Henri de Harenc, chevalier, seigneur de la Condamine, de la Rivory et de Saint-Julien-Molin-Molette,
servit pour son père dans l'armée de M. de Turenne en
Allemagne, et s'y distingua tout le temps que le ban et
arrière-ban eut ordre d'y demeurer, suivant un certificat
de M. de Chalmazel, brigadier de la noblesse et commandant particulier de l'escadron de Lyonnais, Forez et Beaujolais, du 29 novembre 1674. Il épousa, par contrat du
24 novembre 1677, passé devant Balley, notaire, Elisabeth
de Laurencin, fille de messire Claude de Laurencin, chevalier, seigneur de Prapin, et d'Elisabeth de Fenoyl. Il fit
son testament le 3 octobre 1693, et un codicile le 2 mars
1707. Le testament d'Elisabeth de Laurencin est du 10
avril 1709. Leurs enfants furent:

1° Claude dont l'article suit;

2° Gaspard de Harenc, lieutenant au régiment de Len-
ville en 1712. Il testa le 1er septembre 1723 et mourut
au service;

3° Joseph de Harenc, chevalier de la Condamine, aussi
lieutenant au même régiment. Après s'être retiré du

service, il épousa, en 1716, Antoinette de Seytres,
fille de Jean-François de Seytres et d'Antoinette de
Ferréol. De ce mariage sont nés :

1° François-Marie de Harenc, jésuite, mort en
1774 ;

2° Pierre-Marie de Harenc, licencié en Sorbonne,
chanoine, baron de Saint-Just, puis conseiller-
clerc au conseil supérieur de Lyon ;

3° Joseph-Marie de Harenc, licencié en théologie de
la faculté de Paris, chanoine baron honoraire de
Saint-Just de Lyon, ancien vicaire-général du
diocèse de Gap et chanoine de l'église royale et
collégiale de Tournus ;

4° Marie-Marguerite de Harenc, non mariée ;

4° Marie de Harenc épousa, en 1707, de Just Tardy,
sieur du Bois. Elle fut mère de Marie-Colombe Tardy
du Bois, alliée avec Joseph Pichon de la Rivoire, baron de Vocance, écuyer cavalcadour de madame la
Dauphine, mère de Louis XVI ; elle est morte sans
enfants en 1751.

12° DEGRÉ.

Claude de Harenc, chevalier, seigneur de la Condamine,
de Vernas (1) et de Saint-Julien-Molin-Molette en partie,
servit aussi pendant quelque temps. Le 5 décembre 1712,
par contrat passé devant Paret, notaire à Bourg-Argental,
il transigea sur partage avec ses frères, et se maria, par
acte passé devant Favre, notaire à Lyon, le 4 avril 1725,

(1) Le fief de Vernas près Bourg-Argental était entré en 1584
dans les biens de la maison de la Tour, par le mariage de Jean de
la Tour, seigneur de Varan, avec Esther de Fiennes, fille de Laurent et de Anne de Laudun. Elle appartenait à cette ancienne
maison de Fiennes qui avait possédé la terre de ce nom, l'une des
douze baronnies du comte de Guynes. Vernas fut aliéné vers 1610.

avec Marguerite de Cognet de Marclop, petite-nièce de
Claude de Saint-Georges, archevêque et comte de Lyon,
fille de Claude Cognet, écuyer, seigneur de la maison-forte
de Marclop, et de dame marie-Anne de Rochefort. Comme
héritière de Louis-Hector de Rochefort, son oncle, Marguerite de Marclop fit foi et hommage pour la rente noble
de Baronnat, paroisse de Chessy, en 1735. Elle fit son testament le 28 juin 1754. Elle avait eu du seigneur de la
Condamine :

    1° Louis-Hector-Melchior-Marie dont l'article suit ;

    2° Gabriel-Joachim de Harenc, religieux dans l'ordre des
        Clunistes réformés ;

    3° Catherine-Marguerite de Harenc ;

    4° Louise-Joseph de Harenc ;

    (Ces deux dernières ne furent pas mariées.)

    5° Claudine-Elisabeth de Harenc.

13ᵉ DEGRÉ.

    Louis-Hector-Melchior-Marie, marquis de Harenc, che-
valier, seigneur de la Condamine, Ampuis, Moulys, Vernas, Saint-Julien-Molin-Molette en partie, etc., né le 30
mai 1727, fut reçu page du roi en la petite écurie, en 1742.
Au sortir des pages, il entra dans le régiment de cavalerie
de Saint-Jalle, et fit dans ce corps les campagnes du maréchal de Saxe. Il avait obtenu une compagnie lorsque la
paix de 1748 fut conclue. Il a acheté, au mois d'octobre
1755, le château et la terre d'Ampuis qui appartenait à la
maison de Maugiron. Du mariage qu'il a contracté le 12
mai 1757, avec Antoinette de Colabeau qui fit son testament le 19 mars 1764, fille de messire Jacques de Colabeau,
chevalier, seigneur de Juliénas et de Vaux, conseiller du
roi en la cour des monnaies de la ville de Lyon, sont issus :

    1° Pierre-Marie-Anne qui suit ;

    2° Jacques, chevalier de Harenc de la Condamine, nommé
        garde-marine le 9 décembre 1778, enseigne le 17

novembre 1781, lieutenant de vaisseau le 1er mai 1786, chevalier de l'ordre de Saint-Louis et capitaine de vaisseau honoraire le 18 août et 31 décembre 1814. Il a épousé Françoise-Benoîte de Panette, chanoinesse-comtesse du noble chapitre d'Alix;

3° Claude-François de Harenc de la Condamine, chanoine-comte du chapitre de Saint-Pierre et Saint-Chef de Vienne.

14ᵉ DEGRÉ.

Pierre-Marie-Anne, marquis de Harenc de la Condamine, chevalier, né en 1760., fut reçu page de Mgr le comte d'Artois, le 1er octobre 1773. Entré sous-lieutenant dans le régiment des cuirassiers du roi, le 24 août 1776, il y fut nommé capitaine le 3 juin 1779. Au mois d'octobre 1785, il a fait ses preuves de noblesse au cabinet des ordres du roi (1) pour les honneurs de la cour, qu'il a obtenus le 23 janvier 1786. Il a épousé, par contrat du 12 mars 1788, Guillemette-Antoinette de Charrier de la Roche, fille de haut et puissant seigneur Jean-Baptiste de Charrier, baron de la Roche, seigneur de Chinas, de Saint-Jacques-des-Arrêts et autres places, qui a été président du conseil supérieur de Lyon, et de haute et puissante dame Claudine-Octavie de Cholier de Cibeins. De ce mariage sont issus :

1° Claude-Marie-Madeleine-Scholastique de Harenc de la Condamine, né le 5 août 1801;

2° Jeanne-Marie-Françoise-Caroline de Harenc de la Condamine, née le 15 juillet 1803.

N'étant point mariés ni l'un ni l'autre, il est à croire que cet illustre sang de la Roue doit tarir à la mort de M. et de Mˡˡᵉ de Harenc.

(1) Ces preuves font actuellement partie du dépôt du cabinet du Saint-Esprit, à la bibliothèque impériale, section des manuscrits.

Armes : d'azur à trois croissants d'or en bandes.

Devise : nul bien sans peine.

GÉNÉALOGIE
de la maison de la Tour de Varan.

1er DEGRÉ.

Berlion Ier du nom, seigneur de la Tour et de Varan, second fils d'Albert Ier du nom, seigneur de la Tour d'Auvergne, eut en apanage la terre de Varan avec d'autres propriétés en Forez, en Auvergne et en Velay. Il en posséda aussi en Dauphiné, du chef de sa femme, ce que prouvent des titres de 1225 et 1231.

Il est fait mention de ce Berlion dans une donation consentie par Humbert, évêque de Die, en 1201, avec Audebert de Châteauneuf et Eudes de Tournon, ainsi que dans plusieurs chartes passées de cette année 1201 à celle de 1238.

Il avait épousé Alix de Montluel, maison qui possédait cette capitale de la Valbonne, et qui portait pour armes : *burelé d'or et de sable, au lion de gueules sur le tout lampassé et couronné d'or.*

De ce mariage naquirent :

1° Berlion qui suit ;

2° Jocelin de la Tour dont on ne retrouve que le nom ;

3° Hugues de la Tour, connu dès sa jeunesse à la cour des comtes de Forez, se trouve compris au nombre des ôtages envoyés à Saint-Marcelin à l'occasion de l'octroi des exemptions et immunités consenti par Guy IV, comte de Forez, en faveur des justiciables du prieuré de Saint-Rambert ;

4° Ponce de la Tour, comme son frère, envoyé en ôtage à Saint-Marcellin, pour le même motif.

0   **2ᵉ DEGRÉ.**

Berlion IIᵉ du nom, chevalier, seigneur de la Tour et de Varan, succéda à son père Berlion 1ᵉʳ dans les biens qu'il possédait en héritage et qui lui avaient été cédés, comme droits légitimaires, par les seigneurs de la Tour-d'Auvergne.

Pour pouvoir participer à la croisade publiée par saint Louis, Berlion se vit contraint d'engager ses biens; ce fut alors que Varan passa aux seigneurs d'Aurec qui durent s'en défaire à leur tour, puisque au moment du rachat, ce fief était au pouvoir de la maison de Chambon de la Tranchardière.

La croisade terminée, il ne rapporta pas les richesses rêvées par tous alors; mais il en ramena une jeune femme d'une rare et merveilleuse beauté qui se fit baptiser et reçut le nom de Margüerite en devenant l'épouse de Berlion. « Ces sortes d'aventures, dit M. Cherin, n'étaient pas rares, ce que j'ai pu vérifier dans maintes généalogies que que j'ai eu l'occasion de consulter, étant généalogiste des pages de S. M. »

Il est parlé de cette femme de Berlion en deux titres des années 1255 et 1292, dans lesquels elle est simplement nommée Marguerite. La tradition en a gardé le souvenir et les habitants de la Fayette et autres lieux voisins en font souvent le sujet des récits de la veillée.

Berlion et Marguerite eurent les enfants qui suivent:

1° Antoine qui suit;

2° Guillaume de la Tour, est cité en quelques titres passés au château de la Tour, à Firminy. L'arrière-ban ayant été convoqué à l'occasion du comté de Toulouse qui revenait à la couronne, et dont cherchait à se rendre maître le comte de Foix, Guillaume de la Tour s'y rendit avec d'autres seigneurs voisins, tels que les seigneurs de Feugerolles, de la Liègue, d'Urgel

et ceux qui servaient pour le compte de la dame de
Dumières.

3ᵉ DEGRÉ.

Antoine Iᵉʳ, surnommé Berlion, chevalier, seigneur de
la Tour, se trouve rappelé en un titre passé à Firminy,
par Bertrand de la Tour, chanoine de Clermont, père de
Bernard V, seigneur de la Tour-d'Auvergne, venu à l'occasion de la dédicace de l'église de Saint-Pierre réparée à
neuf, à la suite d'un incendie qui l'avait dévasté.

Par un acte de l'an 1260, Antoine de la Tour fit signifier
son droit de propriété de la terre et seigneurie de la Tour,
comme fils légitime et héritier de Berlion. Il est encore
parlé de lui en un titre de Clermont, de l'an 1270, en ces
termes : *Antonius de Ture, dictus Berlio, eques ....*

Il épousa Marie de Rochessavine, illustre maison d'Auvergne, dont il eut trois fils qui suivent :

1º Guy-Bernard, succéda à son père ;

2º Jean de la Tour, moine au prieuré de Firminy ;

3º Hugues dont il est fait mention en des actes du Lyonnais, qui en parlent comme d'un chevalier recommandable par sa valeur.

4ᵉ DEGRÉ.

Guy-Bernard, chevalier, seigneur de la Tour, est souvent mentionné, ainsi que Jean son frère, dans des actes
du prieuré de Firminy, dans l'un surtout où ils figurent
comme témoins, ils sont qualifiés de seigneurs de la Tour.

Guy-Bernard, ainsi que Hugues son frère, suivirent le
parti des armes en s'attachant à la bannière du comte de
Forez, et figurèrent dans toutes les guerres de ce temps,
et plus particulièrement nous les retrouvons faisant partie
du ban et de l'arrière-ban convoqué en 1304.

Il épousa, le 12 octobre 1309, Béatrix Dauphine, dont le
temps ne nous a conservé que le nom sans nous dire quelle

était la race d'où elle sortait. Cette Béatrix Dauphine et
Hugues de Clermont sont compris dans une charte de
l'abbaye de Mauzac, de l'an 1310.

De ce mariage naquirent :

1° Guillaume qui suit ;

2° Jean qui embrassa la vie monastique ;

3° Géraud de la Tour.

5e DEGRÉ.

Guillaume, chevalier, seigneur de la Tour, premier du
nom, ne démentit jamais le sang qu'on lui avait transmis
et qui le poussait à l'accomplissement des devoirs qu'il lui
imposait. Il servit le roi Philippe IV dans ses guerres avec
le comte de Flandre, puis avec Edouard, roi d'Angleterre.
Pour cette dernière, il fit partie des hommes d'armes qui
accompagnèrent en Guyenne le connétable de France,
Arnould de Nesle. Il servit glorieusement sous cinq rois
différents et mourut sous le règne du cinquième, au moment où ne pouvant se charger de nouveaux lauriers, il
parut quitter la partie si belle qui se jouait entre Philippe
de Valois et Edouard, roi d'Angleterre.

De son mariage inconnu il eut un fils qui suit.

6e DEGRÉ.

Antoine, deuxième du nom, chevalier, seigneur de la
Tour, naquit sous le règne de Philippe de Valois et vécut
sous les règnes des rois Jean et Charles V, temps d'étranges
calamités pour le pauvre royaume de France, car si le
peuple fut malheureux, la noblesse toujours armée et ver-
sant son sang sur les champs de bataille, ne trouva d'autre
repos que celui du trépas. Peu y échappèrent, et les plus
grands noms qui illustraient la France d'alors s'éteignirent
tristement sous les carreaux des arbalétriers anglais.

Antoine de la Tour se trouva à la funeste bataille de
Poitiers si lugubrement racontée par nos historiens qui

disent qu'il resta sur le champ de bataille dix-sept cents gentilshommes, desquels fut Antoine de la Tour.

Il laissa un testament, en date du 11 décembre 1353, par lequel, réglant ses frais funéraires, il ordonna que l'on mettrait aux quatre coins de sa tombe quatre torches ou flambeaux, avec quatre écussons de ses armoiries, et que son corps serait déposé dans le sépulcre de ses pères, qui était dans l'église de Saint-Pierre à Firminy; son désir, comme nous venons de le rappeler, ne fut point accompli, la mort l'ayant surpris loin de son pays natal.

De son mariage il eut :

1° Gabriel de la Tour qui suit;

2° Jean de la Tour;

3° Guillaume de la Tour.

7° DEGRÉ.

Gabriel, chevalier, seigneur de la Tour, reçoit quittance d'un nommé Jean de Ponte à qui il fait payement de 86 écus d'or, en reste d'une plus grande somme, prix de certains biens vendus par ledit Jean de Ponte.

Gabriel de la Tour, déjà avancé en âge, perdit le jour à la funeste bataille d'Azincourt, livrée le 25 octobre 1415, bataille où périt la plus belle portion de la noblesse.

Quelques papiers particuliers lui donnent pour femme Béatrix ou Catherine de Cousan, fille de Guy IV, seigneur de Cousan, et de Marguerite de la Tour-d'Auvergne, qu'il aurait épousée après la mort de Jean de Sainte-Croix, son second mari.

Cousan porte pour armes : *d'or à la croix ancrée de gueules.*

La Tour d'Auvergne moderne : *semé de France, à la tour d'argent.*

Quelle qu'ait été son alliance, il en eut les enfants qui suivent :

1° Jean de la Tour, héritier de son père;

2° Firmin de la Tour qui aurait été, d'après les mêmes
papiers, prieur de Firminy. Il a pu être moine dans
ce couvent, mais le catalogue des prieurs ne laisse
pas de place pour lui.

8° DEGRÉ.

Jean, premier du nom, damoiseau, seigneur de la Tour,
vint au monde au milieu des troubles les plus incroyables,
Charles VI régnant. Ce prince fut si malheureux pendant
sa vie, que les historiens assurent qu'il fut très-heureux
de mourir.

Jean de la Tour se trouve nommé, avec Firmin son frère,
en divers actes du pays de Firminy; mais plus particulièrement dans une transaction passée par le prieur et les
habitants dudit lieu, au sujet d'une coupe de bois-taillis,
appelé bois d'Estar, pour laquelle les parties réglant les
servis et corvées; Jean et Firmin, qualifiés de *nobiles domini*, sont cités au nombre des témoins.

Par acte reçu Beynod et Paulat, en 1420, il épousa
Isabelle de Bannes, noble famille du Velay qui porte pour
armes : *d'azur à trois croissants d'argent adossés et mal
ordonnés*

Jean de la Tour mourut jeune, laissant deux enfants en
bas âge :

1° Antoine, troisième du nom, qui suit;

2° Gabriel de la Tour.

9° DEGRÉ.

Antoine, troisième du nom, chevalier, seigneur de la
Tour, était homme d'armes de la compagnie du duc de
Bourbon. Chacun sait que ces sortes de compagnies étaient
composées de gentilshommes vivant noblement, et que
chacun d'eux avait avec lui trois archers; ainsi, une compagnie de cent hommes d'armes comptait quatre cents
hommes.

Le 2 janvier 1474, Antoine de la Tour épousa Alix de
Célarier, fille de Hugues, seigneur de Roche et de Cha-
zalet, et de Madeleine de Roirand, fille de Jean de Roirand,
baron du Villars en Velay. (De Roirand porte pour armes :
*d'azur, à la croix d'argent, chargé de cinq coquilles de
gueules.*) La maison d'origine de cette famille se trouvait
dans la paroisse de Saint-Nizier, ensuite elle s'établit à
Saint-Bonnet-le-Château. Les témoins de ce mariage furent :
noble Artaud de Saint-Maurice, seigneur de Prunery;
noble Gabriel de la Borie, seigneur de la Martinière, et
Messire Charles de la Roche, curé de Firminy, qui, étant
originaire de Saint-Nizier, fut l'entremetteur de ce mariage.

Antoine de la Tour testa le 10 septembre 1502, laissant
les enfants qui suivent :

1º Charles de la Tour, a continué la postérité;

2º Gabriel de la Tour, a fait branche;

3º Gaspard de la Tour;

4º Claude de la Tour, qualifié seigneur de Firminy dans
son contrat de mariage avec Artaude de la Rivoire,
fille de Guillaume et de Guyote de Mahieu, n'eut pas
d'enfants. La famille de la Rivoire, une des plus anciennes et des plus considérabes du Vivarez, porte
pour armes : *de gueules, au lion rampant d'argent,
armé et lampassé de sable.*

10ᵉ DEGRÉ.

Charles, chevalier, seigneur de la Tour, le roi François
Iᵉʳ étant à Saint-Galmier, reçut de ce prince, comme une
récompense des services rendus par ses ancêtres autant que
pour les siens, le brevet d'une compagnie de cinq cents
arquebusiers, en date du 22 mai 1536, scellé du grand sceau
de cire rouge à queue pendante.

Ce brevet est une preuve très-avantageuse de la considération et du mérite de cette famille, aussi bien que de la

valeur dudit Charles; car le Forez étant une pépinière de braves gentilshommes, .il n'aurait point eu la préférence s'il n'eût passé pour un brave et vaillant capitaine.

Il fit toutes les guerres que François Ier entreprit pour le duché de Milan, ou eut à soutenir contre l'empereur Charles-Quint.

Blessé à la bataille de Pavie, il échappa à la prison pour venir se rétablir dans ses foyers. Dès qu'il put reprendre la cuirasse, il regagna l'armée et guerroya en Picardie et en Piémont, et fut enfin, à la bataille de Cerisoles, recevoir une arquebusade qui le força cette fois de pendre au croc son épée, et de garder la maison d'où il ne sortit que pour aller de vie à trépas.

Le 16 mars 1536, il épousa Alix du Fieu, fille de N..., seigneur du Fieu, dans la paroisse de Bas-en-Bassois.

Quelque temps avant de partir à l'armée, étant à Firminy, il fit un testament, en date du 15 mars 1542, reçu Paulat, notaire, par lequel il ordonna *qu'aussitôt que son âme sera séparée de son corps,* il soit inhumé dans l'église paroissiale de Firminy. Il nomma noble Pierre de la Tour, son fils, alors âgé de cinq ans, pour son héritier universel.

Ses enfants furent :

1° Pierre de la Tour, épousa, le 15 avril 15.. (60?), Louise de Chasaulx, fille de noble Jean et de Gabrielle de...., habitants de...., paroisse d'Aurec, et mourut peu après sans enfants;

2° Guillaume de la Tour qui suit;

3° Antoine de la Tour, que son père avait substitué Pierre et à Guillaume, en cas qu'ils mourussent sans postérité, épousa Clauda de Montagny qui lui apporta en dot la chevance de Montagny, située près de Saint-Romain-les-Atheux. Il habitait la maison forte du Play qu'il avait acquise de ses droits légitimaires. Il testa le 7 mai 1582, et institua pour son héritier Guillaume, son frère, et mourut sans postérité;

4° Colombe de la Tour, morte jeune;

5° Alix de la Tour, mariée à noble Jacques de la Goutte, dans la paroisse de Saint-Maurice-en-Gourgois;

6° Marguerite de la Tour, mariée à noble Denis de Cordes, écuyer, seigneur dudit lieu, près Firminy. Sur un tableau qui garnit la cheminée d'une des salles de Cordes, on voit les armes de Cordes accolées à celles de la Tour;

7° Marthe de la Tour, religieuse, prieure de l'abbaye de Chazau, ordre de Sainte-Claire.

11° DEGRÉ.

Guillaume, deuxième du nom, chevalier, seigneur de la Tour et de Varan, second fils et successeur de Charles de la Tour, imita parfaitement la valeur de son père. Il était déjà depuis longtemps au service, lorsqu'il reçut l'ordre de Pierre d'Epinac, archevêque de Lyon et lieutenant du roi en Bourgogne, de se mettre à la tête de quarante hommes d'armes (et soixante archers). Le brevet est du 11 avril 1551.

On lui confia aussi la garde du château de Cornillon, ce qui est attesté par les lettres de M. de Mandelot, gouverneur du Lyonnais, par l'une desquelles il lui fait connaître le nombre de soldats qu'il devra introduire dans cette forteresse, pour en former la garnison.

Une autre lettre, écrite du château de Saint-Chamond, nous apprend qu'il était capitaine dans le régiment de Lyonnais, et qu'en cette qualité il prit part au combat du Bessac, où il se trouva avec les soldats qu'il avait à Cornillon, en 1562. En 1574, il passa dans le Velay au secours du baron de Saint-Vidal qu'il aida à reprendre les châteaux de Chapteuil, de Bellecombe et autres. Il l'aida puissamment à s'emparer de la ville de Tence qui fut emportée d'assaut et ses habitants passés au fil de l'épée. De là il se présenta avec Aymard de Saint-Priest, son parent, devant le château de Saint-Pal-de-Mons, place forte occupée par les huguenots. La garnison capitula à condition qu'elle sortirait vies et bagues sauves. Aymard de Saint-Priest, sans égard pour la parole donnée, fit égorger ces malheureux livrés à sa merci, hormis six qu'il fit conduire dans son château de Saint-Priest où il les fit massacrer et puis traîner sur une claie, sur la place du Pré de la Foire, à Saint-Etienne, afin, disait-il, d'épouvanter les hérétiques qui se trouveraient dans cette ville.

L'unique occupation de Guillaume de la Tour fut de guerroyer, ce qu'il fit avec honneur et bravoure pendant plus de trente-huit ans. Malheureusement il passa la plus grande partie de ce temps à combattre des Français, triste nécessité des guerres civiles.

Ce fut lui qui racheta le fief de Varan, autrefois engagé. Il n'en libéra qu'une partie : le château, les terres et les bois qui l'avoisinaient le plus, les autres restèrent au pouvoir de ceux à qui le premier engagiste les avait transmises. Dans le principe, Varan avait été engagé à la maison de Solomniac *(Solompniaci)*, aujourd'hui Solignac, seigneur de la Roue et d'Aurec. Quand Guillaume de la Tour le dégagea, il traita avec le seigneur de la Tranchardière, qui le possédait alors par transmission, et à qui il en fit hommage aussitôt. Pour le château, il traita avec un nommé Duranton, de Monistrol, qui en jouissait à ce moment.

Ce n'est donc pas Claude de la Tour qui racheta ce fief, il racheta seulement la justice qui était restée au pouvoir des seigneurs d'Aurec, et ce fut d'Achile de Nérestang, duc de Gadagne, qu'elle fut rachetée en entier.

Guillaume de la Tour avait épousé, le 29 décembre 1557, Jeanne Harenc de la Condamine, fille de noble Antoine et de Sybille de Saint-Chamond. Cette maison de Harenc est une des plus anciennes du Forez : on trouve, en 1173, un Guigues Harenc, chanoine de l'église de Lyon.

D'Harenc de la Condamine porte pour armes : *d'azur, à trois croissants d'argent, péris en bande.*

Guillaume de la Tour mourut, laissant un testament, en date du 27 avril 1585, et les enfants qui suivent :

1° Pierre de la Tour, qui devait succéder à son père, en fut empêché par la mort qui le frappa, et il sortit de ce monde ne laissant qu'une fille, nommée Marguerite, dont il est fait mention dans le testament de Guillaume ;

2° Jean de la Tour qui suit ;

3° Isaac de la Tour, capitaine dans le régiment de Lyonnais, mort au siége de Barcelonne ;

4° Sybille de la Tour eut pour marraine son aïeule maternelle, Sybille de Saint-Chamond. Elle fut mariée à noble Louis de la Rivoire, seigneur du Solier près Dunières, en Velay. Son portrait se trouve à Dunières, au pouvoir de M. du Faure, sans doute un de ses descendants.

12° DEGRÉ.

Jean de la Tour, deuxième du nom, surnommé le Libéral, seigneur de la Tour, de Varan et de Vernas, marcha glorieusement sur les traces de ses ancêtres. A l'âge de quinze ans, il était enseigne de la compagnie de l'Hospital. Nous apprenons par le testament qu'il fit en 1589, avant de courir les hasards de la guerre, au moment où la Ligue tourmentait fort les esprits, surtout en Forez. Du plus petit au plus grand, chacun agissait selon sa passion, et le fanatisme, l'ambition, les intérêts personnels, les vengeances publiques et particulières, étaient autant de nerfs qui faisaient mouvoir ce monstre politique. Le même testament nous apprend qu'il était guidon de M. de Château-Clos, de la maison de Rochebaron.

Le marquis de Saint-Sorlin, qui gouvernait le Lyonnais en l'absence du duc de Nemours son frère, lui donna l'ordre de mettre sur pied une compagnie de cent arquebusiers, dont le brevet est signé : Henri de Savoie. Cette compagnie fut une de celles qui composèrent le régiment de Disimieu, comme il est dit dans un mandat de Charles de Savoie, délivré à Jean de la Tour.

Ce même Charles de Savoie, duc de Nemours, lui confia la garde du château et de la ville de Charlieu, pour le service de la Sainte-Union ; mais quelques violentes querelles étant survenues entre ses soldats et les habitants de Charlieu, un Conseil d'Etat tenu à Lyon à ce sujet décida que, pour éviter de nouveaux désagréments, Jean de la Tour retirerait sa troupe de Charlieu et irait prendre le commandement de Saint-Rambert en Forez.

Les ligueurs, qui mettaient tout en œuvre dans l'intérêt de leur parti, cherchèrent à occuper le plus de villes et de châteaux qu'ils purent, et comme celui de Cornillon était regardé comme une des meilleures places, le duc de Nemours en donna le gouvernement à Jean de la Tour qui s'y jeta avec les soldats qu'il commandait.

Il épousa, en 1584, Esther de Fiennes, fille de noble Laurent et de Anne de Landun, dame de Vernas près de Bourg-Argental. Laurent de Fiennes appartenait à la maison du même nom qui a fourni un connétable de France en la personne de Robert, seigneur de Fiennes, de Tingres, de Ruminghen, etc., par un rameau détaché du tronc et transplanté d'abord à Avignon, puis dans le diocèse d'Uzès où il existe probablement encore.

De Fiennes porte pour armes : *de gueules, au lion couronné d'or.*

Et Landun : *d'azur, au sautoir d'or, et un lambel de gueules, en chef.*

Jean de la Tour perdit le jour en Dauphiné, près de Vienne que tenait le duc de Nemours. Le régiment de Disimieu, qui faisait partie de la garnison et dans lequel il commandait une compagnie, ayant eu une rencontre avec les troupes qui tenaient pour Henri IV, une arquebusade mit un terme à sa vie.

Ce fut un grand bonheur pour sa famille, disent certains papiers, qu'il mourût si jeune, sa libéralité qui allait jusqu'a la profusion, surtout envers ses soldats, le fit surnommer *le dépensier*.

Ses enfants furent :

1º Philibert qui suit ;

2º Jeanne de la Tour, mariée à Jean d'Alez, seigneur de Montfaucon et Tazelles, fils de Blaise, conseiller du roi et juge au bailliage de Montfaucon en Velay ;

3º Françoise de la Tour, mariée à noble François le Fébure, seigneur des Essarts et l'Exterpo en Vivarez.

13ᵉ DEGRÉ.

Philibert, chevalier, seigneur de la Tour et de Varan, prit, à l'exemple de ses prédécesseurs, le parti des armes. Tout jeune encore, le marquis.de Villeroy lui envoya un ordre ou brevet pour conserver le château de Cornillon dans l'obéissance du roi, du 17 mars 1617. Puis le seigneur de Saint-Chamond, dont il était parent, lui procura une compagnie dans son régiment, dont le brevet, scellé du grand sceau de cire rouge, est en date du 11 juin 1622.

Louis XIII ayant été obligé d'assiéger Montpellier, pour en chasser les religionnaires qui s'étaient emparés de plusieurs places fortes et importantes, le régiment de Saint-Chamond se trouva à ce siége, et Philibert de la Tour y ayant été blessé mortellement, il mourut à Arles, le 8 mai 1623, et fut enterré dans l'église des Pères Cordeliers de cette ville, où il s'était fait transporter.

Il avait épousé, le 26 juin 1619, Isabeau de Luzy de Pélissac, fille de François, chevalier, seigneur dudit lieu, de la Faye, de Villermas, baron de Quérières, etc., et de Françoise de Baronnat.

Luzy de Pélissac portait pour armes : *d'or, au chevron de gueules, à trois étoiles de même, deux en chef et une en pointe.*

Le précieux ouvrage : *Assemblée bailliagère de la pro-*
vince de Forez, porte : *parti, d'or à la fasce échiquetée*
d'argent et de gueules, et de gueules au chevron d'argent
accompagné de trois étoiles d'or. Ces dernières sont ;
Luzy de Pélissac et devraient se trouver à la droite de l'écu,
la gauche étant réservée aux alliances ou aux maisons qui
se fondaient dans une autre.

Baronnat portait : *d'or, à trois guidons d'azur, au chef*
de gueules chargé d'un lion léopardé d'argent.

Isabeau de Pélissac se remaria à Louis de Baônes, seigneur de Montregard, dont issu : François de Bannes.

Philibert de la Tour laissa de son mariage :

1° Claude qui suit ;

2° Aymar de la Tour entra fort jeune au service et reçut
un brevet, en date du 20 janvier 1649, qui lui procura
une compagnie dans le régiment de la reine. Ce même
régiment ayant été envoyé à Barcelonne, et les ennemis l'ayant assiégée, il fut blessé mortellement à la
défense de cette ville et fut enterré dans l'église des
RR. PP. Carmes, où il choisit sa sépulture. Son testament, qu'il dicta peu d'heures avant de mourir,
témoigne de sa rare piété et du bon état de sa conscience.

14ᵉ DEGRÉ.

Claude de la Tour, chevalier, seigneur de la Tour, de
Varan, de Lentigny et autres lieux, prit fort jeune l'état
des armes, exemple qui faisait partie de l'héritage que ceux
de ce nom se transmettaient les uns aux autres. Il servit
dans le régiment de la reine, où il eut une compagnie dont
le brevet est du 20 janvier 1849, qu'il remit ensuite à son
frère Aymar.

En 1674, l'arrière-ban ayant été convoqué, il reçut
l'ordre de s'y rendre ; mais son fils Guy-Joseph y tint sa
place.

Le 12 juin 1645, Claude de la Tour rendit foi et hommage au roi pour les fiefs qu'il possédait en Forez.

M. Duguet, intendant du Lyonnais et commissaire départi par le roi dans les provinces de Lyonnais, Forez et Beaujolais, pour la recherche des faux nobles, rendit, en faveur de Claude et d'Aymar de la Tour, une ordonnance de maintenue de noblesse, sur le vu des titres originaux qu'il parapha et qui prouvent la filiation non interrompue de cette maison depuis 1220.

Claude de la Tour épousa, le 6 février 1648, Françoise de Chatellus, fille de Guy, seigneur des Essarts et de Lentigny, maréchal-des-logis ordinaire de Marie de Médicis, et de Toussainte de Vinols d'Aboin, demeurant dans la ville de Roanne.

Chatellus porte pour armes : *de gueules, au chevron d'or accompagné de trois têtes d'aigle arrachées de même, deux en chef et une en pointe.*

De Vinols porte : *d'or au ceps de sinople, chargé de raisins au naturel, au chef de gueules, chargé de trois coquilles d'or.*

Françoise de Chatellus testa le 2 avril 1674, et choisit le vas et tombe qui est dans la chapelle de la Tour, dans l'église de Notre-Dame de Firminy, où son père a été enterré.

Claude de la Tour testa le 1er décembre 1676, et ordonna que son corps fut déposé dans sa chapelle susdite, et institua pour son héritier Guy-Joseph, son fils aîné:

Il laissa les enfants qui suivent :

1° Guy-Joseph qui suit ;

2° Marie de la Tour, née à Roanne, patrie de sa mère, fut mise sous la protection de la Sainte-Vierge, et, pour cette raison, nommée Marie ;

3° Jean-Baptiste de la Tour, seigneur de Lentigny, entra de bonne heure au service, dans le régiment de cavalerie de M. de Broglie, où il servit à ses frais, comme il est dit dans le certificat qui lui fut délivré le 31 mars

HINC DEVS HINC REX

ET EGO SICVTI FECERI

S.ᵗEtienne, Lith. Nublat Jᵣᵉ

DE LA TOUR DE VARAN.

1675. Il parvint à une vieillesse très-reculée, et le
cours de sa vie ne fut qu'une suite pénible d'ennuis
suscités par la veuve de son frère. Cette femme, dont
il ne faut pas trop éplucher la conduite, abandonna
ses enfants aux mains des domestiques qui étaient au
château de Varan, où elle les avait relégués, pour
s'attacher à la fortune d'un officier d'aventure. Jean-
Baptiste de la Tour quitta le service pour défendre les
intérêts de ses neveux que la mère avait déjà dépouillés
d'une quantité de meubles précieux, argenterie, bi-
joux, tapisseries, etc. Ce fut un grand malheur, dit
une note, qu'il quittât le service : plein de science et
de bravoure comme il l'était, il n'y aurait eu rien de
surprenant qu'il n'arrivât à gagner le bâton de maréchal de France. Il est mort, loin de cette pensée,
recteur des pénitents de Firminy ;

4º Thérèse de la Tour, morte jeune, le 16 novembre
1676, est enterrée dans le tombeau de sa famille.

15º DEGRÉ.

Guy-Joseph de la Tour, écuyer, seigneur de la Tour, de
Varan et autres lieux, entra dans l'escadron de l'arrière-
ban convoqué en 1674, où il remplaça son père. Il fit la
campagne sous les ordres de M. de Chalmazel, brigadier
de la noblesse lyonnaise, qui lui en donna un certificat le
22 novembre 1674.

Il avait épousé, le 27 janvier 1671, Laurence du Puy
de la Roche, fille de Gaspard, seigneur de la Roche près
Saint-Bonnet-le-Château, sortie d'une famille qui a toujours tenu le premier rang dans la ville de Saint-Galmier
où elle a possédé pendant fort longtemps la châtellenie de
de cette ville qui appartenait au roi.

Du Puy porte pour armes : *d'or, à la bande de sable,
chargée de trois roses d'argent, au chef d'azur, chargé
chargé de trois étoiles d'or.*

Guy-Joseph testa le 27 janvier 1680, à l'âge de 32 ans,
et fut inhumé dans l'église de Saint-Just-sur-Loire, chapelle
et tombe des seigneurs du Puy de la Roche, étant mort
dans le château de Lurieu, situé dans la même paroisse.
Bien mal avisé, il institua pour son héritière Laurence du
Puy de la Roche, sa femme, qui ne tarda pas à se remarier
à François Thibaud, sieur de Pierreux, capitaine au régiment de la Sarre; ses descendants existent à Usson et
ailleurs.

Les enfants de Guy-Joseph furent :

1° Gaspard qui suit;

2° Jean-François de la Tour suivit, comme ses devanciers, le parti des armes. Camille de Neuville, archevêque de Lyon, lieutenant du roi dans les provinces
de Lyonnais, Forez et Beaujolais, cherchant des pages
pour le marquis de Villeroy son neveu, depuis peu
nommé maréchal de France, on lui présenta le jeune
Jean-François qu'il reçut avec empressement, et, en
le remettant au maréchal, il lui dit : Je sais d'où il
vient, et si vous le trouvez trop jeune, je le garderai
pour moi; si bien que le maréchal l'accepta avec
empressement. Bientôt il lui fit faire plusieurs campagnes, tant en Flandre qu'ailleurs, après lesquelles
il obtint une lieutenance dans le régiment de Lyonnais. Il fit en cette qualité quelques campagnes en
Flandre et en Italie; mais se trouvant attaqué d'une
maladie de poitrine, il mourut à l'âge de vingt-cinq
ans, le 31 janvier 1702;

3° Catherine de la Tour, religieuse au couvent de Ste-
Catherine de Sienne, à Saint-Etienne;

4° Catherine-Sybille de la Tour, mariée à noble Claude
de la Rochette, seigneur de la Cour, capitaine de
dragons dans le régiment de Montazet. De ce mariage
ne vint aucun enfant.

16ᵉ DEGRÉ.

Gaspard de la Tour, écuyer, seigneur de la Tour et de Varan, naquit au château de la Tour le 9 septembre 1675. Il entra fort jeune au service et obtint une lieutenance dans le régiment de Tierache; M. Réné de Frouillay lui donna un certificat, en date du 5 juin 1694.

Il épousa Emare Enselmet des Brunaux, fille de Nicolas, écuyer, seigneur de Saint-Just-lès-Velay, et de Louise Baraille. Etant veuve, Emare des Brunaux épousa en secondes noces noble Dominique du Vigier de Lasplagne, ancien capitaine de dragons.

Enselmet porte pour armes : *d'or, à trois bandes d'azur.*

Gaspard de la Tour mourut jeune, le 27 octobre 1700, et fut enterré dans le tombeau de sa famille. Il avait fait un testament en date du mois de juillet 1700. Ses enfants furent :

1º Jean-Baptiste qui suit ;

2º Catherine-Sybille, religieuse à Saint-Galmier.

17ᵉ DEGRÉ.

Jean-Baptiste de la Tour, chevalier, seigneur de la Tour, de Varan et autres lieux, naquit le 17 février 1699, et succéda à son père sous la tutelle de son grand-oncle Jean-Baptiste, seigneur de Lentigny. Il épousa, le 14 décembre 1720, Anne de Julien de Fraisse de la Varenne, fille de Joachim-Réné, seigneur de Saint-Martin, de Châteauneuf et co-seigneur de la baronnie de Chaniac en Vivarez, et de dame Colombe de Clavières de Martignac.

Il laissa après lui les enfants qui suivent :

1º Jean-Baptiste-François de la Tour, cornette dans le régiment d'Anjou (cavalerie), fut tué au siége de Prague, en 1741, âgé de 20 ans ;

2º Marc de la Tour, eut une lieutenance dans le régiment

du roi (infanterie), qu'il quitta pour venir mourir dans
sa famille quelques années après, frappé d'une maladie qui se montra rebelle à tous les traitements. Les
informations prises attestèrent que la mort avait été
provoquée, sans intention de la donner, par un breu-
vage que lui fit prendre une dame italienne. Il était
grand, bien fait et très-beau de visage;

3º Joseph-André de la Tour, embrassa l'état ecclésia-
tique et fut prieur et seigneur temporel de Saint-
Martin-de-Valamas en Vivarez;

4º Marie-Antoinette de la Tour, religieuse au monastère
de Sainte-Catherine de Sienne, à Saint-Etienne;

5º Jean-Baptiste de la Tour, capitaine dans le régiment
de Médoc (infanterie), servit au siége de Mahon, place
que l'on regardait comme imprenable, sous les ordres
du maréchal de Richelieu qui s'en rendit maitre le 26
juin 1756. Jean-Baptiste de la Tour mourut vingt-cinq
jours après ce siége, des suites des fatigues qu'il y
avait essuyées;

6º Nicolas de la Tour qui suit;

7º Jeanne de la Tour.

18ᵉ DEGRÉ.

Nicolas, chevalier, seigneur de la Tour, Varan, la
Fayette et autres places, avait été, comme ses frères,
destiné à l'état militaire; mais ses parents songèrent autrement quand ils virent qu'ils ne restait plus que lui pour
perpétuer le nom de la famille, et ce n'est pas sa faute s'il a
interrompu le service des armes, soutenu depuis tant de
générations par ses prédécesseurs.

Il épousa, le 8 août 1767, Françoise-Angélique de Saignard de La Fressange, fille de noble Jean-Armand, chevalier, seigneur de La Fressange, et de Madeleine du Peloux
de Saint-Romain-la-Chalm. Cette maison s'est rendue re-

commandable dans la province par sa réputation, ses alliances et les branches qu'elle a produites.

De la Fressange porte pour armes: *d'azur au sautoir d'or.*

La même erreur qu'à Luzy de Pélissac se présente ici : Saignard est la famille vivante, Allier (Allieri) est la famille morte. Elle portait : *d'azur, à l'aigle éployée d'or.* L'écu n'est point parti mais taillé, exemple qui, s'il est ancien, est rare et peu en usage.

Le fief de la Fressange n'était point à Firminy, ainsi que le dit l'ouvrage déjà cité, mais à Saint-Didier en Velay. Le titulaire assistait à l'assemblée de la noblesse, en 1789, à Montbrison, à cause du fief de Chaponod et des autres biens qui avaient appartenu aux Nérestang, dans le mandement de Feugerolles.

Du Peloux porte : *d'argent, au sautoir engrelé d'azur.*

Les dernières années de la vie de Nicolas de la Tour furent tristes et chagrines. Plusieurs procès soutenus à grands frais avaient ébréché sa fortune, et la révolution qui éclata alors dévora le reste. Traîné de prisons en prisons, ayant toujours la guillotine devant les yeux, il ne parvint à échapper à la mort qu'en accablant le proconsul Javogues sous les débris de sa fortune. Des nombreux domestiques qu'il entretenait dans sa maison, un seul fut ingrat.

A la formation des gardes nationales, il fut nommé commandant en chef de la légion de l'Est. Cette troupe, qui se trouva au siége de Lyon, fut, pendant plusieurs mois, entretenue à ses frais; les armes et les habits furent même fournis par lui, ce que prouvent les certificats délivrés alors.

Nicolas de la Tour mourut le 29 thermidor an IX (16 août 1801), et Françoise-Angélique, son épouse, décéda en 1808, laissant un testament en date du 3 juin même année.

Leurs enfants furent :

1º Joseph de la Tour de Varan naquit à la Tour, le 15.

novembre 1767, et dès qu'il fut assez âgé, il entra comme sous-lieutenant dans le régiment de Forez qui fut envoyé à la Guadeloupe où il tomba malade, et revint en France. C'était au moment du siége de Lyon, et par devoir il s'enferma dans les murs de cette ville. Livrée à ses propres forces, elle osa lutter contre les forces de la France républicaine. Elle éleva des retranchements qui lui tinrent lieu de remparts, et presque toujours elle repoussa ses ennemis. La violence républicaine ne put dompter le courage des immortels défenseurs de Lyon. La famine, plus redoutable que l'artillerie et ses ravages, put seule les faire chanceler. Plusieurs cherchèrent leur salut dans la fuite, peu réussirent : poursuivis par la cavalerie, un grand nombre furent enveloppés et taillés en pièces, d'autres errant dans les campagnes furent massacrés par les paysans ; enfin, ceux qui ne prirent pas la fuite, voulaient mourir, ils se livrèrent à leurs bourreaux ; c'est le parti que prit Joseph de la Tour. Il fut condamné et fut fusillé aux Brot'eaux. Un témoin a assuré que, n'ayant été que blessé, il avait été enterré vivant ;

2° André-Joseph de la Tour de Varan, destiné à l'Eglise, attendait son admission au nombre des chanoînes-comtes de Vienne. Il attendait peut-être de meilleurs jours, quand sa mère, parlant comme aurait fait une Athénienne, lui dit : Votre frère ainé est enfermé dans dans Lyon, le chevalier est au pouvoir de Carrier, à Nantes, ils ne peuvent pas émigrer, c'est à vous de le faire, voilà de l'argent. Elle lui glissa quelques pièces d'or dans la main et se retira. Ce malheureux enfant avait pris son parti, il ne revit pas sa mère, il embrassa son père et triste il partit pour la terre étrangère. Il Il endossa le harnais du soldat, fit partie de l'armée des émigrés à Coblentz, puis fut se faire massacrer à Quiberon, pour le gré qu'on lui en a su ;

3° Dominique-Barthélemy qui suit ;

4° Marie-Antoinette-Joséphine de la Tour, née le 15 juin 1772, fut mariée à Philibert Brun d'Aubignose, chevalier de Saint-Louis, ancien commissaire-général, de police en Allemagne, sous l'empire ;

5° Madeleine de la Tour de Varan, née le 15 juillet 1773.

19° DEGRÉ.

Dominique-Barthélemy de la Tour de Varan, né le 24 juillet 1771, fit ses études chez les prêtres oratoriens de Notre-Dame-de-Grâce. Une maladie l'empêcha de les terminer, et ce fut grand dommage, car il avait l'esprit pénétrant, une grande facilité de conception et la mémoire des plus heureuses. Après son rétablissement, ses parents, qui voulaient en faire un homme de guerre et non un docteur, lui obtinrent une sous-lieutenance dans le régiment de Forez où se trouvait déjà son frère aîné, en 1783. En 1790, dans le mois de février, il s'embarqua avec son bataillon pour la Martinique, où Louis XVI envoyait des troupes pour dominer les premiers mouvements révolutionnaires qui s'y faisaient déjà sentir. A peine arrivé, ce bataillon eut à lutter contre les agents de la révolte, et dans un premier combat provoqué par l'anarchie, Dominique-Barthélemy eut une jambe cassée d'une balle. On le porta à l'hôpital de la Pointe-à-Pitre, où bientôt les révolutionnaires égorgèrent tous les militaires qui s'y trouvaient. Barthélemy de la Tour n'échappa à ce carnage que par les soins d'un nègre à qui il avait rendu quelque service. Cet homme reconnaissant, ne trouvant rien de mieux à faire, cacha son bienfaiteur sous un monceau de cadavres. Il l'y laissa plusieurs heures, et vint secrètement l'en tirer en lui procurant les moyens de rejoindre les troupes royales. Quand il reprit son rang de bataille, il fut blessé d'une balle à la jambe gauche, qui ne fut pas extraite et qu'on sentait sous le doigt, bien au-dessous de la blessure, quelque temps avant sa mort. Il se trouva encore dans mainte autre affaire ; mais les royalistes, accablés par le nombre, furent obligés de lâcher pied souvent.

Les restes de cette malheureuse troupe, réduits au désespoir et ne pouvant plus lutter, essayèrent de gagner les possessions anglaises. Il ne restait plus de ce bataillon que dix-neuf hommes qui s'embarquèrent dans ce dessein ; mais ils furent trahis par ceux qui semblaient favoriser leur fuite, car, à peine en mer, ils furent faits prisonniers. Après s'être opiniâtrément défendu, Barthélemy de la Tour, blessé d'un coup de sabre à la cuisse, fut jeté à fond de cale, les fers aux pieds et aux mains, et resta dans cette cette affreuse position l'espace bien long de huit mois. Il n'en sortit qu'en débarquant à Nantes, livré aux mains sanguinaires de Carrier, le 1er novembre 1793. Il fut incarcéré dans cette fatale prison de l'Entrepôt, avec quatre autres de ses compagnons d'infortune comme lui voués à la mort. Carrier méprisant la guillotine trop lente, préférait les noyades plus expéditives. Barthélemy de la Tour se trouva du nombre de cent trois malheureux déposés sur un bateau à soupape qui sombra au milieu du fleuve ; tous furent noyés, moins lui et son compagnon qui sut se débarrasser des cordes qui avaient été mal liées. Celui-ci se sauva à la nage, Barthélemy fut tiré de l'eau par un pêcheur, sans doute, qui le déposa transi de froid sur le quai. Moins d'un quart-d'heure après il était repris et enfoui dans un cachot, où il resta assez longtemps pour que les souffrances qu'il y endura lui fissent perdre les ongles et les cheveux. Enfin, on le tira de cet affreux séjour pour être conduit à la fusillade ; il en fut miraculeusement sauvé par le geôlier qui le cacha pendant que les autres allaient à la mort.

Ayant, après la chute de Robespierre, recouvré sa liberté, il rentra dans ses foyers où il apprit la perte de ses deux frères, ne retrouva plus rien de ce qu'il avait laissé de

fortune, tout avait été dévoré par la révolution ou par ses
conséquences.

Il épousa, le 13 thermidor an V (31 juillet 1797), Marie-
Anne Veron de Tremolet, fille de noble Jean-François-
Régis et de Marguerite Maisonial. Elle était nièce du comte
Veron de la Borie, maréchal-de-camp et gouverneur de
Sainte-Lucie. Elle fut reçue dans la maison royale de Saint-
Cyr, où elle ne resta que peu de temps à cause des troubles
révolutionnaires. Obligée d'en sortir, elle fut placée chez
les religieuses du Gros-Caillou dont sa tante était abbesse,
et peu de temps après leurs têtes furent mises à prix.
Marie-Anne Veron se sépara de sa tante pour rester avec
de vieilles dames qui menaient une vie obscure et retirée,
dans la rue de Tournon. Elle y resta tant que dura la
tourmente; puis, le calme revenu, elle rentra dans sa famille où elle vint fermer les yeux à une partie de ses parents.

Barthélemy de la Tour de Varan mourut le 2 octobre
1822, des suites d'une chute qu'il fit dans un souterrain de
sa maison des Trois-Ponts, et son épouse décéda le 23
octobre 1831.

De leur mariage naquirent les enfants qui suivent:

1° Jean-Antoine qui suit;

2° Françoise Angélique de la Tour de Varan, née le 29
nivôse an VIII (19 janvier 1800);

3° Marie-Louise de la Tour de Varan, née le 6 ventôse
an X de la république (25 février 1802);

4° Ange-Antoine de la Tour de Varan, né le 11 vendémiaire an XIII de la république (3 octobre 1804),
mort en bas âge;

5° Marie-Apollonie de la Tour de Varan, née le 4 mars
1809;

6° Charles-Frédéric de la Tour de Varan, né le 19 août
1814, mort à Firminy le 12 mai 1833, âgé de dix-
neuf ans et demi.

20ᵉ DEGRÉ.

Jean-Antoine de la Tour de Varan, né aux Trois-Ponts le 6 thermidor an VI (24 juillet 1798), fit ses premières études au collége de Saint-Etienne et les termina à Paris, au lycée de Louis-le-Grand; aujourd'hui bibliothécaire, a servi en Espagne; s'est marié en 1828, et de ce mariage sont nées :

1º Françoise-Valentine de la Tour de Varan, née le 20 octobre 1830, mariée à M. Honoré Reynaud;

2º Anna de la Tour de Varan, née le 10 août 1833;

3º Marie-Antoinette de la Tour de Varan, morte jeune.

Les armes sont : *d'azur, à la tour d'or crenelée de trois pièces, maçonnée, fermée et fenestrée de sable, adextrée d'une fleur de lys d'or, et senestrée d'une étoile de même.*

Le timbre ou heaume : *posé de tier, d'acier poli, bordé, grillé et fermé d'or.*

Les lambrequins : *d'azur et d'or;* le bourlet : *tortillé de même.*

Toutes les pièces de l'écu sont d'or, et l'ouvrage cité porte une étoile d'argent, ce qui est faux. Cette erreur vient de ce qu'une fille, Claudine Brunant de Lyon, qui s'occupait de dessin et de gravure, se mêla de buriner les armoiries des familles qui produisirent leurs titres lors de la recherche des faux nobles, et sans avoir tous les renseignements utiles, elle imagina une étoile d'argent au lieu d'or. Ce n'est pas là seulement qu'elle a erré, bien d'autres ont aussi des reproches à lui faire.

GÉNÉALOGIE
de la famille de Palluat-Besset.

—

Cette famille ayant fait ses preuves, figure dans l'assemblée
de la noblesse du Forez, en 1789.

—

Cette famille, devenue stéphanoise depuis plus de deux
cents ans, nous est parfaitement connue, soit que nous la
considérions dans sa position sociale, soit que nous l'admi-
rions dans les hommes recommandables qu'elle a produits.
Avant qu'elle se fixàt à Saint-Etienne, nous la trouvons
très-honorablement établie à Saint-Chamond, ainsi que
nous l'apprend un titre important par lequel nous commencerons le récit historique de cette généalogie.

Nous regrettons que l'absence de plus amples renseignements ne nous conduise pas plus avant dans le passé, car
tout indique que nous y trouverions les témoignages d'une
origine plus reculée qui pourrait bien aller se souder à
l'une des races puissantes qui firent la gloire et la force du
moyen-âge. En effet, quelle impossibilité y aurait-il que
les Palluat de Saint-Etienne ne soient les mêmes que les
Paluat de Bresse, bonne maison originaire de Savoie, où
plusieurs de ses membres furent attachés aux comtes ou
ducs de ce pays, qui les pourvurent de charges importantes.
La Chesnaye-Desbois en a donné la généalogie qu'il conduit, de degré à degré, jusqu'en 1760, en la personne de
Claude-Marie-César Paluat de Jalamondes, époque où cette
famille se continuait dans la postérité de ce Claude-Marie-
César. Nous avons souvent consulté cet ouvrage de La
Chesnaye, et nous n'avons pu y découvrir le lien qui unit
ceux du Forez à ceux de Savoie, ce qui fait que nous ne
nous occuperons que des premiers.

Nous devons observer que si les uns n'écrivent leur nom qu'avec un L, et les autres avec deux, cette différence ne tire pas absolument à conséquence, bien que l'identité en pareille matière soit d'un grand avantage.

Ce qui demanderait une recherche plus sérieuse, c'est la différence des armes, Paluat de Jalamondes portant : *d'or, à trois œillets de gueules, sur une même tige de sinople*. Nous n'entrerons pas dans ces difficultés ni dans ces discussions que nos renseignements ne nous permettraient pas de soutenir, ni de résoudre, et c'est à la famille qui doit avoir des titres suffisants, à élucider ces questions embarrassantes. En conséquence, nous laissons dans notre ouvrage le registre ouvert pour qu'on puisse y consigner toute observation subséquente et toute rectification utile.

Nous trouvons à propos, avant d'entrer en matière, de présenter quelques observations générales et importantes sur la manière dont la noblesse, la plupart du temps, écrit ses noms ; elles serviront, dans tous les cas, à justifier la manière différente dont nous écrivons le nom de cette famille que nous nommons : de Palluat-Besset, au lieu de : Palluat de Besset. La particule étant le droit et l'attribut distinctif de toute famille noble, la régularité veut qu'elle précède toujours le nom patronimique. Mais deux causes principales ont singulièrement contribué à altérer ce principe si sage et si simple, altération qui est la seule cause du gâchis incroyable arrivé sur cette matière par l'inattention, l'indifférence ou l'ignorance des intéressés. La première de ces causes est le droit qu'avait la noblesse de donner à ses enfants des noms de terres ou de rentes nobles, pour établir une différence entre eux qui les fit reconnaître, en même temps que pour distinguer les branches qu'ils devaient former, droit parfaitement dans l'ordre et même indispensable, mais dont l'exercice mal compris a presque toujours fait oublier le nom patronimique pour lui en substituer un autre que l'on estimait plus honorable.

La·règle voulait et veut encore que l'aîné porte le nom de famille pur et simple précédé de la particule, et que les cadets fassent exactement de même en ajoutant seulement le nom de terre qui leur a été attribué, mais sans particule devant ce dernier nom. La règle veut aussi que les cadets conservent ce nom de terre tant que la branche aînée subsiste, et qu'ils le quittent quand ils deviennent eux-mêmes branche aînée; de cette manière, les familles se reconnaissent parfaitement à leur nom patronimique qu'elles n'ont jamais quitté, et les cadets, à leur tour, se distinguent de suite de leur aîné. Ainsi, on ne doit pas dire et on ne dit point : de Montmorency de Laval ni Montmorency de Laval, mais de Montmorency-Laval. On ne disait pas : Bourbon de la Marche, mais de Bourbon-la-Marche, de Bourbon-Vendôme, de Bourbon-Navarre, de Bourbon-Condé, de Bourbon-Carency. On ne disait pas: Rohan de Soubise, mais de Rohan-Soubise. Parmi nous, M. de Charpin s'est soumis à cette règle en signant : de Charpin-Feugerolles.

La seconde cause se trouve dans la licence que chacun se permet d'ajouter à son nom celui d'une localité, ce qui, avec le temps et la persévérance, amène quelquefois plus tard un commencement de noblesse qui, tout équivoque qu'elle soit, sourit pourtant aux désirs des usurpateurs qui ne savent pas se rendre un compte exact de leur ambition qu'ils ne savent ni analyser ni comprendre. Dans tous les cas, il en résulte une effroyable confusion dans·les noms et les rangs de la société.

C'est pour obvier à de semblables inconvénients que nous avons pris la résolution d'opposer à ces abus une rigidité dont nous donnons le premier l'exemple, ne l'ayant encore rencontré nulle part. Non-seulement nous ne voulons pas que l'on puisse trouver dans nos récits des qualifications mensongères, mais encore nous voulons que nos pages fassent pour ainsi dire tableau, et que d'un simple coup

d'œil on puisse juger de la noblesse plus ou moins ancienne
d'une famille ou des interruptions qui pourraient s'y trouver, il suffira pour cela de voir les noms accompagnés ou
non de la particule. Nous savons trop de quelles imputa-
tions sont chargés les généalogistes sur la véracité de leurs
travaux ; mais en voyant de pareils scrupules de notre
part, peut-être y échapperons-nous. Quoi qu'il en soit,
nous nous souviendrons jusqu'à la fin de ce que nous disions en commençant cet ouvrage : c'est que sans le mérite
de la vérité et de l'exactitude, de pareils récits sont sans
valeur et sans intérêt.

Nous trouvons la famille de Palluat établie d'abord à
Saint-Chamond et sans doute depuis longtemps, à en juger
par les énonciations de l'acte de 1613. Une branche s'était
fixée à Dargoire, et le prieur de Saint-Just-lèz-Velay, que
nous rappellerons plus loin, nous la fait connaître en ces
termes trop laconiques : « De Simon est descendu Jean
Palluat, qui était commissaire à terrier en 1652, et qui eut
pour fils Simon Palluat, bourgeois de Dargoire en 1667,
qui eut pour fils Philippe Palluat, greffier de Dargoire,
qui eut pour fils Charles Palluat, aussi greffier de Dargoire
en 1698, ainsi que Pierre qui est le dernier, tous conseillers
et officiers de MM. les comtes de Lyon. »

Cette branche est sans doute éteinte aujourd'hui, mais
nous voyons par cette généalogie, si succinte qu'elle soit,
rapproché de l'acte de 1613, et par les dates et les qualifications y contenues, que Simon Palluat, chef de cette
branche, était le même que Simon Palluat, bourgeois de
Dargoire, oncle de Jean Palluat, de l'avis et conseil duquel
ledit Jean Palluat procède dans son mariage avec Marguerite Besset. Antoine Palluat, de Saint-Chamond, a aussi
signé au contrat qui ne rappelle pas son degré de parenté
avec le futur ; et quelques années après, on trouve plusieurs Palluat, de Saint-Chamond, comme parrains des
enfants de Jean Palluat et de Marguerite Besset. Cette

famille était donc nombreuse et honorable à Saint-Chamond, où sa renommée et son importance avait fait donner
son nom à une porte de ville ou place, qui l'a retenu jusqu'à ce jour, en un temps où l'on oublie si facilement, et
une annonce récente dit : que telle maison à vendre est
située à Saint-Chamond, *place Porte-Palluat*.

Maintenant, voici le titre primordial de la famille stéphanoise, placé par erreur, par le prieur de Saint-Just, à
l'année 1620.

1er DEGRÉ CONNU.

1613, 24 novembre. Mariage entre honorable Jean
Palluat, marchand fileur de soie, de Saint-Chamond, d'une
part, et *honeste* Marguerite Besset, fille à honorable Jean
Besset, aussi marchand de Saint-Etienne-de-Furan, et à
dame Antoinette Molinost, procedant le dit futur de l'avis
et conseil d'honorable Simon Palluat, bourgeois de Dargoire, et de sieurs Claude Guyot et Simon Deschamps,
marchands de Saint-Chamond, ses oncle et cousin. — Le
père de la future lui constitue, pour tous ses droits paternels, sept mille livres et deux lits de la valeur de deux
cents livres. Le futur lui donne pour augment trois mille
cinq cents livres, outre les habits, bagues et joyaux dont
elle sera saisie. En présence de honorable Mathieu Mo-
ranvillers; Pierre Gayot, marchand; Antoine Palluat,
marchand de Saint-Chamond; honorable Pierre Molinost,
marchand de la Fouillouse; Léonard Besset, marchand,
bourgeois de Lyon; Pierre Besset, marchand de Saint-
Etienne; N..... Feuillat, châtelain du dit lieu; Jacques
Pierrefort, secrétaire du domaine de Forez; André Morandin, greffier; Claude Poulleaux, procureur d'office, qui
ont signé avec les parties et les notaires Ravachol et Picon.

C'est à cause de ce mariage que la postérité de Jean
Palluat et de Marguerite Besset a pris et conservé jusqu'à
ce jour le nom de Palluat de Besset. La seule raison que

l'on puisse donner, non pour justifier cette irrégularité,
mais pour l'expliquer, est que autre Jean Besset, oncle de
Marguerite, ayant acquis, le 24 février 1622, la terre de
la Vallette, devint par là seigneur d'un fief à haute justice,
quoique arrière-fief de la baronnie de Rochetaillée. Or, ce
n'était point une si petite affaire que de pouvoir se qualifier de seigneur haut justicier, et il fallait que cela donnât
un bien grand relief, puisque les Pianelli, d'une noblesse
déjà illustrée, crurent encore y ajouter en se nommant
d'abord Pianelli de Besset, et ensuite Pianelli de la Vallette;
cette dernière qualité était juste, la première ne l'était pas,
en ce qu'il n'existe pas ici de fief du nom de Besset. Ce nom
de Pianelli de la Vallette, ils l'ont conservé jusqu'à ce jour.
L'importance de cette seigneurie, devenue le patrimoine
de la famille Besset, et la chute de cette famille dans celle
des Pianelli, sembla élever à peu près à son niveau les
autres membres qui s'attachèrent à tout, même à l'ombre
de ce qui rappelait ce souvenir. Toutefois, d'après les
principes que nous avons exposés plus haut, la famille
dont nous nous occupons doit s'appeler de Palluat-Besset
et non Palluat de Besset, Besset étant un nom d'homme
et non celui d'une localité; chacun le comprendra.

Pour mieux comprendre cette alliance des Palluat avec
les Besset et pour lui servir de développement, nous produisons ce que nous connaissons de cette famille Besset.

Guillaume Besset épousa (1560) Marguerite Deschamps
(de Campis), dont il eut trois fils : Léonard, Jean et Pierre
Besset, négociants associés :

  1° Léonard Besset acquit, en 1606, le haut et bas Ville-
    bœuf, et fonda, en 1618, le couvent des Capucins de
    Saint-Etienne. Il se maria deux fois, la première avec
    Anne Chovin dont il eut :

      Hélène Besset, mariée, le 22 octobre 1616, à Gas-
      pard de Beget, second fils de Marcellin II et de
      Anne de la Rochette, habitants de Monistrol.

En secondes noces, Léonard Besset épousa Anne Paulat dont issus :

1º Jean Besset, seigneur de la Valette, par acquisition, conseiller au présidial de Lyon, épousa N... Micolier, fille de Justinien, procureur général au parlement de Dombes, dont issue :

Marie Besset, dame de la Valette, mariée à Baptiste Pianelli, trésorier de France à Lyon, fils d'André, conseiller au présidial de la même ville ;

2º Louis Besset de Montchaud, épousa Claire Staron, dont il n'eut pas d'enfants ;

2º Jean Besset, acquit, en 1608, le grand et le petit Coin ; il épousa, en 1595, Antoinette Molinost, sœur de Claudine, femme de Pierre Badol, dit de Forcieu, dont issue :

Marguerite Besset, mariée, en 1620, à Jean Palluat, contrôleur au grenier à sel de Condrieu et de Saint-Chamond, dont issu :

Jean Palluat qui épousa, en 1640, Jeanne Roussier, fille de Noël ;

N..., Roussier, sœur de Jeanne, mariée à Noël de la Mure de Bienavant, dont issue Marguerite de la Mure, mariée à Jacques-Ignace Gaulne ;

3º Pierre Besset, épousa Catherine Régis, sans postérité ;

4º Denis Besset, capucin.

Cette digression terminée, poursuivons.

Jean Palluat, après son mariage, continua de séjourner à Saint-Chamond, comme en fait foi : 1º l'acte baptistaire de Jean Berardier, son petit-fils, né de Catherine Palluat, sa fille, de l'année 1637. Jean Palluat en est le parrain, sous la qualification de : honorable sieur Jean Palluat, bourgeois de Saint-Chamond, et il signe : J. Palluat dit Besset ; 2º une sentence du bailliage de Forez, de 1639, entre Jean Palluat, de Saint-Chamond, tuteur des enfants de feu Camille Gayot, et sieur Jean de la Berardière, sieur de la Vaure.

Il eut de son mariage cinq enfants dans l'ordre de primogéniture suivant :

1° Catherine Palluat, née le 5 avril 1615, fut mariée, le dernier juin 1630, à Jean Berardier, fils de honorable Pierre Berardier, marchand de Saint-Etienne, et d'Antoinette Jacquier, dont issus sept enfants, entre autres Jean Berardier, qui eut pour parrain, comme nous venons de le dire, en 1637, Jean Palluat, son aïeul ;

2° Antoinette Palluat, née le 26 avril 1618, eut pour parrain Girard Palluat, prêtre de Notre-Dame de Saint-Chamond, et fut mariée à Jean-Baptiste Joly, juge général du marquisat de Saint-Priest et de la ville de Saint-Etienne, dont issue postérité ;

3° Jeanne Palluat, née le 1er décembre 1619, eut pour parrain Artaud Palluat et pour marraine Jeanne Palluat, femme de M. l'Advocat Ferriol de la Valette. Elle fut mariée à noble Jean Ferriol, et fut marraine avec noble François du Rozier d'un fils de Jacques de Saint-Priest-Albuzy et de Gabrielle du Rozier, né le 4 août 1634 ;

4° Jean Palluat-Besset qui suit ;

5° Claudine Palluat, née le 13 février 1623, eut pour parrain Nicolas Palluat, son oncle. Elle fut mariée à sieur Jean Deville, de Saint-Etienne, famille ancienne qui possédait une grande propriété attenant au Clapier, qui a conservé son nom et s'appelle la haute et basse ville, et par corruption les Villes.

Dans la basse ville, nous y avons remarqué un écusson dans un cartouche. L'écusson est ovale et contient une ville admirablement sculptée avec ses murailles, ses tours, ses portes et une foule de clochers et de

pignons. Dans le haut se trouve cette devise : *Et laissez
dire*. Ce sont des armes parlantes ou il n'y en a pas,
et celui qui les prit semble jeter un défi à la moquerie
de celui qui les examine ;

6° Antoinette Palluat, mariée, en 1640, à Jean-Baptiste
Joly, juge de Saint-Etienne, dont issue :

N... Joly, fille unique, mariée à Damase Calemard
du Mont, juge de Craponne.

On ignore la date du décès de Jean Palluat, mais Marguerite Besset, sa femme, qui était née le 22 avril 1595,
et mariée le 24 novembre 1613, décéda le 13 septembre
1623, et fut enterrée à Saint-Chamond.

2ᵉ DEGRÉ.

Jean Palluat-Besset, né le 27 février 1622, fut avocat
en parlement, conseiller du roi élu en l'élection de Saint-
Etienne, et ces qualités lui étaient attribuées en 1684 : Il
fut aussi premier échevin nommé à Saint-Etienne, ainsi
qu'on peut le voir dans les annales de cette ville, sous
l'année 1669, et procureur du roi en l'élection en 1655.

Il épousa, le 24 février 1645, et non 1640, comme dit
le Prieur, demoiselle Jeanne Roussier, fille de Noël, d'abord
procureur du roi en l'élection, conseiller et contrôleur-
général de ses finances en la généralité de Lyon, sœur de
N... Roussier, femme de Noël de la Mure de Bienavant,
seigneur de Changy et de Bienavant, dont issue :

Marguerite de la Mure, femme de Jacques-Ignace Gaulne,
seigneur de la Fayolle.

C'est à lui que demoiselle Jeanne Roussier, sa sœur,
tante de Jeanne Roussier, femme de Jean Palluat, veuve
de Jacques de Bardonnenche, veut que soient remises les
9,000 livres qu'elle donna, en 1640, pour être employées
en achat de fonds, bâtiments et constructions du nouvel
hôpital de Saint-Etienne.

Jean Palluat-Besset laissa de son mariage les enfants qui suivent :

1º Noël Palluat-Besset qui vient après ;

2º Catherine Palluat, née le 13 septembre 1646, eut pour parrain M. Berardier, beau-frère du père, et pour marraine Catherine Réal, aïeule de l'enfant ;

3º Jean-François Palluat, né le 20 juin 1659, n'a pas laissé de souvenirs, ce qui autorise à penser qu'il mourut en bas âge ;

4º Madeleine Palluat, née en 1663, mariée en 1690 avec Guillaume de Lesgallery, sieur de Taillon, conseiller à Montbrison ;

5º Françoise Palluat, née en 1665, eut pour parrain Louis Palluat, bourgeois de Paris ;

6º Jeanne Palluat qui épousa Me Claude Picon, avocat du roi en l'élection de Saint-Etienne, fonction qui s'est perpétuée dans cette famille d'une génération à l'autre : l'avant-dernier Picon était procureur impérial en 1810.

Jean Palluat-Besset décéda en 1697.

3e DEGRÉ.

Noël Palluat-Besset, né le 29 décembre 1645, eut pour parrain Noël Roussier, contrôleur-général des finances à Lyon, son aïeul, et pour marraine Claudine Palluat, femme de honorable Jean Deville.

Il était avocat lorsqu'il épousa, par contrat du 19 août 1681 (le Prieur dit mal à propos 1682), demoiselle Antoinette Blachon, fille de Thomas Blachon, écuyer (M. Julien Chaumat de Villeneuve la fait fille d'Annet Blachon.)

Noël Palluat-Besset fut, comme son père, procureur du roi en l'élection, et décéda en 1717. Soit que les renseignements nous soient inconnus, soit qu'il n'ait pas eu d'autres enfants, nous ne lui en connaissons que deux :

1º Jean Palluat-Besset qui suit ;

2° Jeanne Palluat qui fut mariée à Claude Plotton. Leur
fille unique, N. Plotton, fut mariée à N. de Murard,
seigneur de Saint-Romain, conseiller à Lyon.

4ᵉ DEGRÉ.

Jean de Palluat-Besset, écuyer, conseiller, procureur du
roi en l'élection, épousa, par contrat du 4 avril 1722,
demoiselle Marguerite Bernou de Nantas, fille de feu Jean
Bernou, écuyer, seigneur de Nantas, et de dame Marie
Deshayes. Furent présents : Jean de Forcieu, seigneur de
Rochetaillée; Jacques de Forcieu, abbé de Valbenoîte;
Jacques Bernou, sieur de la Roussilière; Jean-François
Bernou de la Bernary, seigneur de Nantas, et Pierre-Joseph
Berardier, écuyer, seigneur de Greyzieu.

Le 23 octobre 1737, Jean de Palluat paya à la veuve
de M. de Moras, seigneur de Saint-Priest et Saint-Etienne,
les deux tiers du lod de la maison acquise, en 1734, de la
veuve de Villebœuf (maison Blachon), se montant à 988
livres.

Il fut pourvu d'une charge de secrétaire du roi vers l'an
1745. Il testa la même année et décéda le 19 décembre
1750, âgé de 67 ans, et fut inhumé dans l'église-annexe
de Notre-Dame. Son acte de décès est signé : Palluat de
Besset, David, Bernou de la Bernary, Roux de la Plagne,
Bernou de Rochetaillée, Colomb d'Hauteville, Colomb
d'Ecotay, Blachon, Bernou de la Cibertière.

Les actes de naissance des registres de la paroisse nous
donnent la longue nomenclature des enfants sortis de ce
mariage; les voici dans l'ordre de leur entrée dans la vie.

1° Claude de Palluat la Vionne, né le 4 mars 1723;

2° Marie-Michelle de Palluat, née le 5 avril 1724;

3° Madeleine de Palluat, mariée le 9 novembre 1756 à
Jean-Joseph Pellissier, maire de la ville de Saint-
Etienne, notaire royal, héraut d'armes, âgé de 60

ans. Il décéda en 1772, âgé de 77 ans, laissant les
enfants qui suivent :

    1º N... Pellissier, docteur en médecine, non marié ;

    2º N... Pellissier-Barjac, non marié ;

    3º N... Pellissier, décédée sans avoir été mariée ;

    4º N... Pellissier, mariée à N... Liogier-Lassagne,
       de Saint-Maurice-de-Lignon, dont issus deux fils,
       héritiers du haut et bas Villebœuf et du Bois-
       Noir ;

4º Claudine-Antoinette de Palluat, née le 8 mars 1727 ;

5º Marianne de Palluat, née le 21 septembre 1728, eut
    pour parrain Jacques Bernou, sieur de Sallemard ;

6º Claire de Palluat, née le 3 novembre 1729, eut pour
    marraine Claire Bernou de Nantas. Présents : Bernou
    de la Bernary, Bernou de Nantas, Bernou de la Rous-
    silière, Bernou de Sallemard, Bernou de Bonnefond.
    Elle fut mariée à Jean-Baptiste Chazal, conseiller du
    roi en l'élection ;

7º Pierre-Joseph de Palluat-les-Combes, né le 10 mars
    1731 ;

8º Marianne de Palluat, née le 10 mai 1732 ;

9º Noël-Claude de Palluat-la-Provenchère, né le 17
    juin 1733 ;

10º Jean-Claude de Palluat-Montcel, né le 4 septembre
    1734, résidant à Condrieu en 1760 ;

11º Madeleine de Palluat, née le 26 octobre 1735, fut
    mariée à N... Mathevon de Curnieu ;

12º Antoine de Palluat-la-Blache, né le 7 mars 1737,
    fut officier au régiment de Mgr le comte de Provence;

13º Pierre-Joseph de Palluat, né le 6 août 1738 ;

14º Madeleine de Palluat, née le 3 février 1740 ;

15º Benoîte de Palluat-Eculieu, née le 1ᵉʳ août 1741 ;

16º Claude-Jean-François de Palluat, fut prieur et curé
    de Saint-Just-lès-Velay, il s'occupa de l'histoire du
    pays et de celle de sa famille. C'est lui que nous avons

cité quelquefois dans ce qui précède. La révolution
lui délivra un certificat dont nous ne comprenons pas
toute la valeur, ce qui nous engage à le transcrire,
en lui conservant sa propre orthographe :

« Nous maire et officiers municipaux de la commune de
Monbanc cy devant Saint Just, canton de Monfranc
cy devant Saint-Didier, district de Monistrol, département de la haute Loire. — Certiffions et attestons
que le citoyen palluat cy devant curé a acquit en
cette commune en 1790 vieux stil des biens Nationaux
concistant En prés, paturaux, et terres, que depuis
cet acquisition il na cessé de faire valoir par lui même
lesdits biens, En foy de quoi nous lui avont délivré le
présent certificat pour valoir ce que de Raison fait à
la maison commune du dit Montbanc ce vingt neuf-
viesme préréal l'an deux de la République une indivisible, Et imperissable, ou la mort. Ainsi signé :
Bergier, maire — Didier, of. — Massardier, of. —
Descour, of. — Vacher, agent. — Terme, secrétaire
greffier. »

O illustres républicains de la commune de Montbanc,
canton de Montfranc, j'ignore ce que l'on peut vous
reprocher ; mais je vous reprocherai votre avarice de
virgules et de points et virgules. Que cette plainte,
illustres citoyens, ne trouble pas votre repos dans la
tombe, dormez en paix et qu'il ne soit plus question
de vous !

17° Claude-Pierre-Joseph de Palluat, né le 16 mars
1744.

5ᵉ DEGRÉ.

Claude de Palluat-Besset, écuyer, procureur du roi en
l'élection, succéda à la charge de son père. Il épousa, par
contrat du 13 février 1759, Catherine Vincent, âgée de
22 ans, fille d'Antoine Vincent, négociant, ancien échevin

de Saint-Etienne, et de dame Jeanne Praire. Furent présents au contrat : Claude-Aimé, Antoine et Pierre Vincent, frères de l'épouse. De ce mariage naquirent :

1° Antoine-Jean de Palluat, né le 13 décembre 1759 ;

2° Marie-Jeanne de Palluat, née le 15 août 1761 ;

3° Antoine de Palluat, né le 5 août 1762, mort avant son père ;

4° Claude-Aimé de Palluat, né le 16 novembre 1763. C'est pour lui obtenir une sous-lieutenance que son père présenta au ministre la supplique que nous transcrivons plus bas ;

5° Jean-Claude de Palluat, né le 4 mai 1765 ;

6° Marie-Madeleine de Palluat, née le 1er février 1767, mariée à Jean-Baptiste-Claude-Henri Dupuy, juge à Montbrison, dont issu :

Claude-Marie Dupuy, né en germinal an VI, épousa dame Célestine-Louise-Madeleine Paret, dont issu :

Jean-Antoine-Louis Dupuy, né le 14 février 1838, est aujourd'hui le chef de sa famille. Ses études l'ont porté à se faire avocat, et l'aménité de son caractère, jointe à d'excellentes manières, promettent en lui un bel ornement pour la société ;

7° Pierre-Joseph de Palluat, né le 13 juillet 1769 ;

8° Jeanne-Marguerite de Palluat, née le 20 mars 1771, eut pour parrain Antoine de Palluat, officier au régiment de Mgr le comte de Provence ;

9° Claude-Gaspard de Palluat, né le 20 août 1773, mourut avant son père ;

10° Françoise-Clotilde de Palluat, née le 5 mars 1776, eut pour parrain messire Claude-Jean-François de Palluat, son oncle, prieur curé de Saint-Just-lès-Velay, et pour marraine dame Françoise Daudé, épouse de Pierre Vincent, écuyer. Elle fut mariée à M. Pierre Forissier, propriétaire à Saint-Galmier.

Maintenant, voici la supplique présentée par Claude de-
de Palluat-Besset pour Claude-Aimé, son fils :

A Monseigneur le marquis de Ségur, ministre
et secrétaire d'Etat.

Supplie très-humblement Claude Palluat de Besset,
écuyer, et expose très-respectueusement à votre grandeur,
que Claude-Aimé Palluat, son fils, a été admis cadet gentilhomme dans le régiment de Beauce, depuis dix-huit mois.
Qu'il a été anobli au degré de son ayeul, Jean Palluat de
Besset, qui avait obtenu des lettres de provision de l'office
de conseiller secrétaire du roi près la chancellerie du parlement de Grenoble, attributions du privilége de noblesse
au premier degré ; il peut donc justifier des quatre degrés
de noblesse paternelle.

Ses auteurs ont toujours vécu noblement, et ont été
compris au chapitre des nobles exempts et privilégiés de la
paroisse de leur domicile. Il est porté par les dites lettres
de provision de l'office de conseiller secrétaire du roi,
qu'elles ont été délivrées et expédiées à Jean Palluat, son
ayeul, par considération des services qu'il a jusqu'ici rendus
à la charge de notre conseiller procureur pour nous en
l'élection de Saint-Etienne, dans laquelle il a succédé à
Noël Palluat, son père, qui avait aussi succédé à autre Jean
Palluat de Besset, suivant ses provisions du mois de juillet
1655.

Claude Palluat de Besset a été aussi pourvu du dit office
suivant ses provisions. Ses auteurs ont exercé successivement l'office de conseiller procureur pour Sa Majesté,
depuis plus d'un siècle, et n'ont cessé de donner des
preuves de leur zèle pour le bien du service de Sa Majesté.

Claude-Aimé Palluat a des oncles et parents au service :
Pierre-Joseph Palluat, son oncle, a été lieutenant au régiment d'Auvergne, et a été blessé à Clostercham, en

remplissant les fonctions d'aide-major; il est mort à Limbourg, d'une mort naturelle.

Autre Antoine Palluat, son oncle, est actuellement capitaine au régiment d'infanterie de Monsieur.

Antoine de Nantas de Rochetaillée, grand-oncle au dit Claude-Aimé Palluat, cadet gentilhomme dans le régiment de Beauce, a été mousquetaire de la première compagnie de la garde du roi, et a été tué, le 17 juin 1745, à Detingen, suivant le certificat de M. de Juvilhac, du 17 mars 1760.

Jean-François de Nantas, baron de Rochetaillée, cousin du dit Claude Aimé Palluat, fils de Jacques de Rochetaillée, mousquetaire de la première compagnie, fut reçu chevau-léger de la garde du roi au mois d'avril 1760, a fait la campagne de 1761, en Westphalie, et est actuellement (ici manquent quelques mots) de cavalerie.

Il est aussi établi par le contrat de mariage de Jean Palluat de Besset et de dame Marguerite Bernou de Nantas, ayeul et ayeule du dit Claude-Aimé Palluat, en date du 1 avril 1722, que Jacques de Forcieu de Rochetaillée, chevalier de Saint-Louis, a signé le contrat de mariage, comme oncle à la dite Marguerite Bernou de Nantas, son ayeule, ainsi qu'Antoine Berardier de la Chazotte, écuyer, ancien capitaine au régiment Dauphin, en qualité de cousin; les deux frères Berardier de Greyzieu et de la Chazotte, cousins au troisième degré au dit Claude-Aimé Palluat, sont actuellement lieutenant et sous-lieutenant au régiment Dauphin.

Par ces considérations, Claude-Aimé Palluat, cadet gentilhomme dans le régiment de Beauce, depuis plus de 18 mois, supplie très-humblement Monseigneur le marquis de Ségur, ministre et secrétaire d'Etat, de vouloir bien agréer qu'il soit admis au grade de sous-lieutenant, à son rang, dans le régiment de Beauce. Trop heureux si les services de ses oncles et autres parents, et ceux qu'il désire rendre, peuvent lui faire obtenir cette grâce.

Claude-Aimé de Palluat passa plus tard à l'île de France.

Claude de Palluat-Besset, écuyer, ancien procureur du roi en l'élection, demeurant rue du Chambon, testa le 16 mars 1786, et légua à Antoine-Jean Palluat l'aîné, à Jeanne-Marie, Claude-Aimé, Jean-Claude, Madeleine, Pierre-Joseph, Jeanne-Marguerite et Françoise-Clotilde Palluat, ses huit enfants, à chacun d'eux la somme de 14,000 livres. Plus : audit Antoine-Jean Palluat l'aîné, la jouissance de son domaine de la Vionne, pour en jouir dès le jour de son décès ; et même somme aux posthumes qui pourraient naître. Donne à dame Catherine Vincent, sa très-chère épouse, tous ses meubles meublants, argenterie, dettes actives, bestiaux, denrées, etc., (qu'il estime à la valeur de 10,000 livres), à charge de payer 10,000 livres à l'héritier. Plus : il lui donne, pendant sa vie, la jouissance de tous ses immeubles, à l'exception du domaine de la Vionne, et institue pour héritier universel celui de ses enfants mâles que sa femme choisira ; et au cas qu'elle décède sans avoir fait ladite institution, il nomme héritier universel Antoine Jean Palluat, son fils aîné ; à son défaut, le cadet, ainsi des autres....., n'entendant par le présent testament faire aucune substitution, entendant au contraire qu'au défaut de son fils aîné, son fils cadet recueille la succession. Il décéda le 14 septembre 1785, âgé de 62 ans.

Après sa mort, et en l'an XIV, intervint entre ses enfants un traité qui fait connaître l'état de la famille à ce moment.

Traité de famille entre Jean-Antoine Palluat, propriétaire-rentier ; Marie-Jeanne Palluat, fille majeure ; Pierre-Joseph Palluat, négociant ; Jeanne-Marguerite Palluat, fille majeure, tous à Saint-Etienne ; Jean-Claude Palluat, rentier à Lyon ; Jean-Baptiste-Henri Dupuy, juge à Montbrison, époux de Marie-Madeleine Palluat, et Pierre Forissier, propriétaire-rentier à Saint-Galmier, mari de Françoise-Clotilde Palluat, tant en leur nom qu'en celui de Claude-Aimé Palluat, leur frère et beau-frère, demeu-

rant à l'île de France, tous cohéritiers de droit de Catherine Vincent, leur mère, veuve à son décès de Claude
Palluat de Besset, etc.

6ᵉ DEGRÉ.

Antoine-Jean de Palluat-Besset, écuyer, représenta sa
famille à l'assemblée de la noblesse de Forez, en 1789. Il y
est nommé Palluat de Besset, et signe également Palluat de
Besset, comme ses pères. La nouvelle édition du procès-
verbal de cette assemblée, par M. d'Assier de Valenches,
le nomme Palluat du Besset; évidemment c'est une faute
d'impression; mais ce qui n'en est pas une, ce sont les
armes qu'on y trouve : *d'or, à trois œillets de gueules.*
Ce sont les armes des Paluat de Bresse, et jusqu'ici rien
ne prouve encore que nos Palluat soient les mêmes, et que
leurs armes sont différentes, ce qui constituerait une erreur
et une inexactitude.

Il épousa, le 2 octobre 1800, Catherine Bagnol-Forissier,
de Saint-Galmier, dont issus :

1° N... de Palluat-Besset, mort en très-bas âge;

2° Génie de Palluat-Besset, née le 30 octobre 1803,
   mariée, le 22 avril 1822, à M. N... Frèrejean, dont
   issus :

   1° Joseph Frèrejean, décédé en bas âge;

   2° Claudine-Antoinette Frèrejean, née le 24 octobre
      1824, mariée, le 21 juin 1853, à M. de Gaillard;

   3° Benoît-Albert Frèrejean, né le 27 mars 1827,
      décédé en bas âge;

   4° Louis Frèrejean, né le 14 juin 1831;

3° Claude-Henri de Palluat-Besset qui suit.

7ᵉ DEGRÉ.

Claude-Henri de Palluat-Besset, écuyer, né le 3 avril
1806, a épousé, le 5 juin 1832, Jeanne-Loïse Peyret-
Dubois, dont issus :

1° Marguerite-Aimée de Palluat-Besset, née le 1er mai 1835, morte le 9 juillet 1850 ;

2° Jean-Jacques-Henri de Palluat-Besset, né en 1835, mort jeune ;

3° Emile-Joseph de Palluat-Besset, né le 18 mai 1836 ;

4° Simon-André de Palluat-Besset, né le 17 juillet 1838, décédé vers 1859 ;

5° Catherine-Marie de Palluat-Besset, née le 12 mars 1841, morte en 1843.

Cette famille porte pour armes : *de gueules, à un fer de lance d'argent, la pointe en bas, aboutissant à un croissant montant de même, et soutenu d'un lion d'or et d'un aigle d'argent affrontés, le lion à dextre et l'aigle à senestre, au chef cousu d'azur, chargé d'une rose d'argent accostée de deux étoiles d'or.*

Comme nous n'avons pas dit que la famille de Palluat du Forez ne pouvait pas s'enter sur la famille de Paluat de Bresse, malgré la différence des armes et l'irrégularité qui se trouve dans l'orthographe de l'un des deux noms, il peut arriver qu'un jour ou l'autre on parvienne à prouver que les deux noms de famille n'en font qu'un et que les deux familles n'en font qu'une C'est avec l'intuition et le désir que nous avons que cette preuve puisse se faire, que nous reproduisons, en l'abrégeant, la généalogie de Palluat de Jalamondes, dressée par La Chenaye Desbois. Il peut se faire que quelqu'un plus heureux voie un point de jonction où nous n'avons pu le découvrir. Cette généalogie commence ainsi :

Paluat de Jalamondes : famille noble et ancienne, originaire de Savoie et établie dans la Bresse où sa noblesse, qui remonte au moins par titres au XIVe siècle, est justifiée par des extraits de la chambre des comptes de Chambéry et de celle aussi de Dijon.

1ᵉʳ DEGRÉ.

Charles-Guillaume Paluat, né à Chambéry, le 22 septembre 1391. Il eut un fils qui suit :

2ᵉ DEGRÉ.

Etienne Paluat dont on ne sait rien, sinon qu'il eut un fils qui suit :

3ᵉ DEGRÉ.

Guillaume de Paluat qui servit les comtes de Savoie dans leurs armées. Un acte de la cour des comptes de Chambéry, en date du 9 novembre 1499, garde et maintient Jean Paluat dans sa qualité de noble, à cause des charges qu'Etienne et Guillaume Paluat, ses père et aïeul, avaient remplies.

Guillaume Paluat épousa, le 4 août 1432, Jeanne de Pélapussins, fille d'Etienne, seigneur de Pélapussins, dont il eut :

4ᵉ DEGRÉ.

Etienne Paluat, conseiller du comte de Savoie et son juge-mage dans la principauté de Tarentaise, qui mérita par ses lumières et ses belles qualités la confiance de ce souverain et l'estime de ses compatriotes. Il avait épousé une demoiselle de Polins ou Polans, vers 1460, dont naquirent :

1º Pierre dont la postérité s'est éteinte en Piémont, vers l'an 1634 ;
2º Jean qui suit.

5ᵉ DEGRÉ.

Jean Paluat fut secrétaire intime d'Amé VII, premier duc de Savoie, et ensuite du duc Philibert. Il épousa, en 1495, demoiselle Anne de la Vernée, fille d'André, seigneur de la Vernée, et d'Antoinette de Pélapussins, dont il eut :

1º Simon qui épousa Virginie de Couzié qui le rendit
    père d'une fille unique ;

2º Claude, mort au service ;

3º Thomas qui suit ;

4º Guillaume, mort aussi au service.

6ᵉ DEGRÉ.

Thomas Paluat, épousa Françoise de Moreau, fille de
Claude, comte du Chastelard, dont issus :

1º Jacques Paluat, mourut sans postérité, des suites
    d'une blessure reçue à la bataille de Moncontour,
    contre les huguenots ;

2º Thomas qui suit.

7ᵉ DEGRÉ.

Thomas Paluat, deuxième du nom, seigneur de Jalamondes par l'héritage qu'en avait fait son père, et de la
Sardière, épousa, en 1580, demoiselle Richarde de Grillet
dont issus :

1º Thomas qui suit ;

2º René qui épousa Hyacinthe Brunet, baronne de
    Sainte-Hélène-du-Lac, dont il n'eut pas d'enfants ;

3º Philippe, tué au siége d'Ostende.

8ᵉ DEGRÉ.

Thomas Paluat, troisième du nom, seigneur de Jalamondes et de la Sardière. Il épousa Isabeau de Fautrières,
fille de Guy, comte de Fautrières, seigneur de Salornay,
dont issus :

1º Georges qui suit ;

2º Suzanne, morte religieuse ;

3º Marie, femme de Michel de Châtillon, seigneur de la
    Poipe et de Léal.

9ᵉ DEGRÉ.

Georges Paluat, seigneur de Jalamondes, épousa, le 31

mai 1657, demoiselle Angélique de Bertrier, fille de Claude, dont issu un fils unique qui suit.

10ᵉ DEGRÉ.

Pierre Paluat, seigneur de Jalamondes, épousa : 1° en 1690, demoiselle Antoinette Aymon de Montepin; 2° en 1696, demoiselle N... Tardy de la Perouze; et 3°, le 24 février 1703, Pierrette Galet des Belouses. Il n'eut pas d'enfants des deux premières, et de la troisième naquit un fils qui suit.

11ᵉ DEGRÉ.

Antoine-Philippe Paluat de Jalamondes épousa, en 1727, demoiselle N... Tardy dont naquirent :

1° Joseph, mort en 1738;

2° Louis-Elisabeth qui fut d'église;

3° Claude-Marie-César qui suit;

4° Jacqueline-Françoise;

5° Anne-Marie, religieuse.

12ᵉ DEGRÉ.

Claude-Marie-César Paluat de Jalamondes, seigneur de la Sardière, épousa, par contrat du 4 décembre 1771, Louise-Marie Guilliot, dont issus :

1° Benoît-Basile-Marie, né en 1774;

2° Marie-Delphine, née en 1772.

De la Chesnaye-Desbois s'est arrêté là, nous en ferons autant, n'ayant pas d'autres renseignements.

Paluat de Jalamondes porte pour armes : *d'or, à trois œillets de gueules sur une même tige de sinople.*

Devise : *Animus et prudentia.* Les supports qui en sont l'emblème sont une Minerve et un lion.

Ce n'est pas d'aujourd'hui que MM. de Palluat, du Forez, ont essayé de se souder aux Paluat de Bresse : une telle recherche en valait bien certainement la peine. Au siècle dernier, ils avaient fait de nombreuses démarches qui paraissent n'avoir pas abouti, ce qui semblerait ressortir des lettres de M. Julien du Bessy, nom changé en celui de Villeneuve, homme très-compétent en matières généalogiques. M. du Bessy a passé sa vie entière à établir la filiation de bien des familles qu'il épluchait avec d'autant plus de rigueur, qu'il se faisait lui-même plus illusion sur sa propre origine. On le consultait comme un juge infaillible en matières héraldiques et généalogiques, et les lettres qu'il écrivait en réponse sont nombreuses encore. Nous possédons deux de ces lettres, et nous les transcrivons, parce qu'elles prouvent que si nous n'avons pas réussi à ramener les deux familles Palluat et Paluat à la même unité, d'autres avant nous n'y avaient pas mieux réussi.

Les deux lettres que nous produisons et qui ont été écrites à la même date, ont été adressées : la première à M. Jean-Joseph Pellissier, maire de Saint-Etienne, qui avait épousé Madeleine Palluat; la seconde à M. Claude de Palluat-Besset. Telles quelles les voici :

« A Villeneuve, le 29e juin 1770.

« M. cher et ancien ami, l'hermitage dans lequel je me suis réduit me laisse dans l'ignorance des événements de notre ville de Saint-Etienne. C'est depuis peu de jours que j'ai appris le mariage de M. votre neveu, mon parent, le seul qui porte votre nom... M. Palluat m'a fait l'honneur de m'écrire à votre invitation, je vous en remercie, j'ai celui d'y répondre et de vous adresser ma lettre qui sera mieux accueillie en passant par vos mains.

« Personne ne peut mieux que vous, M., faire les recherches pour l'objet demandé (vérifier ce qu'il peut y avoir de parenté entre les Palluat de Saint-Etienne et ceux

de Bresse), je voudrais bien avoir de plus amples connaissances. J'ai parcouru, pendant trois jours, l'histoire de
Bresse et de Bugey, j'en ai extrait tout ce qui est relatif à
l'objet demandé.

« Cette histoire ne m'appartient pas ; mais si M. Palluat
veut la voir, je la lui ferai passer ; il y trouvera le nom
du possesseur.

« Voudriez-vous bien être l'interprète de mes hommages
respectueux auprès de Madame Palluat et de Madame
votre épouse, et être persuadé des sentiments de considération, d'attachement et de reconnaissance, avec lesquels
je ne cesserai d'être, M. cher et ancien ami, votre.....

« (Signé) JULLIEN DU BESSY. »

« A Villeneuve, le vendredi 29ᵉ juin 1770.

« M. j'ai reçu avant-hier soir la lettre dont vous m'avez
honoré, du 24 de ce mois, au sujet de l'histoire de Bresse
et de Bugey, par Guichenon, et je m'empresse d'y répondre.
J'en ai copié avec exactitude et certifié l'article demandé,
j'y ai ajouté tout ce que j'ai cru y être relatif, et le tableau
généalogique des Paluat de Bresse, à comparer à celui de
votre maison.

« Cette maison subsistait encore du vivant de l'auteur
Guichenon. Si M. d'Arlos d'Entremont était encore parmi
nous, il s'empresserait de rechercher en Bresse et en Bugey
tous les documents qui pourraient vous être utiles, et j'ai
le malheur de n'avoir aucune relation dans cette province.

« Je ne doute pas que la tige de votre famille ne vienne
de la ville de Bourg. Je ne connais que les cinq dernières
générations établies à Saint-Étienne. Notre ami, M. Pellissier, est très-propre à vous aider dans vos recherches.
Les possesseurs actuels de la seigneurie de Jalamondes
doivent connaître la postérité de Georges Paluat, seigneur
de Jalamondes, capitaine d'infanterie au service du duc
de Savoye, vers l'an 1650, qui est le dernier dont Guichenon fasse mention.

« Je suis très-flatté, M., que notre bon ami M. Pellissier
m'ait rappelé dans l'honneur de votre souvenir et prouvé
l'occasion de vous assurer du zèle et de la considération
avec laquelle je ne cesserai d'être.....

        « (Signé) JULLIEN DU BESSY.

« *P. S.* L'histoire de Guichenon ne m'appartient pas,
elle est d'un M. Granger qui me la laissera; si elle vous
est plus utile que les notes ci-jointes, je vous la ferai
passer. »

Les notes promises à M. Palluat par M. Jullien du Bessy
ne sont en réalité qu'une copie mot à mot de ce que dit
Guichenon des Paluat de Bresse, ce qui ne résoud nullement la question : les Palluat de Saint-Etienne sortent-ils
des Paluat de Bresse? La difficulté reste toujours la même,
et quand M. du Bessy écrit : *Je ne doute pas que la tige
de votre famille ne vienne de la ville de Bourg,* cela ne
veut pas dire : J'en suis convaincu, mais : Cela peut être.
Dans *je ne doute pas,* M. du Bessy fait preuve de politesse
et nullement de sa conviction. Nous non plus nous ne
doutons pas, et cependant les preuves seraient si nécessaires pour achever de nous convaincre.

GÉNÉALOGIE

de la famille de Sauzea.

—

Cette famille ayant fait ses preuves, figure dans l'assemblée
de la noblesse du Forez, en 1789.

—

Le plaisir que nous procure le dépouillement des titres
et des matériaux qui nous fournissent cette généalogie est
grand sans doute, puisqu'il est dans nos goûts ; mais il nous
est doublement plus précieux, par les sentiments vrais et
absolus d'une vieille amitié qui nous unit étroitement au
chef de cette famille, et dont la longue et harmonieuse
habitude nous devient plus précieuse à mesure que les jours
qui viennent se confondent avec ceux qui ont passé.
N'est-ce pas dire, en nous glorifiant de cette honorable
amitié, que nous la mériterons davantage en parlant selon
l'esprit de l'histoire qui repousse tout semblant de flatterie;
ce qui va suivre le prouvera.

Au siècle dernier, un des descendants de cette famille
voulant la relever de l'espèce de déchéance où le
malheur des temps l'avait fait tomber, et la replacer au
rang que ses ancêtres avaient occupé autrefois, fit faire,
d'après quelques indications qu'il s'était procurées, des
recherches dans les nobiliaires espagnols et dans les chan-
·celleries qui pouvaient fournir des renseignements. Ces
recherches lui apprirent que le nom primitif de cette famille
était Auzea, et que, sous ce nom, elle avait laissé de grands
souvenirs sur la terre d'Afrique avant de passer en Espagne.
Dans ce nouveau pays, l'S initial fut ajouté à son nom par
douceur de prononciation, suivant le génie de la langue
espagnole où cette lettre joue un si beau rôle. Elle y obtint
aussi de hauts emplois, et un de ses cadets, nommé Fer-

nand, passa en France à la suite de Rodrigue de Villandras pour y faire les guerres de son temps. et s'établit dans
les environs de Lyon.

Ces notions qui sont plus explicites, et que nous donnons
sommairement pour abréger, concordent en effet avec
l'établissement de cette famille à Annonay, au XVe siècle,
et les noms espagnols des premiers qui y sont connus. Elles
concordent aussi avec la physionomie du nom, si l'on peut
s'exprimer ainsi ; car le premier aspect de celui-ci dénote
une origine étrangère et semble se rapprocher de la langue
espagnole plus que d'aucune autre, ou de l'une des langues
qui ont formé le castillan. Qu'on nous permette, à cette
occasion, une de ces digressions qui sont dans nos habi-
tudes.

Les noms qui arrivent sans altération d'un chef de maison jusqu'à son dernier descendant, attestent jusqu'à la fin
l'origine première de chaque famille et lui montrent soit
l'origine et l'étymologie de son nom, soit la contrée où elle
doit chercher son berceau. Il est donc important de garder
religieusement le nom que nos ancêtres nous ont transmis,
pour qu'il nous soit plus facile de nous rattacher à eux
dans tous les temps. Une lettre de plus ou de moins, lors
même qu'elle ne change rien à la prononciation, est une
altération suffisante pour amener plus tard des désagréments ; car il n'est pas facile de reconnaître la valeur de
ces altérations et de suivre un nom dans ses différentes
transformations, et si l'on y parvient, on ne peut l'attribuer
qu'au bonheur et à une faveur du hasard, ce qui arrive
rarement. Alors comment vous rattacherez-vous à votre
ancêtre éloigné, lorsque par indifférence ou par tout autre
cause, votre nom altéré d'une manière ou d'une autre,
laissera le doute s'insinuer dans l'esprit et le fera douter
si ce nom presque semblable au nom antique est en effet
le même?

Malgré toutes les probabilités qui se réunissent pour

nous l'assurer, malgré la conviction intérieure qui nous le
certifie, l'esprit craint de passer outre et s'arrête devant
l'obstacle insurmontable d'un point, d'un accent ou de
tout autre léger coup de plume, à moins que l'histoire de
la famille ne constate le changement.

Mais après plusieurs siècles, si ce nom nous est présenté dans toute sa pureté, notre esprit satisfait et notre
croyance entraînée par une démonstration aussi éclatante
se repose dans une entière certitude.

C'est ce qui arrive en cette occasion, car jusqu'à la fin
du XVIIIᵉ siècle le nom de Sauzea s'est écrit d'une manière constamment uniforme, nous en trouvons, dans les
nombreuses pièces que nous avons sous les yeux, une
preuve que sans doute peu de familles pourraient produire
aujourd'hui : c'est une suite non interrompue de signatures
autographes pendant trois siècles, de 1543 à ce jour. Toutes
ces signatures sont terminées par un A, sans S final et sans
accent sur l'E, quoique la prononciation doive faire sentir
l'accent. Les raisons de cette sorte d'anomalie seraient
trop longues à exposer dans cette notice.

Cela dit, nous revenons à notre sujet. Aux XIVᵉ et XVᵉ
siècles, les guerres intestines qui désolaient la France y
amenèrent des troupes de toutes les nations voisines. Rodrigo de Villandras, gentilhomme espagnol de haute naissance et comte de Ribadeo au royaume d'Arragon, y passa
comme tant d'autres à la tête d'autres gentilshommes
espagnols au nombre desquels était Fernand de Sauzea.
Ce qu'ils y venaient faire n'était pas précisément de l'ordre;
voici comment s'exprime à ce sujet l'auteur des *Mémoires
sur la ville d'Annonay* et les historiens qu'il cite : « Sous
le règne de Charles VII, le Vivarais fut de nouveau en
proie au pillage des routiers. Rodrigo de Villandras fut un
des principaux chefs de ces brigands; et tandisque d'autres
désolaient les provinces voisines, il prit pour son district
le Vivarais, le Velay et le Gévaudan, et choisit pour sa

place d'armes la ville d'Annonay. » M. du Solier parle
dans le même sens, en ajoutant que la profession des
routiers n'était pas regardée d'un œil aussi odieux qu'elle
le serait aujourd'hui ; on les redoutait, dit-il, mais on ne
les méprisait point. Villaret dit aussi qu'en parcourant les
monuments de ce malheureux siècle, on est surpris de
trouver dans ce nombre de chefs de brigands, qui rava-
geaient la France, des noms illustres confondus avec des
aventuriers : La Hire, Antoine de Chabannes, les deux
bâtards de Bourbon, Villandras, etc. ; mais ce n'était
presque toujours qu'après avoir vaillamment combattu
contre l'Anglais, sous l'étendard de Jeanne d'Arc, que le
mauvais exemple ou le manque de solde les jetait dans le
pillage.

1er DEGRÉ.

Fernand de Sauzea, venu d'Espagne à la suite de Rodrigo de Villandras, le suivit dans ses expéditions aventu-
reuses si souvent rappelées dans l'histoire de ce temps-là.
Le récit de cette vie si mélangée ne serait point sans intérêt, si l'étendue des faits n'empêchait de les exposer ici.
C'est le séjour de Fernand de Sauzea à Annonay qui y
détermina son établissement ; seulement l'éloignement des
temps et surtout les ravages et les incendies qui suivirent
les guerres de religion, n'ont laissé parvenir jusqu'à nous
que quelques titres féodaux dont les énonciations ont
seules fait connaître la filiation des quatre premières générations. Un seul acte particulier rappelle d'une manière
formelle Fernand et Rodrigue son fils : c'est un acte d'albergement consenti par Rodrigue de Sauzea, qui y est dit
fils de feu Fernand de Sauzea, et passé en l'an 1447, devant Claude de Chasseriano, notaire à Annonay. La filiation
de cette famille commence donc à Fernand qui fut ainsi la
souche, non de sa race, mais de la branche établie en
France. Il laissa son fils Rodrigue qui suit.

2ᵉ DEGRÉ.

Rodrigue de Sauzea reçut évidemment ce nom de Rodrigo de Villandras qui le tint sur les fonts de baptême ; car, nous disent les historiens, ces aventuriers, véritables brigands malgré leur haute naissance, ne connaissaient d'autre devoir que celui de se battre, d'autre vertu que celle d'obéir à l'Eglise, et les routiers s'assujétissaient à l'une et à l'autre. En voici une preuve, ajoute assez plaisamment l'historien : Arnaud de Cervole, surnommé l'archi-prêtre, était un chef de routiers qui, sous le règne de Jean, avait été un des plus redoutés brigands, et selon l'expression de Froissard, « il était un chevalier très-considéré. » Cet archi-prêtre saccagea toute la Provence et fit traiter le pape qui siégeait à Avignon. « Il y alla, dit Froissard, avec la plupart de ses gens et fut aussi honorablement reçu que s'il eût été le fils du roi de France ; il dîna plusieurs fois chez le pape et les cardinaux, tous ses péchés lui furent remis, et à son départ, on lui livra quarante mille écus pour être distribués à ses compagnons.» Et l'histoire appelle cela obéir à l'Eglise. Il est assez extraordinaire de voir, après plus de quatre siècles, combien les temps changent peu : on appelle encore aujourd'hui cela et à côté de nous, obéir à l'Eglise.

Rodrigue suivit Villandras dans toutes les expéditions désordonnées dont parle l'histoire, et laissa pour lui succéder Raoul qui suit.

3ᵉ DEGRÉ.

Raoul de Sauzea suivit aussi la carrière militaire, mais les temps étaient changés. Vers 1450, ces essaims de brigands indisciplinés, disent les chroniques, disparurent tout à coup ; plusieurs rentrèrent dans le sein de leurs familles, redevinrent citoyens et cultivateurs ; les autres, effrayés par la sévérité des châtiments dont les nouvelles lois les menaçaient, abandonnèrent leur patrie. Dès ce moment la France jouit d'un calme inconnu depuis plus d'un siècle.

Raoul n'est pas mieux connu que son père et son aïeul, et le seul acte qui le rappelle d'une manière particulière se trouve dans un inventaire des titres de la maison de Serre, de l'an 1468 ; mais l'on sait qu'il eut les enfants qui suivent :

1º Antoine qui suit ;

2º Guillaume de Sauzea, laissant à son frère aîné la carrière des armes, embrassa celle du notariat. Pour se faire une idée juste de la considération qui s'attachait alors à ces fonctions, on pourrait rappeler la quantité de familles qui ont trouvé dans ces charges une illustration qui allaient de pair avec celle des premières dignités de la robe, et la province de Forez en fournit des exemples assez connus ; mais il suffira de rappeler que, suivant une ordonnance de 1413, les secrétaires d'Etat étaient obligés de passer par l'office de notaire qui était alors la même chose, dit dom de Vaines dans sa *Diplomatique*, que nos secrétaires du roi d'aujourd'hui. Menestrier, en faisant les mêmes réflexions, rappelle aussi l'ordonnance de 1413 qui fut, à ce qu'il paraît, exécutée très-ponctuellement ; car, sans avoir fait des recherches spéciales, nous pouvons fournir les noms des notaires d'Annonay que différents actes de cette époque nous font connaître : 1406, Antoine de Podio (du Puy) ; 1424, Hugues de Brécieu et Hugues du Cros ; 1425, Albert de Pedagio ; 1447, Claude de Chasseriano ; 1456, Hugues de Crezo ; 1496, Guillaume de Sauzea.

4ᵉ DEGRÉ.

Antoine de Sauzea, premier du nom, est celui qui forma le quatrième degré de cette famille en France ; mais l'éloignement des temps a jeté un voile si épais sur son existence,

que peu d'actes en ont transpiré. On sait seulement qu'il
fit les guerres d'Italie, surtout dans le Milanais où les chevaliers français et espagnols se livraient entre les deux
camps un grand nombre de combats particuliers : six
contre six, douze contre douze, et rien n'est plus probable
que de croire qu'il ait trouvé dans ses adversaires un de
ses parents espagnols de l'ancien nom de Sauzea ; mais ils
avaient alors des patries différentes, et Bayard qui soutenait si brillamment l'honneur français dans ces rencontres
particulières, était le modèle que chacun s'efforçait d'imiter. Antoine de Sauzea eut ainsi l'honneur de combattre
à côté de l'illustre chevalier, comme son bisaïeul avait eu
celui de marcher sous la bannière de l'héroïne d'Orléans.

Il laissa pour lui succéder Guillaume qui suit.

5ᵉ DEGRÉ.

Guillaume de Sauzea naquit en 1513, époque où, après
les grandes agitations du siècle précédent, la société rede-
venant plus calme, amenait naturellement les esprits à des
idées d'ordre et à des professions plus sociales. Guillaume
abandonna donc la carrière de ses pères pour en embrasser
une nouvelle. Un pareil changement peut avoir plus d'une
raison : la diversité des goûts et la différence des caractères
sont les plus ordinaires. Quelquefois aussi, une faiblesse de
tempérament ou quelque accident corporel oblige à renoncer au métier des armes. C'est ce qui arriva à Guillaume,
par l'une ou l'autre de ces raisons, et lui fit suivre la carrière du notariat, en remplacement de son oncle.

De ce moment, nous allons marcher à la lumière des
nombreux documents que nous trouvons. Ils sont même
tellement explicites, que nous restons embarrassés devant
la difficulté de les présenter tous dans un cadre aussi resserré que celui qui nous est donné. De ce moment, plus de
lacune ne viendra interrompre notre narration, quoique
plus d'une omission puisse s'y trouver ; et si la filiation

certaine de cette famille remonte à Fernand, son histoire
proprement dite ne commence qu'à Guillaume. Les annales d'Annonay, en reconnaissant aussi ce Guillaume pour
le premier degré de cette famille, disent que, quoiqu'elle
soit plus ancienne, elle ne présente cependant de traces
que dans les guerres de religion, à cause de la dévastation
des titres. Ce sont ces annales réunies aux titres de famille
qui nous font connaître avec précision le nom de Guillaume,
son âge, sa demeure, sa signature et son propre style. Ce
sont ces papiers de Guillaume, avec ceux de ses fils, petits-
fils et arrière-petits-fils, avec divers portraits, qui composèrent presque tout l'héritage que Jean de Sauzea recueillit
de François son père.

Les guerres de religion qui éclatèrent de son temps,
s'accomplirent pour ainsi dire sous ses yeux, pour tout ce
qui concernait la ville d'Annonay ; car sa maison, située
sur la place vieille où se trouvait l'église principale et où
aboutissait la montée du château, lui permettait d'être témoin de tout ce qui se passait sur ce point central de la
cité ; aussi est-il le principal témoin de l'enquête qui eut
lieu ensuite pour constater les événements qui s'étaient
passés à cette époque.

Les annales et les terriers font connaître ses principales
propriétés qui consistaient en un grand domaine au village
de Roiffieu, qui s'appelait Sauzea, aujourd'hui la Sauzée ;
d'un autre au village de la Garde, les deux estimés 417
livres ; des biens de Satillieu et de la terre de Bobigneu
près Saint-Sauveur.

Il épousa Marguerite de Rostaing, fille de Louis et sœur
de Laurent de Rostaing, qui transigea, le 4 août 1553,
avec Mathieu son oncle. La dite Marguerite n'est pas rappelée dans la généalogie donnée par La Chesnay-Desbois,
parce que cette généalogie ne donne que la filiation de père
à fils. Elle eut aussi pour frère Antoine de Rostagnis, ainsi
nommé dans la généalogie de la maison de Cheylus, famille

du Vivarez dans laquelle il entra par son mariage de l'an 1541 avec Jeanne de Cheylus.

Cette maison de Rostaing est tout autre que les Rostaing de Forez. Celle du Vivarez vient de cet Arestagno qui figure dans la fondation de l'église de Bourg-Argental ; elle est appelée ensuite de Rostagnis, et enfin de Rostaing.

Mais l'opinion ayant commencé de changer sur le relief qui distinguait ces offices de notaires depuis que François Ier avait ordonné que devant les tribunaux et partout ailleurs on instrumenterait en langue française, Guillaume se fit nommer lieutenant du bailli d'Annonay, et remit sa charge de notaire à Antoine son fils, jusqu'au moment où il viendrait de nouveau le remplacer dans la suprême magistrature du seigneur d'Annonay.

Il eut pour successeurs les enfants qui suivent :

1° Antoine, héritier de son père ;

2° Fernand qui suivit toutes les guerres de religion de son temps, tenant constamment le parti catholique, et fut attaché au seigneur de Tournon en qualité de lieutenant de sa cavalerie ;

3° N... de Sauzea, mariée à N... de Broë, d'abord conseiller à la cour de parlement de Paris, et ensuite président en 1584. Il existe des lettres de lui, des années 1577, 78, 79, 84 et 87. Il testa le 29 octobre 1587 et fut enterré dans l'église des Grands-Augustins, à Paris, où André de Sauzea, son neveu, évêque de Bethléem, veut être enterré dans la même tombe que ses oncles MM. de Broë et de Montchal. Un M. de Broë, décédé il y a quelques années à Paris, y était aussi avocat-général ;

4° Jean de Sauzea qui a fait la branche de Satillieu, déduite plus loin.

6e DEGRÉ.

Antoine de Sauzea, deuxième du nom, fils aîné de

Guillaume, remplaça son père dans la charge de lieutenant de bailli d'Annonay. Le temps qui dévore tout dans sa course, n'a laissé qu'un petit nombre de pièces qui le concernent ; mais ce qui reste suffit pleinement à le faire connaître. Il possédait la terre de Bobigneu et était co-seigneur de la terre d'Arras sur les bords du Rhône ; il avait aussi recueilli dans la succession de son père le domaine de Roiffieu, appelé de son nom : à Sauzea, et comme les devoirs de sa charge le retenaient à Annonay, il s'y rendait plus fréquemment que dans ses autres propriétés plus éloignées ; aussi trouvons-nous plusieurs actes qu'il passa au sujet de cette localité, entre autres l'achat d'une vigne à Bramaton près Roiffieu, reçu Laurent, notaire, en 1590. Une transaction du 1er août 1591, aussi au sujet d'une vigne. Un autre achat d'une vigne de deux fosserées et demie et jardin d'une couperée, le tout à Roiffieu, reçu Thorrolon, notaire, le 2 octobre 1591. Nous rappellerons aussi, comme prix de comparaison des objets, une quittance réciproque, passée le 30 novembre 1591, devant Léorat, notaire, entre lui et Isabelle Jessoud, veuve Garnier, de 4 livres 10 sols pour vacations, et de même somme pour prix d'une arquebuse achetée par ledit Antoine de ladite Isabelle. Il avait acquis aussi, avant 1597, une autre vigne, et pour le payement du restant du prix, le vendeur lui passa quittance, le 12 avril 1597, de la somme de 28 écus sols, devant Guillermi, notaire.

Après ces actes minimes, nous devons parler de deux époques de sa vie plus importantes, savoir : son mariage et la reconstruction du château de Bobigneu. Il épousa, par contrat du 3 mars 1575, reçu Gonod, notaire à Annonay, Madeleine de Montchal, fille de Pierre, seigneur d'Arras et de Bontemps, et d'Anne de Guillon.

Il reconstruisit aussi le château de Bobigneu qui tombait de vétusté ; mais la nouvelle construction ne pouvait ressembler à celle du XIe siècle et devait porter le cachet de

son époque. Deux culs-de-lampe, élégamment suspendus,
élèvent leurs toits en cône allongé sur les deux angles de
la façade et accompagnent le fronton ardoisé du toit de
cette demeure seigneuriale qui est commode, mais dans
laquelle on n'a eu en vue que les besoins d'une seule famille. Sa position est pleine de charmes, et la Déaume qui
baigne ses murs, les grands arbres qui l'entourent, et les
bois qui s'étendent au-delà, en font, l'été, un séjour dé-
licieux et plein de fraîcheur. La grande salle est ornée sur
toutes ses faces d'une tapisserie en laine d'un travail exquis
et d'une parfaite conservation. Elle est tellement chargée
de combattants, de chevaux et de tout l'attirail de guerre,
qu'il est très-difficile de comprendre comment l'on a pu
entasser dans cet espace resserré un aussi grand nombre
de personnes toutes en action. Ces figures et les détails
qui les accompagnent sont travaillés avec tant de soin, et
les couleurs se sont si bien conservées dans tout leur premier éclat, qu'on admire ce beau travail qui est réellement
quelque chose de précieux et de très-curieux dans son
genre.

Nous avons retrouvé plusieurs signatures d'Antoine de
Sauzea, provenant du temps où il était lieutenant de bailli.
Au 12 août 1601, il représentait encore Antoine de Montchal, pour des reconnaissances de dîmes, reçues par Fourel,
notaire ; mais au 16 décembre 1603, lors du mariage de
son fils, il était déjà décédé, et cela résulte de ce qu'il ne
figure pas dans ce contrat de mariage, comme Madeleine
de Montchal, sa femme, et n'y est pas même rappelé
comme père du futur, par la raison que les notaires n'étaient
guère dans l'usage alors de nommer les pères et les mères
décédés, lorsque les futurs étaient majeurs. De plus, on
évitait en pareille circonstance de rappeler le récent et
tragique événement de sa mort, que les annales d'Annonay
placent par erreur quelque temps après 1604.

Ce fut sans doute à l'occasion de ses devoirs de magistrat,

peut-être aussi à cause des opinions religieuses, que l'ini-
mitié naquit entre lui et André de Fournier, seigneur de
Brogieu, qui était protestant, et qui commit, disent les
annales d'Annonay, le crime le plus indigne en tuant M. de
Sauzea d'un coup de carabine dirigé à travers le trou d'une
porte, à Roiffieu. Cette basse et atroce trahison fut punie
par la confiscation des grands biens de M. de Fournier qui
put s'évader.

Quant à Madeleine de Montchal, elle décéda dans l'intervalle de 1603 à 1611, après avoir donné à son mari les
enfants qui suivent :

1° François qui continua la postérité ;

2° André de Sauzea naquit à Annonay en 1578. La
Gallia Christiana contient plusieurs erreurs sur son
compte. Il y est dit qu'il se nommait de Sauzay et que
par sa mère il était neveu de Jean de Clèves, son prédécesseur à l'évêché de Bethléem ; enfin, qu'il était né
à Montbrison en Forez. On comprend cette dernière
erreur quand on sait que cette famille s'étant, à cette
époque, établie dans le Forez et n'existant plus à
Annonay, les renseignements demandés sur André de
Sauzea auront naturellement conduit à le faire sortir
du Forez, c'est-à-dire de Montbrison sa capitale. La
Gallia Christiana contient plusieurs autres erreurs
sur André de Sauzea, que nous ne pouvons entreprendre de rectifier dans les étroites limites de cet
article, où l'on ne peut tout au plus faire entrer que
par extraits les nombreux documents qui concernent
cet illustre prélat, sur qui nous trouvons les détails les
plus circonstanciés de son sacre à l'évêché de Bethléem,
sa fondation du collége d'Annonay et son testament.
Ces deux dernières pièces sont très-longues et ne
peuvent être reproduites ici *in extenso*. Nous dirons
donc rapidement qu'il fut l'élève et l'ami intime de
saint François de Salles ; qu'il se livra plus tard avec

beaucoup de succès à la prédication dans les premières chaires de la capitale et des autres grandes villes du royaume. Les annales d'Annonay et la *Gallia Christiana* qui sont si explicites à son sujet, ont cependant ignoré qu'il fut attaché assez longtemps à l'église cathédrale de Belley, et qu'il en devint doyen quoique bien jeune encore; peut-être que ce n'était qu'un titre honorifique qui lui avait été donné en récompense de ses succès oratoires. Nous trouvons la preuve de cette qualification de doyen dans un acte de famille, du 31 janvier 1606 : c'est une procuration qu'il passa à Me François de Sauzea, son frère, docteur en droit, lieutenant des juridictions de Seray et Mahun. Acte reçu par Fourel, notaire à Andance. Cette pièce contient la signature de Messire André de Sauzea qui fut nommé évêque de Bethléem par bulles du mois de novembre 1623, et sacré le 18 février 1624.

Sa fondation du collége d'Annonay est du 24 décembre 1641, et son testament du 24 juillet 1643. Par ce dernier, il consacra toute sa fortune à des fondations pieuses, dans lesquelles la ville d'Annonay eut la plus grande part. Elles s'élèvent à la somme de 3,000 livres de rentes, somme considérable pour l'époque; puis il décéda le 16 avril 1644, au collége d'Antun à Paris, dont il était le supérieur.

Nous avons parcouru le collége d'Annonay pour y chercher le monument qui devait rappeler le souvenir d'un aussi grand bienfait et la reconnaissance de ceux qui en furent l'objet, et nous ne l'avons pas trouvé!

La ville d'Annonay aussi, après avoir reçu tant de libéralités, n'a pas cru non plus jusqu'à ce jour qu'il fût convenable d'apprendre à la postérité qu'elle savait reconnaître d'aussi nobles dotations par un souvenir, quelque léger qu'il fût, et elle n'a pu trouver sur les

S A U Z E A

riches et généreux legs qui lui arrivaient si gratui-
tement, la plus modique somme pour un monument
à élever à la mémoire d'une des plus grandes gloires
de ce pays.

Il est permis de jeter sur un tel oubli le blâme qui s'a-
dresse plus directement aux anciens administrateurs
qui, dans le temps, se chargèrent des capitaux de ces
fondations pour les employer au profit de la communauté de la ville d'Annonay, comme nous l'apprennent
les mêmes annales qui rapportent qu'avant la révolution de la fin du XVIII° siècle, les fonds de ces fondations *s'étaient perdus*, c'est-à-dire que la ville,
après les avoir retirés pour acquitter ses dettes ou
autrement, s'était après cela dispensée d'acquitter les
fondations. Les élèves seuls du collège assistaient encore, avant la révolution, à l'obit anniversaire de
leur fondateur.

Toutefois, en voyant l'empressement de tant de villes en
France, à honorer la mémoire de leurs citoyens les
plus recommandables, nous ne doutons pas que si les
faits anciens que nous venons de rappeler arrivaient
à la connaissance des administrateurs actuels de la ville
d'Annonay, quoiqu'ils n'aient rien recueilli des libéralités faites à leurs prédécesseurs, ils ne voulussent,
malgré cela, payer la dette de reconnaissance que
leurs devanciers n'ont su acquitter; car notre temps
vaut souvent mieux que le passé;

3° Raoul de Sauzea suivit très-jeune le parti des armes,
mais la paix que le règne de Henri IV procura à la
France, le poussa dans les emplois purement honori-
fiques, et il fut l'un des cent gentilshommes de la
chambre du roi. C'est sous ce riche costume que son
portrait, qui est dans la galerie du château de Monteille, le représente. Les huguenots venaient de reprendre les armes, Raoul de Sauzea supportait impa-

22

.tiemment l'inaction où l'avait réduit la paix, et le
bruit de la guerre le rendit à son premier état. Il
remit sa charge à Guillaume de Sauzea, de Satillieu,
son cousin, qui l'occupa pendant quelque temps sous
le titre de l'un des cent gentilshommes de la maison du
roi, ce qui fait voir que c'est à cette époque que les
grands seigneurs, jaloux en vrais courtisans d'approcher le roi de plus près, firent créer les places de
gentilshommes de la maison, venant après celles de
gentilshommes de la chambre qu'ils se réservèrent.

Raoul de Sauzea fit toutes les premières guerres de
Louis XIII, mais il ne reste pas de documents plus
explicites sur sa vie. C'est en général le sort réservé au
guerrier, à qui tant de travaux, de périls et de peines,
ne procurent pas toujours un peu de cette renommée,
le mobile de ses actions et le but de son ambition;

4° Françoise de Sauzea, mariée à Antoine des François,
conseiller du roi et contrôleur au grenier à sel d'Annonay, de la ville de Boulieu. Elle était veuve de lui
en l'année 1650, qui fut celle où elle testa, devant le
notaire de Boulieu, dans la maison duquel elle habitait. Elle fit un legs à Madeleine sa fille, religieuse à
Boulieu, et fit héritier Antoine des François, son fils,
aussi conseiller du roi et contrôleur au grenier à sel
d'Annonay, demeurant à Boulieu. Cette famille s'est
toujours soutenue à Annonay, où elle n'était plus
représentée, en 1846, que par M. N... des François
de Thorin, célibataire alors très-âgé et le dernier de
son nom. Dans son jeune âge, il avait beaucoup en-
tendu parler, dans sa famille, de l'évêque de Bethléem
dont il avait encore le portrait;

5° Suzanne de Sauzea fut mariée à Antoine de Grandpierre, environ l'an 1640. Cette date se conjecture
d'une quittance du 2 août de la même année, passée
par ledit Antoine de Grandpierre à Me François de

Sauzea, docteur en droit, lieutenant du juge de Vivarez, de la somme de mille livres en déduction de la dot de demoiselle Suzanne de Sauzea, femme dudit sieur de Grandpierre. Signé : de Sauzea, de Grandpierre, et Perrin, notaire.

7ᵉ DEGRÉ.

François de Sauzea, premier du nom, lieutenant au bailliage de Vivarez, seigneur de Bobigneu, co-seigneur d'Arras sur les bords du Rhône.

Il fut d'abord lieutenant des juridictions de Seray et de Mahun jusqu'à la fin de 1609, et lieutenant au bailliage de Vivarez à partir de cette époque. Nous allons relater, par ordre de dates, quelques-uns des nombreux actes qu'il a laissés. C'est une marche un peu déréglée que l'on est forcé de suivre pour encadrer des faits sans liaison les uns avec les autres; commençons par son mariage.

Il épousa, par contrat du 16 décembre 1603, reçu Fourel, notaire, demoiselle Peronnelle d'Andrault ou d'Androl? fille de François d'Andrault, seigneur dudit lieu et du Buisson, et de Peronnette de la Salle, à laquelle il fut constitué un domaine considérable et une grande quantité de fonds détachés, spécifiés au contrat, passé en présence de haut et puissant seigneur Messire Bapteznod de Chalancon et vingt autres témoins qualifiés qui signèrent au contrat, avec Madeleine de Montchal, mère du futur.

Après cet acte important, on trouve une vente passée, le 29 juin 1605, par Pierre de Fournier, de plusieurs fonds à Roiffieu, à François de Sauzea, docteur en droit, lieutenant des juridictions de Seray et Mahun, et avocat en la cour de parlement de Paris, demeurant à présent en la ville d'Annonay en Vivarez, reçu par Fourel, notaire.

Le 14 janvier 1607, il fait un acensement perpétuel d'une terre, sous l'introge de 15 livres et la pension annuelle et perpétuelle de trois barraux de vin, parce que l'emphytéote sera tenu de la planter en vigne, reçu Léorat, notaire.

Le 14 septembre 1609, il écrit de Paris à M. de Serres, son cousin, juge de Vivarez et de Valentinois. Il y était allé pour obtenir ses provisions de lieutenant du bailliage de Vivarez. Sa lettre, qui ne parle que des offices de judicature d'Annonay, est cachetée d'une manière singulière, suivant l'usage du temps. Après avoir été pliée en quatre, six ou huit, elle était percée d'un coup de canif, et dans cette ouverture passait un ruban dont les deux bouts étaient arrêtés aux deux côtés opposés de la lettre par un cachet de cire. Pour l'ouvrir, on coupait dans l'intérieur le morceau de ruban.

Le 2 août 1610, il est qualifié lieutenant de juge de Vivarez dans la quittance de 1,000 livres que lui passe Antoine de Grandpierre, son beau-frère, en déduction de la dot de demoiselle Suzanne de Sauzea, sa femme, reçue Perrin.

Le 4 juin 1611, il passa à de secondes noces avec demoiselle Marguerite Faure du Port, fille de Mᵉ Jean du Port, juge de Palharez, avocat au bailliage de Vivarez, et de demoiselle Françoise de Cellarier. Elle lui apporta 7,500 livres en avancement d'hoirie, et il donna à sa fiancée la somme de 600 livres en bagues et joyaux délivrés en nature et spécifiés au contrat dont il fut fait deux minutes, l'une par Fourel, l'autre par... (illisible).

De son premier mariage, François de Sauzea n'avait eu que deux fils, et il n'eut pas d'enfants du second.

Le 26 mars 1612, il transigea avec Louis de Vogué qui lui céda des rentes nobles à prendre sur la chevance et mas des Flaches, en toute directe seigneurie. Acte reçu Perrin, notaire.

Le 30 janvier 1618, demoiselle Catherine de Tornéon, veuve et héritière de feu noble Antoine de Montchal, seigneur de Bontemps, passe quittance à Mᵉ François de

Sauzea, conseiller du roi, lieutenant particulier au bailliage
de Vivarez, le notaire pour lui stipulant, de la somme de
1,300 livres. Reçu Léorat, notaire.

Le 10 février 1639, les religieuses de Notre-Dame
d'Annonay lui passent quittance de la somme de 600 livres
en déduction de celle de 3,000 livres léguée audit couvent
par feu demoiselle Marguerite Faure du Port, femme en
secondes noces dudit de Sauzea, en son codicile reçu par
Escomel, notaire. Elle décéda en 1638.

En 1630, il s'était rendu à Paris, où il avait été député
auprès du gouvernement, par la ville de Nîmes, pour
obtenir une diminution sur la contribution imposée pour
la démolition des fortifications de Nîmes.

Il décéda en 1639, laissant les enfants qu'il avait eus
de Peronnette d'Andrault :

1° François qui suit ;

2° Jean de Sauzea, voyant tous les avantages de sa famille réservés à son frère aîné, prit, à l'exemple de
tant d'autres cadets de famille mal partagés, le parti
d'embrasser le commerce, afin de combler le vide que
le droit d'aînesse faisait dans sa part. C'est dans ce
but qu'il s'établit dans la petite ville de Saint-Etienne
où il s'allia avec une famille peu connue encore, mais
qui portait un nom qui ne tarda pas à devenir illustre
et très-important dans la branche aînée. Il y épousa
Antoinette Coëffier de la Pierre, issue de l'ancienne
famille Coëffier du Bourbonnais, dont un membre
était également venu à Saint-Etienne pour y trouver
la fortune, au temps où le Forez était sous la domination des ducs de Bourbon. Cette branche établie à
Saint-Etienne y était demeurée assez inconnue jusqu'au moment où la branche aînée, sous le nom
d'Effiat, prit à la cour un essor brillant et fit rechercher l'alliance de ceux qui lui appartenaient.

Jean de Sauzea, paraît-il, ne s'arrêta plus dès-lors au

commerce et tâcha d'entrer dans la voie que les
d'Effiat venaient de s'ouvrir, car on ne le trouve plus
à Saint-Etienne; et quelques biens qu'il possédait aux
environs de la ville, du chef de sa femme, se trouvent
plus tard dans les mains de Jean, son neveu, qui en
vendit quelques parties, ainsi que nous le verrons à
son article.

8ᵉ DEGRÉ.

François de Sauzea, deuxième du nom, seigneur de Bobigneu, co-seigneur d'Arras, lieutenant au bailliage de
Vivarez, fut marié très-jeune par son père, en l'année
1627, à Jeanne de Guyon de Pampellone, plus souvent
nommée dans les actes Des Guyons de Pampellone, fille
d'André de Guyon, seigneur de Pampellone, et de Louise
de Tornéon.

La Chesnaye-Desbois dit que : « Josserand de Guyon,
seigneur de Pampellone épousa, le 27 décembre 1573,
Isabeau de Vesc, dont issus : 1º Guillaume; 2º Gaspard;
3º Gabrielle de Guyon, femme de noble François de Sauzea,
seigneur d'Arras en Vivarez. » Mais il y aurait près de 50
ans de la naissance présumée de Gabrielle à son mariage;
d'ailleurs les papiers de famille et les actes civils d'Annonay
la nomment toujours Jeanne, et la font fille d'André de
Guyon et de Louise de Tornéon.

Il reste peu de renseignements sur François II de Sauzea,
car il mourut dans un âge peu avancé et ne survécut à son
père que d'un an et demi environ. D'ailleurs, les dérange-
ments occasionnés par sa mort prématurée et la minorité
de ses enfants abandonnés en quelque sorte par leur mère
qui passa à de nouvelles noces, firent de cette époque une
ère désastreuse pour sa malheureuse famille. Les titres qui
le concernent particulièrement ont été perdus pour la plupart, et tout annonce qu'étant dans les mains de sa veuve,
ils ont dû rester dans la nouvelle famille qu'elle se donna.

Son père lui remit d'abord les biens de Roiffieu, car on trouve un acte d'albergement, du 5 janvier 1634, reçu Léorat, notaire, d'une vigne à Roiffieu, moyennant certains cens et servis ; et en second lieu, un bail du domaine de Bobigneu, du 5 novembre 1639, peu après la mort de son père, à Antoine Robert, du lieu de Rouffiac, paroisse de Saint-Sauveur, du bien et domaine de Bobigneu, consistant en..., et tout ainsi et à la même forme que ledit Robert en a joui comme granger. Reçu Goudard, notaire. Enfin, le 19 janvier 1641, il acquit, devant Léorat, notaire, de Jeanne de Cussonel, un pré et une terre sis à Roiffieu, au prix de 500 livres. Une quittance, datée du jour suivant 20 janvier, doit être la quittance du prix de cette vente.

Tels sont les actes qui émanent de lui. On ne voit pas à quelle époque il remplaça son père dans la charge de lieutenant, il semble que ce soit avant la mort de ce dernier ; mais cependant, le premier acte certain où on le trouve ainsi qualifié est du 29 juin 1640.

François de Sauzea avait fait inscrire dans la partie supérieure de son portrait des vers probablement de sa composition, et que le temps, en les détériorant, n'a pu effacer. Les voici tels qu'ils sont écrits sur le tableau :

> Recherche qui voudra les trésors de l'Asie,
> Demain d'ambition abandonnant le cours,
> Des présents de Cérès j'occuperai mes jours ;
> C'est la cupidité qui trouble notre vie.

De son mariage naquirent :

1° Just de Sauzea, dit d'Arras, était l'aîné des enfants de François. Son prénom de Just lui venait évidemment de M. de Serre, son parrain, famille dans laquelle ce prénom était très-commun. Just de Sauzea n'était jamais nommé que Just d'Arras, puisque les actes même ne contiennent pas le nom de Sauzea.

Arras était le nom d'un fief sur les bords du Rhône, dont on lui faisait porter le nom distingué.

Son portrait, que ses parents trop prévenus avaient fait faire à l'âge de trois ans et demi, n'atteste dans la riche élégance de son costume de fantaisie que leur excessive tendresse. C'est un costume espagnol par lequel son père avait évidemment voulu rappeler l'illustration de ses ancêtres sur la terre d'Espagne. D'ordinaire, de pareilles préférences ne sont guère avantageuses aux cadets, nous en verrons ici un exemple de plus ; mais le sort ne se prêta point aux rêves brillants dont cet enfant était l'objet : la mort le frappa le 29 mars 1641. Son acte mortuaire porte : « Ce 30 mars 1641, a été enterré le fils de M. de Sauzea, lieutenant particulier au bailliage de Vivarez, décédé le jour auparavant, après le sacrement de pénitence, et s'appelait Just d'Arras. »

Sa mort ne tarda pas à être suivie d'une autre bien plus funeste et plus désastreuse pour cette famille : François de Sauzea, son père, le suivit au tombeau quelques mois après. Quoiqu'il n'y ait rien de bien positif sur la cause qui enleva si rapidement le père et le fils, tous deux dans la force de leur âge ; il faut néanmoins tenir pour certain que la peste, qui se promenait alors de ville en ville, les emporta l'un et l'autre, alors que l'on voit par les registres mortuaires d'Annonay que la maladie épidémique y fit cette année de grands ravages ; et si l'on n'y trouve pas le décès de François, c'est sans doute parce que, voyant la contagion qui venait de lui enlever son fils continuer de sévir, il crut devoir fuir le fléau qui l'atteignit ailleurs.

Quant à Jeanne de Pampellone, pour terminer sur cette génération, il paraît que le soin de ses enfants fut assez mal placé dans ses mains. Elle passa à de secondes noces et épousa, le 18 janvier 1644, avec dis-

pense de trois bans, noble César d'Autun, en présence
d'Antoine Tranchant et de Messire Jean Agout, religieux de Saint-Ruf de la Côte de Fleury. Ce mariage
entraîna la ruine des malheureux orphelins, ainsi que
Benoîte Coëffier, qui le tenait de Jean de Sauzea lui-
même, son mari, l'a transmis de sa propre bouche à
la génération qui vient de s'éteindre parmi nous et de
qui nous le tenons;

2º Jean de Sauzea qui succéda à son frère et continua la
famille;

3º Antoine de Sauzea suivit Jean, son frère, à Saint-
Etienne, et y épousa Marguerite Jovet. On voit ensuite que se trouvant à Genève avec Jean, son frère,
qui retournait à Saint-Etienne, il lui confia la somme
de 200 livres à remettre à Marguerite Jovet, sa femme,
et que celle-ci, plus tard et en l'absence dudit Jean,
son beau-frère, en passa quittance devant Jacod, notaire, le 9 septembre 1670.

Antoine de Sauzea ne laissa pas d'enfants ou ne laissa
que des filles dont le nom et le souvenir se sont perdus;

4º Louise de Sauzea, née au mois d'août 1632, ne fut
baptisée que neuf mois après; voici son acte baptistaire : « Le troisième avril 1633, a été apportée dans
l'église de Notre-Dame d'Annonay, Louise, fille à
Monsieur François de Sozia (Sauzea), avocat et conseiller de cette ville, et à damoiselle Jeanne Desguyon,
dite de Pampellone, âgée d'environ neuf mois, déjà
baptisée dans la maison. Parrain a été illustrissime
seigneur Charles de Montchal, archevêque de Toulouse; marraine a été Louise de Tornéon, mère de la
susnommée Jeanne Desguyon, et dans la dite église;
le reste des cérémonies du saint baptême a été suppléé
et conféré par le curé soussigné (signé) Victou. »

Louise de Sauzea étant morte, fut enterrée le 30 novembre 1636;

3° Catherine de Sauzea, née le 8 octobre 1637, fut baptisée le 13 dudit mois. Le parrain fut André de Pampellone et la marraine Catherine de Tornéon, veuve
d'Antoine de Montchal, seigneur de Bontemps. Elle
mourut le 8 août de l'année suivante 1638;

6° Marie de Sauzea, née à Annonay le 29 juin 1640,
suivit ses deux frères à Saint-Etienne. Elle épousa, en
1660 environ, André Berger qui fut échevin de Saint-
Etienne, lequel passa quittance de 170 livres à Jean
son beau-frère, le 4 juillet de la même année 1660,
devant Mozier, notaire.

Puisque la mort n'a plus rien laissé à Annonay de cette
ancienne famille dont la noblesse était parfaitement établie
et partout reconnue, revenons à ceux que la destinée avait
conduits à Saint-Etienne pour demander au commerce une
existence nouvelle.

9ᵉ DEGRÉ.

Jean de Sauzea, que par le droit de sa naissance nous
continuerons d'appeler de la sorte, fut placé très-jeune par
son père chez Laurent Peynard, marchand de St-Chamond,
pour y apprendre le commerce, en l'année 1640. Mais la
peste qui exerça ses ravages dans cette ville depuis le 24
août jusqu'à la fin d'octobre de la même année, comme
nous l'apprend l'histoire locale, le fit passer à St-Etienne,
pour échapper au fléau, et il y demeura. Le besoin de ses
affaires, et la nécessité de recueillir ce qu'une longue minorité avait pu laisser de la fortune de son père, durent
plus d'une fois le conduire dans cette seigneurie d'Arras
qui avait été le patrimoine honorifique destiné à Just
d'Arras, son aîné. On peut présumer que cette circonstance
ou les anciennes relations de famille, le conduisirent à
obtenir la main de Jeanne de Frère, d'une famille de robe
du Dauphiné. Il devait être bien jeune lors de son mariage,
puisqu'on le voit marier sa fille âgée de 15 ans, dès l'année
1668.

M. Julien du Bessy de Villeneuve, toujours si inexact
dans les généalogies manuscrites qu'il a laissées, et dans
les pages desquelles fourmillent les erreurs, donne pour
femme à Jean de Sauzea Marguerite Juillet et le fait venir
d'Andrézieu à Saint-Etienne, en lui donnant une profession supposée qui dénonce une malice gratuite. On voit
par là qu'il attribue à Jean la femme d'Antoine, en déna-
turant toutefois son nom. Quant à la seconde ixexactitude,
elle n'est pas moins manifeste, et voici ce qui y a donné lieu :
les affaires de Jean de Sauzea avaient prospéré, et dès le
8 avril 1664, il acquit des mariés Berger et Jacod, d'Andrézieu, le domaine de ce nom, pardevant Odin, notaire.
Cette acquisition le jeta dans de grands embarras : les procédures volumineuses qui en sont restées, attestent les
tourments moraux qu'il éprouva à cette occasion. Les ven-
deurs ayant beaucoup de créanciers, il consigna le prix de
vente, et cependant l'un d'eux obtint un exécutoire, fit
saisir les fruits de la vigne et établir un commissaire-
gardien. Jean de Sauzea, outré de cette violation de ses
droits de propriété, se rendit à Andrézieu, et furieux foula
aux pieds ce commissaire intrus et le jeta hors de son
enclos, comme on l'apprend de la procédure.

Mais Jean Monet, de Bouthéon, l'infortuné gardien, ne
pouvait pas après avoir été roué de coups, passer quittance
comme s'il eût reçu du bel et bon argent comptant, outre
qu'une pareille rébellion contre dame et sainte justice
était un fait des plus graves. Jean de Sauzea fut ajourné
personnellement pour venir répondre par sa bouche ; mais
son procureur au siège de justice de Saint-Rambert, où
tout cela se passait, traîna si bien la chose en longueur,
qu'au bout de dix huit mois Monet porta sa plainte au
sénéchal de Saint-Etienne pour avoir raison de ce déni de
justice. Les procédures n'allant pas plus loin, il faut croire
que les parties transigèrent.

La même année 1664, il érigea à l'angle de son enclos,

en face du carrefour, une croix de pierre dont les débris existent encore. Et le 16 août 1665, il vendit, par acte notarié, à André Dandré, un cheval poil rouge, enharnaché de sa selle et de sa bride, pour le prix de 51 livres. Pour sûreté du payement, le notaire Valencier réserva au vendeur son hypothèque sur le cheval vendu. Aujourd'hui, une hypothèque qui galope ne paraîtrait pas très-sûre.

Jean de Sauzea ayant remplacé son oncle dans les fonds que ce dernier tenait de sa femme à la Chomassery, en vendit un de 27 métérées, en 1675, à André Peyron, de la Mina, pour le prix de 75 livres, dont 25 livres payables à l'Hôtel-Dieu. Une affaire aussi simple amena entre eux, contre toute attente, un procès énorme, dans lequel Jean interjeta trois fois appel à Lyon, et le dernier arrêt, rendu en sa faveur, condamnait son adversaire à tous les dépens qui s'élevaient à la somme exorbitante de 790 livres.

La prospérité de ses affaires lui permit d'acheter à Sorbier une propriété, où la maison qu'il y éleva prit naturellement son nom et fut appelée à *Sauzea ;* car c'était une règle invariable à Saint-Étienne que chaque maison nouvelle dans les champs prenait le nom de celui qui la faisait construire. Il en fut encore de même pour une autre propriété dans la paroisse de Chamble, et quoique les ruines mêmes aient presque disparu, les anciens de l'endroit se rappelaient encore de son ancien nom. Ce fut assurément à cause de cette propriété que Jean de Sauzea mit, par acte du 11 octobre 1670, Claude, son fils, en apprentissage pour les rubans, à Chamble.

Jean de Sauzea ayant perdu Jeanne de Frère qui lui avait laissé deux enfants, épousa en secondes noces Michelle Griottier dont il n'eut pas d'enfants. On ignore la date de ce mariage et celle de sa dissolution ; mais, âgé de 80 ans environ, il en épousa une troisième, Benoîte Coëffier, qui n'avait que 16 ans. La première alliance contractée précédemment entre les deux familles avait pu être une raison

de celle-ci; mais tout annonce que c'était de sa part une
de ces déterminations prises, dans un moment d'humeur,
par des pères qui se croient négligés par leurs enfants, car
tous ces mariages paraissent avoir singulièremeut déplu à
Claude son fils, auquel il avait remis ses propriétés et qui
lui paya pension pendant très-longtemps, car il arriva à
un âge très-avancé.

C'est à lui que sa postérité doit la plupart des anciens
portraits de ses prédécesseurs et presque tous les titres ci-
dessus relatés, nobles débris de ses pères qu'il recueillit
plus intégralement que leur opulence.

Il alla de vie à trépas le 12 janvier 1712, et fut enterré
le lendemain de sa mort dans la chapelle de Saint-Thomas
de l'église de Saint-Etienne. Cette chapelle devint dès lors
le lieu de sépulture de sa famille.

Quant à Benoîte Coëffier, si jeune lors de son mariage,
elle survécut longtemps à son mari, et il en est résulté un
fait assez singulier : c'est que femme de Jean, elle a vu
Claude son fils, Jean-Nicolas son petit-fils, Claude son
arrière-petit-fils et les enfants de ce dernier. Elle a ainsi
suivi et accompagné la famille dans une suite de cinq générations, et a fourni par là un exemple qui sans doute
s'est rarement présenté. Aussi, quel intérêt ne portait-elle
pas à cette famille dont elle regardait tous les membres
comme ses enfants? Les fils les plus âgés de Claude se
rappelaient d'avoir vu cette bonne vieille courbée sous le
poids des années, vêtue du costume le plus ancien dont on
eût gardé le souvenir, occupée toute la journée à soigner
cette nombreuse progéniture dont chaque nouveau venu
la comblait de joie, en lui rappelant le trisaïeul, son mari.
Les aînés l'avaient vue longtemps dans la maison, où leur
père et leur mère ne la traitaient point comme une domestique et avaient beaucoup d'égards pour elles; mais c'était
tout, et ils ne savaient pas pourquoi ces égards, ni qui elle
était, ils présumaient seulement que c'était une vieille pa-

rente; car elle connaissait, disaient-ils beaucoup de détails précieux et anciens sur la famille et racontait souvent qu'elle venait d'Annonay.

Ainsi, pour cette nouvelle génération, ce souvenir de famille avait fini par s'éteindre du vivant même de la personne. C'est qu'aussi, nous qui ignorons souvent le nom de notre aïeul, nous ne comprenons pas que l'aïeul de cet aïeul puisse avoir avec nous quelque chose de commun, et une trisaïeule vivante n'est guère qu'un revenant auquel on refuse de croire.

Jean de Sauzea eut de Jeanne de Frère, sa première femme :

1° Claude Sauzea ;

2° Claudine Sauzea, mariée, par contrat du 1er novembre 1668, reçu par Peyssonneaux, notaire à Saint-Etienne, à François du Soleil. Elle n'avait alors que quinze ans. On n'a pas sur elle d'autres renseignements, si ce n'est le dernier feuillet tant seulement de la minute de son testament, reçu par Piard, notaire à Saint-Etienne, le 25 février 1708, en présence de sept témoins, et au bas duquel est sa signature.

Fidèle au principe que nous avons établi dans une généalogie précédente, nous avons hésité, en commençant l'article de Jean de Sauzea, à le qualifier de même que ses prédécesseurs, parce qu'ayant abandonné leurs traditions, il en avait adopté de nouvelles qui le plaçaient dans une autre position entièrement opposée à celle de son père. Mais nous avons bien vite reconnu que ce scrupule n'était pas fondé, parce que la loi établie par l'usage sur cette matière, ne peut pas détruire l'origine de la personne, elle supprime seulement les priviléges quand les conditions auxquelles ils sont attachés ne sont plus observées. D'ailleurs, celui-là même qui sortait d'un rang inférieur et qui s'élevait plus tard à la noblesse, conservait ensuite pour tous les temps où il était question de lui, les qualifications

dernières qu'il s'était acquises, parce qu'il était censé avoir
été noble toute sa vie. A plus forte raison en était-il de
même pour celui qui les tenait de ses pères, sans qu'il pût
cependant les transmettre à ses descendants, car la loi
d'usage était impitoyable à cet égard.

10e DEGRÉ.

Claude Sauzea, premier du nom, naquit vers l'an 1655.
Son père, imitant la prudence de François de Sauzea, son
propre père, suivit son exemple et le plaça, âgé d'environ
quinze ans, en apprentissage pour la fabrication des rubans, par acte du 11 octobre 1670. Il reste de lui un grand
nombre de pièces qui n'offrent pas assez d'intérêt pour en
parler ici ; nous rappellerons seulement la quittance que
lui passa, le 1er juin 1720, de ses droits et reprises, Be-
noite Coëffier, veuve de son père, et qui devait accompa-
gner la famille encore si longtemps.

Il épousa demoiselle Claudine Bonnon, du Montcel, qui
lui apporta en dot la propriété de ce nom près la Ricamarie.

Il fut élu échevin le 2 octobre 1701 ; cette dignité était
alors l'objet de l'ambition des bons Stéphanois, et après le
désir du bien-être de leur famille, c'était le stimulant le
plus vif de leurs travaux. Chapelon, en retraçant le type
du vrai Stéphanois de Polignais, *d'au Panassat*, lui fait
dire :

> Et peu tant travaillie, vou n'ey que puta fin,
> N'ai jamais eu envei de passa échevin.

Claude Sauzea se voyant cinq enfants, voulut faire
agréger le plus jeune de ses fils à la société de la Grande-
Eglise. Les curé et prêtres sociétaires voulaient en favoriser un autre à son préjudice, en lui donnant la priorité
de réception sur son fils ; mais sa fermeté déjoua ces combi-
naisons et força les prêtres à recevoir son fils le 16 septembre 1705. Il n'eut pas à se féliciter longtemps de ce

succès : en moins de deux ans, la maladie épidémique lui
enleva ses quatre autres enfants. Accablé sous le poids de
de tant de pertes, il se hâta de retirer Jean-Nicolas qui
heureusement n'avait encore pris aucun ordre, et le maria
en 1716. Le 17 novembre 1722, Claude Sauzea rassembla
ses forces pour tenir sur les fonts de baptême l'héritier de
son nom, Claude, fils de Jean-Nicolas ; mais deux mois et
demi après, le 6 février 1723, les confrères pénitents du
Saint-Sacrement rendaient à leur recteur les derniers devoirs, et ses cendres étaient réunies dans le caveau de la
chapelle de Saint-Thomas, à celles de son père. Ses enfants
furent :

1º Jean Sauzea, né le 27 septembre 1686, décédé âgé
de 21 ans ;

2º Gabriel Sauzea, né le 1er novembre 1688, décédé à
l'âge de 18 ans ;

3º Jean-Nicolas Sauzea qui suit ;

4º Antoinette Sauzea, née le 24 avril 1691, décédée à
l'âge de 15 ans ;

5º Benoîte Sauzea, née le 26 mai 1693, décédée à l'âge
de 14 ans.

11e DEGRÉ.

Jean-Nicolas Sauzea, né le 21 novembre 1689, devait
être de religion, mais la mort si prématurée de ses deux
frères aînés vint changer sa destinée, son père l'arracha à
la vocation pour laquelle il avait fait tant d'efforts pour le
faire entrer et s'empressa de le marier.

Il épousa, par contrat du 14 novembre 1716, demoiselle
Marguerite-Rose Thiollière, fille de François-Antoine
Thiollière, secrétaire du roi, et de dame Jeanne Piolat ;
mais cette union n'eut pas une bien grande durée : après
une longue maladie, il décéda le 20 juin 1729. Trois jours
auparavant et le 17 juin, il avait testé et voulut être enterré
dans l'église de Saint-Etienne ; il institua sa femme héri-

tière, à la charge de remettre son hoirie à celui de ses fils
qu'elle choisirait. Dans laquelle remise d'hoirie, ajoute-t-il,
ne seront point compris les maisons, vignes, clos et autres
biens fonds, situés à Andrézieux et aux environs, sans
aucune exception, lesquels ledit testateur veut qu'ils ad-
viennent et appartiennent en toute propriété, fruits et
revenus, à Claude son fils aîné, dont il lui fait en tant que
de besoin don et legs. Et en cas de décès dudit Claude,
avant mariage ou majorité et non autrement, il substitue
auxdits biens, successivement ses autres enfants. Cette
clause est celle sur laquelle le testateur a porté toute son
attention, on le voit par les explications dans lesquelles il
entre et sur la place qu'elle occupe dans cet acte, compa-
rativement aux autres, qu'il semble passer les premières
et assez succinctement, pour arriver à celle qui lui tient à
cœur. Malgré toute la confiance qu'il a en sa très-chère
épouse, comme il la nomme, il n'a pas voulu courir la
chance des événements pour le sort de ces biens, et avant
de mourir il a voulu les assurer à son fils aîné. C'est que
déjà les attachements de famille s'y étaient fixés, depuis
que transplantés sur un sol nouveau par un sort rigoureux,
les petits-fils de François 2e et de Jeanne de Pampellone
avaient été forcés d'oublier les souvenirs de la terre de leurs
pères. Depuis l'achat de ces biens d'Andrézieux par Jean,
en 1664, ils ont toujours été conservés avec soin dans
chaque génération, par le représentant de la famille,
comme ils le sont encore aujourd'hui ; car le culte du foyer,
c'est le culte même de ceux qui s'y sont assis.

Rose Thiollière resta veuve 46 ans, et décéda le 21
décembre 1775, âgée de 85 ans.

Leurs enfants furent :

1° Claude de Sauzea qui suit ;

2° Gratian Sauzea ;

3° Claudine Sauzea ;

4° Louise Sauzea.

12e DEGRÉ.

Claude de Sauzea, deuxième du nom, né le 17 novembre 1722. C'est lui qui, ayant été élevé par la singulière épouse de son bisaïeul qu'il avait eue dans sa maison jusqu'à la mort, avait eu tout le temps de lui entendre raconter ce qu'elle tenait de Jean, son mari, venu lui-même d'Annonay. C'est sur ces indications qu'il fit faire en Espagne les recherches dont nous avons parlé en commençant. Elles servirent à le réhabiliter dans son ancienne condition, à lui faire oublier les malheurs des anciens temps et à le replacer ainsi que sa postérité au rang de ses ancêtres.

Quoiqu'il existe de nombreux documents sur lui, nous ne parlerons que de quelques faits généraux.

Il épousa, le 13 janvier 1748, demoiselle Marianne Baudin de Monteille, fille de Jean et de Jeanne-Antoinette d'Allard, en présence de noble Claude-François Caze, de noble Marcellin Balmont Parchas de Saint-Marc, de noble Jean-François d'Allard de Monteille et autres.

Ce mariage devait être fécond, Marianne le pressentait et en femme prudente et qui compte sur l'avenir, elle eut la précaution d'ouvrir à son premier-né qu'elle devait faire suivre de tant d'autres, un livret où elle les a tous consignés de sa main à leur date, ainsi qu'il va suivre. Elle testa le 11 juin 1787, et nomma pour son héritier Jean-Pierre de Sauzea de Barges, son fils aîné, et décéda le 20 juin 1789.

Claude de Sauzea testa le 11 août 1785, nommant héritier le même Jean-Pierre de Sauzea de Barges, et mourut le 4 avril 1787.

Leurs enfants furent :

1° Rose de Sauzea, née le 19 décembre 1748, morte jeune;

2° Jeanne de Sauzea, née le 7 décembre 1749, mourut jeune;

3º Jean-Pierre de Sauzea de Barges, né le 2 décembre 1750, représenta ses frères à l'assemblée de la noblesse, en 1789, et du chef de Claude de Sauzea, le père commun. Il décéda célibataire le 18 août 1815;

4º Pierre de Sauzea-Curtieux, né le 16 octobre 1751, décédé célibataire le 2 septembre 1814;

5º François de Sauzea-la-Roche, né le 7 février 1753, qui suit;

6º Jeanne de Sauzea-la-Mure, née le 6 février 1754, mariée à N... Gonon de Saint-Fresne;

7º Noël-Joseph de Sauzea-du-Bois, né le 8 juillet 1755, mort célibataire le 9 avril 1823;

8º Pierre-André de Sauzea-Mézieux, né le 4 novembre 1756, fut bénédictin à la Chaize-Dieu, souffrit les violences de la révolution contre les couvents et décéda le 13 avril 1842;

9º Pierre-François de Sauzea-Cherrière, né le 20 janvier 1758, décédé célibataire le 16 décembre 1816;

10º Mathieu de Sauzea, né le 10 mars 1760, décéda jeune;

11º Jean-Marie de Sauzea, né le 22 mai 1761, mourut jeune;

12º Françoise de Sauzea, née le 20 février 1763, morte jeune;

13º Nicolas de Sauzea, né le 5 septembre 1764, décédé jeune;

14º Rose de Sauzea, née le 18 octobre 1765, décédée en 1780, âgée de 15 ans;

15º Claude-François de Sauzea-Monteille, né le 17 novembre 1767, décédé célibataire le 12 octobre 1849;

16º Jean-Marie de Sauzea-Andrézieux, né le 24 avril 1771, décédé célibataire le 27 février 1844;

17º Une espérance déçue en 1773.

13ᵉ DEGRÉ.

François de Sauzea, troisième du nom, écuyer, épousa, le 12 août 1796, Antoinette-Benoite Chassain-d'Ecrevant, fille de Jean-Baptiste Chassain d'Ecrevant et de Marie-Gabrielle-Françoise-Paule de la Chieze (1), dont issus :

1° Jeanne-Aubine de Sauzea, mariée à Jean-Baptiste David, écuyer et négociant, fils d'André David, écuyer, secrétaire du roi, et de Jeanne-Jacobine-Josephte Thiollière de l'Isle, dont issus :

    1° André David ;

    2° Hyppolite David ;

    3° Génie David ;

    4° Francisque David ;

2° Jean-Claude-Marie-Hyppolite qui suit.

14ᵉ DEGRÉ.

Jean-Claude-Marie-Hyppolite de Sauzea, le dernier à porter les armes de sa famille, et qui la représente aujourd'hui au château de Monteille. Tous les fils de Claude de Sauzea étant morts sans postérité, à l'exception de François, c'est donc sans y prendre garde que M. d'Assier de Valenches, dans son ouvrage *de la noblesse du Forez en 1789*, attribue la représentation et les armes de cette fa-

(1) Elle était la dernière de cette branche des Chassain et arrière-petite-fille de Guillaume Chassain-d'Ecrevant et de Gabrielle Gentialon de Châtelus, qui avait pour mère Jeanne de Saint-Priest-Albuzy. Cette dernière laissa pour enfants un fils et trois filles bien connus. C'est donc par suite de quelque confusion de nom que M. d'Assier de Valenches, dans son intéressant ouvrage : *Les fiefs du Forez*, et dans celui : *Assemblée bailliagère du Forez en 1789*, désigne une quatrième fille du nom de Marie, qui aurait été mariée dans une autre famille du Forez en 1652. Une fille de Jeanne de Saint-Priest-Albuzy ne pouvait se marier en 1652, puisque Jeanne de Saint-Priest-Albuzy n'avait été mariée que le 12 décembre 1669, au château d'Albuzy. Contrat reçu Méjasson, notaire.

mille à une autre personne que Jean-Claude-Marie-Hyppolite de Sauzea, d'autant plus que MM. d'Assier devaient
connaître l'existence de ce dernier, ayant été en correspondance avec lui, par lettres de 1837 et 1843, au sujet
de leurs propriétés limitrophes à Andrézieux, et que M.
d'Assier n'a pu reproduire les armes de cette famille qu'en
les faisant demander à Monteille à Jean-Claude-Marie-
Hyppolite qui seul pouvait les fournir.

Il est évident, par la filiation ci-dessus et par les règles
invariables de la matière, que Claude de Sauzea, au moyen
de la réhabilitation qu'il obtint pour lui et pour sa postérité, portait seul les armes ci-dessus, comme fait à présent
Jean-Claude-Marie-Hyppolite, son seul représentant aujourd'hui.

On ne dit point ici que quelqu'un ait voulu supprimer
ou écarter le représentant de Claude, pour le remplacer
par une autre personne; mais, dans tous les cas, il convient
de rendre à chacun ce qui lui appartient, et cette supposition de personnes, surtout entre personnes vivantes, est
trop étrange pour ne pas être relevée.

Cette rectification, que le chef de cette famille nous prie
d'insérer dans cette notice, est trop juste pour ne pas y
trouver place. Sauzea de Barges en particulier, et en général la famille de Sauzea réhabilitée, sont et ne peuvent
être représentés que par Jean-Claude-Marie-Hyppolite de
Sauzea, et ne peuvent l'être par d'autres.

Armes : d'azur à trois fasces d'or, un lion de sable armé
et lampassé de gueules brochant sur le tout.

Branche de Sauzea-Satillieu.

6e DEGRÉ.

Jean de Sauzea, chef de cette branche, est peu connu, et il ne reste pas de renseignements sur son compte, par la raison que tous les titres publics et autres furent détruits à Satillieu lors des guerres de religion; et les deux notaires de l'endroit n'ont, par cette raison, que les minutes de la première moitié du XVIIe siècle; mais l'on est dédommagé de cette perte par la connaissance que l'on a de sa femme et de tous les enfants qu'elle lui donna.

Il épousa Agnès de Coleyre dont issus:

1o Guillaume qui suit;

2o Jeanne de Sauzea, mariée à Jean Chirol dont elle n'eut pas d'enfants et dont elle fut héritière;

3o N... de Sauzea, morte avant 1647, n'est pas autrement connue;

4o Jean de Sauzea, prieur et curé de Saint-Symphorien où il fonda une chapelle;

5o Antoine de Sauzea fut curé de Satillieu depuis 1620 jusqu'en 1673. Quand il voulait énumérer tous les titres que son bénéfice lui permettait de prendre, il les énonçait ainsi: Messire Antoine de Sauzea, docteur en théologie, prêtre, curé, doyen et chanoine de l'église paroissiale et collégiale de Satillieu. Ce fut lui qui maria, le 27 septembre 1648, Guillaume de Sauzea son frère, qui épousait en secondes noces Marguerite de Giraud. Il fit un premier testament le 5 décembre 1654, un second le 18 mai 1665, et deux jours après, le 20 mai, un troisième où il rappelle ses nombreuses nièces et nomme héritier Guillaume de Sauzea, son neveu;

6o Pierre de Sauzea qualifié, en l'année 1640, de juge

de la baronnie de Vaucance, et en 1642, de lieutenant des juridictions de Seray et Mahun. Il épousa Françoise Boyron dont issus :

1° Anne de Sauzea, mariée à Charles Veron ;

2° Françoise de Sauzea, mariée, le 5 août 1664, à Nicolas d'Angle ;

3° Pierre de Sauzea fut prieur de Saint-Symphorien, en remplacement de Jean son oncle, et il figure dans un grand pombre d'actes notariés jusqu'en 1705 ;

4° Jean de Sauzea n'a pas laissé de souvenirs ;

5° Mathieu de Sauzea, comme le précédent ;

6° Anne-Françoise de Sauzea, mariée à Jean de Chave, sieur de Chavas, en 1687, et qualifié sieur du Col en 1695, dont issus :

 1° Guillaume de Chave qui reçoit en legs, du curé de Satillieu, sa bibliothèque, ses meubles et tout ce qui lui appartenait dans la cure qu'il habite ;

 2° Françoise de Chave qui reçoit dudit curé un legs de 75 livres.

7° DEGRÉ.

Guillaume de Sauzea, dès les premières années de 1600, est qualifié avocat et ensuite juge de Bourgas, Rochefort et Empurani. Mais après cela, il occupa la charge de l'un des cents gentilshommes du roi, que lui remit Raoul de Sauzea, son cousin, qui l'avait occupée sous le titre de gentilhomme de la chambre du roi.

Il épousa, le 14 juin 1617, demoiselle Françoise Mousnier dont il eut :

1° Françoise de Sauzea mariée à Guillaume Columby, notaire royal à Saint-Symphorien ;

2° Catherine de Sauzea mariée, le 31 juillet 1644, à

Mᵉ Thomas Fourel, docteur en droit, avocat au parlement de Toulouse.

Guillaume de Sauzea épousa en secondes noces, le 27 septembre 1648, 31 ans après son premier mariage, Marguerite de Giraud, fille de Christophe de Giraud, docteur en droit, et de demoiselle Judith du Cluseau; il en eut cinq filles et un fils. Avant de rappeler cette nombreuse postérité, nous dirons que sa piété ou plutôt son désir d'obtenir d'un second mariage un héritier de son nom, lui fit ériger dans l'église de Satillieu un monument que deux siècles ont respecté, même la révolution, ainsi que l'inscription qui consacre sa mémoire : c'est un Christ de grandeur naturelle placé en avant du chœur, portant sur la traverse qui le soutient les inscriptions suivantes : *Qui dignatus es, nasci, pati, crucifici et mori pro nobis, miserere nobis;* et de l'autre côté : *Guillaume de Sauzea de Satillieu, avocat au parlement de Paris, a donné ce crucifix, posé le vendredi 16 juillet 1649. Priez pour lui.* Au-dessous du crucifix est un écusson sur lequel étaient peintes les armes du donateur, elles ont disparu sous le badigeon qui est prodigué partout.

Sa grande fortune lui fit passer de nombreux actes notariés qui se trouvent dans les protocoles des notaires de Satillieu, et il décéda avant 1665, après avoir institué, par son testament du 29 septembre 1657, Marguerite Giraud, sa femme, héritière, à la charge de remettre son hoirie, à celui de leurs enfants qu'elle choisirait.

De ce second mariage naquirent :

3° Françoise de Sauzea mariée, le 2 mars 1685, à M. Hierosme Dubois, docteur en médecine, fils de feu Michel Dubois, de son vivant lieutenant particulier au bailliage de Vienne, et de demoiselle Marguerite de la Rochette. Elle fut l'héritière de son père et de sa mère, par le décès de son frère arrivé en 1686;

4° Marie de Sauzea épousa François-César des Praux,

paroisse de Satillieu. Les promesses de ce mariage
sont du 1ᵉʳ septembre 1672;

5° Marguerite de Sauzea épousa, avant 1684, Jean Gi-
rodon, bourgeois de Satillieu. Elle transigea, conjointement avec son mari, le 19 octobre 1684, avec
Françoise de Sauzea sa sœur, et reçut le domaine de
la Roche pour partie de ses droits;

6° Agnès-Judith de Sauzea épousa Jean-Pierre Royer,
docteur en droit, fut instituée légataire par son oncle
le curé de Satillieu, par son testament du 20 mai 1665,
et par Guillaume son frère, par son testament du 29
novembre 1681;

7° Marie-Madeleine de Sauzea épousa Antoine Challéat,
bourgeois de Satillieu. Elle transigea, le 25 juin 1687,
avec Françoise sa sœur, pour les légitimes paternelles
et maternelles qui furent fixées à 4,200 livres, et fit
avec son mari un testament réciproque, le 13 juillet
1690;

8° Guillaume de Sauzea est qualifié dans son testament,
du 29 novembre 1681, docteur en droit; mais ce
même acte fait voir qu'il avait plus souvent les armes
à la main que la plume; car s'il teste, c'est qu'il est
gisant dans son lit, en suite d'un coup d'arme à feu
qu'il a reçu. En cet instant suprême, il s'occupe encore de ses chères armes et lègue ses pistolets d'arçon
à Baptiste Fourel, son neveu. Il veut que Françoise
de Sauzea, sa sœur et son héritière, puisse vendre son
cheval pour payer une obligation de six louis qu'il
doit.

Il succomba à sa blessure, et en lui finit cette branche
de Satillieu qui y avait joué un grand rôle par la
longue existence du curé Antoine de Sauzea; la grande
fortune et la haute considération dont jouissait Guillaume de Sauzea, et l'établissement de tous ces enfants
à Satillieu ou dans ses environs.

Nous dirons en finissant, d'une part : que l'ancienneté
de cette famille remonte beaucoup plus haut que le XVᵉ
siècle où nous l'avons prise, et cela d'après des documents
très-probants, mais dont nous n'avons pas voulu parler,
parce qu'ils n'étaient pas néanmoins titres en forme ; et
d'autre part : que sa noblesse, à cause de l'interruption
qui s'y trouve, ne commence aujourd'hui légalement qu'à
Claude de Sauzea. On voit par là que toute considération
d'amitié ou autres ne sauraient nous faire départir de la
règle.

Parmi les nombreuses pièces qui nous ont servi à dresser
cette généalogie, et que nous avons dû forcément beaucoup
restreindre et abréger, il en est une que nous avons entièrement passée sous silence, quoiqu'elle se rapportât directement à l'une des personnes que nous avons énoncées
en finissant. Son étendue ne permettait pas de la faire
entrer dans le cadre que nous avions adopté, et son importance, à notre manière de voir du moins, ne permettait
pas non plus de la réduire à des extraits. Nous nous dé-
cidons à la donner en entier. Nous outrepassons sans doute
en cela les intentions de celui qui nous l'a remise avec les
autres pour y puiser ce qui conviendrait à notre travail ;
mais enfin, nous n'avons pas non plus été limités dans tel
ou tel espace à ce sujet, et nous espérons que l'intérêt général que nous y voyons nous servira d'excuse suffisante
auprès de lui. C'est une Notice sur Dom de Sauzea, bénédictin, qu'une piété presque filiale a fait écrire à son neveu
pour honorer la mémoire de son oncle, auteur de la belle
découverte du métier à dentelles. Mais ce qui jusqu'à présent n'a eu qu'un intérêt de famille, et ne présentera peut-
être à quelques personnes tout au plus qu'un intérêt de
curiosité, paraît à nos yeux s'élever à la hauteur d'un
monument bien mérité, puisqu'il s'agit d'un homme dont

la gloire d'invention une fois bien connue doit s'étendre bien au-delà de la cité qui lui a donné le jour.

NOTICE SUR M. L'ABBÉ SAUZEA.

Pierre-André de Sauzea, né le 4 novembre 1756, reçut dès son jeune âge le nom de Mézieux qui était celui d'une rente noble au lieu de Mézieux, paroisse de Saint-Just-sur-Loire. Il était arrière-petit neveu d'André de Sauzea, évêque de Bethléem, qui fonda, en 1841, le collège d'Annonay, combla en mourant cette ville de bienfaits, et y laissa de grands souvenirs. Celui pour lequel est cet article ne put mériter de son pays de la même manière que son prédécesseur, car sa destinée ne lui en donna pas les moyens; mais il devait être l'auteur d'une invention « digne d'honorer le pays où elle sera découverte, » pour me servir de ses propres expressions dans une circonstance où l'injustice dont il était victime le forçait à le dire. A sa naissance, son père ayant déjà quatre fils, le destina à l'Eglise, et en homme avisé qu'il était, voulut qu'il portât le prénom de l'évêque de Bethléem, pour lui faciliter par là en quelque sorte l'arrivée au même but, en suivant la même voie.

Il fut mis en pension d'abord à Montbrison, et ensuite, sur la fin de 1772, âgé de 16 ans, à la Chaize-Dieu, pour y achever ses études et y embrasser la vie religieuse. Il n'avait donc pas eu le loisir d'étudier la science de la mécanique, et je tiens de lui que jamais il n'avait ouvert un livre qui en traitât; il n'en connaissait pas un seul principe théoriquement. C'est alors que voyant faire autour de lui de la dentelle pour la première fois, sa tête active commença à s'occuper des moyens d'exécuter beaucoup plus rapidement cette fabrication qu'il voyait faire par un travail d'une lenteur désespérante. Jusqu'à ce moment, la dentelle

ne s'était faite, par tous pays, qu'au moyen de ces carreaux ou coussinets sur lesquels les femmes agitent les
petits fuseaux que leurs doigts croisent et recroisent pour
former chaque maille du tissu. Il est évident que l'idée de
ce croisement se présente naturellement à l'esprit, et que
le premier qui voulut obtenir un tissu semblable n'eut pas
de grands efforts d'imagination à faire pour voir comment il
arriverait à son but. Un enfant, sans y réfléchir beaucoup,
fait tous les jours une fronde à maille ou tout autre filet
semblable, par le même croisement et la même opération
qui donne la dentelle ; de sorte que ce dernier tissu, sauf
la délicatesse du fil employé et l'adresse de l'ouvrière, on
était exactement au même point pour la fabrication que le
premier jour où il fut commencé dans l'antiquité. Or, une
femme ne faisait qu'une seule dentelle à la fois et très-
lentement. Si tous les autres tissus, faits de même primitivement à la main, ont tous été exécutés ensuite par des
métiers qui multipliaient les produits à l'infini, comment
se fait-il que celui-là seul n'ait pu être tiré de ses premiers
rudiments? C'est que la difficulté n'a pu être surmontée,
et avait résisté jusqu'alors aux efforts de l'esprit industriel.
Il semble que les métiers à rubans auraient pu le conduire
à cette découverte, et c'est une observation que je lui fis ;
mais il me répondit que si au premier abord cela pouvait
paraître probable, en réalité ces métiers ne lui avaient été
d'aucune espèce de secours pour cela, parce que la marche
du tissage de la dentelle n'avait aucune espèce de rapport
avec celle des rubans ; que cette marche était extrêmement difficile à régler avec les fuseaux, à cause des croi-
sements continuels. Sa découverte fut donc le produit
spontané d'une organisation créée pour cela par la nature,
sans avoir été préparée et guidée par la science.

Trois lettres de l'année 1776, heureusement conservées,
sont les premiers jalons d'où partira cet historique, en
même temps qu'elles offrent la preuve que même à cette

époque il avait fait sa découverte, et pourtant il n'avait pas
vingt ans! Mais de même que l'on a dit qu'il n'y a rien de
plus poétique, dans la fraîcheur de ses expressions, qu'un
cœur de seize années, de même aussi peut-on dire qu'il n'y
a rien quelquefois de plus puissant, dans la force de ses
conceptions, qu'une imagination de cet âge. On peut se
faire une idée de l'effervescence et de l'exaltation que dut
produire dans cette jeune tête la contemplation de cette
création nouvelle qui était toute son ouvrage. Absorbé dans
le sentiment et l'idée de ce type nouveau qu'il venait
d'arracher à la nature pour en doter la civilisation, son
esprit ne pouvait plus s'occuper d'autres objets, et les soins
et devoirs de l'état qu'il devait embrasser ne furent plus
pour lui que des chaînes et des entraves qui l'empêchaient
de se livrer entièrement à l'objet que son imagination ca-
ressait avec tant d'amour. De là sa lettre du 5 juin 1776,
où il faisait pressentir à son père sa détermination.« Quant
à l'état que j'ai à embrasser, lui dit-il, vous quitter ainsi
que ma chère mère, mes frères et mes sœurs, selon le
conseil de l'Evangile, est une chose bien difficile à faire,
et je ne sais si j'en viendrai à bout. » Mais, selon toute
apparence, sa détermination était déjà arrêtée; car il écrit
de nouveau à son père dès le 9 juillet suivant, uniquement
pour lui déclarer que sa dernière résolution est d'abandonner son état de religieux. C'est dans cette lettre que se
trouvent ces paroles étonnantes : « Né pour me rendre utile
au genre humain, je me vois privé de cette satisfaction. »
Oh! comme l'on aime à voir le génie obéissant à sa noble
inspiration, briser et secouer les liens dont la société en-
chaîne indifféremment tous les hommes ses esclaves, renverser ces murailles trop rapprochées entre lesquelles seulement elle lui permet de se mouvoir, et s'élancer dans la
plénitude de ses facultés comme l'aigle rendu à la liberté!

Oui, il lui fallait une conviction bien profonde pour oser
déclarer une pareille volonté et y persister; car, malgré

tout le chagrin qu'il causait à son père, il lui écrit derechef,
le 26 du même mois de juillet, pour lui confirmer sa détermination ; dans celle-ci il lui dit : « Je vous prie de ne
pas vous inquiéter sur l'état que j'ai à prendre, et de vous
en reposer sur moi ; personne ne sachant mon métier, je
ne crois personne en état de me l'apprendre ; mais pour
parvenir à mon but, j'ai besoin de m'expliquer de vive voix
avec vous, j'espère obtenir cette grâce. Signé : SAUZEA DE
MÉZIEUX. » Quelle assurance, quelle confiance en lui-
même! Personne ne sachant mon métier, je ne crois personne en état de me l'apprendre, et nous allons voir
qu'aucun commencement d'exécution n'avait pu lui laisser
même entrevoir la possibilité de ce que son imagination lui
présentait comme démontré. A la suite et au bas de cette
lettre, Dom Huguet, sous-prieur, écrit au père la suivante:

« Monsieur, avant que de recevoir la lettre que vous
m'avez fait l'honneur de m'écrire, j'avais raisonné M. votre
fils sur la démarche qu'il avait faite pour sortir de chez
nous. Je lui avais fait observer tout ce que vous me faites
l'honneur de me marquer. Malgré tout, il persiste dans sa
première demande. Je vous assure, Monsieur, que je suis
très-fâché de le voir sortir ; je n'ai rien d'essentiel à lui
reprocher, excepté qu'il est fort entêté, et qu'il n'a d'autre
goût que pour sa peinture ; il abandonne volontiers ses
études pour se satisfaire. C'est un très-bon caractère, doux,
paisible, aimant beaucoup ses confrères et beaucoup aimé
d'eux. Sa sortie leur fera de la peine. Permettez-moi,
Monsieur, de vous dire que s'il a pris du dégoût pour l'état
qu'il avait embrassé, c'est vous ou M. votre fils aîné qui lui
avez procuré estampes et couleurs pour sa peinture ; né-
gligeant ses devoirs de classe, son professeur lui en faisait
souvent des reproches.

« Je suis charmé, etc. F. HUGUET. »

Il résulte évidement de cette lettre que son goût pour la
peinture, qui lui faisait négliger ses études, était le seul

objet qui parut absorber son temps et qu'on lui reprochait.
Il est impossible de penser que s'il se fût livré à l'exécution
de sa machine à dentelle, le sous-prieur n'en,eût pas aussi
parlé pour en faire un autre objet de reproche. On comprend de plus que simple élève et sous la conduite de
maîtres qui dirigeaient toutes les heures de sa journée, il
ne lui eût pas été possible d'avoir une menuiserie et une
forge pour la construction de sa machine, sans compter
qu'il n'avait aucun argent à sa disposition. Ce n'est que
plus tard, une fois ses études finies et reçu au nombre des
religieux, qu'il put avoir une certaine latitude. Personne
ainsi ne se doutait des conceptions qui occupaient cette
tête active et du travail qui s'y élaborait : aucune mise à
exécution, si ce n'est sans doute quelque plan jeté à la
dérobée sur le papier, ne trahissait son secret. C'est donc
uniquement dans son imagination que, forcé par les circonstances, il plaça alors cette machine si compliquée, qu'il
en composa les différentes pièces, qu'il les ajusta successivement, qu'il les fit marcher, en observa le jeu, en corri-
gea les défauts et en obtint les produits avec autant de
certitude qu'il les recueillit plus tard de la machine ma-
térielle qu'il fit marcher sous nos yeux. Quelle puissance
de conception ! quelle force incroyable d'imagination !

Avec une détermination ainsi arrêtée, le jeune homme,
malgré le chagrin qu'en éprouvait son père, suivit sa tête
et revint à Saint-Etienne. Probablement que cette conduite,
que l'on ne pouvait juger que sévèrement, ne lui procura
pas un grand accueil dans la maison paternelle; car, dès la
fin d'octobre suivant, il repartait pour la Chaize-Dieu où
le prieur consentait à le reprendre, mais en prévenant le
père, par sa lettre du 11 dudit mois, que le jeune homme
devait s'attendre à être bien éprouvé. Incompris, blâmé
de tous, il courba la tête sans doute assez longtemps sous le
sort rigoureux qui l'opprimait; mais pouvait-il abandonner le souvenir de cet objet si nouveau et si brillant qui

était apparu un jour avec tant d'évidence à son esprit
étonné et ravi? Non, et il dut se dire plus d'une fois comme
un autre inventeur : Et pourtant c'est réel. Il continua
donc de s'en occuper suivant que le temps lui procura plus
de facilité à ce sujet. Il était encore à la Chaize-Dieu le 14
avril 1778; mais le 22 juin suivant, il faisait profession à
Saint-Sulpice de Bourges, en présence de son père et de
son frère de Laroche. Il y resta jusqu'au mois de juin 1781,
qu'ils furent transportés en l'abbaye de Saint-Pierre de
Brantholme en Périgord, où il séjourna jusqu'au 14 octobre
1785, qu'il entra dans l'abbaye d'Issoire; il y était encore
le 19 avril 1790, mais il ne tarda pas à en sortir par l'effet
de la révolution.

C'est de cette dernière abbaye qu'il écrit à son frère
aîné, le 27 janvier 1788, pour le prier de lui faire faire 72
roquettes ou bobines, il ajoute : « Vous me permettrez de
de point vous dire ce que je veux en faire; je n'en ai encore parlé à personne, vous pouvez le soupçonner, je
l'abandonne à votre discrétion et à votre conscience, mon
ouvrage est en bon train. » Le 27 juin de la même année,
il répond à son frère pour le remercier de l'envoi de 72
roquettes, et lui dit ensuite : « Pour vous punir de votre
malice, j'ai grande envie de ne point vous parler de ma
machine qu'à coup sûr vous désirez connaître; mais je suis
aussi bon que vous êtes méchant, vous serez le seul à qui
j'en parlerai; seulement, je vous demande en grâce,
qu'aussitôt cette lettre lue, vous la jettiez au feu, que vous
ne la communiquiez à personne, parce que je ne veux pas
qu'on sache dans le monde que j'ai mis au jour un enfant
grossier, mal élevé, qui ne fait que de là mauvaise besogne.
Je vous envoie exactement le premier morceau qu'elle a
produit; il est fait, comme vous voyez, avec de la soie
très-mauvaise et très-foible. C'est celle que ma chère mère
me donna l'année dernière pour me faire une calotte. Les
points en sont très-irréguliers, je sais bien d'où vient le

mal, ce sont des lames de fer-blanc qui devraient être en
cuivre, qui ne réunissent pas la soie auprès de l'anneau
avec la justesse et la délicatesse qu'il faudrait. Je vais tra-
vailler cette partie-là avec plus de soin. Je ne vous en dis
pas davantage, l'ouvrage n'étant point achevé. »

Ainsi, nous voilà arrivés au dénouement : il envoie à son
frère aîné le premier produit de son invention. Peu importe
que ce produit soit peu flatteur à l'œil, comme tous ceux
qui sont restés de cette époque : le mécanisme est trouvé
et donne ses produits, il ne reste plus qu'à le faire exécuter
par des ouvriers plus habiles.

Lorsque l'on sait, comme tout le monde le sait à Saint-
Étienne, qu'il est l'auteur du métier à dentelle ; qu'à cette
connaissance générale se joint celle des trois lettres de 1776
et des suivantes jusqu'en 1790, que l'on peut produire
toute sa correspondance avec les ministres de la république
et de l'empire et leurs réponses ; enfin, lorsque l'on a sous
les yeux les produits mêmes de ce premier métier successivement perfectionné, on assiste ainsi à toutes les phases
de cette belle découverte.

J'ai un assez grand nombre de coupons ou échantillons
des premiers produits qu'il a obtenus de son métier. A leur
seule inspection, on pourrait les classer avec exactitude à
leurs époques respectives de fabrication, et rien n'est intéressant comme de suivre, à la plus grande régularité
successive de ces tissus, la marche progressive des perfectionnements qu'il apportait à sa mécanique. Les premiers
morceaux sont sans doute peu flatteurs à la vue, quelle est
la bergère qui voudrait aujourd'hui en attacher de semblables à son bonnet? Mais quelle est aussi la dentelle de
Flandres qui vaudrait aujourd'hui ce tissu grossier que tous
les efforts de l'esprit d'invention n'avaient pu produire
dans les siècles antérieurs? Continuons.

Le 28 octobre de la même année 1788, en demandant à
sa mère quelqu'argent, il lui dit : « Je ne puis sans cela

24

continuer ma machine et achever mes tableaux ; je vous
enverrois bien de mes productions, mais c'est fait avec de
la soie si affreuse, qu'elles ne sont pas encore visibles. Monsieur mon frère est le seul à qui j'en ai parlé, si vous
voulez savoir ce que je fais, vous pouvez vous adresser à
lui ; tous ceux qui vous en parleront, ne le savent que par
conjecture ; je ne lui écris point de cette fois-ci, mais je
voudrais bien savoir s'il a reçu ma dernière lettre où je
lui envoyois un échantillon de mon ouvrage. »

Enfin, le 19 avril 1790, il écrit d'Issoire à son frère :
« Je vous dirai que depuis le mois de janvier, je travaille
à reconstruire ma manufacture de dentelles ; les premiers
mouvements sont bien exécutés et marchent avec beaucoup de facilité. Elle aura 96 fuseaux ; elle ira beaucoup
plus vite que la première que j'ai mise au rebut ; la grande
difficulté sera de la transporter, car elle est très-matérielle
et très-volumineuse. Jusqu'à ce temps, nous aurons le
temps d'aviser aux moyens ; je ne veux point sortir de la
maison qu'elle ne soit achevée, autant que cela faire se
pourra, car aujourd'hui on ne sait sur quoi compter. »
C'est alors qu'il la transporta chez son frère à Monteille
où il passa tout le temps de la révolution. C'est à cette
époque que l'inventeur s'adressa au gouvernement au
sujet de sa découverte ; nous allons donner en finissant la
série des pièces qui constatent son invention.

Dom de Sauzea est auteur d'une foule d'inventions et de
perfectionnements, pour les métiers surtout, qu'il livrait
à tous ceux qui le consultaient sur cette matière, les plans
et dessins en sont encore dans ses papiers ; et chose étonnante, l'une de ses mécaniques marchait avec un appareil
presque identique avec celui qui plus tard fit tant d'honneur à Jacquard. Cet appareil existe toujours avec différentes pièces du métier.

L'on a vu en commençant qu'il s'occuppait de peinture
avec passion ; c'est que de ce côté-là, la nature l'avait

aussi grandement favorisé, et que cette puissance d'imagination qui étonne dans la recherche de sa mécanique,
était la même dans cet art bien différent. De loin, il faisait
le portrait d'une personne de sa connaissance avec une
vérité de ressemblance dont les autres peintres ne pouvaient
qu'approcher en ayant leur modèle sous les yeux. Voudra-t-on croire aussi que cette tête mécanique, si l'on peut
s'exprimer ainsi, cultivait la poésie avec succès, et a laissé
des pièces charmantes; je veux du moins en donner une
parce qu'elle rappelle son amour pour la peinture et la
poésie, et qu'elle fait voir à quelle hauteur les beaux sentiments de son âme, en faveur de son confrère, avaient
élevé son talent. Ce sont les strophes qu'il met dans la
bouche des élèves du collège qui présentent un bouquet à
M. Peillon, leur professeur de dessin et ancien militaire,
le jour de sa fête :

Ne t'offrir en ce jour que des fleurs passagères,
C'est rendre un faible hommage à tes riches talents :
De notre amour pour toi des marques si légères
Ne sauraient t'exprimer les tendres sentiments.

Comment t'en présenter comme toi d'immortelles!
Il nous faudrait avoir ton pinceau créateur :
Lui seul peut imiter leurs couleurs naturelles,
Et nous en étaler l'éclat et la fraîcheur.

Sous tes doigts tout s'anime et se métamorphose :
Là, le ruisseau serpente; ici, l'arbre fleurit;
D'un seul coup de crayon une fleur est éclose,
La beauté sur la toile ou soupire ou sourit.

Tu dérobas au ciel, comme fit Prométhée,
Les feux dont sont nourris tes types précieux :
Nous retrouvons en toi l'ingénieux Prothée
Dans ces traits variés dont tu frappes nos yeux.

Grand-maître de ton art, donnes-nous la magie,
Nous peindrons sur ton front la palme et le laurier ;
Et nos neveux verront dans ta noble effigie
Les talents de Zeuxis joints à ceux d'un guerrier !

En laissant cette pièce d'une poésie en même temps si gracieuse et si élevée, il a laissé aussi comme témoignage de son talent pour la peinture, son propre portrait peint par lui-même, où il a représenté sa mécanique de dentelle, œuvre capitale de sa vie.

Ainsi, sans y avoir songé le moins du monde de son vivant, il se fait connaître à nous aujourd'hui par son talent littéraire, de peinture, de mécanique, et la représentation fidèle de ses traits.

Dom de Sauzea a poussé sa carrière jusqu'à l'âge de 85 ans et demi, étant mort le 13 avril 1842.

J'ai tenu à rester propriétaire d'un petit bien au lieu de Mézieux, par le seul désir de conserver le souvenir de mon oncle, auteur de la belle découverte du métier à dentelles ; car pendant toute sa vie de 86 ans, il a porté le nom de cette localité ; mais depuis que la tombe le renferme, un voile d'oubli déjà bien épais s'est étendu entre lui et le monde. Disputons à la mort par tous les moyens possibles, pour quelques jours encore, ce faible souvenir d'une existence dont elle a dévoré tout le reste, en attendant que les hommes, plus justes et plus reconnaissants, placent ce nom parmi ceux des hommes de génie dont les inventions ont honoré leur patrie.

———

Au Président du Directoire.

Citoyen, depuis dix ans et plus je suis occupé à la découverte d'un métier propre à fabriquer de la dentelle, qui marche par le moyen d'une manivelle, à l'imitation

des métiers à la zuricoise. Son résultat est d'autant plus
précieux, que je fais toutes sortes de points, et en trois
heures de temps on aura une dentelle composée de 96
fuseaux, ainsi que des bourses, bourdaloues, cordonnets.
Je me propose sous peu de vous le présenter. Vous trouverez ci-inclus quelques échantillons fabriqués sur ce métier. Le motif de la présente est de vous prémunir contre
toute démarche propre à m'enlever ma découverte.

Salut et fraternité.

Pierre-André SAUZEA.

Monteille, commune de Valbenoîte, département
de la Loire, 12 messidor an VI.

———

Au Président du Conseil des Cinq-Cents.

Citoyen représentant, après de longs et pénibles travaux,
je viens d'inventer un métier propre à fabriquer la dentelle, les bourses et les bourdaloues. Ce métier est composé
de 96 fuseaux que l'ouvrier fait mouvoir sans en toucher
aucun, sans avoir besoin de combiner leur passage et de
mettre les épingles l'une après l'autre; il peut faire au
moins douze fois plus d'ouvrage par jour qu'on n'en fait
sur le métier ordinaire; et sans un défaut dans la coupe
des fuseaux, j'aurais triplé son mouvement. C'est par des
opérations très-simples et très-promptes qu'on peut élargir
l'ouvrage ou le retenir, suivant le numéro du fil que l'on
emploie. Vous trouverez ci-joint, citoyen représentant, un
échantillon qui renferme différents points et dessins qui,
avec une matière plus convenable, se trouverait infiniment
mieux exécutés. Vous voyez au milieu une petite bourse
terminée par un entoilage, et des bourdaloues qui n'ont
point de couture, ce qui vous prouve évidemment que
l'ouvrage que je vous présente n'a été fabriqué que sur le
métier que je vous annonce.

Une invention de ce genre peut-elle fixer votre attention et me mériter une récompense qui me mette à même de poursuivre ma découverte et de la perfectionner? Je demanderais, en outre, qu'il me fût accordé un titre qui constatât que je suis inventeur d'un métier propre à fabriquer la dentelle, les bourses, les bourdaloues, en vertu duquel je puisse poursuivre les contrevenants en cas de contrefaçon; je désirerais que ce titre eût un terme au-delà de quinze ans, attendu que cet ouvrage demande du temps et de la patience et que je ne puis prévoir l'époque à laquelle je me trouverai dédommagé de vingt ans de travail. Quant à la déposition sous cachet d'une description exacte des principes et moyens qui constituent mon invention, ordonnée par l'art.... de la loi sur les découvertes, il paraît par l'article XI : « que les descriptions ne seront point communiquées dans le cas où l'inventeur ayant jugé que des raisons politiques ou commerciales exigent le secret de sa découverte, se serait présenté au Corps législatif pour lui exposer ses motifs et en obtenir un décret particulier sur cet objet. » Il est hors de doute que je dois réclamer cet article. Les premières difficultés une fois aplanies, cette invention peut être saisie facilement, l'imitateur peut sans peine se l'approprier, l'emporter chez l'étranger et faire un tort considérable au commerce.

Il est donc de votre sagesse, citoyens représentants, de me permettre de tenir secrets mes moyens, et de me procurer les avances nécessaires pour multiplier la fabrication de ces métiers. Au 12 messidor an VI, j'eus l'avantage d'envoyer au Directoire les premiers essais fabriqués sur mon métier.

Salut et fraternité.   Pierre-André SAUZEA.

Le 9 germinal de l'an VII.

Bureau des dépêches, pétitions et correspondances. — Registre 17, lettre S, n° 9. — République française. — Liberté, égalité. — Conseil des Cinq-Cents. — Paris, le 19 germinal an VII de la République française une et indivisible.

Le Président du Conseil des Cinq-Cents au citoyen Sauzea.

Le Conseil a reçu, citoyen, votre pétition avec un échantillon de dentelle, il en a aujourd'hui ordonné le renvoi au Directoire exécutif.

Salut et fraternité.   PONS DE VERDUN.

———

N° 2424, registre 4. — Egalité, liberté. — Paris, le 24 germinal an 7 de la République française une et indivisible.

Le Secrétaire-général du Directoire exécutif au citoyen Sauzea.

Le Directoire exécutif a reçu, citoyen, la pièce que vous lui avez adressée concernant votre fabrique de dentelle sur un métier de votre invention, etc....... Je vous préviens que cette affaire a été renvoyée le 23 au ministre de l'intérieur. C'est à ce ministre qu'il faut désormais vous adresser pour obtenir des renseignements ultérieurs sur l'objet dont il s'agit.

Nota. Vous êtes prévenu que cette lettre n'est qu'un simple renseignement, et qu'elle ne peut en aucune manière servir de titre auprès des autorités constituées.

Salut et fraternité.

LAYARD pour le chef de division LAROLLA.

4me division, bureau des arts. — Paris, le 9 floréal an VII de la
République une et indivisible.

Le Ministre de l'intérieur au citoyen Sauzea, à Monteille
près Saint-Etienne, département de la Loire.

Citoyen, le Directoire exécutif m'a renvoyé la pétition
que vous avez adressée, le 9 germinal dernier, au Conseil
des Cinq-Cents. J'ai trouvé joint à votre pétition un échantillon d'une espèce de dentelle que vous annoncez avoir
été faite sur un métier de votre invention. Vous demandez,
citoyen, que la nation vous accorde une récompense qui
vous mette en état de perfectionner votre découverte; que
la propriété vous en soit garantie pendant quinze ans et que
vous soyez dispensé de communiquer la description de vos
procédés; vous citez à cet égard l'art. XI de la loi du 7
janvier 1791 (V. S.). Vous avez mal saisi, citoyen, le sens
de cet article : il veut seulement que, dans le cas où des
raisons politiques et commerciales auraient déterminé à
prononcer qu'une découverte sera tenue secrète, les descriptions ne pourront être communiquées aux citoyens qui
viendraient consulter le catalogue général des inventions
nouvelles. Mais dans aucun cas, vous ne pourriez être dispensé de déposer une description exacte et détaillée de vos
procédés, un modèle de votre métier, ou au moins des
plans, dessins et coupes de cette machine. D'ailleurs, citoyen, il est impossible que vous obteniez à la fois une
récompense et un brevet d'invention. Si vous préférez au
brevet les récompenses nationales, il convient que vous me
fassiez passer tous les renseignements propres à fixer l'opinion du gouvernement sur le mérite de votre découverte.
Si, au contraire, vous persistez dans la demande d'un
brevet, il est indispensable que vous remplissiez littérale-
ment les formalités voulues par les lois des 7 janvier et 25
mai 1791.

Salut et fraternité.

FRANÇOIS (DE NEUFCHATEAU).

Au citoyen François (de Neufchâteau), ministre
de l'intérieur.

Citoyen, j'ai reçu les renvois du Conseil des Cinq-Cents
et du Directoire, de la pétition que je leur avais présentée
concernant la découverte d'un nouveau métier propre à
fabriquer la dentelle; je viens aussi de recevoir la lettre
que vous m'avez fait l'honneur de m'écrire, à laquelle je
réponds que mon intention, dès que je serai parvenu à
corriger les défauts qui nuisent à la perfection de mon
ouvrage, est de le faire transporter à Paris et de vous le
présenter; mais je ne prévois pas l'époque de mon voyage,
vu que je n'ai pour toute ressource qu'une pension que la
nation m'a faite comme ex-bénédictin.

Salut et respect.

Pierre-André SAUZEA.

Montcille près Saint-Etienne, département de la Loire,
le 15 floréal an VII de la République.

—

No 37, 2me division. — Bureau des arts et manufactures. — Réponse
à une lettre du 7 fructidor. — Enregistrement à l'arrivée no 729,
au départ no 73. — Réponse à la demande d'un encouragement en
faveur du citoyen Sauzea, auteur d'un métier à faire la dentelle.—
Paris, le 2 frimaire an XI de la République française.

Le Ministre de l'intérieur au Sous-préfet de l'arron-
dissement de Saint-Etienne.

J'ai reçu, citoyen sous-préfet, avec votre lettre du 7
fructidor dernier, la pétition du citoyen Sauzea, ex-bénédictin, deux échantillons de dentelle fabriqués par la
machine dont vous m'annoncez qu'il est l'inventeur, et
enfin une esquisse de cette machine. — J'ai vu avec intérêt les essais du citoyen Sauzea, et j'ai donné à ses efforts
les éloges qu'ils méritent. Cependant, j'ai remarqué que

les dentelles avaient besoin d'être perfectionnées pour entrer dans le commerce en concurrence avec celles qui y circulent. Je n'ai pu d'ailleurs juger si le métier était susceptible d'être perfectionné, parce que le dessin communiqué n'est point suffisant pour en bien faire connaître la construction. Il m'est donc impossible, citoyen sous-préfet, au moins quant à présent, d'accorder à l'artiste l'encouragement qu'il réclame et que vous sollicitez en sa faveur. Je désire au reste qu'il me fournisse les moyens de lui prouver la bonne volonté qui m'anime. Je vous envoie ci-joint le plan que le citoyen Sauzea m'a communiqué et qu'il m'invite à ne pas rendre public.

Je vous salue.   CHAPTAL.

Pour copie conforme :

Le sous-préfet de l'arrondissement de Saint-Etienne,

A. SAUZEA.

———

2me division, bureau des arts et manufactures. — Réponse à une lettre du 17 janvier. — Enregistrement à l'arrivée n° 1062, au départ n° 107. — Observations sur la réclamation contre la demande formée par les sieurs Dervieux et Piaud d'un brevet pour une machine à fabriquer la dentelle. — Paris, le 27 janvier 1809.

Le Ministre de l'intérieur, comte de l'Empire, à Monsieur Sauzea, membre de l'Université impériale, à Saint-Etienne (Loire).

Monsieur, j'ai reçu votre lettre du 17 janvier, par laquelle vous vous dites inventeur d'une machine à faire la dentelle que les sieurs Dervieux et Piaud veulent s'approprier, en prenant pour le même objet un brevet d'invention. La réponse à votre réclamation se trouve dans la loi même qui veut que les brevets d'invention soient accordés sur simple demande et sans examen préalable, et qui déclare de plus qu'en accordant un brevet d'invention, le gouvernement n'entend garantir en aucune manière ni la priorité, ni le mérite, ni le succès d'une découverte. Si donc les sieurs Dervieux et Piaud demandent un brevet d'invention pour une machine à faire la dentelle, il ne m'est pas permis de le leur refuser, pas plus que je ne le refuserais à vous-même ou à tout autre qui se présenterait avant ou après la demande formée. Le gouvernement, en effet, ne constate pas dans la patente qu'il délivre que tel individu est inventeur, mais seulement qu'il se dit inventeur. Le brevet n'a donc de réalité qu'autant qu'il a pour objet une invention réelle, mais quel est le juge de cette vérité de fait? Ce sont les tribunaux ordinaires qui sont établis par la loi pour décider toutes les contestations de° cette nature. Faisant l'application de ces principes au cas où vous vous trouvez, si les sieurs Dervieux et Piaud, porteurs d'un brevet, veulent vous empêcher de faire usage de leurs procédés, ce sera à vous à prouver que vous les aviez exécutés longtemps avant eux; et sur les preuves que vous administrerez, le tribunal prononcera. J'espère, Monsieur, que l'explication que je viens de vous donner vous convaincra que je ne puis refuser aux sieurs Dervieux et Piaud le certificat de leur demande, mais que cette délivrance ne porte aucune atteinte aux droits que vous réclamez.

J'ai l'honneur de vous saluer

CAILET-CRETET.

GÉNÉALOGIE
de la famille du Terrail.

Scaliger prétendait qu'il n'y avait pas de supplice pareil à celui de faire un dictionnaire. Il voulait même qu'on y condamnât celui pour qui tout autre supplice eût été trop doux :

> . . . . . *S'il est un supplice au monde*
> *Qui le punisse mieux.* . . . .

Scaliger ne connaissait pas ce qu'il y a de travail et de torture d'esprit pour établir une généalogie, sans quoi il y aurait condamné ses réprouvés de préférence au Lexicon.

Pour les complaisants, pour ceux qui en font un état, qui vendent leur encre et leur papier, qui ramassent le honteux argent que leur jette l'orgueil stupide, ce travail, à coup sûr, ne peut être que fort agréable et très-facile, puisqu'il porte tribut.

Il n'en est pas de même pour celui qui ne vend rien, qui ne fabrique pas de vieux titres, mais qui sait connaître quand ils sont faux, et qui se trouve assez payé quand il dit la vérité. La loyauté n'est pas le fond principal de l'humanité haute et basse, de la haute surtout qui paye des faux qu'elle produit, un sur vingt au moins.

C'est là ce qui rend pénible ce genre de travail. Le mensonge prend si souvent la forme et l'accent de la vérité, qu'il faut se broyer la cervelle et le cœur, pour arriver à connaître le vrai du faux.

Il n'en est plus ainsi quand on s'occupe d'une généalogie dont les titres sont authentiques, qu'ils sont approuvés par ceux qui paraissent leur être le plus contraires, et dont on retrouve des preuves à chaque page de notre histoire de France.

Telle est la généalogie de la maison du Terrail, qui a eu

bien des grandeurs jusqu'à Bayard, le bon chevalier sans
peur ni reproche; qui a eu bien des revers qui l'ont hu-
miliée sans détruire le prestige de son nom. N'est-ce pas
une preuve de l'ingratitude des peuples, après le service
rendu, qu'ils sont oublieux des gloires passées, détournés
qu'ils sont de la reconnaissance par un feu follet, un mé-
téore qui brille un instant pour s'éteindre aussitôt. Ce qui
va suivre en est un triste et frappant exemple pris entre
mille autres.

Disons d'abord un mot sur l'origine de cette maison qui
a aussi ses légendes particulières. Nous copions..

« Sans autre fondement qu'une espèce de tradition, on
croit qu'un chevalier venu d'Allemagne, et nommé Wolf,
fut, dans le VIII° ou IX° siècle, d'un très-grand secours aux
évêque et comte de Graisivaudan, et qu'il en reçut, en
récompense de ses importants services, d'importantes possessions. Il se fixa dans ce pays où sa postérité devint nombreuse, sous le nom d'Allemands ou d'étrangers, en latin
Allemani, et terra alii (alienigenæ), et que cette postérité fit par la suite diverses maisons, sous ces noms d'*Allemani*, d'*Allemandi*, en français d'Alleman, d'Allement,
etc.; et de *terrá alii, Terralii*, en français du Terrail. Une
de ces maisons *Terralii* habita longtemps près de la Mure,
où l'on voit encore les ruines de la tour du Terrail, et
qu'une branche de cette maison se transporta à Grignon,
dans le mandement d'Avallon.

« Quoi qu'il en soit de cette origine, nous présentons la
descendance masculine, légitime et authentique d'Aubert
du Terrail ou *Terralius*, de Grignon, premier connu. Les
maisons de du Terrail de Bernin et de Bayard passèrent
par la suite en la possession de Grignon. »

1er DEGRÉ.

Aubert du Terrail de Grignon, épousa, en 1320, Jeanne
de Theu dont il eut Robert qui suit.

2ᵉ DEGRÉ.

Robert du Terrail de Grignon épousa, en 1337, Alix de
Morard dont issus :

1º Philippe qui suit ;

2º Marguerite du Terrail de Grignon, née en 1522.

3ᵉ DEGRÉ.

Philippe du Terrail épousa Aloïse de Cassard, et fut tué
aux pieds du roi Jean, à la bataille de Poitiers.

De son mariage vinrent :

1º Pierre qui suit ;

2º Jean du Terrail, mort à la bataille de Verneuil, le 17
   août 1424.

4ᵉ DEGRÉ.

Pierre du Terrail, premier du nom de Pierre, est nommé
parmi les gentilshommes de Grignon, dans la révision de
1383. Il fut tué à la bataille d'Azincourt, en 1415. De sa
femme qui n'est pas connue, il laissa les enfants qui suivent :

1º Jacques qui a continué la branche aînée que nous
   reprendrons après celle des seigneurs de Bayard ;

2º Pierre qui suit ;

3º Thibaud du Terrail fut d'église ;

4º Antoine du Terrail, abbé d'Ainay, y fonda la chapelle Saint-Sébastien, où il fut inhumé en 1457.

5ᵉ DEGRÉ.

Pierre II du Terrail, seigneur de Bayard, épousa Marie
de Bocsozel, fille de Gaspard. Il fut tué à la bataille de
Montlhéry, en 1465.

Ses enfants furent :

1º Aimon qui suit ;

2º Jean du Terrail-Bayard, religieux, prieur de Saint-
   Trivier en Dombes ;

3° Marguerite du Terrail-Bayard, est présumée avoir été religieuse;

4° Antoinette du Terrail-Bayard, mariée à Louis de Beaumont, seigneur de la Tour.

6° DEGRÉ.

Aimon ou Aimoin du Terrail, seigneur de Bayard, fut blessé dangereusement à la bataille de Guinegaste. Il avait épousé Hélène Alleman de Laval, fille de Henri et sœur de Laurent, évêque de Grenoble. De ce mariage vinrent les enfants qui suivent :

1° Pierre III du Terrail, seigneur de Bayard, si grand et si célèbre sous le nom de chevalier sans peur et sans reproche, ne se maria pas. Il laissa cependant une fille naturelle nommée Jeanne, qu'il avait eue d'une demoiselle de la maison de Lucque, qui fut mariée à François de Bocsozel, seigneur de Châtelar;

2° Marie du Terrail-Bayard, mariée à Jacques, seigneur du Pont, en Savoie;

3° Philippe du Terrail-Bayard, évêque de Glandevez;

4° Claude du Terrail-Bayard, mariée à Antoine de Theys, seigneur de la Bayette;

5° Catherine du Terrail-Bayard, religieuse au monastère de Prémol;

6° Jacques du Terrail-Bayard, abbé de Josaphat, puis évêque de Glandevez, après la mort de son frère Philippe;

7° Jeanne du Terrail-Bayard, religieuse à l'abbaye des Hayes;

8° Georges du Terrail fut seigneur de Bayard, après le mort du chevalier sans peur et sans reproche. Il épousa Jeanne d'Arvilars, et mourut en 1553, laissant de son mariage une fille unique, Françoise du Terrail, dame de Bayard, mariée à Charles Copier, seigneur de Poisieu, dont elle n'eut pas d'enfants.

La branche de du Terrail-Bayard étant tombée en que-
nouille, nous reprenons la branche aînée.

5e DEGRÉ.

Jacques du Terrail eut Grignon en partage et fut seigneur de Bernins. Sa femme, qui n'est pas nommée, le
rendit père de deux enfants :

1o Pierre qui suit ;

2o Guigue du Terrail Grignon qui n'a pas laissé de souvenirs.

6e DEGRÉ.

Pierre II du Terrail, seigneur de Bernins, n'est connu
que par ses deux fils qui suivent :

1o Yves qui suit ;

2o Théodore du Terrail, abbé d'Ainay, par résignation
d'Antoine, son grand-oncle. Il mourut en 1505.

7e DEGRÉ.

Yves du Terrail, seigneur de Bernins, se maria trois fois :

1o avec Alix d'Autun, dont il n'eut qu'une fille ;

2o avec Louise de Gignot dont il eut deux filles ;

3o avec Claude de Revoire de Romagneu.

Les enfants de ces trois femmes naquirent dans l'ordre
suivant :

1o Madeleine du Terrail eut pour mère Alix d'Autun, et
fut mariée au seigneur de Varey ;

2o Catherine du Terrail, née de Louise de Gignot, fut
mariée à N... de Salvain, seigneur de Boissieu ;

3o Marguerite du Terrail, de la même mère que la précédente, fut mariée à N... de Beaumont, seigneur de
Saint-Quentin ;

4o Gaspard qui suit, né de Claude de Romagneu, dernière
femme d'Yves du Terrail.

Du Terrail

8ᵉ DEGRÉ.

Gaspard du Terrail, seigneur de Bernin, épousa Charlotte de Bassevin, dame de Pignon, dont issus:

1º François qui suit;

2º Charles du Terrail dont l'article viendra après la postérité de François.

9ᵉ DEGRÉ.

François du Terrail, seigneur de Bernin, épousa Anne de Saint-Félix, dame de Saussan, contigu à Pignon. De ce mariage sont nés:

1º David qui suit;

2º Marie du Terrail-Bernin, mariée au seigneur de Mérargue, en Languedoc;

3º Dauphine du Terrail-Bernin, mariée au seigneur de Frise.

10ᵉ DEGRÉ.

David du Terrail, seigneur de Bernin, épousa Clémence de Ponnat, et mourut en 1592. Il laissa de son mariage les enfants qui suivent:

1º Thomas du Terrail, seigneur de Bernin, recueillit les biens de la maison paternelle, et vivait encore en sa maison de Pignon, en 1624;

2º François du Terrail-Bernin, seigneur de Pignon et de Saussan, se retira en Languedoc où il vivait encore en 1624.

Faute de renseignements sur la postérité de cette branche, nous la laisserons là pour passer à celle de Charles.

9ᵉ DEGRÉ.

Charles du Terrail, seigneur de Bernin, épousa demoiselle Soffre d'Arces, dite la belle Couvat ou Covat, vivait en 1563. De ce mariage vint Jaime qui suit.

10e DEGRÉ.

Jaime Couvat du Terrail, ainsi nommé au baptême pour faire revivre la mémoire de sa mère. Il épousa à Montbonnod dona Ennemonde Renolet, dont naquirent :

1° André qui suit ;

2° Claude Couvat, resté hôte à Montbonnod. Sa postérité redescendit à Grenoble, c'est tout ce qu'on en sait.

11e DEGRÉ.

André Couvat, fils de Couvat du Terrail, l'un et l'autre qualifiés laboureurs, se retira à Bivier. Il épousa Guigonne Génicard de l'Estang dont il eut :

1° Guigues qui suit ;

2° Alexie Couvat, décédée à Bivier, le 6 juin 1652.

12e DEGRÉ.

Guigues Couvat, qualifié laboureur, épousa Madeleine Drogat. Il mourut jeune, et sa veuve se remaria à un nommé François Laurent. De ce mariage, Guigues eut un fils qui suit.

13e DEGRÉ.

Ennemond Couvat, qualifié laboureur, acheta des propriétés dans la paroisse de Meylan, et y transféra son domicile. Il épousa Gasparde Bard dont issus :

1° Claude qui suit ;

2° François Couvat a été marié trois fois, et de chaque lit a eu une nombreuse postérité éparse aux environs de Grenoble ;

3° Nicolas Couvat a vécu et est mort, ainsi que Vincent son fils, dans des fermes aux Granges-lez-Grenoble ; sa postérité nous est inconnue ;

4° Marguerite Couvat dont on ne sait rien ;

5º François-Didier Couvat reçut de son frère Claude, pour ses droits légitimaires, la maison de Bévier;

6º Catherine Couvat, mariée à Etienne Estillié, d'où est sorti le célèbre Ennemond Estillié, curé de Vinay.

14ᵉ DEGRÉ.

Claude Couvat, premier du nom, ainsi que ses pères, cultiva son patrimoine.

Il épousa Jeanne Guichard dont il eut :

1º Claude 2ᵉ qui aura sa place plus loin;

2º François Couvat, licencié en droit, prêtre du diocèse de Grenoble, a repris son nom de du Terrail, et vit dans sa propriété à Beaucroissant;

3º Antoine qui suit.

15ᵉ DEGRÉ.

Antoine Couvat vivait à Charlet, dans ses propriétés qu'il cultivait lui-même. Il épousa Louise Moreau, dont naquirent quatre enfants :

1º Antoine Couvat, né en 1770, mort glorieusement au champ d'honneur, percé de plusieurs coups de feu, à la bataille qui eut lieu, le 3 germinal an V, à Trévise en Allemagne. Il était maréchal-des-logis de la 3ᵉ compagnie des chasseurs à cheval, 10ᵉ régiment. Ses chefs et ses camarades en faisaient le plus grand éloge et le peignaient sous tous les traits de Bayard;

2º Pierre Couvat, mort jeune, 14 ou 15 ans;

3º Jean Couvat;

4º Joseph Couvat;

5º Claude Couvat. Ces deux derniers, frères jumeaux, servaient, en 1803, dans la 8ᵉ compagnie du 10ᵉ régiment de chasseurs à cheval.

Nous ignorons si ces cinq frères ont eu des enfants, et nous revenons à Claude Couvat que nous avons laissé au 14ᵉ degré.

15ᵉ DEGRÉ.

Claude Couvat, deuxième du nom, hérita du domaine d'Ally à Charlet, où il vivait en le cultivant. Il épousa Catherine Bourgeat dont issus :

1º Claude Couvat, héritier de son père, vivait dans ses propriétés, s'occupant d'agriculture. Il épousa Anne Paturel dont issus :

    1º Claude-Antoine du Terrail-Couvat, propriétaire à Saint-Nazaire ;

    2º Jean-Antoine du Terrail-Couvat, capitaine retraité, chevalier de la Légion d'honneur ;

    3º Joseph du Terrail-Couvat qui suit ;

    4º Pierre-Antoine du Terrail-Couvat, lieutenant commandant la gendarmerie de Villefranche (Rhône), chevalier de la Légion d'honneur ;

    5º Jean-Baptiste du Terrail-Couvat, propriétaire à la Tronche ;

2º Pierre Couvat habitait près de son frère, et comme lui s'occupait de ses terres, à Saint-Martin-de-Météré. De son mariage, qui n'est pas connu, naquit :

    Jean Couvat, soldat canonnier de marine, devint fabricant de papier à Voiron, après avoir quitté le service. C'est tout ce que nous savons de lui.

16ᵉ DEGRÉ.

Joseph du Terrail Couvat, propriétaire à Charlet, commune de Meylan. Il épousa demoiselle Julie Cottin et mourut à l'âge de 63 ans, laissant de son mariage :

1º Joseph du Terrail-Couvat, est devenu notre concitoyen en s'établissant à Saint-Etienne, où il a trouvé des amis nombreux et choisis. Souvent, en passant dans la rue de Foy, nous nous sommes arrêtés devant sa maison, et nous avons vu la foule passer indifférente devant un nom illustre, sans même se douter que c'est là qu'habite le descendant collatéral du chevalier sans peur et sans reproche. Et qu'est-ce donc que la gloire? puisqu'il suffit d'un peu de temps pour faire oublier les plus grands, les plus illustres souvenirs!

2° *Félix du Terrail-Couvat*, habite aussi Saint-Etienne avec son frère;

3° *Henri du Terrail-Couvat*, est établi à Naples.

Armes : d'azur, au chef d'argent chargé d'un lion naissant de gueules, à la cotin d'or brochant sur le tout.

Supports et cimier : des lions.

JUGEMENT EN RECONNAISSANCE DE NOM.

—

Extrait des registres de l'état-civil de la commune de Meylan.

Le neuf décembre mil huit cent trente-huit, à huit heures du matin, pardevant nous Léon Roman, maire de la commune de Meylan, faisant fonctions d'officier de l'état-civil, a été transcrit le jugement dont la teneur suit :

Louis-Philippe, roi des Français, à tous présents et à venir, salut! savoir faisons que le tribunal civil de l'arrondissement de Grenoble (Isère), jugeant civilement en audience publique, où étaient présents Messieurs Accarias, président; Didier, Bertrand et Primard, juges; et Michel, juge-suppléant, portant la parole pour le procureur du roi, a rendu, le trois décembre mil huit cent trente-huit, le jugement à la suite de la requête dont la teneur suit, après délibéré en chambre de conseil.

A Messieurs les Président et Juges composant le Tribunal civil de Grenoble.

Les sieurs 1° Claude-Antoine, 2° Jean-Antoine, 3° Joseph, 4° Pierre-Antoine, 5° et Jean-Baptiste du Terrail-

Couvat; le premier, propriétaire à Saint-Nazaire; le second, capitaine en retraite, chevalier de la Légion d'honneur; le troisième, propriétaire à Charlet, hameau de la commune de Meylan; le quatrième, lieutenant commandant la gendarmerie de Villefranche (Rhône), chevalier de la Légion d'honneur; et le cinquième, propriétaire à la Tronche.

Tous cinq fils de Claude Couvat, propriétaire, domicilié à Meylan, et de Anne Paturel, son épouse, ont l'honneur d'exposer :

Qu'ils se trouvent en état de justifier par des actes authentiques qu'ils sont véritablement les descendants directs et légitimes et en ligne masculine des du Terrail de Bernin et de Bayard, et que c'est par erreur que le nom de du Terrail a été omis dans leurs actes de naissance.

Le but des présentes étant d'obtenir de la justice la rectification des états civils, en faisant ordonner le rétablissement, sur les registres, du nom de du Terrail, par addition aux noms donnés dans les actes de naissance des exposants, il est essentiel de donner connaissance des titres pré-existants à leur naissance.

Les exposants sont nés sur la commune de Montbonnot et Meylan, pendant les années mil sept cent quatre-vingt-trois, mil sept cent quatre-vingt-six, mil sept cent quatre-vingt-neuf, an quatre et an six. Leurs actes de naissance joints à la présente requête leur donnent pour père et mère le sieur Claude Couvat et Anne Paturel, mariés, cultivateurs à Charlet, commune de Meylan.

Le nom Couvat n'était pas le nom patronymique, mais bien un surnom maternel, comme on l'établira dans un instant, et des causes dont la principale fut de préserver sa postérité des tourmentes révolutionnaires, déterminèrent leur père à ne point prendre ni donner à ses enfants le nom de du Terrail qui était le nom porté par ses aïeux.

Le fait est notoire dans le pays; aussi, dans les actes que

les exposants ont passés, ont-ils toujours pris le nom de du Terrail-Couvat. Le certificat de notoriété, qui leur a été délivré par le juge-de-paix du canton Est de Grenoble, en serait une preuve.

Mais indépendamment de cette notoriété, les actes de l'état-civil démontreront cette vérité. En effet, lorsque le père des exposants décéda, le trois avril mil huit cent vingt-sept, à l'âge de septante-cinq ans, on le qualifia dans son acte de de décès du nom de Claude du Terrail-Couvat. Plus tard, arrivant le décès de leur mère, Anne Paturel, on qualifia cette dernière de veuve du Claude du Terrail-Couvat.

Le père des exposants, Claude Couvat, était né le 6 juin mil sept cent cinquante-deux, et depuis cette époque nous remontons jusqu'au seizième siècle, et pendant ce laps de temps cette branche de la maison du Terrail ne prend que le nom de Couvat, en souvenir d'une aïeule remarquable par sa beauté, qui épousa un de leurs ancêtres.

Ainsi, le père du précédent Claude Couvat fut baptisé paroisse de Meylan, le vingt-un juin seize cent nonante-cinq, et devint secrétaire et greffier des communautés de Meylan et Saint-Murys.

Et Claude deuxième était fils d'Ennemond Couvat, baptisé le vingt-neuf février seize cent soixante, et ce dernier procédait de Guigues Couvat, baptisé paroisse de Saint-Marcellin, le premier mai quinze cent nonante-neuf.

Maintenant voici Jaime du Terrail, dit Couvat, qui eut de son mariage avec Ennemonde Revolet ledit André Couvat. Ce Jaime du Terrail, dit Couvat, né paroisse Saint-Marcellin, baptisé le seize avril seize cent soixante-deux, alors âgé de quatre ans, eut pour parrain le seigneur de Vinay et noble François du Terrail, seigneur de Bernin, oncle du baptisé.

Cet acte de naissance, bien et duement légalisé, est aux pièces, et il est dit que ce Jaime du Terrail est lui-même fils de noble Charles du Terrail, seigneur de Bernin, et feue demoiselle Soffrea d'Arces, dite la belle Couvat, sa femme, et c'est ce dernier nom qui fut ajouté à celui de son père dans l'acte de naissance de Jaime du Terrail qui, porte l'acte de naissance, reçut le nom de Couvat, en souvenance de la belle défunte (ce qui prouve qu'elle mourut en lui donnant la vie).

Ce Charles du Terrail était fils de Gaspard du Terrail, seigneur de Bernin, décédé dans la religion protestante, en quinze cent soixante-deux, et cette famille du Terrail remonte jusqu'au commencement du quatorzième siècle, et elle a fourni des hommes éminents, en tête desquels apparaît le célèbre chevalier sans peur et sans reproche, Pierre 3e du Terrail, seigneur de Bayard ou Bayart, qui ne fut jamais marié.

Toute cette filiation résulte d'actes authentiques, au nombre de seize pièces déposées rière le greffe de Saint-Marcellin, en suite du jugement rendu solennellement par le vi-bailli de cette ville, le premier septembre mil sept cent quatre-vingt-cinq, preuve acquise et admise de la descendance directe, légitime et masculine de la famille des Couvat, de noble Charles du Terrail des seigneurs de Bernin.

Toutes les pièces expédiées furent employées devant les Etats provinciaux tenus à Roman, le vingt-trois décembre mil sept cent quatre-vingt-huit, par François Couvat, licencié en droit, prêtre du diocèse de Grenoble, qui voulut à cette époque reprendre le nom patronimique de du Terrail, nom qu'il a depuis conservé.

Cette généalogie et les seizes pièces à l'appui ont été reproduites avec une exactitude que nous avons pris soin de reconnaître dans un ouvrage imprimé à Paris, en mil sept cent quatre-vingt-neuf, intitulé : *Tableau généalogique, historique,* etc., *de la Noblesse de France.* On peut recourir à la page 414 et suivantes Terrail.

Ainsi donc il résulte de tous ces faits incontestables et
appuyées des pièces les plus authentiques, que, soit par des
souvenirs d'amitié pour une épouse chérie, soit par suite
des guerres de religion, soit peut-être aussi que les descendants du Terrail, quittant le métier des armes pour se
livrer à l'agriculture, négligèrent trop des souvenirs glorieux, toujours est-il que la branche des Couvat se détache
du tronc de l'honorable race des du Terrail vers la fin du
seizième siècle, époque où, en quinze cent soixante-deux,
Charles du Terrail, des seigneurs de Bernin, épousa Soffrea
d'Arces, dite la belle Couvat ou Covat; que ce mariage
donna naissance à Jaime du Terrail, dit Couvat en souvenir de sa mère; et pendant plusieurs générations, jusqu'en mil sept cent quatre-vingt-cinq, nous voyons le
surnom prendre la place du nom patronimique et se perpétuer de famille en famille (de génération en génération).

Mais la chaine des temps n'est point rompue, et ceux
qui porteront le nom de Couvat n'en seront pas moins issus
de la race de du Terrail, ancienne famille noble des seigneurs de Bernin, Bayard et autres lieux; nulle prescrip-
tion, nulle barrière ne sera opposée à ces descendants
lorsque plus tard ils voudront reprendre leur véritable nom,
et même ce serait lâcheté de leur part de répudier un
passé aussi glorieux. En conséquence, les exposants re-
courent à ce qu'il plaise au tribunal, vu l'exposé ci-dessus
et toutes les pièces jointes à l'appui, dire et prononcer :
1° que les consorts Couvat sont véritablement les descendants directs et légitimes de Charles du Terrail des seigneurs de Bernin vivant dans le seizième siècle; 2° que
cette filiation est parfaitement établie par les pièces authentiques qui sont en leur pouvoir; 3° enfin que quoiqu'il
résulte de ces mêmes actes que leurs ancêtres ont été désignés seulement par le nom de Couvat, il n'en est pas
moins constant que ce ne fut là qu'un prénom qui ne peut
arriver que comme ajouté au nom patronimique de du
Terrail.

Autoriser en conséquence les frères Couvat à s'attribuer à l'avenir le nom de du Terrail-Couvat dans leurs contrats et autres actes authentiques, en conséquence ordonner : 1° que les actes de naissance des exposants, dressés par les officiers de l'état-civil de la commune de Meylan et de la commune de Montbonot, aux dates des trois décembre dix-sept cent quatre-vingt-trois, seize janvier dix-sept cent quatre-vingt-six, dix septembre mil sept cent quatre-vingt-neuf, vingt-neuf messidor an quatre, dix-neuf prairial an six, dans lesquels ils ont été désignés sous le nom de Couvat, seront rectifiés en faisant précéder le nom de Couvat de celui de du Terrail ; 2° que le jugement à intervenir sera, par les officiers de l'état-civil de la commune de Montbonot et de la commune de Meylan, transcrit sur les registres courants destinés à constater les naissances, enjoindre aux mêmes officiers et aux greffiers du tribunal d'en faire mention en marge des actes rectifiés sur les registres déposés aux archives des mairies et aux archives du greffe, à quel effet les officiers de l'état-civil feront connaître, dans les trois jours, la mention par eux faite à Monsieur le Procureur du roi qui veillera à ce qu'elle soit uniforme sur les deux doubles registres ; 3° que désormais expédition desdits actes ne sera plus délivrée qu'avec les rectifications demandées, à peine de tous dépens, dommages et intérêts; et dans le cas où le tribunal ne croirait pas devoir accorder ladite autorisation, constater du moins l'exactitude de la filiation des exposants, sauf à eux à se pourvoir ensuite au ministre de la justice pour obtenir l'autorisation demandée, et sera justice. — Signé à l'original : Chapel, avoué. — Soit montré au procureur du roi commis Me Bertrand pour faire rapport. — Grenoble, le vingt-sept novembre mil huit cent trente-huit, signé à l'original : Accarias, président.

Grenoble, le vingt-sept novembre mil huit cent trente-huit. — Pour le procureur du roi, signé : Michond, juge suppléant.

Vu : 1° la requête présentée par les sieurs Claude, Antoine, Jean-Antoine, Joseph, Pierre, Antoine et Jean-Baptiste du Terrail-Couvat ; le premier, propriétaire à Saint-Nazaire ; le deuxième, capitaine en retraite ; le troisième, propriétaire à Charlet, hameau de Meylan ; le quatrième, lieutenant de gendarmerie à Villefranche, et le cinquième, propriétaire à la Tronche, tendante à ce qu'il soit ordonné que leurs actes de naissance, dans lesquels ils ont été désignés sous le nom de Couvat, soient rectifiés, en faisant précéder le nom de Couvat de celui de du Terrail ;

L'ordonnance de M. le procureur du roi, du vingt-sept novembre mil huit cent trente-huit, mise au bas de cette requête, portant qu'elle soit communiquée au procureur du roi, et que M. Berthaud, juge, est chargé de faire rapport ;

Les conclusions de M. Michond, juge suppléant, remplissant les fonctions du ministère public ;

Vu en deuxième lieu : 1° cinq extraits des registres de l'état-civil des communes de Meylan et de Montbonnot, attestant que les réclamants ont été inscrits sur ces registres comme fils légitimes de Claude Couvat et d'Anne Paturel, les trois decembre mil sept cent quatre-vingt-trois, dix-huit janvier mil sept cent quatre-vingt-six, dix septembre mil sept cent quatre-vingt-neuf, vingt-neuf messidor an quatre et dix prairial an six ;

2° Un extrait des registres de l'état-civil de la commune de Meylan, constatant, à la date du trois avril mil huit cent vingt-sept, le décès de Claude du Terrail-Couvat, marié à Anne Paturel, fils légitime de feu aûtre Claude Couvat et de Catherine Bourgeat ;

3° L'acte de décès de Anne Paturel, veuve de Claude du Terrail-Couvat, en date du huit septembre mil huit cent trente-un ;

4° Une copie certifiée conforme du testament de Claude

Couvat, secrétaire-greffier de la commune de Meylan, en date du deux novembre mil sept cent cinquante neuf, duquel il résulte que ce Claude Couvat était marié à Anne Guichard et qu'il avait trois fils : François, Antoine et Claude ;

5° Un extrait de naissance de François Couvat, fils légitime de Claude Couvat et d'Anne Guichard, ayant eu pour parrain Claude Couvat son père, c'est-à-dire le grand-père des réclamants ;

6° L'extrait mortuaire, en date du vingt-trois février mil sept cent soixante-un, dudit Claude Couvat, secrétaire de la communauté de Meylan, à l'âge de soixante-six ans;

7° L'extrait de baptême de Claude Couvat, fils légitime d'Ennemond Couvat et de Gasparde Bard, en date du vingt-un juin seize cent nonante-cinq ;

8° L'extrait de baptême d'Ennemond Couvat, fils légitime de Guigues Couvat et de Madeleine Drogat, en date du vingt-neuf février seize cent soixante ;

9° L'extrait de baptême de Guigues Couvat, fils d'André Couvat et de Guigonne Génicard de l'Estang, du seize juin seize cent trente ;

10° L'extrait de baptême d'André Couvat, fils de Jaime Couvat du Terrail et de dona Ennemonde Revolet, du premier mai quinze cent nonante-neuf ;

11° L'extrait de baptême de Jaime Couvat, fils de noble Charles du Terrail, des seigneurs de Bernin, et de feu demoiselle Soffrea d'Arces, dite la belle Couvat, sa femme, en date du seize avril quinze cent soixante-deux, portant que le parrain a été Charles deuxième, seigneur de Vinay, pour noble François du Terrail, seigneur de Bernin, oncle du baptisé, et que l'on a donné à l'enfant le nom de Jaime Couvat, pour l'amour et souvenance de la belle défunte.

Lesdites pièces, depuis et comprise celle portant le n° 4, faisant partie d'une production déposée par François Couvat au greffe du tribunal de Saint-Marcellin, en suite d'un

jugement du vi-bailli de cette ville, du premier septembre
mil sept cent quatre-vingt-cinq, pour y avoir recours le
cas échéant, desquelles pièces la copie délivrée à cette
époque, en exécution dudit jugement, est aujourd'hui
représentée par les réclamants.

Attendu qu'il résulte de tous les titres ci-devant visés
que les réclamants sont les descendants directs et légitimes
de Charles du Terrail des seigneurs de Bernin; que si,
d'après ces mêmes actes, quelques-uns de leurs ancêtres
n'ont été désignés que sous le nom de Couvat, il est constant que ce ne fut là qu'un surnom donné, en quinze cent
soixante-deux, à Jaime, fils de noble Charles du Terrail,
en souvenir de Soffrea d'Arces, sa mère, qui avait été désignée sous le nom de la belle Couvat, surnom qui fut conservé par les descendants de Jaime; que les réclamants
sont dès-lors fondés à demander d'être remis en possession
du nom de du Terrail.

Par ces motifs :

Le tribunal, ouï Monsieur Bertrand, juge-commissaire,
en son rapport; ouï de nouveau le ministère public,

Déclare que Claude-Antoine, Jean-Antoine, Joseph,
Pierre-Antoine et Jean-Baptiste, ont été mal à propos désignés dans leurs actes de naissance sous le nom de Couvat
seulement; ordonne, en conséquence, que lesdits actes de
naissance inscrits sur les registres de l'état-civil des communes de Meylan et Montbonnot, aux dates des trois décembre mil sept cent quatre-vingt-trois, dix-huit janvier
mil sept cent quatre-vingt-six, dix septembre mil sept cent
quatre-vingt-neuf, vingt-neuf messidor an quatre, dix-neuf
prairial an dix, seront rectifiés en faisant précéder le nom
de Couvat de celui de du Terrail. Enjoint en conséquence
aux officiers de l'état-civil des communes de Meylan et de
Montbonnot de transcrire le présent jugement sur les registres desdites communes, destinés à constater les naissances de la présente année, et de faire mention de cette

transcription et du jugement en marge desdits actes rectifiés. Prescrit au greffe du tribunal de faire semblable mention sur le double des registres déposés au greffe. A quel effet les officiers de l'état-civil des communes de Meylan et de Montbonnot feront connaître dans les trois jours au procureur du roi les susdites transcriptions et mention, en leur adressant copie de cette dernière pour que ce magistrat veille à ce qu'elle soit faite d'une manière uniforme sur tous les doubles des registres.

Ordonne au surplus qu'à l'avenir expédition desdits actes de naissance ne sera plus délivré qu'avec les susdites rectifications, sous peine de dommages.

Ainsi prononcé à Grenoble, en chambre de conseil, le trois décembre mil huit cent trente-huit. Présents : Messieurs Accarias, président; Didier, Bertrand, Primard, juges, et Michel, juge suppléant, pour le procureur du roi.

A la minute signé : Accarias, président, et Gremoud, commis-greffier.

Mandons et ordonnons à tous huissiers, sur ce requis, de mettre le présent jugement à exécution; à nos procureurs-généraux et à nos procureurs près les tribunaux de première instance d'y tenir la main, à tous commandants et officiers de la force publique de prêter main-forte lorsqu'ils en seront légalement requis.

En foi de quoi le présent jugement a été signé à la minute par Monsieur le président et le commis-greffier, et la présente expédition faite en forme exécutoire ou requis de Me Chapel, avoué, le............ décembre mil huit cent trente-huit, a été délivré par le greffier qui y a apposé le sceau du tribunal.

La minute a été enregistrée à Grenoble, le cinq décembre mil huit cent trente-huit, fo 119, ce 6; reçu cinq francs, dixième cinquante centimes. Signé : Gagneur.

Collationné. Signé : Bégisson, greffier.

Enregistré à Grenoble, le 5 décembre 1838, fo 119,

c⁴ 7 ; reçu quinze francs deux décimes dix centimes, deux francs. Il revient au greffier quatre francs huit centimes. Signé : Gagneur.

Pour copie conforme, signé à la minute : L. Roman.

GÉNÉALOGIE

de la famille Courbon de Saint-Genest.

Cette famille est originaire des montagnes du Haut-Forez, sans qu'on puisse en préciser l'endroit ; car ce nom se retrouve partout, de Saint-Genest à Jonzieu, de Jonzieu à Marlhes, de Marlhes à Riotord, un peu vers St-Sauveur, un peu aussi vers le Grand-Bois et de là à Saint-Genest.

Dans ce périmètre, le nom de Courbon fournit une grande partie des recensements, et il serait plus facile de compter une fourmilière que de débrouiller tous ces rameaux épars pour les ramener au tronc principal, à l'unité de l'ancêtre qui le premier s'appela Courbon.

Entre Riotord et Saint-Sauveur, entre la rivière de Dunerette et celle de Saint-Meyras, est une localité appelée Courbon, et tout près le lieu appelé la Bonche. La première reçut son nom de celui qui vint s'y établir ; évidemment qu'elle avait un nom plus ancien, peut-être primitif, qui s'effaça devant le nouveau, un autre s'est établi à la seconde.

Cette double circonstance a fait penser que le lieu avait donné son nom à la famille qui l'habitait. Cette pensée est fausse, c'est au contraire la famille qui a laissé son nom à la localité. Pour exprimer ce que nous voulons dire, il nous faudrait plus d'espace que nous n'en prenons, et puis, outre que le débat serait déplacé ici, personne n'apprendrait rien de bien intéressant, car il importe peu que ce soit la famille ou le lieu qui ait imposé son nom.

Ce que nous trouvons de plus intéressant et de plus sérieux dans tout cela, c'est que le lieu ayant reçu son nom de la famille, on est en droit de penser et de croire que c'est là que s'établit le premier du nom de Courbon, sans pour cela dire qu'il était le premier de sa race, car il pouvait venir d'un pays où il avait laissé des frères qui représentaient une branche aînée qui était plus ancienne que son établissement à lui.

D'autres ont voulu dire que la famille Courbon, dont le nom se trouve partout écrit Corbon dans les vieux titres, descendait des marquis de Corbon de nous ne savons plus quelle province. La chose est fort possible, elle serait vraie que nous n'en serions point étonnés : il ne s'agit que d'en fournir les preuves, ce dont nous ne voudrions pas nous charger, quelqu'honneur qu'il dût nous en revenir. C'est avec de pareilles ambitions que les familles se sont toujours fait le plus grand tort, et celle dont nous nous occupons ne doit pas être très-satisfaite qu'on veuille lui donner une autre origine que la sienne.

Nous avons bien connu des hommes de ce nom, dans notre longue traversée de la vie, et nous les avons tous connus pour l'honneur et la délicatesse personnifiés.

Il est vrai que de tous ces rejetons nous n'avons à nous occuper que d'un seul, devenu principal rameau; nous aurions bien voulu les grouper tous, mais nous ne croyons pas qu'on puisse facilement débrouiller toutes ces générations tellement enchevêtrées entre elles, que nous ne pensons pas que même une personne du nom de Courbon parvienne à s'y reconnaître.

1er DEGRÉ.

Barthélemy Courbon, habitant au lieu des Gaux, paroisse de Saint-Genest, greffier de la juridiction de la

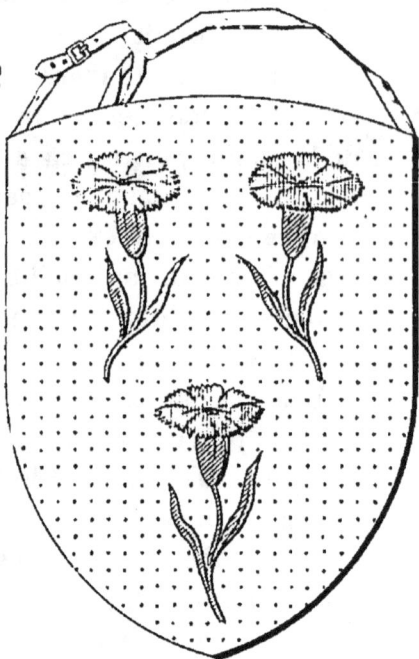

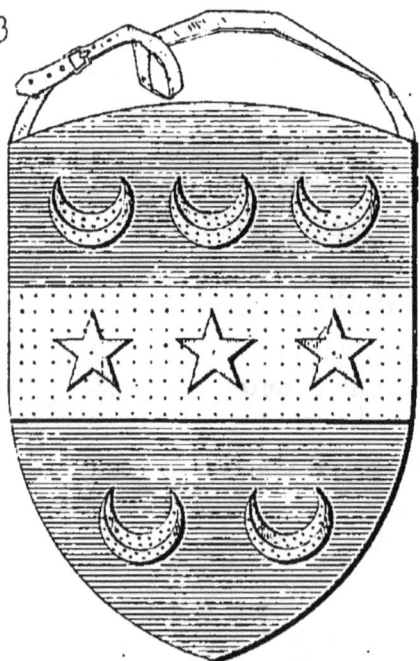

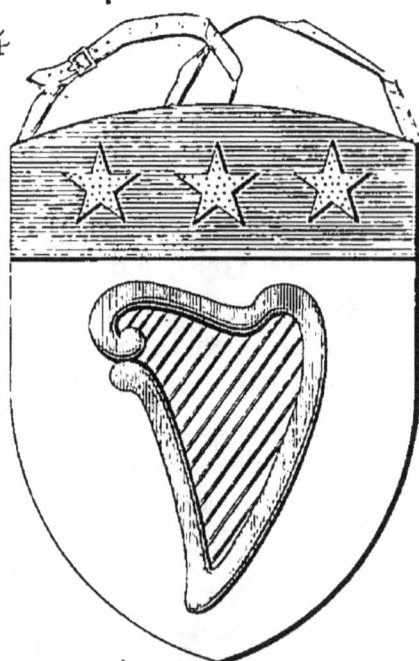

1. De Palluat Besset   3. Courbon de St Genest
2. Palluat de Jalamondes   4. David

Faye, épousa Marie ou Claudine Courbon, dont issus :

1° Barthélemy Courbon qui suit;

2° Guillaume Courbon, avocat, demeurant aux Gaux, passa quittance à Barthélemy son frère, de la somme de 67 livres 10 sols tournois, payée en doubles pistoles d'or et ducatons, en déduction de celle de six vingt et quinze livres donnée par sa mère le 20 mars 1610, en présence de Laurent Bréas et de Guillaume Courbon, demeurant à Saint-Etienne.

Le 1er juillet 1655, Barthélemy Courbon (son père) pour récompenser, sinon en tout, du moins en partie, « Monsieur Me Guillaume Courbon, son fils, advocat en parlement, » lui donne irrévocablement la somme de 7468 livres, outre celle de 2582 livres 3 sols donnée auparavant, le 3 juillet 1648.

2e DEGRÉ.

Honorable homme, Me Barthélemy Courbon, deuxième du nom, greffier de la juridiction de la Faye, demeurant aux Gaux, épousa en premières noces Jeanne Desolmes, en secondes, N... de La Fayette dont il n'eut pas d'enfants. Du premier lit étaient nés :

1° Jean qui suit, que M. du Bessy fait sortir par erreur du deuxième lit, et qu'il qualifie de président en l'élection, tandis que le mariage de son fils et son acte mortuaire le qualifient seulement de lieutenant;

2° Barthélemy Courbon dont on ne sait rien ;

3° Antoine Courbon, religieux chartreux;

4° Guillaume Courbon des Gaux, prêtre sociétaire de Saint-Genest.

3e DEGRÉ.

Jean Courbon, né en 1650, mourut le 30 août 1725, âgé de 75 ans. Il avait épousé en premières noces, le 22 janvier 1678, Marguerite Bernou, fille d'Antoine et de Gasparde

26

Martinier ; en secondes noces, Claudine Pourrat ; en troisièmes, le 7 juin 1682, Marianne Dumarest, fille de Benoît
et de Catherine de Chazelles, à l'église de Notre-Dame.

Du premier lit :

1° Claudine Courbon des Gaux, mariée en 1700 à Jean-
  Joseph Blachon de Villebœuf, lieutenant particulier
  aux siéges de Forez.

Du deuxième lit :

2° Jean-Louis qui suit.

4ᵉ DEGRÉ.

Jean-Louis Courbon, sieur des Gaux, conseiller du roi,
lieutenant en l'élection de Saint-Etienne, épousa, le 28
juillet 1722, Madeleine-Agathe Berardier, fille de N.......
Berardier, conseiller du roi, président en l'élection et sub-
délégué de l'intendance, et d'Agathe Colomb, dont issus :

1° Antoine Courbon, décédé en bas âge, le 29 août
  1725 ;

2° Claude-Jean-François Courbon qui suit ;

3° Jean-François Courbon de Montviol, a fait branche ;

4° Agathe-Madeleine Courbon des Gaux, mariée, en
  1742, à Louis Thomas, bourgeois, échevin de Saint-
  Etienne, fils de François et d'Antoinette Chovet, sans
  postérité ;

5° Antoine Courbon du Ternay, né le 29 août 1725, fut
  agrégé à la société des prêtres de Notre-Dame de
  Saint-Etienne, le 5 août 1743, poursuivant encore ses
  études à l'université de Valence ; il devint ensuite
  chanoine du chapitre de Chartres. C'est lui qui a
  rédigé les mémoires relatifs au procès de la baronnie
  de la Faye. Le volume où il a résumé ses recherches
  est un trésor de science, de savantes recherches, et
  l'on ne peut croire qu'un seul homme ait pu lire tant
  d'ouvrages pour en tirer ce qui devait être utile au
  procès ;

6° Claude-François de Faubert, médecin à Saint-Rambert. Claude-François Courbon, qui ne portait pas
encore le nom de Faubert, épousa, en 1763, Margue-
guerite-Françoise Alléon, fille de Henri, négociant à
Lyon, et de N... Vial, veuve de Pierre Thiollière. La
bénédiction nuptiale fut donnée par Jean-Louis Courbon d'Hauteville, frère de l'époux, et en présence de
François-Marie Courbon dit de Pérusel, et de Jean-
François Courbon de Montviol, frères de l'époux.
Signé : Courbon de Faubert, Courbon des Gaux de
Pérusel, Courbon de Montviol. De ce mariage il eut :

1° Agathe-Madeleine-Françoise, née le 1er octobre
1764 ;

2° Michel-Claude, né le 22 octobre 1765. De son
mariage qui nous est inconnu, il a eu :

N..... Courbon de Faubert qui a été curé de
Villefranche, après l'avoir été de la paroisse
de Saint-Louis à Saint-Etienne. Il est propriétaire à Chabannes près Marols (Saint-
Bonnet-le-Château) ;

3° Jeanne-Louise Courbon de Faubert, née le 22
novembre 1766 ;

7° Jean-Louis Courbon d'Hauteville, prêtre ;
8° François-Marie Courbon de Pérusel ;
9° Rose Courbon, mariée à Louis Lemore, est rappelée
dans le testament de son père, du 10 mai 1752.

Jean-Louis Courbon des Gaux fut secrétaire du roi en
1745, à ce qu'il paraît par la vente d'un office non désigné,
à lui faite le 29 août de la même année.

Le 7 avril 1742, il acheta de François-Ferdinand de
Clermont, comte de Chaste, etc., la baronnie de la Faye,
avec la justice haute, moyenne et basse, au prix de 47,750
livres, au sujet de laquelle s'éleva, en 1760 environ, un
grand procès au sujet du droit de milod, entre Antoine
Courbon des Gaux, petit-fils dudit Jean-Louis, acquéreur,

représenté par François-Marie Courbon de Pérusel, son oncle et tuteur, co-seigneur de ladite terre, avec Antoine Chovet, écuyer, fils mineur de feu Antoine Chovet et d'Antoinette Thiollière, sa mère et tutrice, contre Etienne-Fleury Verne, héraut d'armes. Le mémoire dont nous avons parlé plus haut, qui est plein de recherches curieuses sur l'histoire locale et sur la matière du procès, qui confirmaient le droit de milod dans cette partie du Forez que l'on prétendait avoir été distraite du Velay où le milod n'était pas connu, n'empêchèrent pas qu'ils perdirent à la sénéchaussée de Saint-Etienne le 12 août 1764, et au parlement le 14 juillet 177?.

Jean-Louis Courbon maria son fils aîné, Claude-Jean-François, le 29 janvier 1749, et le fit son donataire universel; mais celui-ci étant mort au commencement de l'année 1752, Jean-Louis, co-seigneur des terres et baronnies de Saint-Genest-Malifaux, La Faye et Marlhes, fit son testament, le 10 mai 1758, à cause du décès de son fils qui était son donataire universel par le contrat de mariage de ce dernier avec Marie Vincent, à la date du 29 janvier 1749. Il rappelle Antoine Courbon des Gaux, son fils, sous-diacre; et Louis Courbon son autre fils, prêtre; Agathe-Madeleine, femme de Louis-Thomas; Rose Courbon, épouse de Louis Lemore; François-Marie, Claude François et François, ses trois autres fils. Il lègue aux deux prêtres ci-dessus, à chacun 14,000 livres; il rappelle Catherine Courbon sa petite-fille, fille de son fils décédé. Nomme son héritier universel Antoine Courbon son petit-fils. Il prohibe très-expressément toute coupe de bois mort ou vif pendant vingt-cinq ans.

5e DEGRÉ.

Claude-Jean-François Courbon des Gaux, écuyer, âgé de 24 ans, co-seigneur des terres et baronnies de La Faye, Marlhes et Saint-Genest-Malifaux, épousa, le 29 janvier

1749, Marie Vincent, âgée de 17 ans, fille de feu Claude Vincent, bourgeois, ancien échevin, et de dame Catherine Rousset. Présents : Messire Louis Courbon d'Hauteville, clerc tonsuré, frère de l'époux ; Louis Thomas, bourgeois, échevin, beau-frère de l'époux ; Antoine Vincent, bourgeois, échevin, oncle paternel de l'épouse. De ce mariage vint :

Catherine Courbon des Gaux, épousa, le 3 octobre 1769, Antoine Boyer, écuyer, ancien officier, seigneur de Bataillou et la Lande, demeurant à Saint-Bonnet-le-Château, fils de N... Boyer de Rérin, écuyer, conseiller du roi, lieutenant-général au bailliage de Chauffous, et de Catherine Pellissier. Présents : Jean-Joseph Pellissier, héraut d'armes, oncle maternel de l'époux ; Antoine Courbon de Saint-Genest, écuyer, frère de l'épouse ; François-Marie Courbon de Perusel, oncle de l'épouse ; Antoine Colomb d'Ecotay, président en l'élection, oncle de l'épouse ; Louis Courbon des Gaux, prêtre.

6e DEGRÉ.

Antoine Courbon de Saint-Genest, chevalier, seigneur de la baronnie de La Faye, Marlhes, Saint-Genest et autres places. Il paraît qu'il eut en propre la seigneurie de Saint-Genest, dont il prit alors le nom, démembrée de la baronnie de la Faye ; mais il n'en conserva pas moins avec Antoine Chovet de la Chance le titre commun de seigneur de la Faye, etc.

Saint-Genest, devenu bourg par sa population, vit accroître son importance par la maison d'habitation que Claude-Jean-François ou peut-être son fils y firent construire, lorsqu'il eurent démembré cette seigneurie de la Faye ; de là le nom de Saint-Genest qu'ils s'attribuèrent. La Faye, dont nous pensons que le château était ruiné lors de la vente de 1742, perdit par là beaucoup de son importance.

Antoine Courbon de Saint-Genest épousa, en 1775 ou environ, Marie-Reine Daurier du Faye, dont issus :

1° Marie-Antoinette-Sophie Courbon de Saint-Genest, née le 3 septembre 1776 ;

2° N... Courbon de Saint-Genest qui suit ;

3° N... Courbon........

7e DEGRÉ.

N... Courbon de Saint-Genest, préfet du département de la Marne sous l'empire, a eu des enfants.

———

Branche Courbon de Montviol.

5e DEGRÉ.

Jean-François Courbon de Montviol, écuyer, fils de Jean-Louis Courbon des Gaux et de Madeleine-Agathe Berardier, épousa, âgé de 24 ans et le 21 janvier 1756, Jeanne-Marie Chambeyron, aussi âgée de 24 ans, fille de Fleury Chambeyron, demeurant à Saint-Etienne, et de Julienne Peyret. Contrat reçu par Tremolet ; présents : Louis Lemore, beau-frère de l'époux, et Louis Thomas, également beau-frère de l'époux. De ce mariage sont issus :

1° Nicolas qui suit ;

2° Louis-Julien Courbon de Montviol, chevalier, garde du roi. M. le chevalier de Montviol était avantageusement connu à Saint-Etienne où il a laissé de durables souvenirs. Son commerce était si doux et si agréable, qu'on ne pouvait s'empêcher de lui être dévoué. Il avait du talent et gravait fort bien à l'eau forte. Nous possédons son portrait gravé par lui-même, et sur la même planche celui d'une jeune fille qui ne peut être qu'une de ses trois nièces. On a dit que c'était le

portrait de sa sœur, nous disons que nous ne lui en
connaissons qu'une et qu'elle mourut à quatre mois;

3° Fleury Courbon de Praveilles;

4° Marguerite Courbon de Montviol, décédée à l'âge de
quatre mois. Nous pensons qu'elle était l'aînée de ses
frères.

6ᵉ DEGRÉ.

Nicolas Courbon de Montviol, écuyer, âgé de 23 ans,
épousa, en 1780, Antoinette Ravel, fille de Jacques, négociant, et de Marie Lambert, âgée de 20 ans. La bénédiction nuptiale fut donnée par Messire Louis Courbon
d'Hauterive, prêtre, oncle du futur, en présence de Louis-
Julien Courbon de Montviol, de Fleury Courbon de Praveilles, frères de l'époux, dont issus :

7ᵉ DEGRÉ.

1° Elisabeth, née le 13 novembre 1785, se maria, étant
veuve d'un premier mari, à Michel Grubis de l'Isle,
rentier, demeurant à Saint-Héand, fils de Charles et
de Madeleine Berchier;

2° Marie-Charlotte Courbon de Montviol, mariée à Sʳ
Fleury Nicolas, de Saint-Etienne, par contrat du 21
janvier 1815;

3° Jeanne-Marie-Antoine, mariée avant sa sœur à Marcellin Coulard Descos, négociant à Saint-Etienne.

Armes : d'azur, à la fasce d'or chargée de trois étoiles
de gueules, accompagnée de cinq croissants d'or, trois en
chef et deux en pointe. (M. Morel de Voleine.)

L'ouvrage de M. d'Assier de Valenches, *l'Assemblée
bailliagère du Forez,* ne porte qu'un croissant en pointe.

D'Hozier dit : d'or au chevron de sable, chargé d'une
larme d'argent.

GÉNÉALOGIE
de la famille Anselmet des Bruneaux.

Cette famille n'était point ancienne, son véritable nom était Ansermet ; et lorsque nous en parlons ainsi, c'est avec une impartialité au-dessus de tout soupçon, puisque nous trouvons dans cette famille notre trisaïeule paternelle, Aimare Anselmet des Bruneaux.

1er DEGRÉ.

Barthélemy Ansermet épousa Claudine Odoard, dont issu :

2e DEGRÉ.

Mathieu Ansermet épousa Claudine Chavana, dont naquit :

3e DEGRÉ.

Jean Ansermet vivait en 1585. Il épousa Hélène de Vérines dont il eut :
- 1º François Ansermet qui suit ;
- 2º Colombe Ansermet, morte de la peste à Firminy, en août 1632 ;
- 3º Etienne Ansermet ;
- 4º Anne Ansermet, femme de Jean Alezard.

4e DEGRÉ.

François Ansermet, seigneur des Bruneaux, juge, capitaine-châtelain de Firminy, épousa, le 28 juillet 1599, Claudine Beynod qui lui donna les enfants qui suivent :
- 1º Gabriel Ansermet qui suit ;
- 2º Claude Ansermet, maître des requêtes de la reine, s'établit à Saint-Germain-Laval où probablement il

épousa, le 11 novembre 1625, Louise du Vernet, fille
de François du Vernet, dont il eut :

1° Gabriel Ansermet, sieur du Vernet, capitaine-
juge-châtelain de Crémeaux, Virissel et Douzes.
Il épousa Catherine Baraille dont il eut probablement des enfants ;

2° Aimarc Ansermet, mariée, le 26 novembre 1647,
à Pierre Baraille, sieur de la Beynodière, capitaine-châtelain, juge royal de Saint-Victor, fils
de Gabriel et de Claudine Duranton, dont issue :
Louise-Marie Baraille dont il sera parlé plus
loin ;

3° Catherine Ansermet, mariée à Mathieu Larderel.
Gabriel Ansermet, son frère, lui paya, en faveur
de ce mariage, la somme de 1550 livres, à elle
due en reste de celle de 3000 livres à laquelle
pouvaient revenir ses droits paternels et maternels, suivant la donation faite par François-
Toussaint Ansermet, leur frère. Augment fait
par Catherine Baraille, belle-sœur de la future,
1200 livres. Bagues et joyaux, 300 livres. Fait
et passé au lieu de la Beynodière-lès-Firminy.
Présents : Pierre Baraille, beau-frère de la future;
Nicolas et Jean-François Ansermet, cousins de
ladite future; Nicolas et Jean-François Ansermet, cousins de ladite future; Pierre Larderel et
Mathieu Hospital, marchands du lieu des Noyers-
les-Bruneaux; Antoine Deprandière, bourgeois
de Saint-Germain-Laval; Mathieu Pochin, pra-
ticien; Chavannes, notaire dudit Saint-Germain,

4° François-Toussaint Ansermet, religieux récollet;

3° Gaspard Ansermet, tué à Cazal et enterré dans la
citadelle;

4° Claudine Ansermet, mariée, le 6 juillet 1633, à Bal-
mond de Baile, seigneur de Villeneuve, fils de Marcellin et de Claudine de Parchas de Villeneuve.

5ᵉ DEGRÉ.

Gabriel Anselmet, écuyer, seigneur des Bruneaux, chevalier de l'ordre du roi, capitaine-exempt des gardes du corps de Sa Majesté et gentilhomme ordinaire de sa chambre, épousa, le 27 janvier 1632, Toussainte de Vinols, dont naquirent :

1º Nicolas Anselmet qui suit ;

2º Jean-François Anselmet, écuyer, donataire universel de son père, fut seigneur des Bruneaux, de Roche-la-Molière qui fut vendu par Madeleine du Peloux, veuve de Gaspard de Caponi, baron de Feugerolles, seigneur de Roche-la-Molière ;

3º Claude-Gabriel Anselmet, seigneur des Bruneaux, écuyer, seigneur de Saint-Just-lès-Velay qui lui fut donné en échange de Roche-la-Molière dont il avait hérité de son frère Jean-François, par Madeleine du Peloux et Pierre-Hector de Charpin, comte de Souzy, mari de Catherine-Angélique de Caponi, le 20 août 1683 ;

4º Claude-François Anselmet des Bruneaux.

6ᵉ DEGRÉ.

Nicolas Anselmet, écuyer, seigneur des Bruneaux et de Saint-Just-lès-Velay, après Claude-Gabriel Anselmet son frère, capitaine au régiment de Castelnau, épousa, le 22 juin 1674, Louise-Marie Baraille, fille de Pierre et d'Aimare Anselmet, dont issus :

1º Jean-Marie Anselmet qui suit ;

2º Claude-Gabriel Anselmet des Bruneaux, prêtre, dit l'abbé des Bruneaux ;

3º Aimare Anselmet des Bruneaux, mariée en premières noces, le 9 janvier 1698, à Gaspard de la Tour, chevalier, seigneur de la Tour et de Varan ; en secondes noces, en 1714, à noble Dominique du Vigier de Lasplagnes, capitaine de dragons;

4° Marie Anselmet des Bruneaux, mariée, le 30 juillet 1714, à Jean-François d'Aboin, seigneur de Cordes et du Clos;

5° Louise-Marie Anselmet des Bruneaux, mariée, le 14 novembre 1718, à Jean-Baptiste Dayras.

7ᵉ DEGRÉ.

Jean-Marie Anselmet, seigneur des Bruneaux et de Saint-Just-lès-Velay, épousa, le 21 janvier 1722, Marie-Antoinette de Vertami, fille d'Antoine, écuyer, seigneur d'Usson et d'Anizet, et de Marie-Thérèse de Beget, dont issus :

1.° Antoine Anselmet des Bruneaux, mort sans alliance à l'âge de dix-sept ans;

2° Marie-Anne Anselmet des Bruneaux, seule héritière de la fortune de sa maison, fut mariée, le 24 juillet 1753, à Jean-Baptiste-Michel, comte de Charpin, chevalier, baron de Feugerolles.

Armes : d'or à trois bandes d'azur. (D'Hozier.)

Lettres de noblesse pour Gabriel Anselmet.

Louis, par la grâce de Dieu, roi de France et de Navarre, à tous presents et advenir, salut. Encore que la vertu soit telle que pour paroistre elle n'ait besoin d'autre dignité que les effects dont elle est ornée, les roys nos prédécesseurs après avoir, par une singulière et rare prudence, recognu que l'honneur estoit le plus fort moyen qui pouvoit exciter les subjects aux belles et généreuses actions et à s'exposer dans les périls pour la conservation de

ceste monarchie, ont prins soin, par une honorable cous-
tume d'en distribuer et laisser les marques à ceulx qui par
quelque signalé service, important au bien de nos affaires
et du publicq, ont monstré que leur seul désir est de suivre
ce chemin, en quoy voulant imiter nos prédécesseurs,
sçavoir faisons que considérant les vertueuses qualités et
louables mérites qui sont en la personne de nostre cher et
bien amé Gabriel Anselmet sieur des Bruneaux, capitaine-
exempt des gardes de nostre corps et gentilhomme ordinaire de nostre chambre, et les bons, fidèles et longs services qu'il a rendus au feu roy de glorieuse mémoire,
nostre très honoré seigneur et père, que Dieu absolve, et
à nous, tant en ladite qualité d'exempt, en l'exécution de
diverses commissions d'honneur, espineuses et très importantes à nostre Estat, desquelles il s'est dignement acquitté,
qu'en plusieurs siéges et batailles.

Premièrement : au secours de la ville et citadelle de
Cazal, avec Gaspard Anselmet son frère, en qualité de volontaire, y commandant nostre cousin le mareschal de la
Mothe, dans le régiment de cavalerie du dit sieur de la
Mothe, dans la compagnie du sieur de Beauregard, où,
après avoir passé en teste du dit régiment un pont qui
estoit sur le ruisseau de Gatola, lui trentiesme commandés
par le sieur de Guinau, lieutenant de la dite compagnie,
attaquèrent les ennemis qui s'estoient avancés pour conserver l'éminence de Saint-Georges qu'ils gaignèrent, les
repoussant jusques dans leurs retranchements, après en
avoir tué un grand nombre et fait plusieurs prisonniers.
A laquelle attaque il fut blessé d'un coup de pistolet à la
cuisse gauche et eut un cheval tué soubs lui. Et estant
remonté à cheval, nonobstant sa blessure, ils se seroient
avancés proche des retranchements des ennemis, les attaquèrent généreusement, et ayant trouvé un passage proche
d'une cassine, seroient entrés dans les retranchements, en
présence et à la suite du dit sieur de la Mothe, où estant

auroient repoussé rudement tout ce qui se seroit présenté devant eux, et attaqué un fort des ennemis qui estoit à main droite sur le Gatola. Entré des premiers l'épée à la main, en présence du dit sieur de la Mothe et de nostre cousin le mareschal du Plessis-Praslin, auroit tué plusieurs des ennemis, et continué le combat jusques à nuit close, que les ennemis furent contraints faire retraite et lever le siége. Auquel combat il auroit eu encore un cheval tué soubs lui, le dit Gaspard, son frère, tué en combattant et enterré dans la citadelle du dit Cazal.

Ces lettres étant fort longues, nous analysons pour abréger.

Au siége d'Arras, ledit Anselmet aurait fait de plus grandes prouesses et y aurait été blessé d'un coup de pistolet et d'un coup de pique à la gorge, et aurait eu un cheval tué sous lui.

A la bataille de Sédan, il aurait été blessé d'un coup d'épée dans les reins et fait prisonnier.

S'est encore trouvé à la bataille de Rocroy, où il ne fut pas blessé et n'eut pas de cheval tué sous lui, malgré son ardeur au combat.

Le lendemain de la bataille, dans une escarmouche, il aurait reçu un autre coup d'épée au côté droit.

Pour ces causes et autres à ce nous mouvant, désirant gratifier et favorablement traiter le dit Anselmet, et témoigner à la postérité la satisfaction que nous avons de ses services, pour lesquels nous l'avons ci-devant honoré de l'ordre de chevalier de Saint-Michel, Nous de nostre grâce spéciale, pleine puissance et autorité royalle, avons le dit Anselmet annobli et annoblissons et du titre de noblesse décoré et décorons par ces présentes signées de nostre main. Voulons qu'il soit tenu et réputé pour tel, ensemble sa femme et ses enfants... tout ainsi que s'ils estoient issus d'ancienne noblesse ; qu'ils soient exemps de toutes tailles...

Donné à Paris, au mois de mars l'an de grâce 1653.

Opposition des habitants de Chazeau.

Les sindiqs, consuls et habitants de la parcelle de Chazau, paroisse de Firminy, demandeurs, en exécution de l'arrét rendu par Nosseigneurs du Conseil d'Etat, contre sieur Gabriel Anselmet des Bruneaux, défendeur.

Pour   leur production et enqueste, que sans avoir esgard aux prétendus contredits du défendeur, ils doibvent obtenir l'adjudication des fins et conclusions par eux prinses, et ce faisant, que luy défendeur doilt estre descheu de l'effet des prétendues lettres de noblesse par luy obtenues de Sa Majesté, par une pure surprinse, aussi bien que de l'effect d'autres prétendues lettres de confimation, et en outre condamné à l'admande qu'il vous plaira, Monseigneur, arbitrer, pour l'indemnité d'exemption des tailles dont il a joui pendant vingt années.

Disent par devant vous, Monseigneur Dugné.......

Que les contredits du défendeur sont une preuve convaincante de ses mœurs et de ses inclinations, car ils ne sont remplis que d'invectives et de calomnies contre M.ᵉ Anthoine Colomb, procureur du roi en l'élection de Saint-Etienne, qui n'est pas même partie dans la causc.

Les paroles et les injures sont les armes des âmes lâches et non pas des personnes vertueuses qui cherchent la gloire et la réputation dans les belles actions : *noscitur ex ungue leo.*

L'on ne s'estonne pas que le défendeur aye prins ceste voye, car, comme le grand dessein qu'il a eu despuis long-temps de s'anoblir n'a point eu d'autre principe, ni d'autre fondement que ses faulscetés et suppositions, par le moyen desquelles il a surprins de Sa Majesté les dites lettres, il voudrait finir ce grand ouvrage par des calomnies, et après s'être paré de la vertu et des plus belles qualités d'un héros, il tasche de faire passer pour des imposteurs ceux qui luy

lèvent le masque et lui ostent tous ces ornements estran-
gers, qui le rendent la risée de la province, et qui néant-
moins le pourroient faire considérer de ceux qui ne le
cognoissent pas.

Le dit procureur du roy est attaqué le premier, parce
qu'il a esté le premier qui a publié haultement les men-
songes et artifices du défendeur, par les conclusions qu'il
donna lors de l'enregistrement faict dans la dicte élection
de Saint-Etienne, des dictes prétendues lettres de noblesse,
par lesquelles conclusions il protesta d'en donner avis à
M. le procureur général de la Cour des Aydes, pour qu'il
luy plust faire les poursuites nécessaires dans une affaire
de cette importance.

Le défendeur n'a pas considéré, dans le désordre (d'esprit) où il se trouve, de voir au jour ses surprinses et
impostures, que le dict procureur du roy n'avait fait, dans
cette rencontre, que le devoir de sa charge, n'ayant pas
voulu souffrir l'usurpation faicte si impudament par le
défendeur, des tiltres les plus glorieux que Sa Majesté
puisse accorder aux personnes de mérite et de vertu, sans
en donner cognoissance à celui qui est véritablement
partie pour la poursuite de l'énormité d'un tel crime qui
s'attache directement à la personne de Sa Majesté.

Nous ne suivons pas ce Mémoire, qui est fort long, dans
tous ses dires, nous arriverons de suite aux réfutations et
à la conclusion.

. . . .

Il expose en premier lieu qu'il estoit cavalier volontaire
dans l'armée qui donna le secours à Cazal assiégé par les
Espagnols, le 28 du mois d'avril 1640, et non pas le 29
comme il suppose, en démentant tous nos historiens. Il
adjouste mesme qu'il fut blessé, en ceste occasion, en divers
endroits de sa personne, et que Gaspard Anselmet, son
frère, y fut tué en combattant.

Les demandeurs, au contraire, ont prouvé que le défendeur, qui avoit demeuré à Paris les mois de janvier et février de la mesme année, pour se faire pourvoir de la charge de petit exempt des gardes du corps, estoit dans sa maison des Bruneaux, en la paroisse de Firmigni en Forez, les mois de mars, avril et may de la dite année 1640, cela est justifié par les actes des 29 mars, 25 avril et 4 may de la mesme année, par luy passés au mesme lieu.

Et de fait, il est impossible que le défendeur se soit transporté dans deux jours de Firmini à Cazal, y ayant une journée et demie de Firmigni à Lyon, distant de 24 lieues de France, lesquelles il ne pouvait faire en poste, n'y en ayant aucune en ceste marche; et pour aller de Lyon à Thurin en poste, l'on sait assez qu'il faut trois jours, quelque diligence que l'on fasse, à cause mesme qu'il faut traverser les monts des Alpes; et pour se rendre de Thurin à Cazal, il faut encore un jour, attendu qu'il n'y a de mesme aucune poste établie.

De plus, un incognu comme le défendeur, arrivé sans armes et sans chevaux propres à un cavalier, auroit-il esté receu comme il suppose, lui qui n'a jamais fait la guerre, à prendre le premier rang de cavalerie monté sur un cheval de poste.

.   .   .   .

A l'égard du dit Gaspard Anselmet, outre que ceste circonstance ne sert de rien, la vérité est que le dit Gaspard ne fust jamais cavalier, mais fust simple fantassin, estant décédé de maladie dans la dite ville de Cazal où il estoit en garnison, s'y estant réfugié pour se mettre à couvert des créanciers qui le poursuivaient à cause de sa faillite.

Le défendeur dict en second lieu qu'il estoit cavalier volontaire dans l'armée du roy qui assiégea Arras le 13 juin de la dicte année 1640, et qu'il fist toute la campagne dans la dicte armée et y receust diverses blessures.

La contrariété de ce fait avec le précédent est constante,

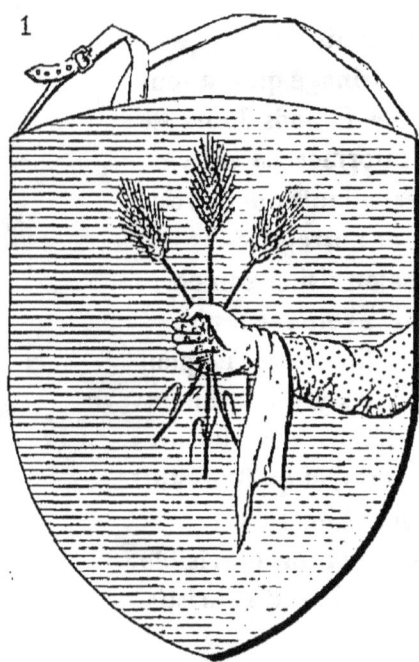

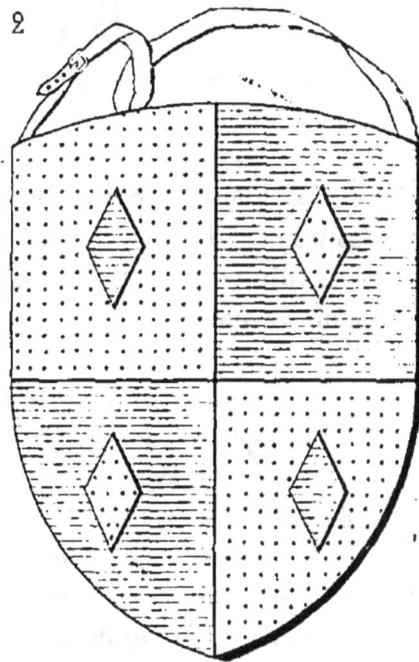

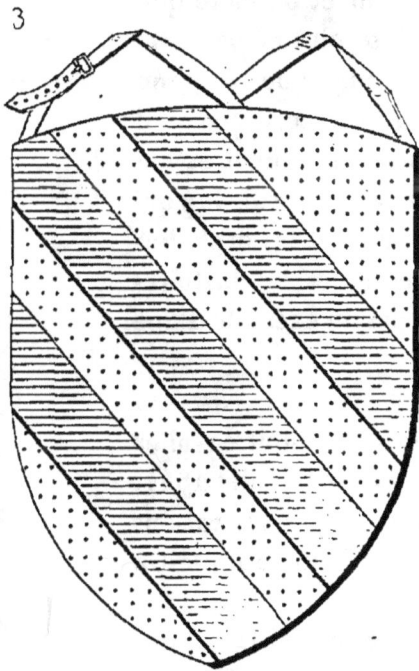

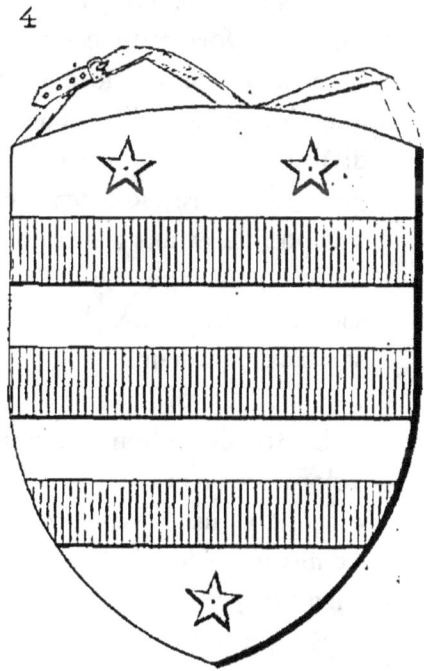

St Etienne, Lith Nublat J^{ne}

1, Blachon   3, Anselmet

2, Carrier   4, Frotton.

car il ne pouvoit pas estre en mesme temps en l'armée
d'Italie et en celle des Pays-Bas.

. . . . Le dict Anselmet n'a jamais esté blessé ni
fait la guerre qu'aux paysans de son voisinage qu'il a tous
ruinés, ce qui a donné lieu à MM. des Grands-Jours de
faire une procédure contre luy et d'informer de ses violences et concussions et de celles de ses enfants qui ont esté
les ministres de ses mauvais desseins et entreprises.

(Ledit Anselmet avait refusé de laisser visiter son corps
pour constater les blessures qu'il disait avoir reçues.)

Aussi le défendeur prévoyant que la dicte visite ne pouvoit que luy donner de la confusion, il s'y est formelle-
ment opposé, quoique la preuve ordinaire des blessures
doibve estre tirée de la bouche des experts, et qu'il luy fust
advantageux de faire voir ces cicatrices honorables.

Le prétexte qu'il allègue pour palier son refus est risible,
car il dict que la dicte visite choque la pudeur du christia-
nisme et la pureté de nostre religion.

On a beau répéter au prodige de valeur et de piété que
c'est une formalité essentielle, il refuse obstinément, et
n'est-ce pas une chose tout à fait étrange que ce grand
guerrier qui a vieilli à l'armée (si l'on veut croire ce qu'il
dit) et qui a esté élevé dans les désordres ordinaires des
gens de guerre, soit devenu si réservé et si chaste, luy qui
a dépouillé et mis à nud toutes les veuves et les orphelins
de son voisinage. Que l'on parcoure toutes les histoires
sacrées et prophanes, l'on ne trouvera pas un exemple d'une
semblable pudeur.

. . . .

En troisième lieu, il a aussy supposé qu'il estoit cavalier
volontaire en la bataille de Sedan, donnée le 6 juillet 1641,
et qu'il y fust blessé, ce qui est démenty par les raisons
cy-dessus. (C'est-à-dire que le jour de la bataille il était à
Firminy.)

En quatrième lieu, il a exposé qu'il estoit en la bataille

27

de Rocroy, donnée le 19 may 1643, et qu'il y fust blessé. Contre ce fait, les demandeurs employent les mesmes moyens que dessus. Il estoit encore à Firmigny le jour de la bataille, ce qui estoit prouvé par des actes passés devant notaire.

.   .   .   .

.   .   .   .

Si vous voulez encore, Monseigneur, une preuve plus ample, il n'y a qu'à l'interroger sur des faits secrets concernant les circonstances et particularités de ce qui s'est passé dans les occasions où il suppose d'avoir esté, et vous verrez de quelle manière et en quels termes ce brave parlera des siéges et des batailles et généralement de l'art militaire.   .   .   .   .

Il dit qu'il estoit cavalier volontaire dans le régiment de M. de la Mothe, et il n'y avoit point de régiment de la Mothe.

Il dit qu'il estoit dans la compagnie du sieur de Beauregard, commandée par le sieur de Guernau, lieutenant, et il n'y avoit aucune compagnie de Beauregard.   .   .   .

.   .   .   .

Généalogie de la famille Blachon.

Cette famille est ancienne à Saint-Etienne. Elle y était beaucoup plus nombreuse autrefois ; son origine est très-inconnue. Son nom cependant se trouve rappelé en des actes d'une date fort respectable, mais étrangers à la localité. Son apparition à Saint-Etienne n'est signalée que par des titres plus récents qui dénoncent une époque déjà prospère de l'industrieuse cité, encore étroitement serrée dans ses langes à cette époque.

Il serait fort difficile, pour ne pas dire impossible, de réunir en faisceau toutes ces tiges éparses, que l'on reconnaît bien sortir d'un même tronc, mais auxquelles on ne saurait assigner une place certaine, un rang qui leur appartient chronologiquement. Nous laisserons au temps et à des hommes plus heureux et plus experts le soin de débrouiller ces générations si fort enchevétrées entre elles ; nous nous contenterons d'une tâche plus facile, celle de parler des Blachon qui ont été mieux connus par les titres d'écuyers et de sieurs de Villebœuf qu'ils prirent plus tard.

1er DEGRÉ.

Jean Blachon, négociant à Saint-Etienne-de-Furan, épousa, vers 1630, en premières noces, Françoise Chauvin ou Chovin ; en deuxièmes noces, Antoinette Jolivet. Il testa en 1670, laissant :

1o Thomas Blachon qui suit ;

2o Jean Blachon, épousa Jeanne Boyer, fille de Pierre, notaire, et de Jeanne Olivier. De ce mariage vinrent :

    1o Annet Blachon, conseiller du roi, maire perpé- tuel, juge civil, criminel et de police de la ville de Saint-Etienne et marquisat de Saint-Priest (acte du 4 août 1701). Il épousa, le 23 juin 1690,

Antoinette Carrier, fille de Pierre, procureur du roi de la maison de ville, et de Germaine Duchon.

Il décéda le 29 août 1720, laissant deux filles :

1° Jeanne Blachon, mariée à Claude-Etienne Alléon des Gouttes, avocat, juge de Saint-Etienne, fils de Barthélemy et de Marguerite Allard de Monteille, sans postérité ;

2° Agathe Blachon, mariée à Gabriel Duchon, entrepreneur des armes à la manufacture de Saint-Etienne, fils de Claude-François et de Philippe Favier, dont issus :

1° Claude Duchon ;

2° Jeanne Duchon, mariée, en 1743, à N... Allouës, dit La Fayette, de la ville de Saint-Didier en Velay ;

2° Antoinette Blachon, mariée à noble Noël Palluat, procureur du roi en l'élection, fils de Jean et de Jeanne Roussier.

2ᵉ DEGRÉ.

Thomas Blachon, épousa Jeanne Mazenod, fille de Jean, major de la ville de Saint-Etienne, et de Anne Thomé.

De ce mariage naquirent :

1° Jean-Joseph Blachon qui suit ;

2° Antoine Blachon, dit Lully, avocat au Parlement.

Il épousa Marie Bernou de la Bernarie, fille de Jean, secrétaire du roi, et de Marguerite de Forcieux, morte en 1750. D'eux naquirent :

1° Jeanne Blachon, née en 1707, non mariée ;

2°, 3°, 4°, 5°, quatre fils morts avant leur père, sans avoir été mariés ;

6° Jeanne Blachon, mariée à Isaac Ploton, prévôt de Saint-Etienne, fils de Michel et de Claudine Frotton, fille d'Isaac et de Jeanne de la Sablière, dont issu :

Jean-Joseph Ploton, héraut d'armes de France,
du titre de.:.........., non marié, mort en
novembre 1757 ;

7° Antoine Blachon, épousa N... Dutreuil, fille de
Hugues, notaire, et de Jeanne Cozon de Bayard,
dont issu :

Jeanne Blachon, fille unique, mariée à Antoine
Deville, élu en l'élection, et de Claire de
Colomb, dont issu :

Louis Deville, marié à N... Chovet, de
Lyon.

3° DEGRÉ.

Jean-Joseph Blachon, écuyer, sieur de Villebœuf, conseiller du roi, lieutenant particulier, assesseur civil et criminel au bailliage et sénéchaussée de Forez (acte du 14
juillet 1702), épousa, le 28 octobre 1700, Claudine Courbon des Gaux, fille de Jean, élu en l'élection, et de Marguerite Bernou. Jean-Joseph Blachon mourut en 1721,
laissant :

1° Antoine Blachon de Villebœuf, mort, en 1739, sans
postérité ;

2° Nicole Blachon de Villebœuf, mariée à François Jany,
fils de François et de N... Dignaron ;

3° Marie-Anne Blachon de Villebœuf, mariée à Pierre-
Antoine Verne, avocat du roi, sans postérité.

Armes : On trouve dans d'Hozier, qu'Annet Blachon,
maire de la ville de Saint-Etienne, portait : d'azur, à un
dextrochère de carnation, vêtu d'argent et d'or, tenant
trois épis d'or posés en pal et en sautoir.

Généalogie de la famille David.

1er DEGRÉ.

Pierre David, notaire à Saint-Rambert. Il épousa, en 1556, N..... Peyretier, fille de N..... Peyretier, notaire à Saint-Rambert. Elle était fille unique et porta dans la famille de son mari l'office de notaire de son père.

2e DEGRÉ.

Rambert David, fils de Pierre, suivit à Saint-Rambert la profession de son père. Il épousa Benoîte Jullien, dont il eut :

1o Cyprien qui lui succéda dans sa charge et mourut sans enfants;

2o Pierre qui suit.

3e DEGRÉ.

Pierre David fut pourvu d'une charge de notaire à La Fouillouse. Il épousa Barbe Duplain, dont issus :

1o Jean-Baptiste ci-après ;

2o Lyonnet. Ce dernier succéda à la charge de son oncle Cyprien à Saint-Rambert, où il exerça le notariat pendant au moins quarante ans, de 1649 à 1689. Il laissa sa charge à son fils Firmin marié à Angélique Picon, mort sans enfants.

4e DEGRÉ.

Jean-Baptiste David, conseiller au bailliage du Forez, abandonna le notariat pour entrer dans la magistrature. Il fut pendant longtemps lieutenant particulier civil et examinateur en la châtellenie de Saint-Victor et de La Fouillouse. Il épousa N... Dubreuil dont il eut :

5ᵉ DEGRÉ.

Pierre David, d'abord juge au prieuré de Saint-Rambert, et ensuite lieutenant particulier au bailliage du Forez à Montbrison. Il épousa, en octobre 1715, Madeleine Ollier, et décéda en août 1760, laissant :

1° Jean-Baptiste qui suit ;

2° Pierre-François, avocat châtelain à Saint-Etienne, seigneur de Marclop, conseiller au bailliage. Il épousa, en 1755, Louise Gonon ;

3° Etienne David, négociant. Il épousa N... Legret, à Lyon ;

4° Marguerite David, mariée à Jean-Marie Roux de Laplagne, avocat du roi au bailliage de Forez, fils d'André et de Françoise Chazelle ;

5° Angélique David, mariée à Antoine-Philippe Gonin, lieutenant au bailliage ;

6° Antoinette David, mariée, en 1747, à Jean-Baptiste Brunard, fils de Jean, avocat, et de N... Laval.

6° DEGRÉ.

Jean-Baptiste David, conseiller au bailliage du Forez, épousa, le 2 août 1749, Antoinette Boyer, fille d'André Boyer du Montcel, conseiller au même bailliage, et de Thérèse Tamisier, qui constitua en dot à sa fille :

1° Quatre corps de domaines situés dans les paroisses de Luriecq et de Saint-Jean-Soleymieux, et une maison d'habitation avec un autre bâtiment à Montbrison.

2° Le mobilier, linge, vaisselle d'argent et autres effets mobiliers, évalués 3000 fr.

3° La finance d'un office, évalué 6000 fr.

4° Une somme en argent de 7000 fr.

Benoît Tamisier, oncle de ladite Antoinette, intervenant dans le contrat, lui constitue la somme de 6000 fr. reçue par le futur époux qui, de son chef, donna à sa future un

augment de 12000 fr. en cas de survie, et dès ce moment
il lui fit don de 5000 fr. pour bagues et joyaux.

Elle décéda peu d'années après son mariage, le 30 novembre 1755, laissant plusieurs enfants dont le plus âgé
n'avait que trois ans.

Jean-Baptiste David ne se remaria pas et survécut 44
ans à sa femme. Il fit construire, en 1759, la maison la
plus considérable de Saint-Rambert, et décéda le 4 frimaire an VIII (24 novembre 1799), laissant de son mariage :

1º Marie-Thérèse, mariée, le 12 juillet 1772, à Pierre-
    Joseph Durand ;
2º Madeleine, mariée à Pupier de Brioude ;
3º André David qui suit ;

7ᵉ DEGRÉ.

André David, conseiller au bailliage du Forez, écuyer,
conseiller secrétaire du roi, épousa, le 21 avril 1781,
Jeanne Thiollière de l'Ile, fille de Jean-François Thiollière
de l'Ile, secrétaire du roi, et de Marguerite Ravel de
Montagny.

En faveur de ce mariage, son père lui donna :

1º La jouissance de son office de conseiller au bailliage.

2º Son mobilier meublant, linge, vaisselle d'argent et
autres effets mobiliers de son domicile à Montbrison.

3º Quatre domaines avec plusieurs fonds de réserve,
terres, prés et bois, situés dans le paroisse de Saint-Just et
de La Fouillouse.

4º Et enfin, quatre autres domaines et la maison paternelle.

Il décéda en 1823, laissant :

1º Jean-Baptiste-François qui suit, né le 25 décembre
    1782 ;
2º Marie-Thérèse, née le 28 janvier 1782, mariée à
    Amédée Savoye, et décédée le 22 mars 1844 ;

3° Frédéric-Claude, né le 1ᵉʳ janvier 1786, capitaine commandant de cuirassiers sous l'empire, chevalier des ordres de la Légion d'honneur, du Saint-Esprit et de Saint-Ferdinand, maire de La Fouillouse et membre du Conseil général de la Loire ;

4° Marguerite-Joséphine, née le 20 avril 1791, mariée à Jean-Claude Peyret-Dubois, décédée le 1ᵉʳ novembre 1846 ;

5° Colombe-Amélie, née le 2 février 1793, mariée à Nicolas Boutérieux, décédée le 1ᵉʳ mai 1858 ;

6° Marie-Thérèse-Eulalie, née le septembre 1794, mariée à Benoît Descours ;

7° Andrée-Anne, née le 15 août 1798, mariée à Christophe Balay, décédée le 19 septembre 1859.

8ᵉ DEGRÉ.

Jean-Baptiste-François David épousa, en 1820, Jeanne-Aubine de Sauzea, fille de François de Sauzea, écuyer, et d'Antoinette-Benoîte Chassain-d'Ecrevant, dont issus :

1° André-Marie David qui suit, né le 9 mars 1821 ;

2° Jean-Claude-Hippolyte, né le 29 avril 1822 ;

3° Jeanne, née le 29 avril 1825, mariée, le 8 novembre 1846, à William Neyrand, dont issues quatre filles ;

4° François, né le 27 mars 1828.

9ᵉ DEGRÉ.

André-Marie David épousa, le 18 août 1849, Marie-Anne-Elisabeth Colcombet, fille de André et de Aglaé Neyron, dont issus :

1° Jean-Baptiste, né le 19 juin 1850 ;

2° Lucie, née le 19 juillet 1851 ;

3° Anne-Elisabeth, née le 30 janvier 1853 ;

4° André, né le 17 mars 1856 ;

5° Adèle-Jeanne, née le 10 novembre 1860.

Généalogie de la famille Carrier.

Cette famille est sortie de Saint-Rambert-sur-Loire, et le premier qui s'établit à Saint-Etienne fut Claude Carrier qui fait le premier degré.

1er DEGRÉ.

Claude Carrier, épousa Marie Sambrisson, dont issus :

1º Jean Carrier, épousa Claudine Bajolin, fille de Jacques et de Sibylle Pellissier, dont issu :

Jean-Baptiste Carrier qui épousa 1º Marie Deville, fille de Jean ; 2º en 1605 24 juin, Hélène Tamisier, fille de Pierre et de Lucrèce Mauvernay ; dont issus :

Du premier lit ;

1º Marie Carrier, mariée avec Marc-Antoine Bertholon ;

2º Joseph Carrier, épousa Madeleine Mayol, dont il n'eut pas d'enfants ;

3º Antoine Carrier, épousa N... Buyet.

Du deuxième lit :

4º Jacques-François Carrier-Monthieu, épousa, en 1734, Claire Duchon, fille de Clément, médecin, et de Marie de Lagrevol, dont issus deux garçons et quatre filles, entre autres :

1º Jean-Joseph Carrier ;

2º Hélène Carrier ;

3º Marie-Anne Carrier ;

2º Ennemond Carrier qui suit.

2e DEGRÉ.

Ennemond Carrier, graveur, échevin de Saint-Etienne, épousa Catherine Praire, dont issus :

1° Pierre Carrier, procureur du roi en la maison de ville, épousa : 1° Germaine Duchon, sans enfants ; 2° N... Deville, dont issus :

   1° Ennemond Carrier-Dubuisson, conseiller au bailliage de Forez, épousa Marie Réal, fille de Jean et de Jeanne Bernou, sans postérité ;

   2° Antoinette Carrier, mariée, en 1691, à Annet Blachon, juge, maire de St-Etienne, dont issus :

      1° Jeanne, mariée à Claude Alléon des Gouttes, avocat ;

      2° Agathe Blachon, mariée à Gabriel Duchon ;

   3° Catherine Carrier, mariée avec Jean-Benoît Dutreuil de Rhins, avocat, dont issu :

      Jacques Dutreuil de Rhins, avocat, épousa, en 1744, Marie-Madeleine Picon, fille unique de Nicolas-François et de Marie-Madeleine Pellissier ;

2° Jean-Louis Carrier qui suit ;

3° Robert Carrier, épousa, en 1696, Jacqueline Duplessis, fille de Jean et de Marie Titon, nièce de Maximilien Titon, dont issu :

   Maximilien Carrier, épousa Antoinette Crozet, fille de Jean, dont il eut des enfants.

3ᵉ DEGRÉ.

Jean-Louis Carrier, colonel de la bourgeoisie de Saint-Etienne, entrepreneur des armes du roi, épousa, le 1ᵉʳ novembre 1682, Madeleine Dignaron, fille de Fleury et de N... Gouilloud, dont issus :

1° Pierre Carrier qui suit ;

2° Jean-Louis Carrier, épousa Catherine Gervais. Il fut aussi colonel de la milice bourgeoise et entrepreneur des armes à Saint-Etienne ;

3° François Carrier, contrôleur du grenier à sel, épousa

Catherine Nachard, fille de Claude, avocat, et de N...
Carrier, sa cousine-germaine, dont issus :

    1° Jean-Louis Carrier, épousa : 1° Catherine Basson;
        2° N... Verdellet;
    2° N... Carrier, prêtre;
    3° N... Carrier, célibataire;
4° Jean Carrier, épousa : 1° Madeleine Goyet, fille de
Jérôme et d'Elisabeth Olivier; 2° Marguerite Bon-
nand, fille de Joseph et de Marguerite Forette, dont
issus :

    Du premier lit :
    1° Etienne Carrier;
    2° Jean-Louis Carrier;
    Du deuxième lit :
    3° Maximilien Carrier, prêtre à Saint-Etienne;
    4° Benoîte Carrier;
    5° Marguerite Carrier;
    6° Marie Carrier.

4ᵉ DEGRÉ.

Pierre Carrier, juge des traites et gabelles de Forez,
épousa, en 1712, Antoinette Gendre, fille d'Etienne et de
Jeanne Molin, dont issu :

5ᵉ DEGRÉ.

Ennemond Carrier..............

Là s'arrêtent les renseignements qui nous ont guidé dans
cette généalogie qui ne doit pas finir ainsi, puisque nous
trouvons dans d'autres papiers :

Jean-Joseph Carrier de Monthieu, secrétaire du roi,
maison, couronne de France, et de ses finances, négociant,
entrepreneur d'armes en la manufacture de Saint-Etienne.

Cette entreprise lui attira une fâcheuse affaire. Soit que
réellement il eût malversé dans cet emploi, soit que les
calomnies d'ennemis secrets l'eussent desservi auprès du

prince et des ministres, sa fortune et sa liberté se trou-
vèrent sérieusement compromises : il était accusé de
tromper et de voler le roi dans la fourniture des armes et
dans la vente de celles mises au rebut.

Jean-Louis Carrier, pour sa défense, articulait : « Que
« sa famille était depuis plus de cent cinquante ans atta-
« chée au service du roi, et que lui-même était en 1763
« l'un des entrepreneurs de la manufacture d'armes de
« Saint-Etienne ; qu'il jouissait aux yeux du public, du
« militaire et des ministres, de la réputation héréditaire
« d'une droiture à toute épreuve, unie à beaucoup d'in-
« telligence et de zèle pour le service de S. M. qui elle-
« même a daigné lui rendre ce témoignage honorable :

« D'autant que nous regardons l'établissement de cette
« manufacture comme très-utile et très-avantageux au
« bien de notre service ; par ces considérations, nous
« croyons devoir seconder la bonne intention du sieur
« Carrier de Montieu, dont le zèle, l'intelligence et la
« bonne conduite, nous sont déjà connus, et concourir de
« notre part audit établissement. »

Pour la réforme des armes, l'ancienne méthode était de
briser les fusils et de les vendre comme vieilles ferrailles,
ce qui ne rendait que cinq à six sous par fusil. Le ministre
crut qu'on en retirerait un meilleur profit, en les faisant
vendre sans les briser. Des soumissions furent proposées,
et Jean-Louis Carrier, par sa soumission du 4 juin 1763,
s'engagea à prendre toutes les vieilles armes qui se trouveraient dans les provinces de Languedoc, Provence,
Dauphiné, Lyonnais, Ile-de-France, Limousin, Angoumois
et pays d'Aunis, à raison de 25 sols le fusil garni de sa
baïonnette, et de 20 sols la paire de pistolets.

M. Alexandre Cassier de Bellegarde, beau-frère de Jean-
Louis Carrier, fut nommé, en 1767, par le ministre, pour
faire, avec les officiers d'artillerie, la visite et la réforme
des armes qu'on jugea à propos de sortir des arsenaux.

Les deux beaux-frères furent soupçonnés de connivence, et on les accusa : l'un d'avoir réformé des armes qui ne devaient pas l'être; l'autre d'avoir revendu au roi, comme nouvelles, des armes qui avaient été réformées. De plus, le sieur de Bellegarde était accusé d'avoir outré la réforme des armes, d'avoir estimé à vil prix les armes réformées, etc., etc.

Enfin, le 12 octobre 1773, intervint un jugement qui déclara le sieur de Montieu « duement atteint et convaincu « d'avoir commis, de concert avec le sieur de Bellegarde, « l'un en sa qualité d'inspecteur et de réformateur, l'autre « en sa qualité d'entrepreneur et de fournisseur d'armes « pour le service des troupes, les abus et prévarications « mentionnées au procès; pour réparation de quoi, déclare « le sieur de Montieu incapable de faire aucunes fourni- « tures d'armes pour le service du roi, etc., etc.; et jus- « qu'à ce qu'il y ait satisfait, condamne le sieur Montieu « à tenir prison. »

A la date de ce jugement, nous perdons de vue Jean-Joseph Carrier qui a dû laisser une fille unique :

Marie-Anne Carrier dont on ne sait rien.

Armes : Ecartelé d'or et d'azur à quatre losanges de l'un ou l'autre.

Généalogie de la famille Frotton de la Sablière, d'Albuzy, de Landuzière.

1er DEGRÉ.

Etienne Frotton, originaire de la Côte-Saint-André en Dauphiné, eut pour fils :

2e DEGRÉ.

Fleury Frotton, s'établit à Saint-Etienne en 1612, et y épousa Françoise Planchet, fille d'Isaac, vers 1620, laquelle étant veuve, testa le 29 mars 1663. Elle rappelle dans son testament ses enfants et petits-enfants, et institue héritier Isaac son fils aîné, marchand à Saint-Etienne. De ce mariage naquirent :

1° Isaac Frotton qui suit ;
2° Pierre Frotton, marchand de la ville de Thiers ;
3° Jeanne Frotton, mariée à Gabriel Le Bois, marchand, bourgeois de Marseille ;
4° Claudine Frotton, mariée à Michel Plotton, marchand, bourgeois de Lyon ;
5° Dominique, *alias* Fleury Frotton, se maria, dans la ville de Thiers, avec N... Boyet, dont issus :
    1° Floris Frotton ;
    2° Gilbert Frotton qui fut capucin ;
    3° Jean-Baptiste Frotton, mort célibataire.

3e DEGRÉ.

Isaac Frotton épousa Françoise, *alias* Jeanne de la Sablière, qui apporta dans cette famille Frotton un semblant de noblesse et le domaine de la Sablière, comme héritière de Rose de la Sablière, sa sœur, veuve d'André Dupré, notaire.

Isaac Frotton testa le 13 mars 1666, laissant les enfants qui suivent :

1° Dominique Frotton, quoique l'aîné de ses frères et l'héritier de son père, et père lui-même de cinq garçons, n'est point le continuateur de la famille. Il était propriétaire de la maison de son bisaïeul Jean Planchet et fut receveur des tailles, emploi incompatible à la noblesse. Il épousa, le 17 janvier 1664, Alix, *alias* Louise Faure, fille de Clément, lieutenant-criminel en l'élection, et de Françoise Saulze, laquelle reçut 9000 livres de dot. Il décéda en 1686, après avoir testé le 9 février de ladite année, laissant de son mariage les enfants qui suivent :

    1° Jean Frotton, prêtre sociétaire de l'église de Saint-Etienne, fut l'héritier de son père ;

    2° Claire Frotton, mariée, le 1er février 1678, à Antoine Duon, en faveur duquel mariage Floris Frotton, son oncle, lui fit don de 3000 livres pour parfaire la dot de 6000 livres, sans laquelle, est-il dit dans le rendement de compte, ledit sieur Duon n'aurait point entendu audit mariage ;

    3° Rose Frotton, religieuse au couvent de Sainte-Marie, à Saint-Etienne ;

    4° Jeanne Frotton, religieuse à Sainte-Catherine de Sienne, à Saint-Etienne ;

    5° Eléonore Frotton, qui décéda nommant héritier Noël, son frère ;

    6° Noël Frotton, marchand de Saint-Etienne, épousa, le 15 août 1712, Marguerite de la Roère, fille d'Antoine et d'Antoinette Jaboulay ; il mourut le 8 mars 1745, laissant un fils :

        Blaise Frotton qui épousa, le 24 octobre 1782, Hélène Trablaine, fille de Jean, procureur aux siéges de Forez, et de Jeanne Pierrefort ;

7° Françoise, *alias* Marie Frotton, qui décéda avant
sa mère ;

8° Floris-Michel Frotton, prêtre ;

9° Antoine Frotton, lieutenant de dragons, épousa
N... Pierrefort, fille de Jean, conseiller au bailliage, et de Hélène Poulleaux, dont issus :

    1° Jean Frotton, lieutenant de milice, tué à
l'armée en 1747 ;

    2° Fleurie Frotton, mariée à N... Thomas ;

10° Blaise Frotton qui fut héritier de sa mère, suivant son testament du 7 juillet 1720 ;

11° Alix Frotton qui épousa Vital Perrin de Mont-
loup, écuyer, seigneur de Chenereilles.

Outre les onze enfants que laissait Dominique Frotton,
il laissait aussi des dettes que, par son testament, il
recommande d'éteindre en vendant ses immeubles.
Alix ne pouvait donc apporter à un époux d'autres
avantages que ceux de sa personne ; mais ceux-ci
étaient en assez grand nombre et assez attrayants,
pour que le seigneur de Chenereilles y trouvât une
compensation plus que suffisante. Beauté et argent se
disputent depuis longtemps la préférence dans le cœur
d'un futur ; le noble écuyer sacrifie à la première,
mais l'argent trouve un plus grand nombre d'adorateurs dans la foule.

2° Pierre qui suit.

4° DEGRÉ.

Pierre Frotton, second fils d'Isaac et de Jeanne de la
Sablière, épousa, le 15 avril 1668, Jeanne Blachon, fille
de Jean et d'Antoinette Jolivet. Jeanne Blachon testa le 21
janvier 1675, léguant à Isaac, son fils, sa légitime de droit,
et nommant héritières Françoise, Marie et Louise, ses filles.

Le 28 février 1685, Pierre Frotton obtint de l'archevêque de Lyon des lettres de sauvegarde, qu'il fit signifier

28

aux échevins et habitants de Saint-Etienne, le 24 juillet suivant. On voit par là que, quoiqu'il y eût plus de soixante ans que son grand-père était rentré dans la religion catholique, il avait des sujets de craindre la réaction qui se manifestait.

Pierre Frotton vit s'accroître également et sa fortune et sa famille; mais de tous ses enfants, Isaac, l'aîné, qui n'était pas encore majeur de 25 ans, au 28 mars 1693, date de son testament, fut celui sur lequel il porta les soins les plus assidus. Cependant, par son testament, il lui légua seulement la somme de 2000 livres, voulant, dit-il, qu'il s'en contente, attendu les grosses dépenses qu'il a faites pour le tenir dans les villes de Lyon et Vienne, pour le faire étudier; et à Rouen, chez un marchand, pour le négoce; et dans l'académie de Besançon; et encore pour son équipage, lorsqu'il a été sous-lieutenant, lieutenant de dragons, et à présent capitaine au régiment du roi. Lesquelles dépenses et équipages excèdent 7 à 8000 livres.

Il décéda le 15 mai 1694, laissant de son mariage :

1° Isaac qui suit ;

2° Françoise Frotton, mariée à Jean Girard, marchand de Lyon. En considération des services qu'elle lui a rendus et rend actuellement, son père lui lègue 2000 livres et le domaine de Gontail ;

3° Catherine-Marie Frotton, religieuse au couvent de Sainte-Marie, à Saint-Etienne, avec une pension annuelle de 6 livres ;

4° Louise Frotton, mariée à Christophe Galien, bourgeois de Saint-Chamond ;

5° Jean Frotton, prêtre ;

6° Joseph Frotton ;

7° Fleury Frotton ;

8° Antoine Frotton, religieux cordelier à Clermont, qui, entrant en religion, rappellé dans son testament de 1701, Isaac Frotton de la Sablière, capitaine ré-

formé au régiment du roi; Françoise, Louise, Jean-
neton, Fleury et autres, ses frères et sœurs;

9° Jeanne Frotton, sous la tutelle de Fleury, en 1710;

10° Joseph Frotton le jeune;

11° Thomas Frotton, posthume.

Pierre Frotton nomma Jeanne Blachon, sa femme,
héritière.

5e DEGRÉ.

Isaac de Frotton-la-Sablière, fils aîné de Pierre, fut
l'objet de la sollicitude de son père, malgré la nombreuse
famille dont il était chargé.

Le 28 mai 1690, il obtint un brevet du roi pour entrer
dans la compagnie de gentilshommes commandée par
M. de Moncant; il y est dit : « C'est un garçon de 21 ans,
« de bonne taille, natif de Lyon; il a le visage fort
« marqué de petite vérole, n'a jamais servi, et tire 300
« livres de chez lui. » Isaac Frotton y signe : *La Sablière.*

Le 7 mars de l'année suivante 1691, il obtint un brevet
de sous-lieutenant en la compagnie de Linières, signé par
Louis XIV. Il ne tarda pas à être lieutenant, et sur la fin
de 1692, il était déjà capitaine au régiment du roi. C'était
marcher rapidement; mais sous Louis-le-Grand, comme
sous d'autres grands hommes, les places à l'armée étaient
souvent vacantes. En 1701, il était capitaine réformé et
pensa à s'établir. Il épousa Madeleine Gentialon de Châtelus, fille d'André et de Jeanne de Saint-Priest-Albuzy,
habitant à Chabannes près Marols; et quelques années
après, Jeanne de Saint-Priest, qui avait donné à sa fille,
par son contrat de mariage, la moitié de tous ses biens,
hérita, au commencement de 1710, de toute la fortune de
sa maison, s'élevant à plus de 100,000 livres. Isaac de
Frotton traita aussitôt avec ses sœurs, sur la succession de
son père, traita d'un autre côté avec Guillaume Chassaing
d'Ecrevant, son beau-frère, mari de Gabrielle de Châtelus,

sur la succession d'Albuzy, et se fit pourvoir, le 6 septembre de la même année, de la charge de roi d'armes de France. Il conserva cette dignité jusqu'en 1722, qu'il se fit pourvoir de la charge de conseiller secrétaire au parlement de Dombes.

Madeleine de Châtelus survécut à son mari, et de leur mariage naquirent :

1° André qui suit ;

2° Symphorien-Fleury Frotton, rappelé après son frère ;

3° Madeleine Frotton, née en 1723, morte en 1763, avait épousé Jean-Claude Verdelet.

4° DEGRÉ.

André de Frotton-Albuzy, écuyer, conseiller au parlement de Dombes, porta constamment le nom d'Albuzy. Il épousa, le 22 juillet 1732, Marie-Anne Cozon de Bayard, fille de Jean-François, écuyer, ancien capitaine de cavalerie, chevalier de Saint-Louis, généralement connu sous ce nom : *le chevalier Bayard,* et d'Angelle de Brugairoux, famille languedocienne. A son mariage, Marie-Anne Cozon n'avait pas treize ans accomplis ; elle ne donna que deux filles à son mari :

1° Marie-Angelle de Frotton, née le 30 novembre 1744, eut pour parrain Fleury Frotton de Landuzière, et pour marraine Angelle de Brugairoux. Elle décéda en bas âge ;

2° Marie-Anne de Frotton, mariée, vers 1770, avec Laurent Flachat, seigneur d'Epinac, mort avant la révolution. Une de ses filles épousa N... de Meaux, à qui elle apporta les biens de Bayard.

Frotton–Landuzière.

6ᵉ DEGRÉ.

Symphorien-Fleury Frotton-Landuzière, qui eut en
partage la propriété de Landuzière, en fit créneler les
murailles extérieures. Il avait épousé Marie de Brugairoux,
sœur d'Angelle, femme de Jean-François Cozon de Bayard;
mais peu après la mort de ce dernier, c'est-à-dire dès
l'année 1745, il fut habiter avec sa femme et son fils à
Azilles où, quatre ans après, Angelle de Brugairoux, avec
sa fille, alors Mᵐᵉ Frotton-d'Albuzy, fut les rejoindre. Il
mourut à Azilles, en Languedoc, en 1780. On ignore s'il
laissa d'autres enfants que Joseph-François qui suit.

7ᵉ DEGRÉ.

Joseph-François de Frotton-Landuzière passa une grande
partie de sa vie à Azilles, auprès de son père et de sa mère.
C'est à son *retour* de cette province, après la mort de son
père, arrivée en 1780, qu'il intenta un procès à André
Frotton-d'Albuzy, son oncle. C'est à peu près à la même
époque qu'il se maria avec N... Bullion de la Corée, famille qui habitait le château de la Corée près de Montbrison. Cette demoiselle, peu fortunée, était alors âgée de 28
à 30 ans, et Joseph-François en avait 60 quand il se décida
à prendre un parti. C'était un excellent homme, la probité
et la bonté se partageaient son cœur. Il avait acquis des
connaissances très-sûres en médecine, et il a rendu de
nombreux services à la foule qui s'adressait à lui; son souvenir est encore vivant dans les environs de Landuzière.
Cet homme si méritant devait être l'une des cent mille
victimes de l'iniquité : son procès contre d'Albuzy, gagné
à Montbrison, perdu à Lyon, le fut aussi à Paris. Sa femme
ne savait comment lui annoncer une aussi fâcheuse nouvelle, il fallut pourtant qu'il l'apprît; en même temps il fut

frappé d'une attaque qui le conduisit promptement au tombeau. De son côté, son parent, devenu son adversaire, succomba aux angoisses de ce procès.

Joseph-François de Frotton mourut dans la douleur et laissa pour héritage à sa veuve et à ses enfants une affreuse misère à supporter le reste de leurs jours. Son fils, dont on ignore même le prénom, mourut à l'âge de 19 ans; l'une de ses filles est ou était supérieure du couvent de.......... à Montbrison; l'autre fut mariée en Savoie, et sa veuve s'est retirée auprès de cette dernière et y est morte vers 1842. Son mari était mort de 1805 à 1810, âgé de près de 75 ans.

Landuzière fut vendu par ses héritiers à un M. Château, employé à la manufacture d'armes de Saint-Étienne, dont le fils la revendit à M. Fontvieille-Sabot. (M. Hyp. de Sauzea-Monteille.)

Armes : d'argent, à trois fasces de gueules, accompagnées de trois étoiles de même, deux en chef et une en pointe.

Généalogie de la famille Des Roys, autrefois Régis.

C'est par amour de notre pays que nous donnons, comme étant très-authentique, cette généalogie de la famille de Régis du Forez, qui est peut-être celle qui a produit le saint père Jean-François Régis. Si, jusqu'à présent, aucune preuve n'est venue confirmer ce qui n'est encore qu'un soupçon, il peut arriver que l'origine du saint apôtre des Cévennes, si vaguement établie par les auteurs qui en ont parlé, sera nettement élucidée un jour, et il ne sera pas impossible que les auteurs du saint personnage puissent se souder sans contestation à notre famille forézienne.

Ce nom de Régis impose cependant une réserve. Il semble que plusieurs familles à la fois n'ont pu avoir l'idée de se donner ou de recevoir simultanément le nom de Régis, et qu'alors les Régis de l'Agénois, du Rouergue, du Dauphiné et d'autres pays plus rapprochés du Forez, découlent d'une même source. Sans doute que quelques-uns disent qu'il est impossible que ces noms, quoique écrits de même et placés à des centaines de lieues les uns des autres, puissent avoir quelques rapports entre eux. Nous demandons où serait l'impossibilité?

Notre famille Régis avait quitté Montbrison en Forez, où elle s'était établie, pour aller se fixer à Montfaucon en Velay, où sa destinée l'appelait. Quelle impossibilité aurait empêché un cadet de ces Régis de Montfaucon d'aller s'établir à Fautconverte, dans le Bas-Languedoc? Car enfin, que de choses on a cru vraies la veille, qui sont reconnues fausses le lendemain.

1er DEGRÉ CONNU.

Mathieu Régis est le premier qui ait percé l'obscurité qui enveloppait ses prédécesseurs. Il habitait la ville de Montbrison, en 1370, et possédait sur les bords de la Loire, dans la paroisse de Boisset, un bien appelé Des Roys.

On ignore ce que fut ce Mathieu Régis, de même qu'on ignore le nom de sa femme et même l'époque de sa mort. Aucun titre n'est venu le révéler; seulement son existence et sa possession du bien Des Roys sont constatés par un vieux manuscrit, travail d'un membre de cette famille, qui vivait au commencement du XVIe siècle. Ce manuscrit, très-incomplet du reste, est cependant la seule source où l'on ait pu puiser quelques renseignements sur la famille Régis, et sans lui nous ignorerions quel fut le successeur de ce Mathieu qui dut ne laisser qu'un fils unique; car, s'il en eut d'autres, ils nous sont inconnus, le manuscrit n'en faisant aucune mention.

2ᵉ DEGRÉ.

Jean Régis, fils de Mathieu, a laissé plus de renseignements que son père. Il devint fort riche, mais on ignore par quels moyens il parvint à cette grande fortune.

Il fonda, en 1383, une chapelle dans l'église de Saint-André de Montbrison, sous le vocable de Saint-Jacques. Elle se trouvait du côté droit du grand autel, et pour assurer l'entretien du prêtre qui devait la desservir, il donna, à perpétuité, une grande terre, un pré, une vigne et des rentes qui lui appartenaient dans un village situé aux environs de Saint-Bonnet-le-Château. D'après l'estimation qui en fut faite alors, les biens donnés *valaient plus de quatre-vingts écus de rente.* Moyennant cela, le chapelain devait célébrer quatre messes par semaines à l'autel de la chapelle, pour le repos de l'âme du fondateur et de celle de Mathieu Régis, son père.

La collation, ou le droit de nommer à ce bénéfice, appartint toujours à la maison de Régis; et quoique n'habitant plus le Forez, un de ses membres nomma successivement deux chapelains dans le XVIIIᵉ siècle. Mais ce droit de patronage ne fait pas connaître les titres qui le justifient. Il serait cependant important de les retrouver, non-seulement parce qu'ils ont un intérêt particulier qui devient immense, si réellement la branche dont est sorti le saint missionnaire et bienheureux Jean-François Régis, appartient à la souche forézienne, mais encore parce qu'ils pourraient servir à établir sûrement la filiation des Régis jusqu'à Jean Régis, fondateur de la chapelle Saint-Jacques, et montrer ce qu'ont été les personnages de cette famille pendant ce long espace de temps. Les pièces à retrouver seraient donc : 1° l'acte de fondation de la chapelle Saint-Jacques dans l'église de Saint-André; 2° la suite non interrompue des nominations de chapelains depuis sa fondation jusqu'à celles que nous venons de mentionner, comme ayant été faites au XVIIIᵉ siècle.

Cette suite de nominations serait une précieuse découverte, elle établirait une filiation suivie, peut-être même qu'elle fournirait des éclaircissements irrécusables sur la branche qui a produit le bienheureux Régis, si, comme on le soupçonne, il était de ce sang; dans tous les cas, on saurait à quoi s'en tenir.

Finalement, il faudrait savoir si les biens donnés à la fondation formaient encore en 90 les revenus du chapelain, et si ce dernier a rempli jusqu'à la même époque les charges imposées par le fondateur. Nous pensons que l'acte de fondation et les diverses nominations des titulaires doivent se trouver dans les registres de l'église de Saint-André de Montbrison, mais nous craignons fort qu'ils aient été détruits, la révolution ayant flairé un peu partout.

Nous entendons murmurer : Voilà bien des conseils donnés, que ne faites-vous vous-même ces recherches que vous semblez imposer aux autres? Nous la ferions de grand cœur, si nous avions la santé de la jeunesse.

Quoique le nom de la femme de Jean Régis ne soit pas connu, il en eut néanmoins un fils qui suit.

3ᵉ DEGRÉ.

Pierre Régis, fils de Jean, hérita de la propriété Des Roys où il s'établit, après avoir abandonné le séjour de Montbrison en 1420. A cette occasion, il quitta l'ancien nom de la famille pour prendre celui Des Roys, soit à cause du nom du lieu où il se fixait, soit qu'il ait voulu franciser celui de Régis, d'une façon équivoque cependant.

Nous ne trouvons pas le moindre titre qui concerne ce Pierre Régis, et l'on doit au *manuscrit* le peu qu'on sait sur lui, nous y lisons : qu'il mourut dans sa propriété Des Roys, en 1466, laissant de sa femme, dont on ne dit pas le nom, plusieurs enfants, entre lesquels il nomma héritier universel un de ses fils, l'aîné sans doute, qui portait le même nom que lui.

4ᵉ DEGRÉ.

Pierre Régis ou Des Roys, deuxième du nom, bachelier en droit, abandonna sa patrie et quitta le domaine de ses pères pour aller s'établir à Montfaucon, petite et très-ancienne ville du Velay et siége d'un bailliage royal, où il devint substitut du procureur du roi, en 1482, et plus tard, procureur du roi. A partir de ce Pierre, le nom de Régis n'est plus en usage dans cette famille, celui Des Roys lui est définitivement substitué.

L'époque de sa mort n'est pas plus connue que le nom de sa femme, et le *manuscrit* qui nous guide est si concis, si laconique, que l'auteur semble s'être bien plus attaché à laisser deviner qu'à instruire. Il y aurait certainement d'utiles et intéressantes recherches à faire au greffe de l'ancien bailliage de Montfaucon, où l'on pourrait trouver soit l'enregistrement des provisions de l'office de procureur du roi donné à Pierre II, soit des sentences avec ses conclusions, sentences qui ne doivent pas être rares. Chez les notaires de la localité, on pourrait trouver son contrat de mariage, en même temps son testament qui ferait connaître quels furent ses enfants, autres que son héritier que le *manuscrit* nous dit s'appeler Denis.

5ᵉ DEGRÉ.

Denis Des Roys fut aussi procureur du roi au bailliage de Montfaucon, « qui enfermait, dit le *manuscrit,* tout ce qui composait le siége de Chauffour (1). »

(1) C'est une erreur : le siége de Chauffour a toujours été du Forez, malgré les vives et violentes réclamations du bailliage de Montfaucon qui, tout au plus, aurait pu émettre quelques préten-

La fortune de Denis Des Roys était des plus considérables, il était décoré des plus beaux titres que peut ambitionner un gentilhomme ; il possédait, en toute justice, les seigneuries de Flassac et de Montgiraud, en Velay, dont il se qualifiait seigneur haut justicier. Outre ces deux beaux fiefs, il possédait encore le Grand et le Petit-Robèque, deux autres magnifiques propriétés, dans la même province.

Il épousa Isabeau de Barzerolles dont il eut plusieurs enfants ; et par son testament de l'an 1528, il nomma héritier Antoine Des Roys, son fils, qui devait être l'aîné de ses enfants.

6e DEGRÉ.

Antoine Des Roys est celui, de tous ceux qui l'ont précédé, qui porta au plus haut degré la fortune de sa maison. Toutefois, s'il en fut l'heureux et habile ouvrier, il eut bientôt à se reprocher d'avoir été la cause de sa décadence et de sa ruine.

Il fut lieutenant au bailliage de Montfaucon, et ajouta aux biens qu'il tenait de ses pères deux nouvelles seigneuries, celle de Mazel et celle de............, trois maisons à Annonay et la rente de Vanosc qu'il avait achetée du seigneur de Tournon.

Antoine Des Roys se maria, en premières noces, avec Claire de Châtillon dont on ne sait rien ; en secondes noces, en 1533, avec Marguerite des Beaulmes, fille de Charles, seigneur dudit lieu et de Jussac. Par son testament du 24 avril 1538, Charles des Beaulmes avait institué son fils aîné héritier universel, en lui substituant son second fils,

tions sur le siége de Saint-Ferréol, auquel le premier fut uni ; mais ni l'un ni l'autre n'ont jamais relevé que du bailliage de Montbrison, malgré les convoitises des états du Languedoc qui ont beaucoup affirmé sans rien prouver.

en cas de mort sans enfants ; de même pour le troisième.
Enfin, dans le cas où tous les trois mourraient sans enfants,
il leur substituait sa fille Marguerite, femme d'Antoine
Des Roys, sous la condition expresse que ses enfants pren-
draient les noms et armes de la maison des Beaulmes. Ce
que le testateur avait prévu arriva, deux de ses fils moururent sans postérité et le troisième entra dans les ordres.
Alors la succession se trouva ouverte en faveur de leur
sœur Marguerite des Beaulmes qui prit possession de la
terre de ce nom et de celle de Jussac. Ses successeurs se
conformèrent à la volonté du testateur, ils ajoutèrent le
nom des Beaulmes à celui Des Roys, et écartelèrent leurs
armes avec celles de leur mère.

Ce ne fut pas sans difficulté qu'Antoine Des Roys entra
en jouissance des biens de son beau-père. Il eut un grand
procès à soutenir contre des demoiselles du Rieu de la
Rochain, filles d'Isabeau des Beaulmes, sœur de Marguerite. Ce procès, il ne le vit pas terminer ; Claude Des Roys,
son neveu et son héritier, retira seul le bénéfice de la
substitution et fut maintenu dans l'entière possession des
biens en litige. Les preuves de ce procès résultent des
plaidoyers, des arrêts du parlement de Toulouse et des
sentences du bailliage de Montfaucon, insérés dans plusieurs recueils.

Antoine Des Roys eut une fâcheuse affaire, dont les
conséquences compromirent sérieusement sa fortune et sa
liberté. Par arrêt du parlement de Toulouse, il fut banni
et ses biens confisqués furent donnés au maréchal de
Joyeuse. On ignore la cause de tant de rigueur, seulement
on pourrait soupçonner que les opinions religieuses et les
haines envenimées qui en étaient les suites, n'y furent pas
étrangères. Cependant il obtint des lettres de réhabilitation, les premières sont du 10 août 1558, les secondes du
5 septembre 1560, les troisièmes du 25 octobre 1571 ; il en
obtint encore à la date du 20 décembre 1572. Ces diverses

lettres ne sont connues que par la mention qui en est faite dans l'arrêt du parlement de Toulouse, rendu le 20 juillet 1575, en faveur de Claude Des Roys, au sujet du procès de la substitution des biens de la maison des Beaulmes.

Antoine Des Roys mourut sans enfants, et, par son testament de l'an 1560, il institua héritier universel Claude Des Roys, son neveu.

7e DEGRÉ.

Claude Des Roys prit aussi le nom de des Beaulmes, pour se conformer aux prescriptions de la substitution. Il n'a laissé que de minces souvenirs qui ne disent rien de ses faits et gestes, qui ne nous apprennent pas le nom de sa femme ni celui de la maison d'où elle sortait, qui se taisent sur l'époque de sa mort et sur les enfants qu'il eut de son mariage. Le peu de titres qui le concernent consistent :

1o En une donation faite en 1576, le 20 décembre, où il est ainsi nommé : noble Claude Des Roys ;

2o Une sentence du bailly de Velay, du 20 septembre 1600, où il est encore qualifié noble, avec la signification de la même sentence, du 9 février 1601, faite à lui-même ;

3o Autre sentence du 16 septembre 1609, où il prend la même qualité, avec la signification qui lui est faite, le 29 juillet 1613 ;

4o Une dernière sentence du même jour et an que dessus, avec la signification à la même date, et dans l'une et dans l'autre il est qualifié noble ;

5o Finalement, le contrat de mariage d'une bâtarde de la maison Des Roys, en date du 30 janvier 1618, où il est fait mention de feu noble Claude Des Roys, qui a dû mourir entre les années 1613 et 1618, laissant pour lui succéder son fils qui suit.

8e DEGRÉ.

Melchior Des Roys reste plongé dans l'obscurité, et il

n'est véritablement connu que par son père et par Balthazard son fils qui vient après.

9ᵉ DEGRÉ.

Balthazard Des Roys succéda à son père Melchior, et,
comme lui, parfaitement oublié; on sait seulement qu'il
fut père de Pons-Gaspard qui suit.

Nous remarquerons que ces trois derniers Des Roys, qui
font les 8ᵉ, 9ᵉ et 10ᵉ degrés, ont porté chacun et chronologiquement un nom des trois mages venus pour adorer
Jésus naissant. Bien certainement ces noms leur ont été
imposés avec intention, quelle est-elle? On ne peut le savoir. Quant au hasard qui peut être invoqué, on ne pourrait ici recourir à ce mot si vide de sens, qui n'aurait pu
amener une pareille combinaison.

10ᵉ DEGRÉ.

Pons-Gaspard Des Roys n'est également connu que par
ses fils qui furent :

1º Claude qui suit;

2º Christophe Des Roys, dont on ne connaît pas la
femme qui lui donna, entr'autres enfants, une fille
qui fut mariée à N... Demeure d'Annonay.

11ᵉ DEGRÉ.

Claude Des Roys, deuxième du nom, fut père du suivant.

12ᵉ DEGRÉ.

N... Des Roys devait être arrivé à une position importante, si on en juge par les soins qu'il mit à découvrir
tout ce qui pouvait se rattacher à sa famille dont il ignorait
complètement l'histoire. Ce qui le prouverait, c'est une
lettre qu'il écrivait, en 1781, à Nicolas de la Tour de
Varan, qui tenait par ses alliances aux principales maisons

du Velay et du Vivarez, pour en obtenir des renseignements sur les Des Roys qui avaient vécu à Montfaucon.
Dans cette lettre, nous remarquons ce passage.

« L'on observe, sur le nom de Régis, qu'il y a un jésuite
« célèbre de ce nom-là, mort en odeur de sainteté et ho-
« noré comme tel même à présent. — La vie de ce bien-
« heureux Régis a été imprimée dans plusieurs ouvrages,
« il semble que dans toutes ces vies saint François Régis
« est présenté comme étant d'une famille noble du Forez.
« Ne serait-il pas possible, en fouillant dans les anciennes
« archives des jésuites, de découvrir d'où était saint Jean-
« François Régis, et par là de savoir peut-être ce qu'était
« la famille Régis qui n'est autre que celle Des Roys. Les
« recherches sur saint François Régis seraient au moins
« agréables, si elles n'étaient pas utiles à M. Des Roys. »

C'est là tout ce que nous savons sur cette souche de la
maison noble de Régis, sortie du Forez pour aller s'établir
en Velay, sous le nom de Des Roys.

Il y avait en Dauphiné une famille, aujourd'hui éteinte,
qui portait le nom de Des Roys. Elle y possédait la terre
de Montdragon et devait être une branche de celle de
Montfaucon, ce qui reste indubitable, puisque toutes deux
portaient les mêmes armes; malheureusement nous ne les
connaissons pas.

Armes inconnues.

———————

En donnant la généalogie qui précède, nous n'avons eu
d'autre intention que d'ajouter un intérêt de plus à l'histoire de saint Jean-François Régis, que nous revendique-
rons tant que le dernier mot n'aura pas été dit sur son
extraction.

Quand il s'agit d'un personnage aussi glorieux que cet
illustre jésuite, on ne doit pas négliger le plus mince document qui peut ajouter un nouveau rayon de gloire à

cette séraphique physionomie, déjà si resplendissante sous le radieux éclat de ses sublimes et pourtant si modestes vertus.

Si l'Etat s'enorgueillit des héros qui l'ont fait prospérer, la religion de son côté se pare des siens, plus humbles il est vrai, mais bien plus grands et autrement sublimes. Oui, autrement sublimes; car, s'effaçant aux yeux du monde, ils opposent, avec douceur et courage, les vertus qu'ils tiennent du Christ aux sarcasmes, aux dédains et souvent aux mépris que le monde ne leur épargne pas.

Et ne croyons pas que, parce que leur vie se passe sans bruit, pour ainsi dire sans gloire, ils meurent sans honneur, ces maximes nous rendraient injustes. En effet, n'y a-t-il pas de l'injustice à prôner un grand capitaine qui aura été heureux dans un coup de main; un grave magistrat qui aura défendu les institutions de son pays, jusqu'à braver l'exil; un administrateur désintéressé qui se sera ruiné au maniement des deniers publics, où tant d'autres font le contraire; tandis qu'on remarquera à peine le prêtre qui fut le modèle des pasteurs, le courageux défenseur des dogmes sacrés, le protecteur et l'ami des indéfendus. Ils sont glorieux et ils méritent les plus grands éloges, ces saints missionnaires qui ont inscrit leurs noms sur les pagodes chinoises, sur les galères de Tunis et d'Alger, sur les cèdres du Liban et sur les arbres des forêts vierges du nouveau monde. Bien certainement ils étaient des héros ces hommes sacrés qui n'ambitionnaient d'autre gloire que celle d'exalter la grandeur et la bonté de Dieu. Et certes, saint Vincent de Paule et saint Jean-François Régis valaient bien Richelieu et Mazarin, Turenne et Condé; leurs travaux furent plus utiles et autrement durables.

Il n'est pas donné à tous ceux qui pratiquent la piété chrétienne, de la présenter aux autres sous les traits qui la caractérisent : la douceur et la conviction qui la font aimer.

Il arrive très-souvent que la piété prend la teinte du caractère de ceux qui la prêchent ; ainsi, elle sera âpre, rude et altière, si elle est prêchée par un homme dont le caractère est âpre, rude et sans indulgence. La piété n'a rien de tout cela, au contraire, elle tend sans cesse à détruire en nous ces défauts. C'est alors un grand malheur qu'elle se trouve défendue par de tels apôtres, en ce que leurs remontrances lui donnent un faux air qui la déprécie et qui indispose contre elle, au lieu de la faire aimer.

Il n'en sera pas de même d'un prédicateur sage, doux, réfléchi et prévenant, comme était le Père Jean-François Régis, l'un des plus beaux modèles qu'ait produit la véritable piété : il savait qu'en la prêchant il donnait un bon conseil. Il reprenait avec douceur, savait convaincre avec débonnaireté, faire persévérer avec fermeté. Il ne sortait jamais de ce caractère, si ce n'est qu'en trouvant l'endurcissement inébranlable ; alors il entrait dans de saintes colères excitées par le zèle le plus pur ; il admonestait sévèrement, mais sans invectives, il menaçait sans grossièreté, se contentait de prédire à l'endurci les châtiments que Dieu lui réservait, sans hauteur ; il persuadait les indécis, sans arrogance, et serrait dans ses bras l'homme ébranlé qui se rendait à ses caressants discours.

La pièce que nous transcrivons plus bas est une preuve manifeste de ce que nous avons avancé. Et quand le Père Daubenton écrivit l'histoire du saint apôtre des Cévennes, il avait sous les yeux les procès-verbaux d'enquête qui intervinrent dans le procès de la béatification de cet illustre et saint missionnaire ; et nous regrettons que le P. Daubenton, qui a enregistré les différents décrets qui ont précédé la béatification elle-même, n'ait pas songé à donner au moins une des dépositions des vingt-un témoins qui furent entendus alors. Le plaisir que nous éprouvons en transcrivant la pièce importante qui suit, nous fait présumer de celui des lecteurs qui la liront.

29

Déposition juridique du P. Louis-Victor du Fournel,
jésuite, sur les vertus et miracles du S. P. Régis,
tirée des archives des jésuites de Tournon, tiroir 18,
liasse 1re.

Comparuit die decima junii reverendus Pater Ludovicus-
Victor du Fournel, societatis Jesu, testis citatus et juratus,
impetrata prius facutate deponendi et jurandi in præfata
causa, coram domino Melchiore de Chabanes, vicario
generali; domino Jacobo Le Breton, doctore parisiensi, et
domino Mauricio Le Blanc, consiliario regio et doctore
canonista, cuitactis sacrosanctis evangeliis, delatum est
juramentum. Tum sumptis interrogatoriis clausis, a domino promotore, illisque apertis, super illis interogatus
monitus prius de vi et importantia juramenti atque per
jurii in causis potissimum gravissimis, ut sunt causæ beatificationis et canonisationis, sic respondit :

Ad. 1. Vocor Ludovicus-Victor du Fournel, filius
Joannis et dominæ Ludovicæ Faure, conjugum patriæ
San-Desideriensis, in Velaunia, ageus annum quinquage-
simum tertium, religiosus societatis, sacerdos et professus.

Ad. 2. Sacrificio quotidie in ædibus collegii Aniciensis et
confiteor juxta regulam pluries pater autem Blanchei.

Ad. 3. Nunquam fui accusatus in judicio.

Ad. 4. Nunquam excommunicatus.

Ad. 5. Citatus ad deponendum sed non instructus.

Ad. 6. Singulariter amo et veneror servum Dei cui
magnis titulis abstrictus sam et opto impense ejus beati-
ficationem et canonisationem.

Ad. 7. Scio ex communis fama et quia pluries feci sacrum in æde de La Lovesc, ubi est sepultus patrem Regis
obiisse La Lovesci, anno millesimo sexcentesimo quadra-
sesimo, pridie calendas Januarias, obiisse autem relecta
fama sanctitatis qua deinde multis muriculis confirmata est.

Ad. 8. Scio frequentes ire ad ejus sepulchrum et ex multis provinciis magnos concursus peregrinorum ad illud fieri.

Evacuantis interrogatoriis et clausis super articulis, interrogatus respondit ut sequitur :

Ad. 1. Scire fuisse in vivis patrem Joannem-Franciscum Regis qui per plures ante obitum ejus annos, cum sederet Anicii in collegio societatis, eum sepius vidit quodque divinæ erga se gratiæ tribuit eum. Illo familiariter locutus est sepe enim inqnit bonus pater utebatur me ut aliqua quæ ipse dicta vivat recitarem in frequentissimo populi ad cathechesim viri Dei concurentis cætu, cujus rei contestes habeo innumeros auditores qui et ipsum et me tum temporis audiebam.

Respondit ad. 2 : Pro certo scio ex communis facua et ex multis qui noverant ejus parentes nobiles ac protera non innotos eum natum esse ex legitimo matrimonio et parentibus catholicis quin etiam hac de re testimonium parochi authenticum vidi ut et de baptismo ipsius.

Respondit ad. 3. Scire in fide catholica patrem fuisse educatum et in obedientia sanctæ matris ecclesiæ in qua ad finem usque perseveraverit. Communis enim vox est et fama et tot contestes quod pater habuit tam christianæ et religiosæ vitæ testes.

Respondit ad. 4 : Cumpertum sibi esse eum fuisse religiosum societatis Jesu, in ea societate, ad obitum perseverasse vidit enim illum postremis vitæ ejus annis et post ejus mortem audivit indui suffragia quæ fieri solent pro religiosis societatis defunctis, denique vidit La Lovesci tristam illam societatis vestem qua inductus erat pater, impostremum morbum incidit, servatur enim hæc vestis à parocho tanquam thesaurus hanc osculantur pii perregrini et ejus vel minimæ particulæ summo in pretio habentur.

Respondit ad. 5 : Magnam ejus et excellentem fidem tota viri Dei vita ejus opera virtuter quarum fides parens est, etiam miracula probavere puritatem vero : fidei satis doc-

trina ejus quæ per conciones aliquando et sepius per ca-
techeses fiet publica et nunquam erroris suspecta testatur.
Affectum etiam erga fidem ostendit ardens ille zelus do-
cendi pueros, rusticos, rudes et quoslibet principia fidei et
doctrinam christianam.

Respondit ad. 6 : Floruisse ipsum multis virtutibus
christianis nulli eorum qui virum pium novere dubium esse
puto, ego vero tanquam certum existimo in omnibus
christiano et religioso viro convenientibus eum excelluisse.
Et hac de re publica vox est et fama.

Respondit ad. 7 : Spem ejus excellentem fiduciamque in
Deum singularem ostendum ardua quæ suscepit. Existi-
mabat se omnia posse cum Deo huic fidenter obstinatissi-
mos quosque peccatores agrediebatur....... etiam est quod
nullis laboribus, periculis minis asubceptis pro Dei gloria
deterreri poterat in spem contra spem credens. Frustra
monebatur ut humanæ aliquid prudentiæ daret neque ita
se suamque vitam exponeret, nam preterquam quod omnia
arbitrabatur detrimentum ut Christo lucrifaceret præte-
reatotam suam in Deo fiduciam collocaverat. Testantur
hoc plurima multis cognita ut illud quod narravit dominus
Boyer, parrochus loci Vourey, cui monenti ut sibi par-
ceret, ergo inquit : de Deo diffiderem ego qui per duas
leucas, vias que difficillimas ambulavi crure fracto et post
illum laborem me sanum omnino expertus sum. Vivit adhuc
qui hoc sepius narravit parrochus.

Respondit ad. 8 : Solus amor Dei isque ardentissimis eum
ad tot labores suscipiendos incitare solus ad sustinendos
ut sollebat alacriter juvare poterat. Testes etiam hujus
amoris sunt lachrimæ quos ubertim effundebat cum offen-
debatur dilectus maxime quando non poterat ipse ut ardenter cupiebat, impedire offensam Dei. Inter alia argu-
menta hoc mihi nuper narratum est. Rediens domo viri
autoritate potentis quem rationibus et precibus ardentissimis exorare conatus erat, ut impediret pro sua autoritate

ne mulier adultera quam sciebat cum viro etiam adultero,
non sine magno scandalo turpiter vivere et custodia libe-
raretur, cum nihil potuisset obtinere bonus pater mæstissi-
mus erat, quod noluisset vir ille potens uti autoritate sua.
Ingressus domum domini Doyde, pater Charbonier, ejus
socius dum illo cum domino confabularetur interim tristis
pater inconsolabiter flebat. Quæsitâ causâ et cognito dolore
patris, conati sunt omnes serio consolari patrem maxime
hoc dicto sancti patris Ignacii qui felicissime in sumptos
dicebet omnes vitæ suæ labores si vel unum posset peccatum mortale impedire atqui tu jamplura impedivisti quan-
diu misera detenta fuit nec stat per te quin factura etiam
impedias fecisti enim quiquid in tua erat potestate. Audie-
bat hæc tacitus pater, sed renuebat consolari anima ejus,
nec desinebant lachrymæ donec subito novo afflatus spiritu
quem propheticus non imerito putavere qui adherant sur-
rexit et magno impetu percusso, vivat Deus, inquit incenso
vultu, antequam annus elabitur aliquem penitebit; nec
eventus fefellit, mortuus est enim hoc ipso anno, vir ille
potens cujus nomen consulto tacetur. Sed pater prophetica,
hæc verba, hic patris ardor, hæc sanctam iram redolens
comminatio, hic dolor et lachrymæ satis obstendunt quam
ardenter bonus vir amaret Deum et ejus offensa tangeretur.
Hoc autem nuper mihi dixit et testabitur domina Doyde
quæ addherat; filii etiam ejus qui hoc sepe narratum à
patre suo meminere dominus Blacheyre, parrochus cui hæc
eum contigere narrata sunt adhuc recordatur pater etiam
Charbonier, quia adhuc vivit testari idem potest.

Respondit ad. 9 : Post ardentem charitatem erga Deum
precipuam et magis in eo insignem virtutem fuisse charitatem ergo proximum existimo. In exercendis misericordiæ operibus totus erat, poterat que de se vere dicere quis
infirmatur et ergo non infirmor qui scandalisetur et ergo
non error. Miraculi instar videbatur solus tot operibus
sufficeret. Matutinas horas dum esset Anicii fere simper in

audiendis confessionnibus insubniebat pro meridianas in
vatiis misericordiæ operibus mirabantur omnes quomodo
vivere posset qui nec ad cibum sumendum nec ad quietam
fere ullam sibi tempus servabat. Notum erat non domes-
tici tantum, sed etiam extremis diebus dominicis statim à
recoletione post missam totis matutinis horis, eum confessiones audire, donec circa meridiem audiretur signum ad
catechesim quam ipse faciebat in templo divi Petri. Certum
que erat, cum non potuisse sumere tempus ad prandium,
et ferebatur communiter eum impransum vel uno aut
altero, pomo contentum catechesmi à facere, eo tamen
ardore ea voce contentione ut mirum esset quomodo vires
sufficerant et tamen statim à catechesi solebat ægrotos
invisere vel xenodochia vel carceres, usque redibat ad
collegium, nisi quando eum nox revocabat. Noctem vero
sæpe insomnem ducebat, quia ab ægrotis facilime voca-
batur, quia eum semper paratum noverant et pauci tunc
temporis erant qui nolent tam pium patrem tam que bene-
volum secum habere, Sæpe delusus fuit quod nebulones
quidam eum vocarent pretextu ægrotorum, sed re ipsa ut
irriderunt ipsum et per urbem circumducerent frustra. Et
tamen elusus pater simper paratus erat ne in necessariis
deesset. Fuere improbi qui hac occasione usi, eum etiam
cavere graviter tentavere. Nec tamen ejus invictum ani-
mum frangere poterunt atque de his constans erat fama
tunc temporis cum ego hic studirem. Et ego ipse sæpe cum
vidi apud ægrotos nocturno tempore hac Anicii ad in mis-
sionibus nemo erat qui non miraretur quantum ille labo-
raret die ac nocte. Testabantur hoc sæpe ejus socii et fama
est inter nos publica.   •

Respondit ad. 10 : Insignem fuisse patrem virtute religionis hanc spirare videbatur vultus ejus et aliis afferre.
Ita erant ardenter ejus de Deo, de Sanctissimo-Sacramento,
de beata Virgine, de Angelis, aliisque Sanctis, tum publici
:um privati sermones ut facile esset judicare quam tenero

affectu ipse calicis venereratur et quam suaviter cœlestia degustaret. Eum modissimi somni fama internos publica est eum magnam noctium partem orando et meditando, consumpsisse fertur etiam Domini sacrum officium flexis genibus recitasse.

Respondit ad. 11 : Humillimum fuisse virum et contemptorem sui maxime et vero judicat ipse eum multis aliis qui ita se sentire dicunt Deum voluisse ut miraculis sanctimoniam servi sui declarare post mortem precipue duabus de causis : 1° quia ardentissimo zelo gloriæ divinæ propagande fuit; 2° quia maxime humilis et contemptore super hoc ejus in loquendo et in agendo simplicitas sapientia christiana plena minime que fucata obstendebat. Idem probabat ejus ergo cæteros omnes observantia non politica illa, sed humilis idem etiam probat quod villissima munia obiret quod maxime pauperes viles que personnas inviseret. Magna erat penitentium multitudo, sed maxime e villi plebe.

Respondit ad. 12 : Ex dictis constare eum mundanos honores et vanitates contempsisse, ex dignitatibus solum ambivit sacerdotium id que ut ex ejus vita satis constat quia cœli clavibus uti volebat ut peratoribus cœlum aperiret. Paupertatem amasse et semper servasse communis est fama.

Respondit ad. 13 : Communissima etiam inter nos fama est, cum severissime corpus suum tractasse. Cibi et vini parcissimus erat. Vino unquam, nisi in missa, utebatur. Pomis sæpe aut lacte tantum utebatur, carnibus aliisque solidarioribus cibis parcens; cujus rei constantem fuisse famam cum secularis essem memini idem que sepius audivi ex quo ingressus sum societatem audivi etiam cum crudeliter admodum in se flagellationibus descivisse. Testatur frater Faucher qui in collegio adhuc vivit cohoruisse ipsum et misertum esse, Boni patris cum audiret strepitum quem verberando se faciebat. Multis narravit pater à

sancto Joanne qui anno præterito Albiæ mortuus est coac-
tum fuisse se aliquando egredi e cubiculo ut lanienam patris
flagellentis se sisteret. Pater parva servat adhuc partem
funium quibus se cingebat, fama est etiam constans eum
ferme super asseres aut nuda humo per noctem jacuisse.

Respondit ad. 14 : Facile et vere dicere poterat tot
maceratus laboribus et mortificationibus vivere non licet
et fornicari licebit audivi fuisse qui testatis sint existimasse
se illum in hac materia nunquam peccasse multum est illud
sed longe fortius quod fertur hominem tam humilem, tam
modeste de se loquentem aliquando ingenue confessum esse
se Dei gratia rebeliones carnis non sentire felix admodum
qui tam facile potuit puritatem angelicam emulari, sed non
felix tantum prudens qui mirabili plane modestia et tanto
erga corpus suum odio ita sibi precavebat.

Respondit ad. 15 : Constans est apud nos fama eum
obsequentissum semper fuisse, nec ullo modo verissimile ut
Dei aut ecclesiæ mandata non observasse qui in minimis
etiam regulis et ordinationibus ad nullum peccatum obli-
gantibus observantissimus fuerat, ut testantur omnes qui
cum eo vixere, servasse eum etiam constat evangelica
consilia.

Respondit ad. 16 : Audivisse se à pluribus fratrem Vi-
deau religiosum societatis qui eum comitabatur quando
mortuus est La Lovesci, pluribus testatum esse patrem
paulo ante mortem alacri ei vultu dixisse : Mi frater, Jesum
video virginem que matrem qui mihi cœlos aperiunt, et
paulo post in Domino obdormuisse. Circa spiritum prophe-
ticum pater illud quod supra dixit titulo octavo multi et
seculares et religiosi nostræ societatis dixerunt mihi sepius
fratrem meum patrem Marcellinum du Fournel sepe illis
dixisse preditum sibi à patre Regis fuisse fore ut ingredi-
retur societatem, id que hoc ei dixisse eum res nullo modo
verisimilis videretur, cogitabat enim tunc temporis de matrimonio in mundo et nullo modo de ingressu religionis erat

que mundanis vanitatibus implicitus. Narratum mihi etiam
nuper est plures fæminas testari hodie rem mirabilem
quam predixerat bonus pater ques..... erat apud ipsum
mulier quidam nomine Narce de filio suo quod perditis
esset moribus adeo ut timeret mulier ne funesto patibulo
suspensus filius moriretur et rogabat patrem evixe rogaret
Deum ne hoc contingeret; collegit se pater, tum respondit
miserebitur filii tui Deus ne morietur in patibulo. Multis
annis post mortem patris Cædis, accusatus filius est et
damnatus ad patibulum. In eo suspensus est ter neque tamen
in eo mortuus translatus enim est ad patres carmelitos
vivus. Fama etiam communis est eum predixisse suam
mortem.

Respondit ad. 47 . Constantissimum est cum peccatores
plurimos à via iniquitatis convertisse maxime meritriculas
magno numero etiam hereticos quosdam.

Respondit ad. 18 : Certum esse et constaret verbis ipsius
optasse eum maxime vitam et sanguinem profundere prop-
tera à multis monitus periculum esse grave ne occideretur
si pergeret ita revocare perditas mulieres contempsit, et
monitus etiam ne egrediretur de nocte domo non constitit
quidem etiam homini favente et stricto pugione minanti
ferunt pectus aparuisse et dixisse : Percute sum enim paratus.

Respondit ad. 19 : Fuisse etiam dum viveret in magna
opinione sanctitatis, dicebant multi patri qui in ejus sacro
subcellio confessionis excipiebat non confessus sum ex quo
hic erat pater sanctus lasserabant multi ejus vestem ut
aliquid sibi tanquam reliquias servarent.

Respondit ad. 20 : Scire se testimonio comitis eum sus-
cepisse sacramenta et constans est fama.

Respondit ad. 21 : Multos retinuisse et retinere adhuc
varia quibus usus erat eas que tanquam reliquias servare
multi enim hoc mihi renuntiatur.

Respondit ad. 22 : Magnam esse plurimorum veneratio-

nem et devotionem erga virum bonum quem pro sancto
habent et invocant quotidie fere multos invenio qui hoc de
se testantur.

Respondit ad. 23 : Semper crevisse et in dies crescere
famam ejus sanctitatis publica est vox et testantur fre-
quenter peregrinationes tot tota quæ fiunt La Lovesci, tot
ut orationes quas singulis diebus video coram tribunali illo
sacro inquo confessiones excipiebat que res ut hic notis-
sima.

Respondit ad. 24 : Fuisse dum viveret et esse famam eum
varia miracula fecisse dum viveret.

Respondit ad. 25 : Per ejus invocationem vel per ejus
reliquias maxime vero per terram superpositam ejus sepul-
chro fieri ubivis locorum multa miracula narraverunt mihi
illud celebre Vanosci in personna Vatier, et ipsa et ejus
parentes rem que narraverant eodem plane modo quo
fertur communiter. Cum essem in urbe Pisanicnci quam
plurimi et me petebant terram sepulchri quod fierent cum
ea innumera curationes quæ pro miraculosis habebantur,
habet apud se soror mea domina de La Roche vidua, reliquias venerabilis viri quas nunquam servare apud se
potest quia huc illud transferantur propter multas inva-
siones quarum authenticum testimonium facile habere
potest. Ego etiam testor convaluisse me cum desperato
essem salutis in collegio Biturensi postquam vovit me patri
Regi.

Acta et facta fuerunt præfata omnia in sacristia Sancti-
Georgii quæ est locus loci, tum de verbo ad verbum per me
notarium clare et distincte lecta ipso patri Ludovico du
Fournel audiente et intelligente qui dicta et audita res-
pective ratificavit et proprie manu subscripsit et coram
præfatis domino ac dominis deputato et deputatis, presente
pomotario. Ego ita deposui : Ludovicus-Victor du Fornel;
Chabannes, vic.-generalis et comrius; Le Breton, Le Blanc,
Rebaus, promotor.

Et ego notarius ecclesiasticus illustrissimi domini epis-
copi in hac causa ab eodem electus, deputatus et juratus
subscripsi et meum solitum signum apposui. Sig. Arnaud,
notarius ecclesiasticus.

---

*Sanctissimi domini nostri domini Clementis divina
Providentia Papæ XI. Beatificatio Servi Dei Joannis
Francisci Regis Sacerdotis professi Societatis Jesu,
ejusque Missæ, et Officii certis in locis concessio. —
Clemens Papa XI. Ad perpetuam rei memoriam.*

Viros gloriosos, qui divites in virtute, adepti sunt gloriam in conversatione gentis, hoc est : Sanctos, et Electos
Domini, quos clarioribus multiformis suæ gratiæ charis-
matibus exornavit Divina dignatio, laudandos esse monet
Spiritus Sanctus; Decet siquidem eis, quos æternus Judex
immarcescibilis gloriæ coronà donat in Cœlis, et quorum
Sanctitatem sequentibus signis testatam facit in terris, de-
bitæ venerationis cultum etiam à fidelibus exhiberi, ut
sapientiam ipsorum narrent populi, et laudem eorum nun-
tiet Ecclesia. Hos inter, cùm longè, latèque refulserit Dei
Servus Joannes Franciscus Regis Sacerdos professus Societatis Jesu, qui nimirùm virtute indutus ex alto, portansque
jugum ab adolescentià suà, pœnitentiæ austeritatem cum
innocentiæ candore usquequaquè conjunxit : ac, jugiter
dilatante cor ejus Spiritu Sancto, in omnibus exhibuit
seipsum sicut Dei Ministrum, in multà patientià, in tribu-
lationibus, in necessatibus, in angustiis, in plagis, in laboribus, in vigiliis, in jejuniis, in scientià, in suavitate :
præcipuè verò in charitate non fictà, quà in Deum, et
proximos mirabilitèr estuavit; Apostolici muneris, quod
Nos, viribus licèt, et meritis longè impares, gerere voluit
Altissimus ratio exigit, ut illius honorem, ac venerationem,

ad Omnipotentis Dei gloriam Catholicæ Ecclesiæ decus,
Christianique populi spiritualem ædificationem, quantùm
Nobis ex alto conceditur, promovere studeamus. Cùm itaquè
maturè, diligentèrque discussis, atquè perpensis per Con-
gregationem Venerabilium Fratrum Notrum S. R. E. Cardinalium Sacris Ritibus præpositorum processibus rìtè, ac
rectè confectis super vitæ Sanctitate, et Virtutibus heroicis,
quibus idem Servus Dei Joannes Franciscus multiplicitèr
claruisse, necnon miraculis, quæ ad ejus intercessionem, et
ad manifestandam hominibus illius Sanctitatem à Deo pa-
trata fuisse asserebantur, eadem Congregatio coràm Nobis
constituta, auditis etiam Consultorum suffragiis, uno spiritu, unàque voce censuerit posse, quandocumque Nobis
videretur, prædictum Servum Dei Beatum declarari, cum
consuetis indultis. Hinc est, quod Nos piis, atque enixis
quamplurium Venerabilum Fratrum Archiepiscoporum, et
Episcoporum Regni Galliarum, ac potissimùm Provinciæ
Occitaniæ, necnon dilectorum filiorum Magistratuum,
Procerum, et Populorum Provinciæ hujusmodi, ac totius
insupèr Societatis Jesu supradictæ supplicationibus (quas
dudùm etiam claræ memoriæ Ludovicus XIV, dùm viveret,
Francorum Rex Christianissimus devotarum suarum pre-
cum accessione roboraverat) Nobis supèr hoc humilitèr
porrectis paternà benegnitate annuentes, de memoratorum
Cardinalium consilio paritèr, et assensu, auctoritate Apos-
tolicâ, tenore præsentium indulgemus, ut idem Dei Servus
Joannes Franciscus Regis in posterùm Beati nomine nun-
cupetur, ejusque corpus, et Reliquiæ venerationi fidelium
(non tamèn in processionibus circumferenda) exponantur;
Imaginas quoque radiis, seu splendoribus exornentur, ac
de eo recitetur Officium, et Missa celebretur de Confessore
non Pontifice singulis annis, juxtà Rubricas Breviarii, et
Missalis Romani, die XXIV Maii, cùm dies XXXI Decem-
bris, quà ipse Servus Dei spiritum Creatori reddidit, et aliæ
plures illam subsequentes, ut notum est, impeditæ repe-

riantur. Porrò recitationem Officii, et Missæ celebrationem hujusmodi fieri concedimus in locis dumtaxàt infrascriptis, videlicet : in Oppido de *Foncovverte* Narbonensis Diœcesis, in quo dictus Servus Dei natus est, in Pago *Lalovesci* Viennensis Diœcesis in Delphinatu, undè ad Cœlos evolavit, et ubi venerabile ejus corpus requiescit, ac in Civitate Anicienci, in quâ plurium annorum spatio, et penè usquè ad suum obitum habitare consuevit, ab omnibus utriusque sexus Christi fidelibus tàm Sæcularibus, quàm Regularibus, qui ad horas Canonicas tenentur, necnon in universâ Societate præfata, et quantùm ad Missam attinet, etiam à Sacerdotibus ad Ecclesias ejusdem Societatis confluentibus. Pretereà primo dumtaxat anno à datis hisce literis, et quoad Indias à die, quo eædem literæ illuc pervenerint, inchoando, in Ecclesiis Oppidi, Pagi, Civitatis, et Societatis hujusmodi respectivè solemnia Beatificationis ejusdem Servi Dei cum Offici, et Missâ sub Ritu Duplici majori, die ab Ordinariis respectivè constitutâ, et intrà sex menses promulgandâ, postquàm tamèn in Basilicâ Principis Apostolorum de Urbe celebrata fuerint eadem solemnia : pro qua re, supradictam diem XXIV currentis mensis Maii assignamus, paritèr celebrandi facimus potestatem. Non obstantibus constitutionibus, et ordinationibus apostolicis, ac decretis de non cultu editis, cæterisque contrariis quibuscumque. Volumus autem, ut earumdem præsentium literarum transumptis, seu exemplis etiam impressis, manu Secretarii prædiciæ Congregationis Cardinalium subscriptis, et sigillo Præfecti ejusdem Congregationis munitis, eadem prorsùs fides ab omnibus, et ubique tam in judicio, quàm extrà illud habeatur, quæ ipsis præsentibus haberetur, si forent exhibitæ, vel ostensæ. Datum Romæ apud Sanctam Mariam Majorem, sub Annulo Piscatoris, die octavâ Maii MDCCXVI. Pontificatûs Nostri Anno XVI.

F. Card. Olixerius.

Généalogie de la famille Pupil.

Sortie du Limousin, cette patrie des hommes utiles, sans lesquels les architectes n'éléveraient des monuments que sur la planche à dessins, cette famille vint s'établir à Saint-Etienne-de-Furan, cette autre patrie des adorateurs du veau d'or.

Elle ne resta que peu de temps enveloppée dans son obscurité, car presque en même temps on la voit briller des titres de seigneurs de Mions, de Craponne et de Courbas, en Lyonnais; de Cuzieu et de Rivas, en Forez. Elle se divisa en deux branches : 1º les Pupil de Craponne, par alliance; de Mions, seigneurs engagistes de la Tour-en-Jarez; 2º les Pupil de Sablon, établis à Bourg-Argental. Pour cette dernière, les renseignements nous manquent.

1er DEGRÉ.

Durand Pupil, originaire du Limousin, vint à Saint-Etienne en 1590. Il épousa Claudine Galleton, fille de Mathieu, ouvrier à la Monnaie de Lyon, dont issu :

2e DEGRÉ.

Mathieu Pupil, épousa Fleurie Rossilhol, fille de Jean, rubanier à Izieu, dont issu :

3e DEGRÉ.

Claude Pupil, né en 1602, mourut en 1694. Il était marchand ferratier à Saint-Etienne, puis devint secrétaire du roi du grand collége, en 1679, charge que lui acheta son fils Jean. Il avait épousé Agathe Craponne, fille de Barthélemy, dont issu :

4e DEGRÉ.

Jean Pupil de Craponne, écuyer, gentilhomme de la

grande vénerie du roi, seigneur engagiste des châtellenies
de la Tour-en-Jarez, Le Fay et Saint-Jean-de-Bonnes-
Fonts, épousa : 1º N... de Bathéon; 2º Catherine Thomé.

Du premier lit naquit :

1º Bonne Pupil, mariée à Louis Ravat, seigneur des
Mazes, conseiller en la Cour des Monnaies de Lyon,
ancien prévôt des marchands, commandant pour le
roi à Lyon. De ce mariage sortit une fille unique qui
fut mariée à N... de la Garde, premier président en
la cinquième chambre des enquêtes du Parlement de
Paris, dont la fille unique épousa, le 9 décembre
1742, François-Camille, marquis de Polignac.

Du second lit vinrent :

2º Jean-Claude-Barthélemy qui suit ;

3º Anne Pupil, femme de Denis Dervieu de Villien, seigneur de Loye, chevalier d'honneur en la Cour des
Monnaies, et lieutenant-général d'épée en la sénéchaussée de Lyon ;

4º Bonne Pupil, mariée à Léonard de Bathéon, seigneur
de Vertrieux, conseiller en la même Cour des Monnaies ;

5º Jeanne Pupil, mariée à Barthélemy-Joseph Hesseles,
baron de Bagnols, etc., conseiller d'honneur en la
Cour des Monnaies.

5º DEGRÉ.

Jean-Claude-Barthélemy Pupil, né le 22 juin 1689, chevalier, seigneur de Mions, Courbas, La Tour-en-Jarez,
Saint-Jean-de-Bonnes-Fonts, Saint-Christo et Sorbier, avait
été reçu, en 1712, conseiller en la Cour des Monnaies de
Lyon. Il avait épousé, en 1722, Marguerite de Sève, fille
de Pierre, seigneur de Fléchères, premier président en la
Cour des Monnaies, et de N... Vérot. Ce fut en considération de ce mariage que son beau-père se démit en sa
faveur de la charge de lieutenant-général en la sénéchaus-

sée et présidial, qui était dans sa famille depuis plus de cent
ans. Il fit beaucoup de bien à l'hôpital général et à l'hôtel-
Dieu de Lyon. En 1772, il annonça qu'il avait fait, en
faveur des pauvres de ces deux établissements, des legs
qu'il veut acquitter immédiatement, afin qu'ils en jouissent
de son vivant. Il leur céda, en conséquence, un capital de
16,308 livres. Le bureau arrêta qu'une députation se
rendrait auprès de M. Pupil, pour le remercier, au nom
des pauvres, de ce nouveau bienfait ajouté à tous ceux
dont il a comblé l'hôtel-Dieu, soit pendant son service
dans cette maison, soit pendant sa glorieuse magistrature;
il arrête de plus que, tant que M. Pupil vivra, une grande
messe solennelle sera, chaque année et le jour de sa naissance, célébrée dans l'église de l'hôpital, pour la conservation de ses jours qui sont si précieux à l'humanité, à la
religion et à la patrie. De son mariage naquirent les enfants
qui suivent :

1° Barthélemy-Léonard qui succéda à son père ;

2° Anne Pupil, mariée à Arthur-Joseph de la Croix de
Chevrières de Saive, marquis d'Ornacieu, président à
mortier au Parlement de Dauphiné ;

3° Françoise Pupil, née en 1741, n'est pas mieux connue.

6ᵉ DEGRÉ.

Barthélemy-Léonard Pupil de Mions, chevalier, premier
président en la Cour des Monnaies, sénéchaussée et siége
présidial de Lyon, lieutenant-général aux mêmes siéges,
président élu en 1768 de l'hôpital général et grand hôtel-
Dieu de Lyon. Il eut, à propos de ces dernières fonctions,
de grands démêlés à soutenir, et il est représenté comme
avide de domination et voulant présider dans toutes les
administrations. Il revint de Paris avec une simarre,
marque de distinction réservée aux plus hautes dignités de
la magistrature, et qu'on n'avait point encore vue à Lyon;

il la porta au bureau d'administration, il ne la quittait pas même pendant les repas. Dès lors il abjura toutes les expressions familières, etc. Il épousa Louise de Loras, fille de N..., marquis de Loras et de N... de la Merlée.

Pupil porte pour armes : d'azur, à trois larmes d'argent.

ALLIANCES.

Bathéon : d'argent, au sautoir dentelé de sinople, cantonné de quatre tourteaux de gueules, au chef d'azur chargée d'une tête de lion arrachée d'or.

Ravat : d'azur, au chevron ondé d'or, accompagné de trois glands de même.

Dervieu de Villien : d'azur, à l'aigle d'argent, au chef de même chargé de trois mouchetures d'hermines de sable.

Hesseles : écartelé d'or et d'azur.

De Sève : fascé d'or et de sable, à la bordure componnée de même.

De la Croix de Chevrières : d'azur, à un buste de cheval d'or, animé de gueules; au chef cousu de gueules, chargé de trois croisettes d'argent.

De Loras : de gueules à la fasce lozangée d'or et d'azur.

Généalogie de la famille Saunier.

Cette famille était originaire d'Andance, où elle s'appelait Saulnier ; mais à peine se fut-elle dépaysé, qu'elle ne fut plus connue que sous le nom de Sonyer du Lac.

1er DEGRÉ.

N... Saunier quitta Andance en Vivarez, sa patrie, pour s'en créer une nouvelle, en s'établissant à Saint-Didier en Velay.

2e DEGRÉ.

Claude Sonyer du Lac, médecin, épousa N... Chavanon, dont issus :

1º Jean-Baptiste Sonyer du Lac, épousa N... Santhonas, dont issu :

  François Sonyer, juge de Saint-Didier, épousa, le 25 août 1728, Marguerite Sonyer du Lac, fille de Jean-François et de Catherine de Laurençon, sa cousine-germaine, dont issus.

    1º Jean-François Sonyer, né le 15 avril 1747 ;
    2º Marie-Claire Sonyer, née en août 1763 ;

2º Jean-François Sonyer du Lac, médecin à Saint-Didier, paraît être celui qui acheta le château de la Tour des Sauvages, qu'on appela depuis de la Tour d'Aurec. Soit à cause de sa vétusté, soit par une de ces fantaisies qui ne manquaient pas aux acquéreurs d'un château historique qui ne retentissait pas de leurs noms, Jean-François fit démolir le sien. Démoli, il voulut le remplacer par une nouvelle construction. Ses facultés trop limitées l'arrêtèrent dans son essor ; il comprit que ses ailes n'étaient point assez fortement empennées. Mme de Fumel, abbesse de la Séauve-Bénite, lui vint en aide, et le nouveau château de la Tour d'Aurec fut reconstruit aux frais de l'abbaye. On se demande quel fut le motif de cette royale largesse? Évidemment on ne saurait en trouver de plus rationel qu'en disant qu'elle fut faite en considération des bons offices de Jean-François, qui devait soigner la santé du troupeau sacré. Passé au pouvoir du général Boudhinon, le château de la Tour d'Aurec appartient aujourd'hui à la famille Dugas du Villars.

En 1589, alors qu'il était encore le château de la Tour des Sauvages, il appartenait à noble damoiselle Antoinette de Vichy, dame des Sauvages, veuve de Louis de Rivoire.

Jean-François Sonyer du Lac épousa, en 1707, Catherine de Laurençon, fille de Pierre et de Marguerite Tardy de Montravel ou de Montbel, dont issus :

    1º Denis-Auguste Sonyer du Lac, médecin à Saint-Didier et à Saint-Etienne, épousa, le 8 septembre 1761, Jeanne Gonin de Lurieu, fille de Jean-Baptiste, secrétaire du roi, et de Benoîte Chovon. A dû continuer la postérité de sa famille ;

    2º Jean Sonyer du Lac, conseiller et premier avocat du roi au bailliage, domaine de Forez, sénéchaussée de Roanne et Saint-Etienne, comté et ressort, séant à Montbrison, auteur des *Observations sur l'état ancien et actuel des tribunaux de justice de la province du Forez*, et des *Recherches sur les fiefs de la province du Forez*, publiées, en 1858, par M. P. d'Assier de Valenches, sous le titre : *Les Fiefs du Forez* ;

    3º Pierre-Raphaël Sonyer du Lac, connu sous le nom de La Chomette, curé de Saint-Etienne-de-Furan, prieur de Saint-Pal-de-Mons ;

    4º Marguerite Sonyer du Lac, mariée, en 1728, à François Sonyer du Lac, son cousin-germain, juge de la ville de Saint-Didier, dont issus :

1º Jean-François Sonyer du Lac, né en 1747;

2º Marie-Claire, née en 1736.

3º Claude Sonyer du Lac, capitaine des grenadiers du prince Rogotzy, décédé à Saint-Etienne;

4º N... Sonyer du Lac, curé à Desolmes en Lyonnais;

5º Catherine Sonyer du Lac, mariée à Antoine Alouës la Fayette, fils d'Antoine, dont issu :

Jean-Baptiste Alouës la Fayette, épousa Antoinette du Puy, fille de Jean, dont issu :

Christophe Alouës la Fayette, juge de Saint-Didier, épousa Jeanne Duchon, fille de Gabriel et d'Agathe Blachon.

3º DEGRÉ.

Nous ne sommes pas bien sûr de l'exactitude de ce degré; cependant nous pensons que l'auteur du *Précis historique et statistique du département de la Loire* (Forez), était fils de Denis-Auguste Sonyer du Lac, médecin, et de Jeanne Gonin de Lurieu. Il s'intitulait : Hector du Lac de la Tour d'Aurec, ancien officier de dragons, membre du Conseil général de la Haute-Loire, etc., et a joué un certain rôle après la révolution. Il épousa une demoiselle du Fournel, de Saint-Didier, dont la sœur avait épousé M. Celle-Duby.

De son mariage Hector du Lac eut deux enfants :

1º Un fils dont le nom ne nous est pas connu, mais qui mourut sous les caresses de sa mère;

2º Fanélie Sonyer du Lac, bonne et charmante personne que nous avons connue dans notre jeunesse, fut mariée par son père à un simple employé de l'octroi à Lyon.

Les prodigalités d'Hector Sonyer du Lac aboutirent à une catastrophe qui fut formidable. Toutes ses propriétés furent vendues : la Tour d'Aurec, la Boutonne et autres. La magnifique bibliothèque de 60,000 volumes fut vendue au bouquiniste Celse qui les fit transporter à Saint-Etienne à pleins tombereaux. Il s'en perdit beaucoup dans le trajet, par le peu de soin qu'on en prit : les cahots les soulevaient dans la voiture et les dispersaient le long de la route. On en ramassa beaucoup, et il est peu de maisons, depuis le Pont-Salomon jusqu'à Firminy, où l'on ne trouve des débris de cette bibliothèque augmentée par trois générations de médecins.

Quant à M. Hector du Lac, il mourut chez son gendre qui lui-même était dans la gêne.

De cette famille qui a tant fait de bruit, il ne reste plus personne pour en prolonger l'écho, et l'oubli ouvre ses portes à deux battants pour tout engloutir : il n'en sera plus question.

Armes : d'argent au chevron de gueules, au peuplier de sinople sur une terrasse de même en pointe, au chef de gueules chargé de trois étoiles d'or.

Généalogie de la famille Ravel.

Il y avait à Saint-Etienne, au XVIII° siècle, plusieurs familles qui portaient ce nom de Ravel ; mais ce n'est pas là que nous devons chercher celle dont il est question ici, puisqu'elle est originaire de Saint-Didier en Velay, où ce nom foissonne encore aujourd'hui. De l'un d'eux sortit celui qui vint se fixer à Saint-Etienne, où la fortune ne manquait pas de sourire à l'homme intelligent et aventureux.

Le premier de ce nom, dont nous voulons parler, y réussit si bien dans le commerce des rubans, qu'il se trouva bientôt en position d'acquérir les seigneuries de

Maleval, de Montravel et de Montagny, dont il se qualifiait seigneur, sur la fin du XVIII° siècle. Ne pouvant remonter plus haut, nous commencerons à

1er DEGRÉ.

Jacques Ravel, écuyer, acquit, le 16 décembre 1750,
de la veuve et des deux filles de Louis Terrasson, les
immeubles de la Terrasse, près Saint-Etienne, au prix de
40,000 livres, dont 10,000 pour les *directes* et rentes
nobles. Ce fut là le point de départ de vastes acquisitions
qu'il fit successivement au même lieu.

Il épousa demoiselle Claudine-Tècle Jourjon, qui décéda
en 1772; lui-même décéda secrétaire du roi, le 9 octobre
1776, âgé de 60 ans, laissant les enfants qui suivent, devenus nobles par le décès de leur père, mort dans l'exercice de la charge de secrétaire du roi :

1° Marguerite Ravel, mariée, à l'âge de 18 ans, en novembre 1758, avec Jean-François Thiollières de l'Ile;

2° Louise Ravel, mariée, en 1762, à Antoine Salichon,
fils de Denis;

3° Agathe Ravel, mariée, le 13 octobre 1767, à Antoine
Neyrand, fils d'Eustache et de Marie-Anne Jolivet;

4° Marie-Anne Ravel, mariée, le même jour que sa
sœur, à Eustache Neyrand, fils d'Eustache et de
Marie-Anne Jolivet. Les deux sœurs épousèrent les
deux frères;

5° Jean-Baptiste Ravel;

6° Claude Ravel qui suit.

2e DEGRÉ.

Claude Ravel, écuyer, seigneur de la baronnie de Montagny, Millery, Champagny, acheta, le 7 septembre 1787,
d'Alphonse de Droullin, capitaine aux gardes françaises,
héritier de son grand-oncle Etienne de Cannaye, la terre
de Maleval, au prix de 200,000 livres et d'une redevance

en blé au profit de l'hôtel-Dieu de Saint-Etienne, en exécution du testament de Claude de Bourdon.

Il rendit foi et hommage pour Maleval, le 1er décembre
1787.

Il avait épousé, vers 1778, Marie de Challaye, fille de
N... de Challaye, écuyer, ancien conseiller au Parlement
de Dombes, et de Nicole Chappuis, dont issus :

1º Jean-Baptiste qui suit ;

2º Pierre, né le 27 février 1781 ;

3º Nicole-Hortense, née le 5 février 1783.

3e DEGRÉ.

Jean-Baptiste Ravel, né le 28 décembre 1778.

Armes : d'azur, au dextrochère d'or tenant trois épis de
même, au chef cousu de gueules chargé d'un soleil aussi
d'or.

Généalogie de la famille Foray

qu'il ne faut pas confondre avec celle dont le nom s'orthographie Forest.

1er DEGRÉ.

Christophe Foray, marchand de Marcigny, épousa Marie
Estienne, dont issu :

2e DEGRÉ.

Nicolas Foray, médecin, épousa Madeleine Calemard,
fille d'Antoine, notaire et châtelain de Saint-Jean-Soleymieux, et de noble Marguerite Pinet, de la province de
Bugey, dont issus :

1º Antoine Foray qui suit ;

2º N... Foray, *non marié* ;

3º N... Foray, curé à Replonge en Maconnais ;

4º N... Foray, curé à Saint-Romain-en-Jarez.

3ᵉ DEGRÉ.

Antoine Foray, médecin, épousa Antoinette Nachard, fille d'Antoine, notaire, et de Louise Durand de Saint-Galmier, dont issus :

1º Nicolas Foray qui suit ;

2º Sophie Foray, mariée, en 1736, à Pierre Lhospital, fils d'Antoine-Joseph et de Marie Joanerin ;

3º Catherine Foray, mariée, en 1726, à Claude Relogue, notaire de la ville de Feurs ;

4º Louise Foray, mariée à Jean Rousset Quelin.

4ᵉ DEGRÉ.

Nicolas Foray, deuxième du nom, médecin, épousa, en 1721, Marie Meschin, fille de Sébastien et de Claudine Tardy de Montravel. Elle mourut le 22 avril 1722, laissant :

5ᵉ DEGRÉ.

Claude-Esprit Foray, né le 8 avril 1722, décédé, sans être marié, le 21 juillet 1751.

Généalogie de la famille Dilbert.

1ᵉʳ DEGRÉ.

N... Dilbert, épicier à Saint-Etienne, eut pour fils :

2ᵉ DEGRÉ.

Pierre Dilbert, receveur des tailles de Saint-Etienne, épousa Marie Henri, fille de Jean-Baptiste Henri, de Paris, ancien trésorier-général des galères. De ce mariage vinrent:

1° Jean-Baptiste qui suit;

2° Marie-Anne Dilbert, mariée avec Jacques Staron, conseiller au bailliage de Forez, fille de Noël et de Jeanne Clepier, dont issu :

> Claude Staron, avocat, épousa Marie Odin de la Molinière;

3° Jacqueline Dilbert, femme de Pierre Mauverney, élu en l'élection de Saint-Etienne, fils de Jean et de Jeanne Coignet, dont issu :

> Jacques Mauverney.

3ᵉ DEGRÉ.

Jean-Baptiste Dilbert écuyer, conseiller du roi, receveur des ancien et alternatif de l'élection de Saint-Etienne, épousa Marguerite Grimod Bénéon de Riverie, fille de Jean-Claude, secrétaire du roi, et de Françoise Jacquier de Cornillon, dont issu :

4ᵉ DEGRÉ.

Jean-Baptiste Dilbert, deuxième du nom, né le 1ᵉʳ février 1711, baptisé le 2. Son parrain a été Jean-Baptiste-Henri, et en son absence Jean-Baptiste Aventurier; sa marraine dame Françoise Jacquier de Riverie, et en son absence Françoise Clavier, deux pauvres de la Charité, par dévotion.

Les *armes* de Dilbert, parti de Henri, sont sculptées sur le portail du domaine de la Valencière (1651) : d'azur, au phénix sur son immortalité d'or, au chef cousu de gueules chargé de trois besans en rang d'argent, parti de..... à un chevron de....... accompagné de 3 têtes de paon de....... 2 et 1.

Généalogie de la famille Duchon.

Claude Duchon, doreur, épousa Jeanne Dumarez. Il testa le 9 novembre 1586. Jeanne Dumarez se remaria à Laurent Tardy. Claude Duchon laissa deux fils :

1º Georges qui suit ;

2º Pierre Duchon épousa, en 1599, Hélène Saulze dont il eut :

Pierre Duchon épousa N... Philibert dont il eut :

Clément Duchon qui s'intitulait : noble Clément Duchon, docteur-médecin. Il épousa Marie de la Grevolle, et de ce mariage vinrent :

1º Pierre Duchon qui prit aussi le titre noble, épousa Claudine Barralon, dont issus :

1º Marie Duchon ;

2º Jeanne-Marie Duchon ;

3º Jeanne Duchon, mariée à Louis Cabanne ;

4º Pierre Duchon, prêtre ;

5º Ursule Duchon ;

6º Claire Duchon, mariée à Jacques-François Carrier, dit de Montieu, marchand de Saint-Etienne, fille de Jean-Baptiste et d'Hélène Tamisier ;

2º Marguerite Duchon, religieuse au couvent des ursulines de Saint-Etienne.

Marie de la Grevolle testa le 19 mai 1747, et cet article est tiré de son testament.

Georges Duchon, procureur du roi en l'élection de

Saint-Etienne, épousa, en 1626, Catherine de Fayeul, fille de Claude et de Louise de la Guiole. Il avait épousé en premières noces Antoinette Morandin.

3e DEGRÉ.

Jean-Georges Duchon, épousa Jeanne Jamet, fille de Pierre et de Charlotte Bourgoin, dont il eut :

4e DEGRÉ.

Claude-François Duchon, épousa : 1° Philippa Favier, fille d'Etienne et de N... Mazenod ; 2° Marguerite Durand, fille de Jean et de Marguerite Mallassagne.

Enfants du premier lit :

1° Gabriel Duchon qui suit ;

2° Anne Duchon, mariée à Jean-Baptiste Vial ;

3° Charlotte Duchon, mariée, en 1722, à Antoine Devun, fils de Claude, dont issue :

    Catherine Devun, fille unique, mariée, en 1754, à Edme-Louis de la Chapelle, seigneur de Chalette et Coutances en Normandie.

Du Deuxième lit :

4° Jacques Duchon, entrepreneur des armes à Saint-Etienne, épousa, en août 1747, Marie-Antoinette Dallier, fille de Pierre et de Marie Pellissier, dont issu :

    1° Claude Duchon, né en 1737, mort en 1763 ;

    2° Anne Duchon, mariée, en 1763, à N... Alouës la Fayette.

5e DEGRÉ.

Gabriel Duchon, entrepreneur des armes, épousa, en janvier 1731, Agathe Blachon, fille d'Annet, juge maire de Saint-Etienne, et d'Antoinette Carrier.

Ils laissèrent des enfants qui nous sont inconnus.

Virgile.

Les chroniqueurs de Saint-Etienne ont écrit : « Du règne
« de François Ier, roi de France, Georges Virgile, Lan-
« guedocien de nation, ingénieur de France, établit la
« fabrique des armes dans cette ville (Saint-Etienne), de
« même que celle de la quinquallerie, ayant reconnu la
« propriété de la rivière de Furan, dont les eaux sont
« excellentes pour la trempe de l'acier et du fer, etc. »

Le monarque n'envoya Georges Virgile à St-Etienne,
en 1516, que pour étudier la localité et non pour y fonder
la manufacture d'armes. Nous disons pour étudier, car sa
mission n'avait pas d'autre but. Le nom de Georges Virgile
s'est tellement popularisé parmi nous, que tout ce qui s'y
rapporte devient intéressant, et nous croyons augmenter
cet intérêt en produisant le fragment généalogique qui
suit :

Io Georges Virgile laissa un fils qui lui succéda ;

IIo Antoine Virgile testa le 1er septembre 1558 ; il eut
 pour fils :

IIIo Etienne Virgile, épousa, le 14 février 1573, Louise
 Quailar dont il eut :

IVo Jean Virgile, épousa, le 12 avril 1616, Louise N...
 dont issu :

Vo Louis Virgile, seigneur de Lirande, épousa, le 6
 janvier 1647, Etiennette Chapuis.

Maintenu dans sa noblesse par jugement du 12 novembre 1668. (M. de Besons.)

Armes : d'azur, à la bande d'argent, surmontée de trois
fleurs de lis d'or.

FIN.

TABLE

—

FIN DE LA TABLE.

AVIS AU RELIEUR

POUR LE CLASSEMENT DES PLANCHES.

—

Saint-Etienne, imp. Montagny, rue de la croix, 2.